全本全注全译丛书

中华经典名著

孙雪霞　陈桐生◎译注

风俗通义

中华书局

图书在版编目(CIP)数据

风俗通义/孙雪霞,陈桐生译注. —北京:中华书局,2021.4
(2021.12重印)
(中华经典名著全本全注全译丛书)
ISBN 978-7-101-15080-3

Ⅰ.风… Ⅱ.①孙…②陈… Ⅲ.风俗习惯-中国-东汉时代
Ⅳ.K892

中国版本图书馆 CIP 数据核字(2021)第 031013 号

书　　名	风俗通义	
译 注 者	孙雪霞　陈桐生	
丛 书 名	中华经典名著全本全注全译丛书	
责任编辑	周　旻	
出版发行	中华书局	
	(北京市丰台区太平桥西里 38 号　100073)	
	http://www.zhbc.com.cn	
	E-mail:zhbc@zhbc.com.cn	
印　　刷	北京市白帆印务有限公司	
版　　次	2021 年 4 月北京第 1 版	
	2021 年 12 月北京第 2 次印刷	
规　　格	开本/880×1230 毫米　1/32	
	印张 13　字数 280 千字	
印　　数	8001-14000 册	
国际书号	ISBN 978-7-101-15080-3	
定　　价	35.00 元	

目录

前言

　　《风俗通义》是东汉学者应劭所著的一部极有特色的著作。《隋书·经籍志》把它列入子部，清代学人开始将其归为小说家，当代学者张舜徽在其主编的《中国史学名著题解》中又将它列入"杂史类"，可见该书出入于文、史、哲诸多领域，涉及内容极其广博，以致难以归类。最早对《风俗通义》进行评说的是南朝的范晔，他在《后汉书·应劭列传》中说："（应劭）撰《风俗通》，以辩物类名号，释时俗嫌疑。文虽不典，后世服其洽闻。"后代学者即使讥其不纯或认为它"考证杂记，不成家言"（刘咸炘《旧书别录》），却大都认同其"洽闻"。《晋书·祖纳传》王隐曰："应仲远作《风俗通》，崔子真作《政论》，蔡伯喈作《劝学篇》，史游作《急就章》，犹皆行于世，便成没而不朽。"将此书与其他三部作品并列如果说还不能完全让读者明白其价值，那么誉之为"不朽"应该说已经是最直接的极高的赞赏了。著名史学家刘知幾在《史通》中说："民者，冥也，冥然罔知，率彼愚蒙，墙面而视。或讹音鄙句，莫究本源；或守株胶柱，动多拘忌，故应劭《风俗通》生焉。"刘知幾对人民群众智慧的漠视我们自然不能苟同，不过他深谙应劭撰写《风俗通义》的本意，算得上是应劭的知心人，与千年之后章学诚在《文史通义》中所云"应劭愍时流之失，作《风俗通义》"遥相呼应。《四库全书总目提要》则说："其书因事立论，文辞清辩，可资博洽，大致如王充《论衡》，而叙述简明则胜充书之冗漫多矣。"王充是东汉时期的一流学者,将《风俗通义》与王充的代表作《论衡》相提并论,甚至认为其行文胜出《论衡》,这可以说是给予《风俗通义》高度的评价了。

一

《风俗通义》作者应劭,字仲远,一作仲瑗,汝南郡南顿(今河南项城)人,东汉末年著名学者。东汉时期,汝南地区毗邻都城洛阳,地位仅次于京师,一直秉持崇儒崇文之风气。地灵人杰、钟灵毓秀的汝南成为一方拥有深厚文化积淀的沃土,孕育出一辈辈的英雄才俊和一个个世族大家。应氏家族世居于此,深受汝南文化熏陶,膺服于儒家学说,这也成为应劭一生的学术底色。

应劭之父应奉,字世叔,历任武陵太守、从事中郎、司隶校尉,《后汉书》有传。应劭的侄子应场是建安七子之一,名震一时;应场之弟应璩也是文才名扬于世。应劭年少时聪颖好学,《后汉书》说他"少笃学,博览多闻",成年之后,由郡举荐为孝廉,汉灵帝熹平二年(173)为郎,辟车骑将军何苗掾,又为萧令。中平六年(189),做了五个月营陵令的应劭被提拔为泰山太守。汉献帝初平二年(191),黄巾军进入泰山境内,应劭带兵应战,大败黄巾军。兴平元年(194),曹操之父曹嵩及其弟曹德由琅邪郡到泰山郡,曹操令应劭派军队接应他们到兖州,但是应劭军队尚未到达,徐州刺史陶谦秘密派出数千骑兵截杀了曹氏父子。应劭恐惧曹操责罚,无奈之下弃官投奔了冀州牧袁绍,后拜为袁绍军谋校尉,自此再未离开过冀州,最后在邺(今河北临漳)病逝。

关于应劭的生卒年,《后汉书》没有明确记载,从其行事的记载中,我们大概可以推测他主要活动于灵帝和献帝时期。另据《三国志·魏书·武帝纪》裴松之注引《世语》记录"太祖令泰山太守应劭送家诣兖州"一事时,提到"后太祖定冀州,劭时已死",而曹操平定冀州是在汉献帝建安九年(204)八九月间,因此又可以推断应劭是在这之前去世的。

应劭生于尊儒重学的官宦之家，天资聪颖又胸怀鸿鹄之志，本应大有作为，只可惜他身处东汉末年。东汉桓、灵时期，皇帝荒淫无度，朝纲不振，内忧外患，江河日下。桓、灵二帝政治上毫无建树，奢侈挥霍却是无人能及。诸葛亮在《出师表》中语重心长地陈说："亲贤臣，远小人，此先汉所以兴隆也；亲小人，远贤臣，此后汉所以倾颓也。先帝在时，每与臣论此事，未尝不叹息痛恨于桓、灵也。"其痛彻心扉的谆谆教诲时至今日仍然让我们感动，东汉后期的黑暗腐朽亦可见一斑。首先，外戚、宦官这两大黑暗势力交相掌权，谋害忠良、排除异己的"党锢之祸"为害数十年，后果极其严重，民众与朝廷离心离德，东汉王朝岌岌可危。其次，臭名昭著的西园更是创史上政治腐败之最，明码标价卖官鬻爵，官职成为统治者换取私财的物品，"当之官者，皆先至西园谐价，然后得去。有钱不毕者，或至自杀。其守清者，乞不之官，皆迫遣之"（《后汉书·宦者列传》）。整个朝廷陷于极端无序的疯狂状态之中。第三，"饰虚矜伪，诳世耀名"的虚伪风气也在社会上流行起来，士人沽名钓誉，矫揉造作。各种夸大其词、虚妄无据的言论，各种不实的互相吹捧的溢美之词充斥坊间，假仁、假义、假孝、假悌的现象层出不穷。在这种社会风气之下，疾虚妄，尚真求实成为以王充为代表的一批有良知的士人的创作宗旨，其中就有应劭的声音。他亲身经历了这一时期的各种动乱和事变，尽管"王室大坏，九州幅裂"（《风俗通义序》），信仰儒学的他对风雨飘摇的东汉政权始终忠诚和关切，而"乱靡有定，生民无几"（同上）的社会现实更刺激了他精神深处的责任意识。在政治上应劭的建树并不多，但在学术上却很有贡献。除《风俗通义》外，他还著有《汉官仪》《礼仪故事》《中汉辑叙》等书，并为《汉书》做了集解，这些都在当时有广泛的传播。在对汉代典章制度、百官仪式等的搜集、整理、记录方面，应劭的贡献最为突出。他秉承儒家重视教化的传统，希冀通过著书立说来重整社会秩序，再树儒家价值。

二

在《风俗通义序》中，应劭开宗明义，陈述了他试图以"辩物类名号，释时俗嫌疑"（《后汉书·应劭列传》）来达成齐风俗、明义理、正人心的写作宗旨。大汉盛世，的确开启了一个学术的新天地，但是到了东汉末年，学术界的发展出现了很大的偏差。在应劭看来，主要有两个问题：一是文辞繁杂，儒生们孜孜不倦、皓首穷经，却与弘扬儒学要旨渐行渐远；二是只看重儒学在学术圈的传播与效用，忽视理论联系实际，与日常社会生活隔阂越来越深，积非成是，产生错误的价值导向。那么，该如何扭转和改变这样的学风文风从而拯救世风呢？应劭开出的药方是从风俗入手。他看到社会风俗、社会风气的好坏，直接影响着社会的巩固安定与否和国家的治乱兴衰。这个观点足见应劭的远见卓识，即使在今天又何尝不是如此？

同时，应劭还强调知识学术要关注日常生活，要发挥其在为人行事方面的重要指导作用。这与传统史学更多关注治乱兴衰的思路有所不同。从对国家的治乱安危转向对为人行事的指导，把教化工作做到生活日用层面上，应劭认为要从人的思想改造入手，以达到天下大治的效果。古人虽然常有整肃风俗之论，但对此重要性强调得如此直接明了，并用专门著作实践其学说，应劭确有首创之功，这也是《风俗通义》的特殊价值之所在。正如白寿彝在其主编的《中国史学史》中所指出的：《风俗通义》在与其他史著相同的出发点下，开辟了一条新的途径，在古代学术思想中，非常值得注意。

以儒学精神为核心，以匡政救国为目标，应劭《风俗通义》考释物类名号，正人心、厚风俗、存典章、复礼仪。他认为"为政之要，辨风正俗最其上也"（《风俗通义序》），通过纠正错谬的流俗，可以使"事该之于义理"（同上），即恢复儒家的伦理道德和社会规范。

应该说，应劭的"风俗"，既包括"相沿积久而成的风气、习俗"这一基本义项，同时也涵盖学术、政治、典章、礼仪等文化内容，深刻反映了东汉甚至东汉之前的中国古代社会的方方面面。也正因如此，《风俗通义》在某种意义上可以称为我国第一部民俗学专著。

应劭的思想撮其大端主要有以下几点：

一是正风易俗。应劭在《风俗通义序》中说："风者，天气有寒煖，地形有险易，水泉有美恶，草木有刚柔也。俗者，含血之类，像之而生，故言语歌讴异声，鼓舞动作殊形，或直或邪，或善或淫也。"他认为"风"是自然其然的自然界，"俗"是自然其然的人世间。正如天气有寒暖一样，人也有善恶。如何让人避恶趋善，应劭认为必然要效仿圣人："圣人作而均齐之，咸归于正；圣人废，则还其本俗。"（同上）历来儒生都有一种圣人情结，应劭也是以圣人自勉，他要像圣人那样挽风俗于迷惘之中，他要给俗人树立行为准则和规范，正风易俗的终极目的就是拯救东汉的乱世。

二是崇儒尚礼。应劭希望通过整顿风俗净化民众的思想，使他们的行为统一到符合儒家伦理的标准上来，从而恢复礼的秩序。动乱的东汉末年，与孔子所处的礼崩乐坏的春秋时代颇为相似，因此应劭反复申说孔子"复礼"的主张，不厌其烦地征引《尚书》《论语》《仪礼》《周礼》《礼记》等经典文献，为辨风正俗和品评人事提供理论依据。《风俗通义》第一卷是《皇霸》，辨析"三皇""五帝""三王""五伯"等名号，强调礼制所规定的宗法等级、尊卑有序，同时阐释"圣贤"被儒家顶礼膜拜的缘由，为统一世人价值取向树立儒家的礼教规范。

三是非鬼是怪。《风俗通义》中的"怪神"卷一直是研究者关注的焦点，对它的阐释最为丰富。学者们一般都肯定应劭非鬼的理性精神，但是，我们也不能回避应劭肯定精怪存在、相信谶纬之说的思想局限性。平心而论，应劭的思想革新性显然不及王充，所以，在"疾虚妄"的时代呼声中，王充更具代表性。但是，应劭在描写精怪时对神异、诡秘氛围的渲染，对人物行为命运的描写，环环相扣、层层推进、张力十足，充分展示了应劭出神入化的想象力和文学才能，这一点正是王充所不及的。

除了上述三点，应劭在《风俗通义》字里行间流露出来的对朋友知遇之情的赞美，对前贤提携后进的肯定，对父母亲情的不舍，都不难看出应劭在凉薄世间持存的那份难得的侠骨柔情。

三

清代中期《风俗通义》开始被列入小说家，王鸣盛《十七史商榷》曰：“《风俗通》，小说家也，蔚宗讥其‘不典’，又云‘异知’‘小道’，可谓知言。《王充传》云：‘著《论衡》八十五篇，释物类同异，正时俗嫌疑。’此与《风俗通》品题略同，尤为妙解。盖两书正是一类，皆摭拾谀闻，郢书燕说也。”周中孚《郑堂读书记》赞同王鸣盛的观点，评曰“颇近小说”。龚自珍《最录汉官仪》认为《风俗通义》乃“小学之旁支，小说之别祖也”。可见《风俗通义》与小说家言确有相通之处，它对《搜神记》《世说新语》的影响最为明显。

《风俗通义》中“叶令祠”“鲁相右扶风臧仲英”“太尉梁国桥玄公祖为司徒长史”这三则故事几乎被《搜神记》全文照录，不仅内容没有改变，甚至连语句也不做改动，只是在必要的时候改变了用词或人称。除上述三则外，《搜神记》中还有许多故事是源于《风俗通义》的。如《怪神》卷载故事二十一则，见于今本《搜神记》的就有十一则，其中“李君神”“世间多有狗作变怪”等故事情节也是基本被《搜神记》照搬，甚至连文字都没有太大变动。由此可以看出《搜神记》对《风俗通义》的继承、借鉴是很明显的。

《风俗通义》的人物逸事类故事虽然不算严格意义上的志人小说，却已具备基本雏形。书中的《愆礼》《过誉》《十反》《穷通》等卷以品议人物为主旨，如《过誉》卷“江夏太守河内赵仲让”条、《愆礼》篇“公车徵士豫章徐孺子”条、“山阳太守汝南薛恭祖”条等中所写的赵仲让、徐孺子及薛恭祖，表现出他们率意而行、不拘礼法、追求个性的生活态度，显露了评点士林的社会风气，与后世《世说新语》等志人小说均已相去不远。概括而言，《风俗通义》主要在两个方面开志人小说先河：一是以省净简练的笔墨记载士人的言行，反映他们的日常生活和精神面貌；二是收录了一些俳谐故事，上承《韩非子》的"内外储说"，下启邯郸淳的《笑林》。

四

最早对《风俗通义》进行介绍的是范晔，但由于《后汉书》无《艺文志》，范晔没有交代《风俗通义》具体有多少卷，这就为《风俗通义》的版本问题留下了悬念。《三国志·魏书·王粲传》注所引华峤《汉书》曰："子劭，字仲远……所撰述《风俗通》等，凡百余篇。"华峤只笼统地交代有"百余篇"，并无准确篇数与卷数。至《隋书·经籍志》则记为"《风俗通义》三十一卷、录一卷，应劭撰，梁三十卷"。《旧唐书·经籍志》《新唐书·艺文志》皆云《风俗通义》为三十卷。然而，到了北宋仁宗时期，《风俗通义》仅剩十卷。宋神宗时，苏颂以官私本校定《风俗通义》，当时所见的就是十卷本，宋代的官私书目，如《崇文总目》《郡斋读书志》《直斋书录解题》《文献通考》等都著录本书为十卷。现在通行本的卷数与篇名顺序与苏颂所校本同。综上，《风俗通义》版本系统如下：

1.十卷本

元大德本是《风俗通义》现今流传最广的版本，明以后刻本虽多，但大都从元大德本所出，对于元大德本的讹误，偶有纠正，多数因袭，甚至以意改之，总体都劣于元大德本。现存十卷本篇目为：《皇霸》《正失》《愆礼》《过誉》《十反》《声音》《穷通》《祀典》《怪神》《山泽》。

《风俗通义》编写的特点非常鲜明：每一篇都有题解，简述该篇著述的目的，然后每一个条目都先详载其事，再用"谨案"发表个人看法，论其得失，因此"谨案"是应劭思想和观点的集中反映。

2.四卷本

最早的四卷本见于明代吴琯的《古今逸史》，他以十卷大德本为底本，取选《皇霸》《声音》《祀典》和《山泽》四卷辑录而成。清代汪士汉的《祕书廿一种》延续这一版本，1938年上海商务印书馆"元明善本丛书"本也是根据《古今逸史》本影印而成。

3.一卷本

目前可见的一卷本只有一种，是明崇祯十五年（1642）叶绍泰所刻的《增定汉魏六朝别解》，《风俗通义》被辑入子部杂家类，称《通俗论》。

宋代苏颂之后，自清中期钱大昕始，计有孙志祖、卢文弨、朱筠、臧庸、张澍、缪荃孙、孙诒让、王仁俊等十数家学者做了大量辑佚工作。钱大昕以一人之力从二十余种书籍中辑得佚文六百余条，经孙志祖增订，再经卢文弨详审，与今本十卷的校勘成果一起刊入《群书拾补》。今人吴树平《风俗通义校释》和王利器《风俗通义校注》在清人基础上又有较大推进：《校释》辑佚文八百三十条，其中《姓氏》篇四百九十条；《校注》辑佚文八百四十九条，其中《姓氏》篇五百二十二条。赵泓《风俗通义全译》是目前唯一的注译本。

本书原文底本采用《四部丛刊》影印大德十卷本，参校卢文弨《群书拾补》、吴树平《风俗通义校释》、王利器《风俗通义校注》，注译过程中对前辈的研究成果多有吸取，凡此都尽量随文注明。在此基础上依据本套丛书体例进行了注释与白话翻译，每卷前有"题解"对本卷内容做了简要介绍，希望对读者有所帮助。限于丛书体例，"佚文"部分并未收录。

在给《风俗通义》做注译之前，它只是我书柜里备用的工具书。当我细读数次做了注译之后，我为应劭及其《风俗通义》在文学、史学、文献学等诸领域受到冷遇感到困惑。诚然，我们也可以为此寻到一些解释：比如《风俗通义》融通各家的风格使它很难被归类从而被各种学派集体忽视；比如应劭不彻底的鬼神观使它的传播受阻；比如散佚情况严重致使全书缺失必要的系统性；比如王充《论衡》、干宝《搜神记》长期被关注，某种程度掩盖了《风俗通义》的光芒……但是，由唐入宋，它为何散佚严重？清代朴学兴起，它为何未能得到及时的修缮？这些问题在注译本中难以解决，还有待日后继续探索。

    陈桐生老师为本书制定了译注原则，完成第一卷的注译，指导我完成了其余九卷的工作，同时根据工作量将我列为第一作者，感谢陈老师的提携之恩。由于个人学力不够，虽然力求准确地进行注译，但本书仍可能存在诸多不尽人意之处，敬请读者批评指正。

孙雪霞

2019 年 1 月 31 日

风俗通义序

　　昔仲尼没而微言阙①，七十子丧而大义乖②。重遭战国，约从连横③，好恶殊心④，真伪纷争。故《春秋》分为五⑤，《诗》分为四⑥，《易》有数家之传⑦。并以诸子百家之言，纷然殽乱⑧，莫知所从。

【注释】

①没：通"殁"。死亡。微言：精微要妙之言。阙：衰微。

②七十子：指孔子学生中的七十二位贤人。《史记·孔子世家》："孔子以诗书礼乐教，弟子盖三千焉，身通六艺者七十有二人。"举其成数，故言七十子。大义：正道。这里是指有关诗书礼乐等经典的要义。乖：违背，背离。

③约从连横：战国时，苏秦游说六国诸侯联合拒秦。六国地处南北，故称"合从"或"合纵"。张仪游说六国中的数国或一国与秦国结盟进攻其他国家。因秦在西方，向东联合，故称"连横"或"连衡"。从，同"纵"。

④殊：不同。

⑤《春秋》分为五：《春秋》是我国现存最早的编年体史书，儒家经

典。相传为孔子根据鲁国史官所编《春秋》整理修订而成。记述自鲁隐公元年（前722）至鲁哀公十四年（前481）共242年的历史。孔子去世后，对《春秋》的解释分为左氏、公羊、穀梁、邹氏、夹氏五家。

⑥《诗》分为四：《诗》即《诗经》，儒家经典。收录西周初年至春秋中叶诗歌三百零五篇。相传为孔子编定。对《诗经》的解释后来分为齐、鲁、韩、毛四家。

⑦《易》有数家之传：《易》指《周易》。儒家经典。主要通过象征天、地、风、雷、水、火、山、泽八种自然现象的八卦形式推测自然和人事的变化。历来关于传解《易经》门派的众说纷纭，数家只是笼统言之。

⑧殽乱：混杂，混淆。

【译文】

从前孔子离世，于是精微要妙之言隐没不彰，七十二位弟子死去，于是大义乖离。又遭逢战国，合纵连横，好恶因人而异，真伪纷争难辨。因此对《春秋》的解释分为五家，对《诗经》的解释分为四家，《周易》的解释也有好几家。加之诸子百家的学说，纷然杂乱，人们不知所从。

汉兴，儒者竞复比谊会意①，为之章句②，家有五六，皆析文便辞，弥以驰远③；缀文之士④，杂袭龙鳞⑤，训注说难⑥，转相陵高，积如丘山，可谓繁富者矣。而至于俗间行语，众所共传，积非习贯⑦，莫能原察。今王室大坏，九州幅裂⑧，乱靡有定⑨，生民无几⑩。私惧后进，益以迷昧，聊以不才，举尔所知，方以类聚⑪，凡一十卷⑫，谓之《风俗通义》，言通于流俗之过谬，而事该之于义理也⑬。

【注释】

①比谊：效法。谊，同"义"。会意：会心，领悟。

②章句：分章析句地解说经义。汉代解释儒家经典通常使用章句或训诂这两种方法。

③"家有五六"几句：语本《汉书·艺文志·六艺略》："后世经传，既已乖离，博学者又不思多闻阙疑之义，而务碎义逃难，便辞巧说，破坏形体，说五字之文，至于二三万言；后进弥以驰逐，故幼童而守一艺，白首而后能言。安其所习，毁所不见，终以自蔽：此学者之大患也。"析文，拆分文句，即"碎义逃难""破坏形体"。便（pián）辞，犹言花言巧语。便，善辩。弥以驰远，这里指儒生割裂字句曲解文义，距离原义愈来愈远。

④缀文：即写文章。

⑤杂袭龙鳞：这里比喻写文章的人多如龙鳞。杂袭，众多而重叠的样子。

⑥说：解释，说明。难：诘责，质问。

⑦贯：通"惯"。习惯。

⑧幅裂：谓分崩离析如布幅的撕裂。

⑨乱靡有定：祸乱不止。靡，没有，无。定，止。

⑩生民：人民。

⑪方以类聚：同类的事物相聚在一起。方，品类，类别。

⑫一十卷：当作"三十一卷"。应劭《风俗通义》原为三十一卷，后来散佚为一十卷。此"一十卷"应为后人刻本所改。

⑬该：贯通。

【译文】

汉朝建立以来，儒生竞相附会文义，分章析句地解说经典，每家又分为五六派，都割裂字句而曲解文义，距离原义愈来愈远。写文章的人，如龙鳞般众多，训诂注释，阐述驳诘，著述渐渐增多，堆积如同丘山，可以说已经繁富了。而至于民间俗语，群众共同流传的，错误积累成为习惯，没有人能察知本原。现今王室衰落败坏，九州分崩离析，祸乱不止，活下来的人所剩无几。我担心后来者更加迷惑，姑且以我不才之资，列举你们所知道的，分门别类，整理论述，总共十一卷，称之为《风俗通义》，是说疏通流俗中的谬误，用义理贯通事情。

　　风者，天气有寒煖，地形有险易，水泉有美恶，草木有刚柔也。俗者，含血之类①，像之而生，故言语歌讴异声，鼓舞动作殊形，或直或邪，或善或淫。圣人作而均齐之②，咸归于正；圣人废，则还其本俗。《尚书》③："天子巡守④，至于岱宗⑤，觐诸侯⑥，见百年⑥，命大师陈诗⑦，以观民风俗。"《孝经》曰⑧："移风易俗，莫善于乐⑨。"传曰⑩："百里不同风，千里不同俗，户异政，人殊服⑪。"由此言之，为政之要，辩风正俗⑫，最其上也。

【注释】

①含血之类：含血的生灵。这里指人类。

②作：兴起。

③《尚书》：据引文，当指《尚书大传》。

④巡守：天子出行，视察邦国州郡。

⑤岱宗：东岳泰山的别称。

⑥百年：指老年人。

⑦大师：太师。商、西周时称乐官之长为太师。大，同"太"。

⑧《孝经》：儒家经典。相传为孔门弟子曾参门人所撰。论述封建孝道，宣传宗法思想。

⑨移风易俗，莫善于乐：语见《孝经·广要道章》。

⑩传：儒家学者解经之作称为"传"。

⑪"百里不同风"几句：语见《汉书·王吉传》。

⑫辩：通"变"。

【译文】

风，是指天气有寒冷与温暖，地形有险阻与平坦，水泉有美丑好坏，草木有刚强柔弱。俗，是指芸芸众生，仿效万物而生长，因而言语歌声有差异，舞蹈动作有区别，有的正直，有的邪恶，有的善良，有的淫邪。圣人兴起整齐风俗，使之都归于正道；圣人黜退，则又恢复到原来的风俗。《尚书大传》说："天子巡察诸侯，到达泰山，接受了东方诸侯君长的朝见，接见年老长者，令太师献上搜集来的诗歌，来观察民情风俗。"《孝经》说："移风易俗，没有比音乐更好的了。"经传上讲："百里不同风，千里不同俗，每户家规各异，人们衣着不同。"从这一点来说，治国理政的关键，在于改变纠正风俗，这是最重要的。

　　周、秦常以岁八月遣輶轩之使①，求异代方言②，还奏籍之③，藏于秘室④。及嬴氏之亡，遗脱漏弃，无见之者。蜀人严君平有千余言⑤，林闾翁孺才有梗概之法⑥，扬雄好之⑦，天下孝廉卫卒交会⑧，周章质问⑨，以次注续⑩，二十七年，尔乃治正⑪，凡九千字，其所发明⑫，犹未若《尔雅》之闳丽也⑬，张竦以为悬诸日月不刊之书⑭。予实顽暗⑮，无能述演⑯，岂敢比隆于斯人哉！顾惟述作之功⑰，故聊光启之耳⑱。

【注释】

①輶（yóu）轩之使：古时天子派出考察民情风俗的使者。輶轩，轻便的车。

②求：采集，收集。异：异语。代：代语、别名，各方言之间的同义词。

③籍:登记。

④秘室:又称秘府,古时收藏书籍簿册的地方。

⑤严君平:严遵,字君平,蜀郡(今四川成都)人。成帝时,卖卜于成都市,日得百钱即闭门讲授《老子》,著书十余万言。一生不愿做官,为当时著名文学家扬雄所敬重。著有《道德真经指归》(《隋书·经籍志》作《老子指归》)十一卷,现存七卷。

⑥林闾翁孺:扬雄的老师,临邛(今四川邛崃)人,博学洽闻,名重一时。林闾为复姓。翁孺,一作公孺。梗概:粗略。

⑦扬雄:字子云,蜀郡(今四川成都)人,西汉学者。少好学,长于辞赋,有《长扬》《甘泉》《羽猎》《河东》诸赋。博通群书,多识古文奇字。仿《论语》作《法言》,仿《易经》作《太玄》,又采集当时各地方言为《方言》,续《苍颉篇》为《训纂篇》。

⑧孝廉:汉代选拔官吏的科目之一。始于汉武帝元光元年(前134),由各郡国荐举。卫卒:卫士。此当指文学侍从之类。

⑨周章:周遍。质问:核实询问。

⑩次:编次。

⑪尔乃:然后。

⑫发明:阐述,阐发。

⑬《尔雅》:我国最早解释词义的专著,为考证词义和古代名物的重要资料。后成为儒家十三经之一。闳丽:宏伟壮丽。闳,大。

⑭张竦:字伯松,河东平阳(今山西临汾西南)人。幼时曾从杜邺受文字之学,博学通达,闻名于世。初为京兆史,后为丹阳太守。王莽时官至郡守。王莽败亡,为乱兵所杀。刊:削除。

⑮顽暗:愚拙而不明事理。这里是作者的自谦之词。

⑯述演:阐述推演。

⑰顾惟:只是想。述:阐述。作:创作。

⑱光启:犹言扩大。

【译文】

周、秦两代常在每年的八月派遣考察民情风俗的轻车使者,到各地采集方言,返回后奏呈登录,收藏在秘府。到秦王朝灭亡时,丢弃散佚,没有人看到这些典籍。蜀郡人严君平存有一千余字,林间翁孺只存有粗略的法度。扬雄喜好这些,和天下孝廉、文学侍从聚在一起,周遍核实询问,来逐条注解阐述,经过二十七年,这才整理订正,共九千字。他在这一著作中所阐发的,仍然不及《尔雅》宏富,但张竦还是认为这是一部与日月同辉永不磨灭的著作。我实在愚昧无知,不能阐述推演,怎敢和这样的人同享盛誉!只是考虑到阐述创作的事业,所以姑且扩充说明这些罢了。

　　昔客为齐王画者,王问:"画孰最难,孰最易?"曰:"犬马最难,鬼魅最易。"犬马旦暮在人之前,不类不可,类之故难;鬼魅无形,无形者不见,不见故易[1]。今俗语虽云浮浅,然贤愚所共咨论[2],有似犬马,其为难矣,并综事宜于今者。孔子称:"幸苟有过,人必知之[3]。"俾诸明哲,幸详览焉。

【注释】

①"昔客为齐王画者"几句:事见《韩非子·外储说左上》。

②咨论:议论,商讨。

③幸苟有过,人必知之:语见《论语·述而》。

【译文】

从前有个人为齐王画画,齐王问他:"画什么最难,什么最容易?"回答说:"画犬马最难,画鬼魅最容易。"犬马日夜都在人们面前,画得不像不行,要画得很像当然难;鬼魅没有形状,没有形状的东西人们看不见,看不见的东西自然容易画。当今流俗之言虽然浮浅,但无论贤愚都一起商讨,类似犬马,这就难以准确地描述了,更何况要综述宜于当今的事理。孔子曰:"假若有错误,人们一定会知道的。"希望明智睿哲的人仔细审察。

卷一

皇霸

【题解】

本篇讨论"三皇""五帝""三王""五伯""六国"几个名号。作者有感于当时文化学术界对这些名号"立谈者人异，缀文者家殊"，因此在本篇中正本清源，"辩物类名号，释时俗嫌疑"。

考信于六艺是作者的立论准则。例如，作者在逐一讨论《春秋运斗枢》《礼号谥记》《含文嘉》《尚书大传》关于"三皇"的观点之后，认为还是《尚书大传》的说法接近"三皇"本义。文中澄清了一些错误的历史观点，针对有人以太王、王季、周文王为"三王"，作者指出，古公亶父、季历的王号是后来周武王追赠的，因此以太王、王季、周文王为"三王"的观点是不能成立的。作者在讨论"五伯"时，将霸主政治上溯到夏伯昆吾氏和商伯大彭氏、豕韦氏，提出"王道废而霸业兴"的观点，这有助于后人看清春秋霸主政治的历史渊源。作者进一步指出，"五伯"中的宋襄公、秦穆公、楚庄王或者不能度德量力，或者听不进贤臣意见而导致全军覆没，或者穷兵黩武，无法与尊王攘夷的齐桓公、晋文公相提并论。文章区分了"伯"与"霸"的概念，认为"伯"的原义是古代天子手下的五国之长，而"霸"的特点是把持天子政令，这可以帮助人们将夏商霸主与春秋霸主区分开来。

不过，作者的历史观并非都是进步的。文章刻意强调"三""五"这两个数字的神秘性,倡导终始循环论,宣扬天命神意决定人类历史命运。作者在讨论"六国"名号时,对燕国重点强调召公奭的阴德,对韩国专记韩厥积德存赵孤,对魏国和田齐都刻意突出占卜的灵验,对赵国则聚焦天帝和霍太山之神的主宰力量,凡此都体现出作者对天命神意的笃信。

　　盖天地剖分^①,万物萌毓^②。非有典艺之文^③,坚基可据^④,推当今以览太古^⑤,自昭昭而本冥冥^⑥,乃欲审其事而建其论^⑦,董其是非而综其详略^⑧,言也实为难哉^⑨!故《易》纪三皇^⑩,《书》叙唐、虞^⑪,惟天为大,唯尧则之,巍巍其有成功,焕乎其有文章^⑫。自是以来^⑬,载籍昭晢^⑭。然而立谈者人异^⑮,缀文者家舛^⑯,斯乃杨朱哭于歧路,墨翟悲于练素者也^⑰。是以上述三皇,下记六国,备其终始曰《皇霸》^⑱。

【注释】

①天地剖分:天地开辟。古人认为天地最初是混沌一片的,后来天地才区分开来。扬雄《法言·重黎》最先提出"浑天"概念,《唐开元占经》引张衡《浑仪注》认为"天之包地,犹壳之裹黄"。关于天地如何分开,古人有盘古开天地等各种传说。

②萌毓(yù):生长繁育。毓,繁殖。

③典艺:即经典。汉人称儒家六经为六艺。

④坚基可据:坚实的文献基础可以依赖。《史记·伯夷列传》:"夫学者载籍极博,犹考信于六艺。"

⑤推当今:由当今往上推。览:观看,考察。

⑥自昭昭而本冥冥:意同上句"推当今以览太古"。《庄子·知北游》:"夫昭昭生于冥冥。"昭昭,清楚明白,指当今。冥冥,昏暗,指太古。

⑦审其事而建其论：审察其事而建立一套理论学说。

⑧董：董理，考察，辨正。综：综括。

⑨言：立言。

⑩《易》纪三皇：《周易·系辞下》提到包牺氏、神农氏、黄帝、尧、舜。

⑪《书》叙唐、虞：《尚书·尧典》记载了唐尧、虞舜的事迹。

⑫"惟天为大"几句：语出《论语·泰伯》。则，取法。巍巍，高大的样子。焕，鲜明。文章，礼仪典章。

⑬自是以来：从帝尧以来。

⑭载籍昭晢：文献记载清楚明白。按，关于虞、夏、商、周事迹，《诗经》《尚书》等典籍都有记载。

⑮立谈者：立言者。人异：一人持一种说法，各不相同。

⑯缀文者：写文章的人。家舛（chuǎn）：各家观点不一样。舛，违背。

⑰杨朱哭于歧路，墨翟悲于练素：《淮南子·说林训》："杨子见逵路而哭之，为其可以南可以北；墨子见练丝而泣之，为其可以黄可以黑。"杨朱，战国时期道家学者，主张"贵己""重生"，其思想言论散见于《列子》《庄子》《孟子》《韩非子》《吕氏春秋》等典籍。歧路，岔路。墨翟，战国墨家学派创始人，提出"兼爱""非攻""尚贤""尚同""天志""明鬼""非命""非乐""节葬""节用"等思想主张，其思想言论见于《墨子》一书。练素，白绢。

⑱备其终始：完备论述"三皇""五帝""三王""五伯"等名号的由来终始。

【译文】

　　自从天地开辟以后，万物开始萌生繁育。如果没有像六艺那样的经典文章，有坚实的文献基础可以作为依据，却试图从当今往上推，去考论太古时代，由清楚明白的当今而去追寻昏暗不明的太古，试图审察其事而建立一套理论学说，探讨事物的是非曲直，综括事物的本末详略，这样的立言实在是太困难了！因此《周易》记载三皇之事，《尚书》叙述唐尧、虞舜的事迹，只有上天是最伟大的，只有帝尧能够取法上天，他的成功如此崇高，他的文采如此鲜明。自帝尧以来，历史文献记载就清楚明白了。然而现在立言的人个个说法不同，写文章的人家家观点互异，这就是当年杨朱在岔路口痛哭、墨翟面对白丝而悲泣的原因。因此本篇上述三皇，下记六国，完备地论述这些名号的终始由来，篇名叫《皇霸》。

三皇

　　《春秋运斗枢》说①：“伏羲、女娲、神农②，是三皇也。”皇者天，天不言，四时行焉，百物生焉③；三皇垂拱无为④，设言而民不违⑤，道德玄泊⑥，有似皇天，故称曰皇。皇者，中也，光也，弘也；含弘履中⑦，开阴阳⑧，布刚上⑨，含皇极⑩，其施光明，指天画地⑪，神化潜通⑫，煌煌盛美⑬，不可胜量。

【注释】

①《春秋运斗枢》：汉代解说《春秋》的一部纬书，已佚，清人马国翰等有辑本。

②伏羲：传说中的中华人文始祖，他不仅发明了文字，而且也是八卦、渔猎、琴瑟等事物的发明者。《白虎通义·号篇》：“谓之伏羲者何？……伏羲仰观象于天，俯察法于地，因夫妇，正五行，始定人道，画八卦以治下。治下伏而化之，故谓之伏羲也。”“伏羲”二字，古代文献中又写作“宓羲”“庖牺”“包牺”“伏戏”“牺皇”“皇羲”等。女娲：在上古神话中，女娲是创世女神，她的主要业绩是炼石补天，抟土造人。神农：传说他发明了医药和农具，有人说他就是炎帝。《白虎通义·号篇》：“谓之神农何？古之人民，皆食禽兽肉，至于神农，人民众多，禽兽不足。于是神农因天之

时,分地之利,制耒耜,教民农作。神而化之,使民宜之,故谓之神农也。"《春秋》纬书以伏羲氏、女娲氏、神农氏为三皇,也有人以伏羲氏、神农氏、燧人氏为三皇,或者以伏羲氏、神农氏、祝融氏为三皇,此所谓"立谈者人异,缀文者家殊"者也。

③"天不言"几句:语本《论语·阳货》:"天何言哉? 四时行焉,百物生焉,天何言哉?"

④垂拱:垂衣拱手,言不亲自处理事务,无为而治。

⑤设言:设立言论,即与人民口头相约。违:违反。

⑥玄泊:玄冥寂泊,深远幽寂,恬静淡泊。

⑦含弘:包含弘大。履中:履行不偏不倚的中和之道。

⑧开阴阳:开启阴阳两种力量。《周易·说卦》:"立天之道,曰阴与阳。"

⑨布刚上:语意不明,刘师培认为"刚"下脱一"柔"字,可备一说。《周易·说卦》:"立地之道,曰柔与刚。"

⑩含皇极:包含君主最高准则。

⑪指天画地:经天纬地。指、画,本指动作手势,意谓指点、考察。

⑫神化潜通:不着痕迹地感化通变。

⑬煌煌:光辉的样子。

【译文】

《春秋运斗枢》说:"伏羲氏、女娲氏、神农氏,此三人称为三皇。"皇,意同上天,上天虽然不开口说话,但春夏秋冬四时运行,百物自然萌生成长;三皇垂衣拱手,无为而治,与人民进行言语约定,而人民从不违规,他们的道德深幽恬淡,如同皇天,因此后人称他们为皇。皇,是中的意思,又是光的意思,也是弘大的意思;意味着包含弘大、履行中和之道,开启宇宙阴阳两种力量,发布纪纲于上,包含君主最高准则,将光明普施天地,发挥经天纬地功能,让天地万物不着痕迹地感化通变,皇的光辉美好是无法估量的。

　　《礼号谥记》说①：“伏羲、祝融、神农②。”《含文嘉》记③：
“虙戏，燧人，神农④。”伏者，别也，变也；戏者，献也，法也。
伏羲始别八卦⑤，以变化天下⑥，天下法则⑦，咸伏贡献⑧，故
曰伏羲也。燧人始钻木取火，炮生为熟⑨，令人无复腹疾⑩，
有异于禽兽，遂天之意⑪，故曰遂人也。神农，神者，信也；
农者，浓也。始作耒耜⑫，教民耕种，美其衣食，德浓厚若
神，故为神农也。

【注释】

①《礼号谥记》：古代关于礼官制定谥号的文献古籍，已佚。古代君
　主、大臣以及名人在去世之后，朝廷会依据其生前业绩，给出一个
　高度概括的称号，这就是谥号。

②祝融：上古三皇之一。一说，祝融为三皇五帝时期夏官火正，后被
　尊为南方火神。

③《含文嘉》：汉代解说《礼经》的纬书，已佚。记：王利器认为此当
　为“说”字。

④燧人：上古三皇之一。教民钻木取火，结束人类茹毛饮血的时代。
　《白虎通义·号篇》：“谓之燧人何？钻木燧取火，教民熟食，养人
　利性，避臭去毒，谓之燧人也。”

⑤伏羲始别八卦：伏羲首先用乾、坤、巽、震、坎、离、艮、兑八种卦象
　代表天、地、风、雷、水、火、山、泽。别，区分，区别。

⑥以变化天下：用变的道理来教化天下民众。《周易》是一部讲变化
　的书，“以变化天下”始于画八卦的伏羲。

⑦法则：效法，指取法伏羲所画八卦。

⑧伏：顺从，信服。

⑨炮：烧烤。生：指禽兽生肉。

⑩腹疾：肠胃疾病。

⑪遂天之意：让上天满意。遂，遂意。

⑫耒耜（lěi sì）：古代翻土的农具。

【译文】

《礼号谥记》说："伏羲氏、祝融氏、神农氏为三皇。"《含文嘉》说："虙戏氏、燧人氏、神农氏为三皇。"伏，是别的意思，也是变的意思；戏，是献的意思，也是法的意思。伏羲氏开始区分八卦卦象，用变化的道理来教化天下民众，天下民众都取法八卦，人们都信服他的贡献，因此人们才以伏羲作为他的谥号。燧人氏开始钻木取火，将禽兽生肉烧熟，让民众不再患肠胃疾病，使人类区别于禽兽，让上天称心如意，因此人们才以燧人作为他的谥号。神农，神，是信的意思；农，是浓的意思。神农开始制作耒耜农具，教民众耕地种庄稼，让民众丰衣足食，恩德浓厚如同神灵，因此人们才以神农作为他的谥号。

《尚书大传》说①："遂人为遂皇②，伏羲为戏皇③，神农为农皇也④。遂人以火纪⑤，火，太阳也⑥，阳尊，故托遂皇于天。伏羲以人事纪，故托戏皇于人。盖天非人不因⑦，人非天不成也。神农以地纪，悉地力⑧，种谷疏⑨，故托农皇于地。天地人之道备，而三五之运兴矣⑩。"

【注释】

①《尚书大传》：汉代解释《尚书》的传记，相传为济南伏生所作，已佚，有皮锡瑞等辑本。

②遂皇：后人对燧人氏的尊称。皇，在上古是一种与"天"一样无以复加的美好称号。下文"戏皇""农皇"也都是尊称。

③伏羲为戏皇：戏，通"羲"。

④神农为农皇：神农教民稼穑，故称农皇。

⑤遂人以火纪：燧人氏有火瑞，故以火纪事，百官都以火为名号。纪，纪事。

⑥火，太阳也：王利器据《太平御览》等文献引文，认为"太"字为衍文。

⑦天非人不因：天的意志不凭借人就不能体现出来。因，凭借。

⑧悉：尽。

⑨疏：通"蔬"。

⑩三五之运：战国秦汉之际人们认为，天人宇宙按照三统循环、五德终始的模式运行，"三""五"这两个数字被高度神秘化，故有"为国者必重三五"的说法。

【译文】

《尚书大传》说："燧人氏为遂皇，伏羲氏为戏皇，神农氏为农皇。遂人氏以火纪事，火，属性为阳，阳的地位尊贵，因此将遂皇配天。伏羲氏以人事纪事，因此将戏皇配人。天如果没有人就没有凭借，人没有天就不能成功。神农以地纪事，充分发掘地力，种植五谷蔬菜，因此将农皇配地。天地人之道完备，三五大运就兴盛了。"

谨按：《易》称①："古者，伏羲氏之王天下也②，仰则观象于天，俯则观法于地，始作八卦，以通神明之德，以类万物之情③，结绳为网罟④，以田以渔⑤。伏羲氏没，神农氏作，斫木为耜⑥，揉木为耒⑦，耒耜之利，以教天下，日中为市⑧，致天下之民⑨。通其变，使民不倦⑩，神而化之⑪，使民宜之⑫。"唯独叙二皇⑬，不及遂人。遂人功重于祝融、女娲⑭，文明大见⑮，《大传》之义⑯，斯近之矣。

【注释】

①《易》称：以下引文本《周易·系辞下》，作者在征引过程中对原

文有删节。

②伏羲氏：今本《周易·系辞下》写作"包牺氏"。

③以类万物之情：摹写万物情状。类，类象。

④网罟（gǔ）：用来捕鱼或捕获鸟兽的网。

⑤田：打猎。

⑥斫（zhuó）：砍。

⑦揉木为耒：用火熏烤木头使之变软，再把木头制成耒。

⑧为市：形成集市。

⑨致：招致。

⑩倦：厌倦，倦怠。

⑪神而化之：神妙地发生变化。

⑫使民宜之：使民众各得其宜。

⑬二皇：伏羲氏、神农氏。

⑭遂人功重于祝融、女娲：燧人氏发明取火，因此功劳比祝融、女娲
　　要大。

⑮文明大见（xiàn）：用火是人类走向文明的重要一步。见，同"现"。
　　显现。

⑯《大传》：此处指《尚书大传》。

【译文】

谨按：《周易》说："古时候，伏羲氏统治天下，他仰头观察天象，低头观看地理，开始画作八卦，用八卦沟通神明功能，摹仿万物情状。他编结绳索制成网罟，用来打猎和捕鱼。伏羲氏去世以后，神农氏兴起，他砍伐树木制成翻土的耜，又把木头揉制成翻土的耒，用耒耜耕作带来的利益来教会天下民众耕种，在日中时候形成集市，招致天下民众从事货物交易。一件事做到尽头就致力于通变，使民众不至于厌倦，让事物神妙地发生变化，使民众各得其宜。"《周易》只是叙述了伏羲氏、神农氏二皇的事迹，没有记叙燧人氏。燧人氏取火之功要大于祝融、女娲，人类文明进步由此大现天下。《尚书大传》所说的三皇，应该接近于三皇本义。

五帝

《易传》《礼记》《春秋国语》《太史公记》[1]：黄帝、颛顼、帝喾、帝尧、帝舜是五帝也[2]。

【注释】

[1]《易传》：解说《易经》的十篇传记：《系辞上》《系辞下》《象辞上》《象辞下》《象辞上》《象辞下》《文言》《说卦》《序卦》《杂卦》，合称"十翼"。《礼记》：西汉戴圣所编辑的礼学传记文集，共四十九篇，为儒家十三经之一。《春秋国语》：即《国语》，被汉人称为"《春秋》外传"。《太史公记》：即《史记》。司马迁所写的史书，在两汉时期被人称为《太史公》或《太史公书》《太史公记》，入魏以后，《史记》才成为司马迁史书的专称。

[2]黄帝：传说中的中华民族始祖，姓公孙，后改姓姬，号轩辕氏，传说黄帝有土德之瑞，故号黄帝。颛顼：姬姓，号高阳氏，传说是黄帝之孙，昌意之子，继黄帝之后称帝，后来的夏、楚都是他的子孙。帝喾（kù）：姬姓，高辛氏，名俊，黄帝的曾孙，继颛顼之后称帝。尧：号放勋，帝喾之子，从兄长帝挚那里继承帝位。舜：姚姓，妫氏，名重华，本在民间耕作，接受帝尧禅让而继承帝位。五帝："五帝"名称最初见于《大戴礼记》中的《五帝德》，司马迁采纳孔子说法，写成《史记·五帝本纪》，五帝因此成为中华民族认同的上古帝王世系。

【译文】

据《易传》《礼记》《国语》《太史公记》记载，黄帝、颛顼、帝喾、帝尧、帝舜称为五帝。

谨按：《易》《尚书大传》，天立五帝以为相[1]，四时施生[2]，法度明察③，春夏庆赏④，秋冬刑罚⑤。帝者任德设刑⑥，以则象之⑦，言其能行天道，举错审谛⑧。黄帝始制冠冕⑨，垂衣裳⑩，上栋下宇，以避风雨⑪，礼文法度⑫，兴事创业。黄者，光也⑬，厚也，中和之色⑭，德施四季，与地同功，故先黄以别之也⑮。颛者，专也⑯；顼者，信也；言其承文，易之以质⑰，使天下蒙化⑱，皆贵贞悫也⑲。喾者，考也，成也，言其考明法度，醇美喾然，若酒之芬香也⑳。尧者，高也，饶也㉑，言其隆兴焕炳㉒，最高明也。舜者，推也，循也，言其推行道德，循尧绪也㉓。

【注释】

①天立五帝以为相：上天立五帝，作为治理天下的辅佐。按，古人认为，上天才是决定人类命运的终极力量，人间帝王不过是上天在人类社会的代理人。

②四时施生：《尚书·尧典》载帝尧命羲仲、羲叔、和仲、和叔观测天象，确定四时历法。施生，施行。

③法度明察：《尚书·舜典》载尧、舜相继制定刑法："象以典刑，流宥五刑，鞭作官刑，扑作教刑，金作赎刑。眚灾肆赦，怙终贼刑。""流共工于幽州，放驩兜于崇山，窜三苗于三危，殛鲧于羽山，四罪而天下咸服。"

④春夏庆赏：《盐铁论·诏圣》载文学曰："春夏生长，圣人象而为令。"古人法天行政，春夏为万物生长季节，因而凡属庆赏之类的政务都放在春夏。

⑤秋冬刑罚：《盐铁论·诏圣》载文学曰："秋冬杀藏，圣人则而为法。"

⑥任德：以德为治，即发布庆赏政令。任，用。设刑：设立刑罚。

⑦以则象之：即取法春生夏长而用德，效法秋收冬藏而用刑。则象，取法，效法。之，指天地自然。

⑧错：通"措"。审谛：谨慎周密。

⑨黄帝始制冠冕：语出《尚书大传·略说》。

⑩垂衣裳：《周易·系辞下》："黄帝、尧、舜垂衣裳而天下治。"黄帝以前，人类身披兽皮短衣，黄帝以后，人类开始用丝麻布帛制作下垂的宽长衣服，所以说垂衣裳。

⑪上栋下宇，以避风雨：《周易·系辞下》："上古穴居而野处，后世圣人易之以宫室，上栋下宇，以待风雨，盖取诸《大壮》。"黄帝以前，民众穴居野处，黄帝以后，人类开始建造房屋。上栋，指用栋梁作为房屋的框架。下宇，指屋宇，宫室。

⑫礼文：礼仪形式。法度：法令制度。

⑬黄者，光也："黄""光"二字古代通用。《汉书·天文志》："黄道，一曰光道。"

⑭中和之色：《白虎通义·号篇》："黄者，中和之色，自然之性，万世不易。黄帝始作制度，得其中和，万世常存，故称黄帝也。"

⑮先黄以别之："黄"用在"帝"之先，以此与五帝中其他四帝区别开来。

⑯颛者，专也：语出《白虎通义·号篇》。

⑰言其承文，易之以质：古人认为文质代变，黄帝的行政风格是文，重视礼文法度；颛顼的行政风格改变为质，倡导淳朴诚实。

⑱蒙化：蒙受教化。

⑲贞：正。悫（què）：诚实。

⑳醇美誉然，若酒之芬香也：醇美酷烈，像酒一样芳香。誉，《说文解字》段玉裁注："释玄应说，'誉'与'酷'音义皆同。"《说文解字》："酷，酒厚味也。"

㉑尧者，高也，饶也：《白虎通义·号篇》："尧犹荛荛也，至高之貌，清

妙高远,优游博衍,众圣之主,百王之长也。"

㉒隆兴:兴盛。焕炳:有文采的样子。

㉓言其推行道德,循尧绪也:《白虎通义·号篇》:"谓之舜者何?舜犹僢僢也,言能推信尧道而行之。"绪,事业,遗业。

【译文】

谨按:据《周易》《尚书大传》记载,上天立五帝,是以他们作为治理人类社会的辅佐,使春夏秋冬四时历法得以施行,法令制度清楚明白,春夏季节实施喜庆赏赐,秋冬季节实施刑罚。帝王无论是施行德治还是设制刑法,都要效法上天,说明他们能够施行上天之道,所有政治举措都是非常审慎的。黄帝开始制作冠冕,缝制宽长衣裳,建造用栋梁支撑的宫室屋宇,以此躲避风雨,建立区分尊卑的礼仪法度,兴建创制各种事业。黄,是光的意思,也是厚的意思,黄是一种中和之色,它的德泽施及春夏秋冬四季,与大地同等功劳,所以先用一个"黄"字,将黄帝与其他四帝区别开来。颛,是专的意思;项,是诚信的意思;这是说颛项在黄帝文治之后,改用质朴作风来替代,使天下蒙受教化,都倡导贞正诚实品质。喾,是考的意思,也是成的意思,这是说帝喾能够考明法度,醇美酷烈,像美酒一样芳香。尧,是高的意思,也是饶的意思,这是说尧帝业兴隆,文采焕发,最为高明。舜,是推的意思,也是循的意思,这是说帝舜能够推行道德,遵循帝尧遗留的事业。

三王

《礼号谥记》说:"夏禹、殷汤、周武王,是三王也①。"《尚书》说:"文王作罚,刑兹无赦②。"《诗》说:"有命自天,命此文王③。""文王受命,有此武功④。""仪刑文王,万国作孚⑤。"《春秋》说:"王者孰谓?谓文王也⑥。"

【注释】

①夏禹：传说中的夏朝开国君主，姒姓，名文命。相传禹治水有功，受舜禅让而继承帝位。殷汤：子姓，名履，又名天乙、成唐、大乙、成汤等，他率兵讨伐夏桀，建立殷商王朝。周武王：姬姓，名发，他继承其父周文王的遗志，率兵讨伐殷纣王，成为西周第一任君主。

②文王作罚，刑兹无赦：语出《尚书·康诰》。意谓根据文王制定的刑罚，予以施刑而不予赦免。作罚，制定刑罚。刑，用作动词，施刑。兹，此。无赦，不予赦免。

③有命自天，命此文王：语出《诗经·大雅·大明》。孔颖达疏："言教命从天而来归，将命此文王。"

④文王受命，有此武功：语出《诗经·大雅·文王有声》。郑玄笺："武功，谓伐四国及崇之功也。"

⑤仪刑文王，万国作孚：语出《诗经·大雅·文王》。毛亨传："刑，法。孚，信也。"郑玄笺："仪法文王之事，则天下咸信而顺之。"

⑥王者孰谓？谓文王也：语出《春秋公羊传·隐公元年》。此句解释《春秋·隐公元年》"元年，春，王正月"中的"王"。

【译文】

《礼号谥记》说："夏禹、殷汤、周武王合称三王。"《尚书》说："根据文王制定的刑罚，予以施刑而不予赦免。"《诗经》说："上天降下天命，授予这个文王。""文王接受天命，才能有此武功。""以文王为榜样，天下就会信从。"《春秋公羊传》说："王指的是谁？指的是文王。"

　　谨按：《易》称："汤、武革命①。"《尚书》："武王戎车三百两，虎贲八百人，擒纣于牧之野②。""惟十有三祀，王访于箕子③。"《诗》云："亮彼武王，袭伐大商④。""胜殷遏刘，耆定武功⑤。"由是言之，武王审矣⑥。《论语》：文王率殷之叛国，以服事殷⑦。时尚臣属⑧，何缘便得列三王哉⑨？经美文王⑩，三分天下有其二，王业始兆于此耳⑪。俗儒新生⑫，不能采综⑬，多共辨论⑭，至于讼阋⑮；大王、王季⑯，皆见追号⑰，岂可复谓已王乎⑱？禹者，辅也，辅续舜后⑲，庶绩洪茂⑳。自尧以上王者㉑，子孙据国而起㉒，功德浸盛㉓，故造美论。舜、禹本以白衣砥行显名㉔，升为天子，虽复更制㉕，不如名著㉖，故因名焉。经曰㉗："有鳏在下曰虞舜"㉘，"金曰伯禹"㉙，"禹平水土"㉚，是也。汤者，攘也㉛，昌也，言其攘除不轨㉜，改亳为商㉝，成就王道，天下炽盛㉞。文、武皆以其所长。夫擅国之谓王㉟，能制割之谓王㊱，制杀生之威之谓王，王者，往也，为天下所归往也。

【注释】

① 汤、武革命：语出《周易·革卦》象辞："汤武革命，顺乎天而应乎人，革之时大矣哉！"

② "武王戎车三百两"几句：《尚书·周书·牧誓序》："武王戎车三百两，虎贲三百人，与受战于牧野。"关于虎贲人数，《书序》与《风俗通义》略有不同。戎车，兵车。虎贲，勇士。受，即殷纣王。牧野，在今河南新乡附近。

③ 惟十有三祀，王访于箕子：语出《尚书·周书·洪范》。惟，语气词，无义。祀，《尔雅·释天》："夏曰岁，商曰祀，周曰年。"《洪范》用"祀"，这是殷商人的用法。王，周武王。箕子，《史记·宋微子世家》以为是"纣亲戚"，马融、王肃以箕子为纣之诸父，服虔、杜预以箕子为纣之庶兄。

④ 亮彼武王，袭伐大商：语出《诗经·大雅·大明》。亮，今本作"凉"。据《经典释文》，"亮"出于《韩诗》文本，意为"相"。凉，

辅佐，谓师尚父辅佐周武王。袭，今本作"肆"，肆，疾也。

⑤胜殷遏刘，耆定武功：语出《诗经·周颂·武》。毛亨传："刘：杀。"郑玄笺："遏，止。耆，老也。……举兵伐殷而胜之，以止天下之暴虐而杀人者，年老乃定女之此功。"

⑥审：确定。

⑦文王率殷之叛国，以服事殷：《论语·泰伯》载孔子曰："三分天下有其二，以服事殷，周之德，其可谓至德也已矣。"这两句话是隐括《论语·泰伯》之义。

⑧时尚臣属：周文王此时还是殷纣王的臣属。

⑨何缘：有什么缘由。

⑩经：此指《论语·泰伯》。《论语》在汉代地位仅次于五经，被《汉书·艺文志》列入六艺略。

⑪王业始兆于此：周朝王业在文王时期就开始显露征兆。兆，显露征兆。

⑫俗儒：浅陋迂腐的儒生。新生：新学小生。

⑬采综：博采广综。

⑭多共辩论：经常在一起就周文王是否应列入三王而辩论。

⑮讼阋（xì）：打笔墨官司。阋，争吵。

⑯大王：周文王祖父古公亶父，他率领周人由豳迁岐，改变戎狄习俗，周国开始走向强大，被后人追赠太王。《史记·周本纪》："盖王瑞自太王兴。"大，同"太"。王季：又称季历、公历，周文王之父，被后人尊为王季。

⑰追号：追赠王号。《史记·周本纪》载周武王时期，"追尊古公为太王，公季为王季"。

⑱岂可复谓已王乎：怎么能说古公亶父、季历生前已经称王呢？按，有人以太王、王季、文王为三王，应劭认为这种观点是俗儒之见，因为古公亶父、季历的王号是后来周武王追赠的。

⑲辅：辅佐。续：接续，继承。舜后：帝舜。后，君。

⑳庶绩：各项业绩。洪茂：洪大。

㉑自尧以上王者：帝尧以上称王的人，如黄帝、颛顼、帝喾等。

㉒子孙据国而起：子孙凭借封国而兴起。

㉓浸盛：日渐兴盛。

㉔舜、禹本以白衣砥行显名：舜和禹都是以平民身份砥砺品行而显名。《史记·五帝本纪》："舜年二十以孝闻，三十而帝尧问可用者，四岳咸荐虞舜。"《史记·夏本纪》："禹为人敏给克勤，其德不违，其仁可亲，其言可信：声为律，身为度，称以出；亹亹穆穆，为纲为纪。"白衣，指没有爵位或官职的平民百姓。《史记·儒林列传》："公孙弘以《春秋》，白衣为天子三公。"砥行，砥砺品行。

㉕更制：《太平御览》引作"制谥"。制谥，制定谥号。

㉖不如名著：舜、禹死后虽然有人给他们制定谥号，但谥号远不如舜、禹名字更为著名。

㉗经：此指《尚书》。

㉘有鳏（guān）在下曰虞舜：语出《尚书·虞书·尧典》。鳏，无妻曰鳏。

㉙佥（qiān）曰伯禹：语出《尚书·虞书·舜典》。佥，《说文解字》："佥，皆也。"伯禹，禹的父亲鲧是崇伯，禹继承父位，故称伯禹。

㉚禹平水土：《尚书·虞书·舜典》载帝舜曰："禹，汝平水土。"《尚书·周书·吕刑》："禹平水土。"

㉛攘：排斥，排除。

㉜不轨：不符合王道准则，指夏桀违反王道。

㉝亳（bó）：商汤都城，在今河南商丘东南。

㉞炽（chì）盛：繁盛，兴旺。

㉟擅国：独掌国政。

㊱制割：决断，裁决。

【译文】

谨按：《周易·革卦》象辞称："汤、武革命。"《尚书》说："周武王率领兵车三百辆，勇士八百人，在牧野擒获殷纣王。""周武王第十三年，拜访箕子。"《诗经》说："师尚父辅佐周武王，攻袭征伐大商。""战胜殷商遏止滥杀，接近年老才立武功。"由此说来，周武王称王是确定的。《论语》记载孔子说：周文王率领殷商叛国，服事殷商。周文王此时还是殷纣王的臣属，哪里能够被列于三王呢？经典赞美周文王，说他三分天下有其二，周朝王业在这时就已经开始显示征兆了。那些浅陋的俗儒和新学小生，不能够博采广综，围绕周文王是否应列于三王问题经常一起辩论，乃至于打笔墨官司。大王、王季，都是见于周武王追赠的封号，怎么能说古公亶父、季历生前已经称王呢？禹，是辅的意思，意谓禹辅佐接续帝舜，各种业绩盛大。帝尧以上的上古王者，他们的子孙凭借封国而兴起，功德日渐兴盛，因此为他们的先人制造种种美好舆论。舜、禹本来是以平民身份砥砺品行而扬名天下，升为天子，即使是给他们制定谥号，还不如舜、禹的名字来得著名，因此文献就直称其名了。《尚书》说："有个单身汉在民间叫虞舜"，"都说伯禹"，"禹平治水土"，都是直称舜、禹的名字。汤，是攘除、昌盛的意思，意思是说商汤攘除不轨暴行，将亳改为商都，成就殷商王道，天下兴旺繁盛。周文王、周武王都是根据他们的历史建树而制定谥号的。独掌国政的人被称为王，能够决策制断的人被称为王，掌握生杀威权的人被称为王，王，是往的意思，意谓为天下人民所归往。

五伯

《春秋》说[①]，齐桓、晋文、秦缪、宋襄、楚庄是五伯也[②]。

【注释】

①《春秋》：编年体史书。相传为孔子据鲁国史修订而成。所记起

于鲁隐公元年（前722），止于鲁哀公十四年（前481），凡二百四
十二年。叙事极简，用字寓褒贬，所谓"微言大义"。

②齐桓、晋文、秦缪、宋襄、楚庄是五伯：这是汉代《春秋》经师的说
法。此外还有其他说法：如《荀子·王霸》以齐桓、晋文、楚庄、阖
庐、勾践为春秋五霸，《白虎通义·号篇》以齐桓、晋文、秦穆、楚
庄、阖庐为春秋五霸。缪，一作"穆"。伯，通"霸"。

【译文】

《春秋》说，齐桓公、晋文公、秦缪公、宋襄公、楚庄王是春秋五霸。

　　谨按：《春秋左氏传》①：夏后太康②，娱于耽乐③，不循
民事④，诸侯僭差⑤；于是昆吾氏乃为盟主⑥，诛不从命，以尊
王室。及殷之衰也，大彭氏、豕韦氏复续其绪⑦，所谓王道废
而霸业兴者也。齐桓九合一匡⑧，率成王室⑨，责强楚之罪，
复青茅之贡⑩；晋文为践土之会⑪，修朝聘之礼⑫，纳襄克带⑬，
翼戴天子⑭。孔子称"民到于今受其赐"⑮。又曰："齐桓正
而不谲，晋文谲而不正⑯。"至于三国⑰，既无叹誉一言⑱。而
缪公受郑甘言，置戍而去⑲，违黄发之计，而遇殽之败⑳；杀贤
臣百里奚㉑；以子车氏为殉，《诗·黄鸟》之所为作㉒；故谥曰
"缪"㉓。襄公不度德量力㉔，慕名而不综实㉕，六鹢五石㉖，先
著其异㉗，覆军残身㉘，终为僇笑㉙。庄王僭号㉚，自下摩上㉛，观
兵京师，问鼎轻重㉜，恃强肆忿，几亡宋国，易子析骸，厥祸亦
巨㉝。皆无兴微继绝、尊事王家之功㉞。世之纪事者，不详察
其本末，至书于竹帛，同之伯功㉟，或误后生㊱，岂不暗乎㊲！

【注释】

①《春秋左氏传》：又称《左氏春秋》，简称《左传》。它的作者相传

是春秋末年鲁国人左丘明。在性质上,《左传》是解释《春秋》的著作,与《春秋公羊传》《春秋穀梁传》合称"《春秋》三传"。《左传》记事始于鲁隐公元年(前722),下至鲁哀公二十七年(前468),书末附鲁悼公四年(前463)晋知伯之亡事。记事详明,文笔生动,对后世史学与文学影响深远。

②夏后太康:夏朝第三位君主。《史记·夏本纪》载:"夏后帝启崩,子帝太康立。帝太康失国。"后,君。

③耽乐:沉溺于欢乐。

④循:修。

⑤僭差:僭越等级。

⑥昆吾氏乃为盟主:《国语·郑语》载史伯曰:"昆吾为夏伯矣。"韦昭注:"昆吾,祝融之孙,陆终第一子,名樊,为己姓,封于昆吾,昆吾卫是也。其后夏衰,昆吾为夏伯,迁于旧许。《传》曰:'楚之皇祖伯父昆吾,旧许是宅。'"昆吾氏,夏朝诸侯。夏衰,昆吾为夏伯,后为商汤所灭。

⑦大彭氏、豕韦氏复续其绪:大彭氏、豕韦氏再次接续夏伯昆吾氏的事业。《国语·郑语》载史伯曰:"大彭、豕韦为商伯矣。"韦昭注:"大彭,陆终第三子,曰籛,为彭姓,封于大彭,谓之彭祖,彭城是也。豕韦,彭姓之别封于豕韦者也。殷衰,二国相继为商伯。"

⑧齐桓:齐桓公,姜姓,吕氏,名小白,春秋前中期齐国君主,前685—前643年在位。九合:《论语·宪问》载孔子曰:"桓公九合诸侯,不以兵车。"齐桓公在位期间,多次召集诸侯会盟,成为当时实际政治领袖。一匡:指齐桓公确立周襄王的天子地位。《论语·宪问》载孔子曰:"管仲相桓公,霸诸侯,一匡天下。"匡,正。

⑨率:遵。成:辅成。王室:指当时走向衰微的东周王室。

⑩责强楚之罪,复青茅之贡:事在前656年。是年齐桓公率诸侯之师伐蔡,然后趁势伐楚。楚派人问其兴兵缘由,管仲对曰:"昔召

康公命我先君大公曰:五侯九伯,女实征之,以夹辅周室。赐我先君履,东至于海,西至于河,南至于穆陵,北至于无棣。尔贡包茅不入,王祭不共,无以缩酒,寡人是征;昭王南征而不复,寡人是问。"楚人对曰:"贡之不入,寡君之罪也,敢不共给?昭王之不复,君其问诸水滨。"青茅,即包茅,楚国特产植物,叶有三脊,其气芬香。用于祭祀时滤酒。《左传·僖公四年》对此事有详细记载。

⑪晋文:晋文公,姬姓,名重耳,春秋前中期晋国君主,前636—前628年在位。为践土之会:事在前632年。在践土之会上,周襄王策命重耳为侯伯,确认了晋文公的霸主地位。《左传·僖公二十八年》载:"甲午,至于衡雍,作王宫于践土。……丁未,献楚俘于王,驷介百乘,徒兵千。郑伯傅王,用平礼也。己酉,王享醴,命晋侯宥。王命尹氏及王子虎、内史叔兴父,策命晋侯为侯伯,赐之大辂之服,戎辂之服,彤弓一,彤矢百,玈弓矢千,秬鬯一卣,虎贲三百人。曰:'王谓叔父,敬服王命,以绥四国。纠逖王慝。'晋侯三辞,从命。曰:'重耳敢再拜稽首,奉扬天子之丕显休命。'受策以出,出入三觐。"践土,在今河南荥泽西。

⑫朝聘:古代礼仪,诸侯按期朝见天子。《左传·昭公三年》载子太叔曰:"文、襄之霸也,其务不烦诸侯。令诸侯三岁而聘,五岁而朝。"

⑬纳襄克带:前636年,周襄王胞弟王子带引狄人攻周,周襄王出奔郑国,向诸侯求救。前635年,晋文公派兵护送周襄王回到洛邑复位,杀死王子带。

⑭翼戴:拥戴。

⑮孔子称"民到于今受其赐":《论语·宪问》载孔子曰:"管仲相桓公,霸诸侯,一匡天下,民到于今受其赐。"孔子认为管仲辅佐齐桓公尊王攘夷,捍卫了先进的华夏文化,所以说华夏民众至今受到管仲、桓公的惠赐。

⑯齐桓正而不谲，晋文谲而不正：语出《论语·宪问》。齐桓公九合诸侯，一匡天下，都具有光明正大的理由。晋文公从归国即位到称霸诸侯，用尽了诡诈的权术。正，正大光明。谲，诡诈。

⑰三国：指五霸中的宋国、秦国、楚国。

⑱既无叹誉一言：孔子对宋、秦、楚没有说过一句赞叹称誉的话。

⑲缪公受郑甘言，置戍而去：事在前630年。据《左传·僖公三十年》载，秦晋两国伐郑，郑大夫烛之武夜见秦缪公，以"焉用亡郑以陪邻？邻之厚，君之薄也"，以及愿为秦之"东道主"打动秦缪公，秦国不仅立即撤兵，而且决定派兵保卫郑国，"秦伯说，与郑人盟，使杞子、逢孙、杨孙戍之，乃还"。缪公，秦缪公，又作"秦穆公"。嬴姓，名任好，前659—前621年在位，主要功业是称霸西戎。

⑳违黄发之计，而遇殽之败：前628年，秦缪公准备派兵偷袭郑国，秦国老臣蹇叔对此坚决反对，遭到秦缪公否决，后果在崤山遇到晋人伏击，全军覆没。《左传·僖公三十二年》载："穆公访诸蹇叔。蹇叔曰：'劳师以袭远，非所闻也。师劳力竭，远主备之，无乃不可乎？师之所为，郑必知之。勤而无所，必有悖心。且行千里，其谁不知？'公辞焉。"黄发，老人。盖人老之后，头发由白变黄。《尚书·秦誓》："虽则云然，尚犹询兹黄发，则罔所愆。"此指老臣蹇叔，据说他当时已有八十余岁。

㉑杀贤臣百里奚：秦缪公杀百里奚之事，未见文献记载。百里奚，又作百里傒，秦缪公时期名臣。《史记·秦本纪》载："五年，晋献公灭虞、虢，虏虞君与其大夫百里傒，以璧马赂于虞故也。既虏百里傒，以为秦缪公夫人媵于秦。百里傒亡秦走宛，楚鄙人执之。缪公闻百里傒贤，欲重赎之，恐楚人不与，乃使人谓楚曰：'吾媵臣百里傒在焉，请以五羖羊皮赎之。'楚人遂许与之。当是时，百里傒年已七十余。缪公释其囚，与语国事。谢曰：'臣亡国之臣，何足问！'缪公曰：'虞君不用子，故亡，非子罪也。'固问，语三日，缪

公大说,授之国政,号曰五羖大夫。"

㉒以子车氏为殉,《诗·黄鸟》之所为作:《史记·秦本纪》载:"三
　　十九年,缪公卒,葬雍。从死者百七十七人,秦之良臣子舆氏三人
　　名曰奄息、仲行、铖虎,亦在从死之中。秦人哀之,为作歌《黄鸟》
　　之诗。"秦缪公死于前621年。《诗·黄鸟》,指《诗经·秦风·黄
　　鸟》。

㉓缪:谥号,名实相反为缪。

㉔襄公:宋襄公,子姓,宋氏,名兹甫,春秋时期宋国君主,前650—
　　前637年在位。不度德量力:语出《左传·隐公十一年》:"不度
　　德,不量力。"

㉕慕名而不综实:慕霸主虚名,而不考虑宋国综合实力。前639年,
　　宋襄公在鹿地会盟诸侯,被楚成王俘获。前638年,宋楚泓水之
　　战爆发,宋襄公战败受伤,不久因伤重去世。这些都是宋襄公不
　　度德量力、慕虚名而就实祸的例子。

㉖六鹢(yì)五石:语出《春秋公羊传·僖公十六年》:"十有六年,
　　春,王正月,戊申朔,陨石于宋,五。是月,六鹢退飞过宋都。"鹢,
　　一作"鶂",一种水鸟。

㉗先著其异:《汉书·董仲舒传》载董仲舒对策曰:"国家将有失道
　　之败,而天乃先出灾害以谴告之,不知自省,又出怪异以警惧之,
　　尚不知变,而伤败乃至。"汉代经师认为,自然灾异是对君主失政
　　的警示。

㉘覆军残身:在宋楚泓之战中,宋师大败,宋襄公本人也被楚人射伤
　　大腿。

㉙僇(lù)笑:羞辱嘲笑。

㉚庄王:楚庄王,芈姓,熊氏,名旅,春秋时期楚国国君,前613—前
　　591年在位。僭号:楚国为子爵,楚庄王却称王,这是僭越名号。

㉛自下摩上:意谓以下犯上。摩,迫近。

㉜观兵京师，问鼎轻重：《左传·宣公三年》载："楚子伐陆浑之戎，遂至于洛，观兵于周疆。定王使王孙满劳楚子。楚子问鼎之大小轻重焉。"鼎是国家政权的象征，楚庄王问鼎之轻重，暴露了他取代周室的政治野心。观兵，显耀武力。

㉝"恃强肆忿"几句：前595年，楚庄王派申舟出使齐国，路经宋国时没有向宋国借道，被宋人杀死。楚庄王大怒，派兵围宋达九个月之久，差一点将宋国灭亡。恃强肆忿，倚仗国力强大，肆意地发泄忿恨。易子析骸，《左传·宣公十五年》载："宋人惧，使华元夜入楚师，登子反之床，起之，曰：'寡君使元以病告，曰：敝邑易子而食，析骸以爨。虽然，城下之盟，有以国毙，不能从也。去我三十里，惟命是听。'子反惧，与之盟，而告王。"易子，民众不忍心吃自己的孩子，互相换孩子吃。析骸，拆下死人枯骨当柴烧。厥祸亦巨，其祸甚大。

㉞兴微继绝：《论语·尧曰》："兴灭国，继绝世。"意谓恢复被灭亡的国家，接续已断绝的贤人后代。

㉟同之伯功：将宋襄公、秦缪公、楚庄王与齐桓公、晋文公相提并论。

㊱或：通"惑"。

㊲暗：昏暗不明。

【译文】

谨按：据《春秋左氏传》记载，夏朝君主太康，沉溺于游乐之中，不问民事，导致他手下的诸侯僭越名分；于是昆吾氏被推为诸侯盟主，诛讨那些不听从王命的诸侯，以此尊崇夏王室。到殷商王朝衰落的时候，大彭氏、豕韦氏重新延续昆吾氏的盟主遗业，这就是人们所说的王道衰废而霸业兴盛。齐桓公九合诸侯一匡天下，遵循旧制辅成东周王室，问责强楚不向王室进贡青茅之罪，迫使楚国恢复青茅之贡；晋文公举行践土会盟，修复诸侯向东周王室朝聘的礼仪，派兵护送周襄王恢复王位，杀死僭位的王子带，拥戴东周天子。孔子说"民众一直到今天仍然蒙受齐桓公和管仲的恩赐"。孔子又说："齐桓公正派而不诡诈,晋文公诡诈而不正派。"至于宋、秦、楚三国,孔子对他们没有发表过一句赞叹称誉的话。秦缪公接受郑国烛之武的建言,转而替郑国设卫防守,然后撤兵;不听黄发老臣蹇叔之计,以致遭遇崤山之败;杀死贤臣百里奚;死后以子车氏三良殉葬,《诗经·秦风·黄鸟》就是为此而作;因此被人赠以"缪"的谥号。宋襄公不考虑自己的道德名望和宋国国力,仰慕霸主虚名而不顾宋国综合实力,六只水鸟退飞,天上坠下五块陨石,上天事先已经以灾异警示,结果宋军覆灭,宋襄公大腿被射伤,最终被人羞辱嘲笑。楚庄王僭越名号私自称王,以下犯上,在东周京师洛邑显耀武力,探问周鼎轻重;倚仗国力强大,肆意地发泄忿恨,差一点灭亡宋国,造成宋人互相换孩子吃,拆下死人枯骨当柴烧,造成的祸害够大了。宋、秦、楚都没有兴灭国、继绝世、尊事王家的功绩。世上纪事的史官,不去详细地考察事件的本末,把宋襄公、秦缪公、楚庄王书写在竹帛之上,认为他们的功劳与霸主相同,这会迷惑、误导后生,难道不是昏暗的行为吗?

　　伯者,长也,白也①,言其咸建五长②,功实明白也③。或曰:霸者,把也,驳也④,言把持天子政令,纠率同盟也⑤。桓公问管仲⑥:"吾何君也?"对曰:"狄困于卫,复兵不救,须灭乃往存之⑦,仁不纯,为霸君也⑧。"盖三统者⑨,天地人之始,道之大纲也;五行者⑩,品物之宗也⑪。道以三兴,德以五成。故三皇、五帝、三王、五伯。至道不远⑫,三五复反,譬若循连镮⑬,顺鼎耳⑭,穷则反本,终则复始也⑮。

【注释】

①"伯者"几句:《礼记·曲礼下》:"五官之长曰伯。"

②咸建五长:诸侯五国立贤者一人为方伯,谓之五长。

③功实明白:功效明白无误。

④"霸者"几句:《荀子·王霸》:"粹而王,驳而霸。"《白虎通义·号篇》:"霸犹迫也,把也,迫胁诸侯,把持其政。"

⑤纠率同盟:召集并率领参与会盟的诸侯。

⑥管仲:姬姓,管氏,名夷吾,字仲,谥敬,春秋前中期齐桓公国相,辅佐齐桓公称霸,开辟春秋霸主政治新局面。

⑦"狄困于卫"几句:前660年,狄人攻卫,杀卫懿公,当时齐桓公并未出兵相救,狄人灭卫。直到前658年,齐桓公才率诸侯伐狄救卫,为卫国修筑楚丘城,立卫文公燬。复兵,《尚书中候》写作"案兵"。须灭,等待卫国被狄人灭亡。

⑧仁不纯,为霸君也:以仁德服人曰王,以武力服人曰霸。齐桓公等到卫国覆灭之后才去拯救,这说明他的仁德之心不够纯粹,只能称之为霸君。

⑨三统:有各种解释:或以天、地、人为三统,或以二王之后与本朝为三统。按,汉人所说的三统有特定的内涵,应该是《春秋》公羊学派所阐发的白、赤、黑三统,即每个朝代都有一"统",受之于天,朝代更替,系白、赤、黑三统循环,得到哪一"统",社会的礼乐、正朔、服色等都得按本"统"的规定办理。

⑩五行:金、木、水、火、土。

⑪品物之宗:各种事物构成的根本元素。

⑫至道:最高的道理。

⑬镮:环。泛指圆圈形物体。

⑭顺鼎耳:鼎有两耳,顺沿鼎耳抚摸,最终都会回到起点。

⑮穷则反本,终则复始:《史记·高祖本纪》:"三王之道若循环,终而复始。"

【译文】

伯的意思,是首长,是明白,是说每五个诸侯都要立一个首长,称为五长,伯的功效是明白无误的。有人说,霸的意思,是把持,是驳杂不纯,是说把持天子政令,召集统率参与会盟的诸侯。齐桓公问管仲说:"我是什么样的君主?"管仲回答说:"狄人围困卫国,您按兵不救,等到卫国灭亡之后才去救亡,您的仁心不够纯粹,只能称为霸君。"赤、白、黑三统,是天地人的开始,也是道的大纲;金、木、水、火、土五行,是各类事物构成的根本元素。道因三而兴,德因五而成。因此才有三皇、五帝、三王、五伯之称。最高的道理并不遥远,它就在三五循环往复之中,譬如循迹连环,顺沿鼎耳,走到尽头又返回到始点,终点又意味着重新开头。

六国

楚之先,出自帝颛顼①。其裔孙曰陆终②,娶于鬼方氏③,是谓女溃④,盖孕而三年不育,启其左胁⑤,三人出焉⑥,启其右胁,三人又出焉⑦;其六曰季连,是为芈⑧。其后有鬻熊子⑨,为文王师。成王举文、武勤劳⑩,而封熊绎于楚⑪,食子男之采⑫,其十世称王⑬。怀王信任佞臣上官、子兰⑭,斥远忠臣⑮;屈原作《离骚》之赋⑯,自投汨罗⑰。王因为张仪所欺,客死于秦⑱。到王负刍⑲,遂为秦所灭。百姓哀之,为之语曰:"楚虽三户,亡秦必楚⑳。"自颛顼至负刍六十四世,凡千六百一十六载。

【注释】

①楚之先,出自帝颛顼:《史记·楚世家》载:"楚之先祖出自帝颛顼高阳。高阳者,黄帝之孙,昌意之子也。高阳生称,称生卷章,卷章生重黎。重黎为帝喾高辛居火正,甚有功,能光融天下,帝喾命曰祝融。共工氏作乱,帝喾使重黎诛之而不尽。帝乃以庚寅日诛

重黎，而以其弟吴回为重黎后，复居火正，为祝融。"

②裔孙：后代子孙。《史记·楚世家》："吴回生陆终。"

③鬼方氏：上古西北少数民族，《汲冢周书》《周易》《山海经》《古本竹书纪年》《史记·殷本纪》和出土的《小盂鼎》以及商周甲骨卜辞均载有鬼方事迹。

④渍：原作"渍"，王利器据诸说认为当作"渍"，今据改。

⑤胁：从腋下至肋骨尽处。

⑥三人出焉：据《史记·楚世家》，此三人为昆吾、参胡、彭祖。

⑦三人又出焉：据《史记·楚世家》，此三人为会人、曹姓、季连。《史记正义》载："陆终娶鬼方氏之妹，谓之女嬇，产六子，孕而不毓，三年，启其右胁，六人出焉。"所说与《风俗通义》不同。

⑧芈（mǐ）：姓。

⑨鬻（yù）熊子：《史记·楚世家》载："周文王之时，季连之苗裔曰鬻熊。鬻熊子事文王，蚤卒。"《汉书·艺文志》诸子略道家类著录《鬻子》二十二篇，班固自注："名熊，为周师，自文王以下问焉，周封为楚祖。"子，古代对男子的美称。

⑩成王举文、武勤劳：《史记·楚世家》写作"成王之时，举文、武勤劳之后嗣"，意为周成王推举周文王、周武王时期勤劳王家者的后代子孙。举，推举。

⑪封熊绎于楚：《史记·楚世家》载："熊绎当周成王之时，举文、武勤劳之后嗣，而封熊绎于楚蛮，封以子男之田，姓芈氏，居丹阳。楚子熊绎与鲁公伯禽、卫康叔子牟、晋侯燮、齐太公子吕伋俱事成王。"熊绎，芈姓，熊氏，名绎，鬻熊曾孙，楚国始封君。

⑫采：采邑，古代卿大夫的封地。

⑬十世称王：熊绎十世之后，至楚武王称王。

⑭怀王：战国中后期楚国君主，芈姓，熊氏，名槐，前328年—前299年在位，在他的统治时期，楚国由盛转衰。上官：怀王时期楚国大

夫。《史记·屈原贾生列传》载上官大夫向楚怀王进谗,楚怀王因此疏远屈原。子兰:楚怀王稚子,顷襄王之弟,顷襄王即位后,以子兰为令尹。

⑮斥远:排斥,疏远。忠臣:指屈原。

⑯屈原作《离骚》之赋:《史记·屈原贾生列传》载:"屈平疾王听之不聪也,谗谄之蔽明也,邪曲之害公也,方正之不容也,故忧愁幽思而作《离骚》。"屈原,战国时期楚国诗人。芈姓,屈氏,名平,字原。早年受楚怀王信任,任左徒之职,后遭谗被疏。

⑰自投汨罗:前278年,屈原自投汨罗江而死。汨罗,水名。源出湖南平江,流经汨罗,在湘阴流入洞庭湖。

⑱王因为张仪所欺,客死于秦:《史记·屈原贾生列传》载:张仪先以送给楚国商於之地六百里为条件,换取楚国与齐国绝交,待楚齐绝交后又出尔反尔,不给楚国土地。楚秦交恶,几次大战,楚国均失败,损兵折将,丧失了大片土地。后秦楚关系缓和,秦昭王欲与楚怀王相会,怀王赴会,秦扣押怀王以求割地,怀王不听,终客死于秦。按,楚怀王受张仪欺骗与其入秦是两件事,并不是因受张仪欺骗而入秦。

⑲负刍:楚国末代君主,芈姓,熊氏,名负刍,前228—前223年在位。前223年,秦灭楚。

⑳楚虽三户,亡秦必楚:语出《史记·项羽本纪》,为楚国南公之言。三户,三户人家。有人将"三户"解释为楚国屈、景、昭三大姓氏。也有人将"三户"解释为"三户津",该津在今河北磁县漳水之上,前207年,项羽领兵渡三户津,与秦兵决战。

【译文】

楚国的祖先,出自古帝颛顼。颛顼的后代子孙叫陆终,他从鬼方氏娶妻,叫做女溃。女溃怀孕三年,却不能分娩,于是剖开她左胁,取出昆吾、参胡、彭祖三人,又剖开她的右胁,取出会人、曹姓、季连三人。第六子叫季连,他是芈姓始祖。季连后人中有个鬻熊,曾经为周文王师。周成王推举周文王、周武王时期勤劳王家者的后代,将鬻熊后人熊绎封在楚地,让他食子男爵位的采邑,熊绎后十世开始称楚王。楚怀王宠信奸臣上官大夫和子兰,排斥疏远屈原等忠臣;屈原创作了《离骚》赋,自投汨罗江而死。楚怀王由于被张仪所欺,客死在秦国。到了末代楚王负刍,楚国被秦国所灭。老百姓为楚亡而悲哀,发出豪言壮语说:"楚国即使只剩下三户人家,灭亡秦国的也必然是楚人。"从颛顼到负刍一共是六十四代,共一千六百一十六年。

燕召公奭[1],与周同姓;武王灭纣,封召公于燕;成王时[2],入据三公[3],出为二伯[4],自陕以西,召公主之[5],当农桑之时,重为所烦劳[6],不舍乡亭[7],止于棠树之下[8],听讼决狱,百姓各得其所。寿百九十余乃卒[9]。后人思其德美,爱其树而不敢伐,《诗·甘棠》之所作也[10]。九世称侯[11],八世称公[12],十世称王[13]。到王喜[14],为秦所灭。燕外迫蛮、貊[15],内笮齐、晋[16],崎岖强国之间[17],最为弱小,几灭者数矣[18];然社稷血食者八九百载[19],于姬姓独后亡[20]:非盛德之遗烈[21],岂其然乎?

【注释】

①燕召公奭:姬姓,名奭,辅佐周武王灭商,受封于蓟(今北京西南),建立燕国。他派长子姬克管理燕国,自己仍留在镐京辅佐朝廷。因采邑于召(今陕西岐山西南),故称召公。按,召公所立燕国是北燕,此外还有南燕,为姞姓之国,其地在郑、卫之间。

②成王:周成王,周武王之子,姬姓,名诵,为西周第二任君主。

③入据三公:指燕召公在成公朝内为太保。入,在朝。三公,太保、太傅、太师为西周三公。

④出：出朝。二伯：《礼记·王制》："八伯各以其属,属于天子之老二人,分天下以为左右,曰二伯。"

⑤自陕以西,召公主之：《春秋公羊传·隐公五年》："自陕而东者,周公主之;自陕以西者,召公主之。"何休注："陕者,盖今弘农陕县也。"陕,陕县,今河南三门峡市西旧陕县。

⑥重：难,不愿意。所：衍文。烦劳：麻烦,有劳。

⑦舍：休息,停留。乡亭：汉代十里一亭,为行旅之人停留歇息之处。

⑧止：停留。棠树：白棠,又叫棠梨。

⑨寿百九十余乃卒：《论衡·气寿》说召公活到一百多岁。按,活一百九十多岁,古今无有,故此处"寿百九十余"可理解为召公活到百岁,或九十多岁。

⑩《诗·甘棠》之所作：《史记·燕召公世家》载："召公之治西方,甚得兆民和。召公巡行乡邑,有棠树,决狱政事其下,自侯伯至庶人各得其所,无失职者。召公卒,而民人思召公之政,怀棠树不敢伐,歌咏之,作《甘棠》之诗。"这是汉代经师对《诗经·召南·甘棠》的解说。

⑪九世称侯：召公九世孙燕惠侯开始称侯。《史记·燕召公世家》："自召公已下九世至惠侯。"

⑫八世称公：燕惠侯八世孙燕庄公开始称公。

⑬十世称王：前323年,燕易王开始称王。按,从燕庄公到燕易王,燕国共历二十公,此处说"十世称王",有误。

⑭王喜：燕国末代君主,名喜。前222年,秦灭燕。

⑮迫：逼近。蛮、貊：此处指北方少数民族。

⑯内笮（zé）齐、晋：对内被齐、晋所挤压。笮,挤压。

⑰崎岖：本指道路陡峭不平,此处喻指燕国处境艰难。

⑱几灭：差一点被消灭。数：数次。

⑲社稷血食：国家祭祀香火不断。社稷,土神和谷神,用以指代国

家。血食，古代祭祀要杀牲。

⑳于姬姓独后亡：在姬姓诸侯国中，最后灭亡的是卫国。此处说燕
　国最后亡国，是为了突出燕国国祚绵长。

㉑遗烈：遗留的功业。

【译文】

　　燕召公姬奭，与周人同为姬姓；周武王伐灭殷纣王，将召公封于燕地；周成王时期，召公入朝据三公之位，出朝为二伯之一，自陕县以西，由召公主政。在农桑时节，召公不愿意烦劳百姓，不在乡亭歇息，而是停留在棠树之下，处理诉讼，决断狱案，百姓各得其所。召公活到百岁或九十多岁才去世。后人思念召公美德，爱惜棠树而不敢砍伐，《诗经·召南·甘棠》就是为此而作。召公九世孙称侯，称侯之后八世称公，称公十几世之后称王。到末代燕王姬喜，燕国才被秦国所灭。燕国对外与少数民族地区接壤，对内被齐、晋大国挤压，处于强国逼压之间，国力最为弱小，几次差一点被灭国；然而江山社稷延续了八九百年，在姬姓诸侯国中最后灭亡，如果不是召公盛德的功业，怎么能做到这样呢？

　　韩之先，与周同姓①。武子事晋献公②，封于韩原③，因以为姓。韩厥因卜者之繇④，陈成季之功⑤，绍赵氏之孤⑥，建程婴之义⑦，为晋名卿，实天所相⑧。其四代，始与赵、魏俱得列为诸侯矣⑨。五世称王⑩，到王安⑪，为秦所灭⑫。

【注释】

①与周同姓：韩人是周武王的后裔，姬姓。

②武子：姬姓，韩氏，名万，"武"是韩万的谥号。晋献公：春秋前中
　期晋国君主，姬姓，名诡诸，前677年—前651年在位，史称其"并
　国十七，服国三十八"。

③韩原:春秋时期晋地,在今陕西韩城南。

④韩厥因卜者之繇(zhòu):《史记·韩世家》载:"晋景公十七年,病,卜大业之不遂者为祟。韩厥称赵成季之功,今后无祀,以感景公。"韩厥,韩万第四世孙,晋景公之卿。繇,卜辞。

⑤陈:陈述。成季:晋文公名臣赵衰的谥号。赵衰是公子重耳流亡诸国时期的主要随从,重耳归国即位,即晋文公,赵衰又辅佐晋文公称霸诸侯。

⑥绍:接续。赵氏之孤:指赵武。晋景公三年(前597),大夫屠岸贾诛灭赵朔、赵同、赵括、赵婴齐之族。赵朔妻是晋成公之姊,她逃到晋君官中避难,生下遗腹子赵武。关于韩厥续赵孤一事,《史记·赵世家》载:"景公问:'赵尚有后子孙乎?'韩厥具以实告。于是景公乃与韩厥谋立赵孤儿,召而匿之官中。诸将入问疾,景公因韩厥之众以胁诸将而见赵孤。赵孤名曰武。……于是召赵武、程婴遍拜诸将,遂反与程婴、赵武攻屠岸贾,灭其族。复与赵武田邑如故。"

⑦建:建立,成就。程婴之义:据《史记·赵世家》载:屠岸贾诛灭赵氏时,赵朔有遗父子赵武藏在官中,屠岸贾欲除之以绝后患。赵朔的门客程婴、公孙杵臼将赵武藏匿于山中。公孙杵臼为保护赵武而死,程婴假装投靠屠岸贾,用其他小儿代替赵武给屠岸贾杀掉,保存了赵家血脉,抚养其长大,直至韩厥灭屠岸贾,赵武继承了赵氏家业。程婴则自杀以谢公孙杵臼,并报答赵朔。

⑧实:表示强调的副词。相:扶助。

⑨其四代,始与赵、魏俱得列为诸侯:韩景侯六年(前403),韩与赵、魏同时立为诸侯。据《史记·韩世家》,韩献子生韩宣子,韩宣子生韩贞子,韩贞子生韩简子,韩简子生韩庄子,韩庄子生韩康子,韩康子生韩武子,韩武子生韩景侯。此处说韩厥后四世为侯,有误。

⑩五世称王：韩景侯之后，历韩列侯、韩文侯、韩哀侯、韩懿侯、韩昭
　侯五世，到韩宣惠王称王。

⑪王安：韩国末代君主，姬姓，韩氏，名安。

⑫为秦所灭：前230年，秦灭韩。按，《风俗通义》以韩厥存赵孤的阴
　德来解释韩立国原因，这一思想源自《史记·韩世家》所载太史
　公曰："韩厥之感晋景公，绍赵孤之子武，以成程婴、公孙杵臼之
　义，此天下之阴德也。韩氏之功，于晋未睹其大者也。然与赵、魏
　终为诸侯十余世，宜乎哉！"

【译文】

韩国的祖先，与周人同为姬姓。韩武子事奉晋献公，被献公封在韩
原，因此韩武子以韩作为姓氏。韩厥借占卜者的卜辞，陈述赵衰的功绩，
使赵氏孤儿接续祖先基业，成就程婴的大义，由此成为晋国著名卿大夫，
这实在是上天扶助韩氏啊。韩厥以后第四代，开始与赵、魏一起俱得列为
诸侯。称侯以后过了五世，韩氏称王，到了末代韩王安，被秦国所灭。

　　魏之先，毕公高之后也①。毕公与周同姓②，武王灭纣，
封高于毕，因以为姓。其裔孙曰毕万，事晋献公；献公伐魏，
灭之③，以封万。卜偃曰④："毕万之后必大⑤。万，盈数⑥；
魏，大名也⑦。天子曰兆民⑧，诸侯曰万民⑨。今名之大，以从
盈数，以是有众⑩，不亦宜乎？"其六世称侯⑪，侯之孙称王⑫，
到王假⑬，为秦所灭⑭。

【注释】

①毕公高：文王庶子。武王克殷，封高于毕，为西周三公。《尚书·周
　书·顾命》载周成王临终嘱托重臣，毕公为顾命大臣之一。毕，
　在今陕西咸阳东北。

②毕公与周同姓：毕公与周都是姬姓。

③献公伐魏，灭之：前661年，晋献公灭魏。魏，周成王所封的姬姓
　　诸侯国，故址在今山西芮城东北。

④卜偃：晋国占卜官员，姓郭名偃。

⑤大：强大。

⑥万，盈数：数从一至万为满。

⑦魏，大名：魏，与"巍"音近，故曰大名。

⑧天子曰兆民：天子的民众称为"兆民"。

⑨诸侯曰万民：诸侯的民众称为"万民"。

⑩以是：因此。有众：拥有民众。

⑪六世称侯：魏文侯二十二年（前403）被列为诸侯，文侯是毕万十
　　世孙，此处说"六世称侯"，有误。

⑫侯之孙称王：魏文侯生魏武侯，魏武侯生魏惠侯。魏惠侯在周显
　　王二十五年（前344）改侯称王。

⑬王假：魏国末代君主，姬姓，魏氏，名假，前227—前225年在位。

⑭为秦所灭：秦灭魏是在前225年。

【译文】

　　魏国的祖先，是毕公高的后裔。毕公高与周同为姬姓，周武王灭纣，将高封在毕地，高因此以毕为姓。毕公高后裔子孙叫毕万，事奉晋献公；晋献公征伐魏国，将其消灭，把魏国封给毕万。晋国占卜官员郭偃说："毕万的后世子孙必定强大。万，是一个盈满之数；魏，是一个大名。天子的民众叫做兆民，诸侯的民众叫做万民。如今'魏'这个大名，加上'万'这个盈满之数，因此毕万后人拥有民众，不是很适宜吗？"毕万六世孙魏文侯始为诸侯，他的孙子称王，到魏王假，最终被秦国所灭。

　　赵之先，与秦同祖①。其裔孙曰造父②，幸于周穆王③，为御骅骝、骐耳之乘④，西谒西王母⑤，东灭徐偃王⑥，日驰千

里;帝念其功,赐以赵城⑦,因以为姓。子叔带始去周事晋⑧。其后,简子地过于诸侯⑨,权重于晋君。

【注释】

① 与秦同祖:《史记·秦本纪》载:"秦之先,帝颛顼之苗裔孙,曰女脩。女脩织,玄鸟陨卵,女脩吞之,生子大业。"大业即是秦、赵的共同始祖。大业的后代蜚廉有二子,一曰恶来革,其后代为秦,嬴姓;一曰季胜,其后代为造父,即赵氏之祖。

② 裔孙:后代子孙。造父:西周时人,善于驾车。

③ 幸:宠幸,此处用作被动词。周穆王:姬姓,名满,西周第五代君王。他多次征伐四夷,尤其爱好巡游天下,汉代小说《穆天子传》记载了他的传奇故事。

④ 御:驾驭。骅骝、骐耳:骏马名。传说造父从桃林地区为周穆王挑选了骅骝、骐耳、盗骊、赤骥、白义、渠黄、俞仑、山子八匹骏马。乘:车驾。

⑤ 西王母:神话中的西方神仙。《竹书纪年》载:"穆王十七年西征,于昆仑丘见西王母。"《穆天子传》亦载"穆王与西王母觞于瑶池之上"。

⑥ 徐偃王:东方徐国君主。徐国在今江苏泗洪南。《史记·赵世家》载徐偃王反叛,周穆王灭徐偃王。但《韩非子·五蠹》说徐偃王被楚文王所灭,与《史记》《风俗通义》说法不同。

⑦ 赵城:在今山西洪洞北。

⑧ 子叔带:《史记·赵世家》载:"自造父已下六世至奄父,……奄父生叔带。"据此叔带是造父七世孙。

⑨ 简子:春秋末年晋国六卿之一,赵姓,名鞅,一名志父,"简子"是赵鞅的谥号。地过于诸侯:赵简子名为晋卿,但他的采邑面积比诸侯国土还要大。

【译文】

赵国的祖先名叫大业，大业同时也是秦国的始祖。大业的后裔子孙叫造父，被周穆王所宠幸，他替周穆王驾御骅骝、騄耳等骏马拉的车驾，向西谒见西王母，向东消灭徐偃王，日行千里；周穆王念造父驾车之功，将赵城赐给造父，造父于是以赵为姓。造父七世孙叔带开始离开周室，事奉晋国。后来赵简子食邑之地面积超过诸侯，权力比晋君还要大。

简子疾，五日，不知人①；大夫皆惧，呼医扁鹊视之②。出，董安于问扁鹊③，曰："血脉治也④，勿怪⑤。昔秦穆公尝如此，七日而寤⑥，寤之日，告公孙支与子舆曰⑦：'我之帝所⑧，甚乐。吾所以久者，适有学也⑨。帝告我：晋国且大乱⑩，五世不安⑪，其后将霸⑫，未老而死⑬；霸者之子且令国男女无别⑭。'公孙支书而藏之，秦策于是出⑮。夫献公之乱⑯，文公之霸⑰，而襄公之败秦师于殽⑱，而归纵淫⑲：此子之所闻。今主君之病与之同⑳，不出三日，病必间㉑，有言也㉒。"

【注释】

①不知人：不省人事。

②扁鹊：春秋战国之际名医。秦姓，名越人，《史记·扁鹊仓公列传》载其事迹。

③董安于：赵简子家臣。

④血脉治也：血脉正常。治，正常。

⑤勿怪：不要大惊小怪。

⑥寤：省悟。

⑦公孙支：秦国大夫。子舆：秦国大夫，清人梁玉绳认为子舆就是《诗经·秦风·黄鸟》中咏唱的子车氏。

⑧之：到。帝所：上帝住所。

⑨适：正好。有学：有所学，指学到新的东西。

⑩且：将要。

⑪五世不安：指晋献公宠幸骊姬，废太子申生而立奚齐，引发献公、奚齐、卓子、惠公、怀公五世政局动荡不安。

⑫其后将霸：指晋文公重耳称霸。

⑬未老而死：据《史记·晋世家》，重耳出逃时四十三岁，在外流亡十九年，归国即位时六十二岁，在位七年，死时已经六十九岁，在当时已属高龄。而据《国语·晋语四》，重耳出亡时只有十七岁，流亡十九年，回国时是三十六岁，去世时才四十四岁，可以说"未老"。

⑭霸者之子：指晋文公之子晋襄公，姬姓，名欢。男女无别：指男女淫乱。

⑮秦策于是出：《史记·赵世家》写作"秦谶于是出矣"，据此，"秦策"即"秦谶"。谶是一种预言吉凶的隐语或图记。

⑯献公之乱：晋献公因宠爱骊姬，废太子申生，引起晋国政局长期动乱。

⑰文公之霸：晋文公重耳在城濮之战中打败楚国，成为继齐桓公之后第二位春秋霸主。

⑱襄公之败秦师于殽：前627年，秦师千里偷袭郑国，晋襄公在秦师必经之道崤山伏击秦人，秦师全军覆没。殽，殽山，今作崤山。在今河南洛宁北。

⑲纵淫：放纵淫乱。按，晋襄公纵淫之事不见于《左传》，《史记·赵世家》首载此事，不知太史公何据。

⑳主君：这是春秋战国之际人们对那些位高权重的卿士大夫的称呼。赵简子此时地广于诸侯，权重于晋君，故扁鹊以"主君"称之。

㉑间：指病情好转。

㉒有言：有类似于秦穆公当年的谶言。

【译文】

赵简子生病,接连五日,不省人事;晋国大夫都非常害怕,叫名医扁鹊前来为赵简子看病。扁鹊从病房出来,家臣董安于问扁鹊,扁鹊回答说:"血脉正常,不要大惊小怪。从前秦穆公曾经如此,他昏迷七日之后醒过来,醒来那一天,秦穆公告诉大夫公孙支和子舆说:'我到上帝住所去了,非常快乐。我之所以这么久才醒来,是因为正好有东西可以学习。上帝告诉我:晋国将要大乱,五世动荡不安,然后晋国君主将会称霸,称霸者未老而死;称霸者的儿子将会让晋国男女关系混乱。'公孙支记下秦穆公的话,将其收藏起来,秦国谶语就这样产生了。晋献公造成的政局混乱,晋文公称霸诸侯,晋襄公在崤山打败秦师,获胜归来之后放纵淫乱:这些你们都是听说过的。如今主君的病与秦穆公相同,不出三日,主君病情必有好转,他会有类似于秦穆公当年的谶言。"

　　居二日半①,简子寤。语大夫曰②:"我之帝所乐,与百神游于钧天广乐于九奏万舞③,不类三代之乐④,其声动心。有一熊欲援我⑤,帝令我射之,中,熊死。有罴来⑥,我又射之,中,罴死。帝甚嘉之,赐我二笥⑦,皆有副⑧。吾见儿在帝侧⑨,属我翟犬⑩,曰:'及汝子之壮也,以赐之。'帝告我:'晋国且衰,七世而亡,嬴姓将大⑪,败周人于范魁之西⑫,亦不能有也⑬。'"董安于受言而藏之⑭。以扁鹊之言告简子,赐扁鹊田四万亩。

【注释】

①居:过了。

②语:告诉。

③钧天广乐:上天盛大的乐舞。《文选·西京赋》:"昔者,大帝说秦

穆公而觐之，飨以钧天广乐。"李善注引虞喜《志林》曰："秦穆公梦天帝奏钧天广乐。"钧天，天的中央。《吕氏春秋·有始览》："中央曰钧天。"广乐，上天的音乐。于：衍文。九奏：多次演奏。万舞：古代舞蹈名。先是武舞，舞者手拿干戈兵器；后是文舞，舞者手拿鸟羽和乐器。

④类：类似。三代之乐：指上古三代雅乐。

⑤援：拉扯，扑向。

⑥罴（pí）：熊的一种，也叫马熊或人熊。熊、罴隐喻日后被赵简子所灭的范氏、中行氏。

⑦笥（sì）：盛放东西的方形竹器。此处二笥可能用来盛放策书。

⑧副：竹书的副本。

⑨儿：小孩。此处隐喻赵简子之子，即后来的赵襄子。

⑩属我翟犬：上帝赐赵简子以翟犬，可能隐喻日后赵襄子消灭代国。翟犬，北方猎犬。翟，同"狄"。

⑪嬴姓：指秦国。大：强大。

⑫败周人于范魁之西：史实不详。按，嬴姓在范魁之西打败周人，可能隐喻秦国吞并东西二周。

⑬不能有：暗示秦朝国祚不长。

⑭受言：指记下赵简子言论。

【译文】

过了两天半，赵简子醒过来。对大夫说："我到上帝住所很快乐，与天上百神观赏钧天广乐游乐，有多次万舞表演，天上乐舞不像下界的三代之乐，乐声激动人心。有一只熊扑向我，上帝命令我射熊，我射中了，熊被射死。又有一只罴向我扑来，我又射出一箭，又射中了，罴被射死。上帝对我非常赞许，赐给我两个盛放策书的竹笥，策书都有副本。我看见有一个小孩在上帝身边，上帝给我一只翟犬，说：'等你的儿子长大以后，把这只翟犬赐给他。'上帝告诉我：'晋国将要衰落，七世以后灭亡，赢姓将会强大起来，在范魁之西打败周人，但他们也不能保有江山。'"
董安于记下赵简子这些言论，将其收藏起来。董安于把扁鹊的话告诉赵
简子，赵简子赐给扁鹊四万亩田地。

他日，简子出，有人当道①，辟之不去②，从者将刃之③，
当道者曰："吾有欲谒于主君④。"从者以闻，简子召之，曰：
"嘻⑤，吾有所见子晰也⑥！"当道者曰："屏左右⑦，愿有以
谒⑧。"简子屏人。当道者曰："主君之病，臣在帝侧。"简子
曰："然。子之见我何为？"当道者曰："帝令主君射熊罴，皆
死。"简子曰："是且何也⑨？"当道者曰："晋国且大难，主君
首之⑩，帝令主灭二卿⑪，夫熊罴皆其祖也。"简子曰："帝赐
我二笥皆有副，何也？"当道者曰："主君之子，将克二国于
翟⑫，皆子姓也⑬。"简子曰："吾见儿在帝侧，属一翟犬，曰：
'及汝子之长以赐之。'夫儿何说以赐翟犬⑭？"当道者曰：
"儿，主君之子也，翟犬，代之先也⑮。主君之子，其必有代。
及主君之后嗣⑯，且有革政而胡服⑰，并二国于翟⑱。"简子问
其姓而延之以官⑲，当道者曰："臣野人，致帝命耳⑳。"遂不
见。无几㉑，范、中行作乱，简子灭之㉒，此熊之效应也。

【注释】

①当：阻挡。

②辟：驱赶。去：离开。

③从者：赵简子随从。刃：刺杀。

④谒：求见。

⑤嘻：惊异之声。

⑥吾有所见子晰也：我曾经清楚地见过你。有，犹"曾"。晰，明晰，

清楚。

⑦屏（bǐng）：使退避。

⑧愿有以谒：有话希望对你说。

⑨是且何也：这意味着将要发生什么呢。是，这，指赵简子射杀熊黑
之事。且，将要。

⑩首之：开头，指赵简子杀邯郸大夫午而引起范氏、中行氏讨伐。

⑪二卿：晋国六卿中的范氏、中行氏。

⑫克二国于翟：指赵襄子灭代国与知氏。

⑬皆子姓也：代国和知氏都是子姓，为殷商后裔。

⑭夫儿何说以赐翟犬：那个小孩为什么被上帝赐以翟犬。何说，《史
记·赵世家》写作"何谓"，意同"何为"，为什么。

⑮代之先：代人的先祖。

⑯后嗣：后世子孙，此处指赵武灵王。

⑰革政：改革政事。胡服：穿胡人的服装。胡人身穿短衣，骑马作
战，战斗力很强。赵武灵王推行胡服骑射政策，赵国因此强盛。

⑱并二国于翟：指赵武灵王吞并中山国和楼烦国。

⑲延：延请。

⑳致：传达。

㉑无几：不久。

㉒范、中行作乱，简子灭之：前497年，范氏、中行氏围攻赵氏，赵简
子经过近四年的较量，终于消灭了范氏、中行氏。

【译文】

另一天，赵简子出行，有一个人拦住道路，赶也赶不走，赵简子随从
想杀死拦路人，拦路人说："我想求见主君。"随从将拦路人的话告诉简
子，简子召来拦路人，一见面就说："哎呀，我曾经清楚地看见过您！"拦
路人说："请您摒除左右随从，我有话希望单独对您说。"赵简子摒除左
右。拦路人说："主君生病的时候，我就在上帝身边。"赵简子说："是的。

您为什么要见我？"拦路人说："上帝命令主君射熊罴，熊罴都被您射死了。"赵简子问："这意味着将要发生什么呢？"拦路人说："晋国将有大难发生，由主君开头，上帝命令主君消灭晋国二卿，熊、罴是他们的祖先。"赵简子问："上帝赐我两个竹筐都有副本，这是什么意思呢？"拦路人说："主君的儿子，将在翟地收服两个国家，他们都是子姓。"赵简子又问道："我看见一个小孩在上帝身边，上帝给我一只翟犬，说：'等你儿子长大以后赐给他。'上帝为什么要赐给那个孩子翟犬？"拦路人说："那个小孩，就是主君的儿子，翟犬，是代国的祖先。主君的儿子，将会拥有代国。到了主君的后世子孙，将会有政治改革，改穿胡人服装，在翟地吞并两个国家。"赵简子询问拦路人的姓名，想延请他做官，拦路人说："我是一个山野之人，只是来传达上帝命令而已。"说完拦路人就不见了。不久，范氏、中行氏作乱，赵简子消灭了他们，这就是赵简子在病中所看到的熊、罴的应验。

　　简子卒，无恤立，是为襄子。智伯攻襄子①，襄子奔保晋阳②，原过从③，后④，至王泽⑤，见三人，自带以上不可见⑥，与原过竹二节，莫通⑦，曰："为我以是遗赵无恤⑧。"原过既至，以告。襄子斋三日⑨，亲自剖竹，有朱书曰⑩："无恤，余霍太山阳侯天使⑪，三月丙戌⑫，余将使汝灭智氏，亦立我百邑⑬，余将使赐若林胡之地⑭；至于后世，且有伉王⑮，赤黑，龙面鸟噣⑯，须眉鬓髯⑰，大膺大胸⑱，修下而冯上⑲，左任介乘⑳，奄有河宗㉑，至于休溷、诸貉㉒，南伐晋别㉓，北灭黑姑㉔。"襄子再拜，受三神之令。

【注释】

①智伯攻襄子：前455年，智氏联合韩、魏两家攻打赵氏。智伯，晋国六卿之一，智氏，名瑶。智，亦作"知"。

②奔:逃奔。保:据守。晋阳:赵氏之邑,在今山西太原西南。

③原过:赵襄子家臣。

④后:落在后面。

⑤王泽:水泽名。在今山西新绛东南。

⑥自带以上不可见:《史记·赵世家》《论衡·纪妖》写作"自带以上可见,自带以下不可见"。由于三神要开口说话,应该露出上身,所以《史记》《论衡》所载更为合理。带,腰带。

⑦莫通:竹筒两端没有打通。

⑧以是:拿这个竹节。遗:送。

⑨斋:斋戒。

⑩朱书:用红色染料书写的字。

⑪霍太山:山名。在今山西霍县东南。天使:原作"大吏",王利器认为"天使"为春秋、战国时习言之神道,《史记·赵世家》亦作"天使"。今据改。

⑫三月丙戌:三月初八。

⑬立我百邑:在百邑之地为我立庙。百邑,地名。在霍太山之东。

⑭若:你。林胡:当时活动在今内蒙古一带的游牧民族。

⑮伉(kàng)王:强硬的君王,指赵武灵王。

⑯龙面:龙的面相。鸟属:《史记·赵世家》写作"鸟噣",鸟嘴。

⑰须眉:胡须眉毛。髯(rán):胡须浓密而长的样子。

⑱大膺大匈:宽阔的胸膛。膺,胸。匈,同"胸"。

⑲修下:下身修长。冯上:上身高大。冯,高。一说,短。

⑳左任介乘:指赵武灵王胡服骑射。左任,衣襟左开,这是胡人服饰。任,此通"衽"。介,甲,此处用作动词,披甲。乘,此处用作动词,骑马。

㉑奄有:全部占有。河宗:龙门以北的黄河两岸地区。

㉒休溷:北方少数民族,活动在今内蒙古河套地区。诸狢(hé):北

方各少数民族。貉，同"貊"。

㉓晋别：晋国其他城邑，指韩、魏。

㉔黑姑：北方少数民族。

【译文】

赵简子死后，其子赵无恤继承了卿位，这就是赵襄子。智伯进攻赵襄子，赵襄子逃奔到晋阳坚守。家臣原过跟随赵襄子，落在后面，到了王泽，看见有三个人，自腰带以上看不清楚，这三个人交给原过两节竹筒，竹筒两端都是封闭的，说："替我把这两节竹筒送给赵无恤。"原过赶上赵襄子，告诉他所遇之事。赵襄子斋戒三日，亲自剖开竹筒，里面有用朱红染料书写的文字："赵无恤，我是霍太山阳侯的天使，三月初八，我将使你消灭智氏，你在百邑为我立庙，我将把林胡之地赐给你；到了后世，赵国将有强硬的君王，长有红黑面孔，龙的面相，鸟的嘴巴，须眉浓密，胸膛开阔，下身修长，上身高大，衣襟左开，披甲骑马，他会拥有河宗地区，国界一直扩展到休溷、诸貉，向南征伐韩、魏，向北消灭黑姑。"赵襄子再拜，接受了霍太山三神的命令。

三国攻晋阳①，岁余，乃以汾水灌其城②，城不没者三板③。城中悬釜而炊④，易子而食⑤。张孟谈乃夜出见韩、魏，韩、魏反与合谋而灭智氏，共分其地⑥。于是赵北有代，南并知山⑦，遂祀三神于百邑⑧，使原过主霍太山⑨。至武灵王⑩，竟胡服骑射⑪，辟地千里⑫。到王迁⑬，信秦反间之言⑭，杀其良将李牧⑮，而任赵括⑯，遂为所灭。此童谣曰："赵为号⑰，秦为笑，以为不信，视地上生毛⑱。"

【注释】

①三国攻晋阳：前455年，智氏联合韩、魏两家攻打赵氏，赵襄子退

保晋阳，三家围攻晋阳。

②汾水：黄河第二大支流。源于今山西宁武管涔山麓，流经静乐、古交、太原、清徐、祁县、介休、霍州、洪洞、临汾、侯马，在河津附近汇入黄河。晋阳在汾水之侧。

③没：浸泡。板：筑墙用的夹板。每板高三尺。

④悬釜而炊：因为地上有水，所以只好把锅吊起来做饭。

⑤易子而食：父母不忍心吃自己的孩子，只好与他人换孩子吃。易，交换。

⑥"张孟谈乃夜出见韩、魏"几句：《战国策·赵策一》载："张孟谈于是阴见韩、魏之君曰：'臣闻唇亡则齿寒，今知伯帅二国之君伐赵，赵将亡矣，亡则二君为之次矣。'二君曰：'我知其然。夫知伯为人也，粗中而少亲，我谋未遂而知，则其祸必至，为之奈何？'张孟谈曰：'谋出二君之口，入臣之耳，人莫之知也。'二君即与张孟谈阴约三军，与之期日，夜遣张孟谈入晋阳。以报襄子，襄子再拜之。……使张孟谈见韩、魏之君曰：'夜期。'杀守堤之吏，而决水灌知伯军。知伯军救水而乱，韩、魏翼而击之，襄子将卒犯其前，大败知伯军而禽知伯。"张孟谈，赵襄子家臣。

⑦知山：《史记·赵世家》写作"知氏"。

⑧三神：即上文原过在王泽遇到的霍太山三神。

⑨主：主持祭祀。

⑩武灵王：名雍，赵肃侯之子，战国中后期赵国君主，前325—前298年在位。

⑪胡服：中原人服装特点是宽衣博带长袖，这种服装不利于作战，胡人服装特点是衣短袖窄，便于作战，因此赵武灵王决定改穿胡服。骑射：中原人习惯徒步作战，或乘战车作战，胡人则骑在马上射箭，这较之中原人作战方式更为灵活便利，因此赵武灵王决定改为骑射。胡服骑射极大地提升了赵国军队的战斗力。

⑫辟地千里：赵武灵王在位期间，吞并中山、楼烦等国，大大扩张了
　　国土面积。

⑬王迁：赵国末代君主，名迁，前235—前228年在位。

⑭信秦反间之计：《史记·赵世家》载冯王孙语曰："迁素无行，信
　　谗，故诛其良将李牧，用郭开。"

⑮李牧：战国后期赵国名将，长期居赵之北部边境，备御匈奴，曾大
　　破匈奴十余万骑。其后十余岁，匈奴不敢近赵边城。赵王迁三年
　　（前233），大败秦军于肥（今河北藁城西南），以功封武安君。后
　　因赵王中秦反间计，被斩。

⑯赵括：赵国名将赵奢之子。赵括熟读兵书，但缺乏战场经验，不懂
　　得灵活应变。前260年，秦赵在长平展开大战，由于赵括用兵不
　　当，导致赵国四十万士兵被杀。按，任用赵括是赵孝成王，不是赵
　　王迁。

⑰号：号哭。

⑱视地上生毛：请看地上只长草，言不生五谷。按，以上赵国事迹主
　　要采录《史记·赵世家》，文字有删节。

【译文】

　　智、韩、魏三家围攻晋阳，战役持续一年多，智氏用汾河水浸灌晋阳
城，城墙只剩下三块板的高度没有被水浸泡。晋阳城中军民把锅吊起来
做饭，老百姓因为缺粮而互相换孩子吃。赵襄子家臣张孟谈于是在深夜
出城见韩、魏二君，韩、魏两家反过来与赵人合谋，三家联合起来消灭智
氏，共同瓜分智氏的土地。于是赵国向北拥有代国，向南吞并智氏，赵襄
子在百邑立庙祭祀霍太山三神，委派原过负责祭祀霍太山神灵。到了赵
武灵王，改穿胡人服装，骑马射箭，拓展国土一千多里。到了赵国末代君
主迁，听信秦人反间谗辞，杀死赵国良将李牧，而任用只会纸上谈兵的赵
括，因此被秦国所灭。这正如童谣所唱的那样："赵国号哭，秦国欢笑，如
果不信，请看地上长草。"

　　陈完字敬仲①，陈厉公之子也②。初，懿氏卜妻之③，其
繇曰："是谓'凤凰于飞，和鸣锵锵④。有妫之后⑤，将育于姜⑥。
五世其昌⑦，并于正卿⑧；八世之后⑨，莫之与京⑩。'"周史有
以《周易》筮之⑪，遇《观》之《否》⑫，曰："是谓'观国之光，
利用宾于王'⑬。此其代陈有国乎⑭？不在此，其在异国；
非此其身，在其子孙；光，远而自他有耀者也⑮。"厉公为蔡
所灭杀⑯，国内乱；完奔于齐⑰，齐侯以为卿⑱，辞曰："羁旅
之臣⑲，幸若获宥⑳，及于宽政㉑，赦其不闲教训㉒，而免诸罪
戾，弛于负担㉓，君之惠也，所获多矣；敢辱高位㉔，以速官
谤㉕？《诗》云㉖：'翘翘车乘㉗，招我以弓㉘；岂不欲往，畏我友
朋。'"使为工正㉙。饮桓公酒，乐，曰："以火㉚。"辞曰："臣
卜其昼，未卜其夜，不敢㉛。"君子曰："酒以成礼㉜，弗继以
淫㉝，义也。以君成礼㉞，弗纳于淫，仁也。"桓公嘉之，爱敬
日新㉟，位比高、国㊱，始食田采㊲，姓田氏焉㊳。六世田成杀
简公㊴。其三世曰和㊵，迁康公于海上㊶，食一城以祀太公以
下。后魏文侯乃使使言周天子及诸侯，列言于周室㊷。其孙
曰威王㊸。到王建用后胜之计㊹，又宾客多受秦金㊺，劝王朝
秦，不修战备，秦兵平步入临淄㊻，民无敢格者，迁王建于
共㊼。国人歌之曰："松耶柏耶㊽？亡建共者客耶？"疾建用客
之不详也㊾。

【注释】

①陈完：又叫田完，字敬仲（一说谥敬仲），战国田齐的八世先祖，本为
　陈国公子，因避难而逃到齐国，他的后人逐步夺取姜姓齐国政权。

②陈厉公：春秋时期陈国君主，妫姓，陈氏，名跃，前706—前700年
　在位。

③懿氏：《史记·陈杞世家》《田敬仲完世家》都认为"懿氏"是齐国
　大夫，但杨伯峻《春秋左传注》以为陈完成婚是在陈国，因此懿氏
　应该是陈国大夫。

④凤凰于飞，和鸣锵锵：隐喻夫妻关系和谐。凤凰，传说中的神鸟，
　雄为凤，雌为凰。于飞，飞。于，语气助词，无义。和鸣，凤凰鸣声
　相和。锵锵，状其和鸣之声。

⑤有妫（guī）之后：陈是帝舜之后，妫姓。有，词头，仅起凑足音节
　作用，无义。

⑥将育于姜：陈完将在姜姓诸侯国繁育后代。姜，齐国之姓。

⑦五世其昌：陈完第五代子孙将要发迹昌盛。五世，陈完生稚孟夷，
　稚孟夷生湣孟庄，湣孟庄生文子须无，文子须无生桓子无宇。卜
　辞预言陈完五世孙桓子将会发迹。

⑧并于正卿：跻身于正卿。正卿，卿中之当权者。

⑨八世：桓子生武子开与釐子乞，釐子乞生成子常，成子田常杀齐简
　公，专齐国之政。从陈完到田常仅七世，此处说八世，盖为占卜之
　辞，不可拘泥。

⑩莫之与京：没有人比他更强大。京，强大。

⑪周史：东周王室史官。

⑫遇《观》之《否》（pǐ）：由《观》卦变为《否》卦。《观》《否》皆《周
　易》卦名。《观》，坤下巽上。《否》，坤下乾上。从《观》卦最下一
　爻往上数，数到第四爻，由阴爻变成阳爻，《观》卦就变成《否》
　卦，这个变化就是"之"。

⑬观国之光，利用宾于王：这两句是《观》卦六四爻辞，意谓陈完到
　他国观光，利于作为君王宾客。

⑭代陈有国：陈国衰落之后，陈完将代替陈国国君而拥有国家。

⑮光,远而自他有耀者也:光是从其他遥远地方照耀而来的。按,《左传·庄公二十二年》载周史更详细的解释,录以备考:"坤,土也;巽,风也;乾,天也。风为天;于土上,山也。有山之材,而照之以天光,于是乎居土上,故曰'观国之光,利用宾于王'。庭实旅百,奉之以玉帛,天地之美具焉,故曰'利用宾于王'。犹有观焉,故曰'其在后乎'。风行而著于土,故曰'其在异国乎'。若在异国,必姜姓也。姜,大岳之后也。山岳则配天。物莫能两大。陈衰,此其昌乎?"

⑯厉公为蔡所灭杀:《史记·田敬仲完世家》载:"桓公之少子林怨厉公杀其父与兄,乃令蔡人诱厉公而杀之。"按,太史公此处记载有误,杀桓公与其太子者是陈他,而不是陈厉公;被蔡人所杀的也是陈他。蔡人杀死陈他之后,立陈跃为君,是为陈厉公。陈厉公在位七年而死,其弟陈林继位,是为陈庄公。应劭此处沿袭了太史公之误。

⑰完奔于齐:关于陈完奔齐原因,《史记·陈杞世家》载:"(宣公)二十一年,宣公后有嬖姬生子款,欲立之,乃杀其太子御寇。御寇素爱厉公子完,完惧祸及己,乃奔齐。"

⑱齐侯:此指齐桓公,姜姓,名小白,前685—前643年在位,在管仲辅佐下,成为第一位春秋霸主。卿:周制,天子及诸侯都有卿,分上、中、下三等,位阶在大夫之上。

⑲羁旅之臣:陈完因躲避陈国政治祸患而逃奔到齐国,故自称羁旅之臣。羁旅,旅行在外。

⑳幸若:幸而。获宥:获得赦免。

㉑及于:蒙受,获得。宽政:宽缓的政令。

㉒赦其不闲教:赦免我缺少教训的罪过。闲,习。教训,泛指礼仪、政令等方面的教习。

㉓弛于负担:杨伯峻认为即"放下包袱"。弛,松弛。负担,指思想压力。

㉔敢辱高位：岂敢受此高位而辱君。敢，表敬副词。辱，使齐桓公受辱。高位，指卿位。

㉕速：招致。官谤：对朝廷的批评。

㉖《诗》云：按，陈完所引《诗》不在今本《诗经》之中，盖为逸诗。

㉗翘翘车乘：高高的车子。

㉘招我以弓：用弓来招唤我。《左传·昭公二十年》载："十二月，齐侯田于沛，招虞人以弓，不进。公使执之，辞曰：'昔我先君之田也，旃以招大夫，弓以招士，皮冠以招虞人。臣不见皮冠，故不敢进。'"据此，弓是君主招士的礼仪器具。陈完赋"招我以弓"，是谦卑地以士自居。

㉙工正：掌管百工的官员。工，工匠。

㉚以火：《左传·庄公二十二年》载："公曰：'以火继之。'"齐桓公饮酒来了兴头，喝到傍晚时分，要人点火照明，继续喝酒。

㉛"臣卜其昼"几句：齐桓公要求点火照明继续饮酒，陈完表示，他只是对白天饮酒吉凶进行占卜，未能占卜晚上饮酒的吉凶，因此不敢挽留齐桓公夜饮。从中可见陈完侍君的小心谨慎。

㉜酒以成礼：请人饮酒，只要完成宾主饮酒礼仪就应该结束。饮酒礼是先秦时期诸多礼仪之一。

㉝弗继以淫：不要过度。淫，过度。

㉞以君成礼：让君主成就礼仪。礼要求人的行为适中，无过与不及，让君主成就礼数，既无不及，也无过度，这是礼的最佳状态。

㉟爱敬日新：齐桓公对陈完的宠爱和敬意与日俱增。

㊱高、国：高氏与国氏是周天子任命的齐国两大上卿。

㊲始食田采：陈完开始食采邑于田。田，地名。方位不详。

㊳姓田氏焉：陈完于是以食邑而改姓田氏。清人梁玉绳认为，陈氏改姓田氏，是在春秋之后。

㊴六世田成杀简公：前481年，陈完六世孙田成子杀死齐简公。田

成，田成子，名恒，避汉文帝讳，作"常"。成，是其谥号。简公，春秋末年齐国国君，姜姓，吕氏，名壬。

㊵其三世曰和：田成子生田襄子，田襄子生田庄子，田庄子生田和。

㊶迁康公于海上：《史记·田敬仲完世家》载："宣公卒，子康公贷立。贷之十四年，淫于酒、妇人，不听政。太公乃迁康公于海上，食一城，以奉其先祀。"康公，姜姓齐国最后一位君主，名贷。

㊷后魏文侯乃使使言周天子及诸侯，列言于周室：《史记·田敬仲完世家》载："三年，太公与魏文侯会浊泽，求为诸侯。魏文侯乃使使言周天子及诸侯，请立齐相田和为诸侯。周天子许之。康公之十九年，田和立为齐侯，列于周室，纪元年。""列言"之"言"，为衍文。刘师培说，"言"为"名"之讹。

㊸威王：战国齐国君主，妫姓，田氏，名因齐，前356—前320年在位。

㊹王建用后胜之计：《史记·田敬仲完世家》载："齐王听相后胜计，不战，以兵降秦。秦虏王建，迁之共。遂灭齐为郡。"

㊺宾客多受秦金：《史记·田敬仲完世家》载："君王后死，后胜相齐，多受秦间金，多使宾客入秦，秦又多予金，客皆为反间，劝王去从朝秦，不修攻战之备，不助五国攻秦，秦以故得灭五国。"

㊻秦兵平步入临淄：秦兵没有遭到抵抗，踏着平常步伐进入临淄。平步，《史记·田敬仲完世家》作"卒"。临淄，齐国都城。

㊼共：在今河南辉县。

㊽松耶柏耶：据《战国策·齐策》记载，齐王建听信奸臣后胜蛊惑而入秦，秦人将其置于共地松柏之间，饥饿而死。此处民谣歌咏松柏，暗寓王建死亡之地。

㊾疾：痛恨。详：详审。按，以上关于田齐兴亡的文字主要采录《左传·庄公二十二年》和《史记·田敬仲完世家》，但有删节。

【译文】

陈完字敬仲，是陈厉公的儿子。当初，懿氏为嫁女给陈完一事进行占卜,卜辞说:"这个卦象表明:'男女像凤凰一样飞翔,鸣声相和音调锵锵。身为妫姓的后代,却在姜姓国家繁育发展。五世之后子孙发迹,跻身于大国正卿;到了八世之后,无人更比他强盛。'"有位东周王室史官用《周易》为陈完卜筮,得到的卦象是从《观卦》变为《否卦》,周史说:"《观卦》爻辞是:'到他国观光,利于作客君王。'这大概是预示陈完将代替陈君拥有国家吧? 应验不在陈国,而是在其他诸侯国;不在陈完自身,而是应在陈完子孙身上;光是从其他遥远地方照耀而来的。"陈厉公被蔡人杀死,陈国陷入混乱;陈完逃奔到齐国,齐桓公任命他为卿,陈完推辞说:"我是客居在外的他国之臣,幸而获得君主的宽宥,让我蒙受宽缓的政令,赦免我缺少礼仪教养的罪过,免除我的过失,让我放下包袱,这是君主对我的恩惠,我获益已经够多了;岂敢受此高位而辱君,招来人们对朝廷的批评? 有一首《诗》说:'高高的车驾,用弯弓招唤我;难道我不想去? 我怕的是朋友批评。'"齐桓公任命陈完担任工正。陈完请齐桓公喝酒,齐桓公非常高兴,到了傍晚,说:"点火照明继续喝。"陈完推辞说:"我只占卜白天请您喝酒,没有占卜夜晚请您喝酒,我不敢奉命。"君子对此评论说:"酒是用来成就礼仪的,不要过度,这是义;让君主成就礼数,不让君主陷入非礼境地,这是仁。"齐桓公赞赏陈完,对陈完的宠爱和敬意与日俱增,陈完在齐国的地位堪比高、国二位上卿,开始食采于田,因此以田为氏。陈完六世孙田成子杀齐简公。田成子三世孙叫田和,将齐国末代君主康公迁移到海上,给康公一城作为食邑,主持祭祀太公以下历代姜姓齐君。后来,魏文侯派使者出使东周天子及各国诸侯,使田和得以作为齐侯位列东周诸侯。田和之孙就是齐威王。到了末代齐王田建,采用后胜尊秦之计,又加上田建许多宾客多受秦国贿金,劝齐王田建朝拜秦国,不修治战备,结果秦兵踏着平常步伐进入临淄,齐国民众无人敢与秦兵格斗,秦人将齐王田建迁移到共地。齐国人歌唱道:"是松树还是柏树? 让王建死于共地的不就是宾客吗?"这是痛恨齐王田建采纳宾客计谋不够审慎啊。

谨按:《战国策》《太史公记》^①:秦孝公据殽、函之固^②,拥雍州之地^③,君臣戮力^④,以窥周室^⑤,有席卷天下、囊括八荒之意^⑥。当是之时,商君佐之^⑦,内立法度,务耕织,修守战之备^⑧,外恃猛将锐卒,因间伺隙^⑨,略定西河之城^⑩,南并汉中^⑪,西定巴、蜀^⑫,东割膏腴之壤^⑬,收要害之郡^⑭,诸侯恐惧,会盟而谋,不爱尊爵重宝^⑮,以致天下之士。当此之时,齐有孟尝^⑯,赵有平原^⑰,楚有春申^⑱,魏有信陵^⑲。夫四豪者,皆明智而忠信,宽厚爱人,兼韩、魏、燕、赵、宋、卫、中山之众^⑳,其后复有甯越、苏秦、杜赫之属为之谋^㉑,陈轸、召滑、乐毅之徒通其意^㉒,吴起、孙膑、廉颇之属制其兵^㉓;尝以十倍之地、百万之军攻秦。秦人开关延敌^㉔,六国之师,遁逃而不敢进,秦无一矢遗镞之费^㉕,而关东已困^㉖。于是从散约败^㉗,争割地而赂秦;秦有余力,而制其弊^㉘。及至始皇,承六世之遗烈^㉙,抗长策而御宇内^㉚,吞二周而亡诸侯^㉛,履至尊而制六合^㉜,兼帝皇而威四海^㉝。

【注释】

①《战国策》:战国纵横家著作,又称《国策》。书中记载西周、东周、秦、齐、楚、赵、魏、韩、燕、宋、卫、中山各国之事,记事年代起于战国初年,止于秦灭六国。各篇文章均不著作者姓名。西汉刘向校书,将其编定为三十三篇,《战国策》书名亦为刘向所拟定。《太史公记》:即《史记》。

②秦孝公:嬴姓,名渠梁,前361—前338年在位。他支持商鞅变法,使秦国走上富强道路。殽:殽山,今作崤山,在今河南洛宁西北。函:函谷关,在今河南灵宝西南。崤函历来并称,为中国古代军事

战略重地,以地势险峻、关隘坚固、易守难攻著称。

③雍州:《尚书·禹贡》所载九州之一,大约包括今陕西主要部分、甘肃全境和青海部分地区,以地理形势险要著称。

④戮力:合力,同心协力。戮,通"勠"。并力,合力。

⑤窥:窥测。周室:东周王室。

⑥席卷天下:像卷席子一样把天下卷进去。囊括:像装袋子一样全部装进去。八荒:东南西北加上四隅,合称八荒。荒,荒远。

⑦商君:商鞅。鞅为卫国庶公子,称为卫鞅,入秦辅佐孝公,实施变法。秦孝公以商於之地(今陕西商县)封卫鞅,故称商君。

⑧修:修理,整治。守:守城。战:战斗。备:战备。

⑨因间伺隙:窥探并抓住敌国的空子。因,趁着。伺,窥探。

⑩略定:夺取。西河:指今陕西、山西交界之处的黄河以西地区。秦孝公二十一年(前341),商鞅率兵伐魏,俘虏公子卬,大破魏师,魏惠王献西河之地求和。

⑪汉中:战国楚郡,楚怀王时置,因汉水而得名。辖境相当今陕西东南角至湖北西北角地区。周赧王三年(前312)秦惠文王又置,治南郑(今陕西汉中)。

⑫巴:古国名。在今重庆地区。蜀:古国名。在今四川东部地区,都成都(今四川成都)。

⑬割:夺取,占领。膏腴:肥沃。

⑭收:攻占。要害:指在战略上重要。

⑮尊爵:尊贵的爵位。

⑯孟尝:田文,战国四公子之一,战国中后期齐国贵族,曾联合韩、魏击败强秦。以养士著称,号孟尝君。

⑰平原:赵胜,战国四公子之一,战国后期赵国贵族,曾经散尽家财以解秦军对邯郸之围攻。以养士著称,号平原君。

⑱春申:黄歇,战国四公子之一,战国后期楚国贵族,曾说服秦昭王

放回楚太子熊完。以养士著称，号春申君。

⑲信陵：魏无忌，战国四公子之一，战国后期魏国贵族，一生主要有窃符救赵、存魏却秦两大功业。以养士著称，号信陵君。

⑳兼：联合。

㉑甯越：战国赵国人，苦学成才，为周威公师。苏秦：东周洛阳人，战国中后期纵横家，为山东六国合纵抗秦的领袖。杜赫：战国谋士。曾说东周昭文君以"安天下"。齐将田忌奔楚，为其游说楚王封之于江南。秦惠王后元七年（前318）五国伐秦，魏战败欲和，楚执政昭阳从其计，争先讲和。

㉒陈轸：战国齐国人，纵横家。召滑：战国楚国人，奉楚怀王之命灭越。乐毅：战国时中山人，军事家。为燕昭王率领燕、秦、赵、魏、韩五国联军打败齐国。

㉓吴起：战国卫国人，军事家和思想家。曾率鲁人大败齐师，后投奔魏国，攻下西河地区，后奔楚实施变法，被楚国贵族射杀。孙膑：战国齐国人，军事家。因受同窗庞涓迫害而遭受膑刑，后在桂陵之战和马陵之战中击败庞涓率领的魏师。廉颇：战国后期赵国人。制：掌握。

㉔关：函谷关。延敌：迎击敌人。

㉕矢：箭。镞：箭头。

㉖关东：函谷关以东，指齐、楚、燕、韩、赵、魏几国。关于六国攻秦之事，《史记·楚世家》载："（楚怀王）十一年，苏秦约从，山东六国兵攻秦，楚怀王为从长。至函谷关，秦出兵击六国，六国兵皆引而归。"

㉗从：同"纵"。合纵。指山东六国抗秦联盟。

㉘制其弊：控制山东六国的弱点。

㉙六世：指秦孝公、惠文王、武王、昭襄王、孝文王、庄襄王。遗烈：遗留下来的功业。

㉚抗:贾谊《过秦论》作"振"。长策:长鞭。御:驾驭。宇内:天下。

㉛二周:前367年,周惠公封少子班于巩,东周国始立。周赧王时,东西周各自为政,西周都于王城,东周都于巩,史称西周君、东周君,故云二周。秦昭襄王五十一年(前256)灭西周,庄襄王元年(前249)灭东周。叱:呵斥。

㉜履:足登其位曰履。至尊:最高的尊位,指皇帝位置。制:控制。六合:天地四方。

㉝兼帝皇:兼用"帝""皇"两个名号。《史记·秦始皇本纪》载李斯等人议尊秦始皇为"泰皇",秦始皇曰:"去'泰',著'皇',采上古'帝'位号,号曰'皇帝'。"威:威慑。四海:指天下。按,本节评论文字采自贾谊《过秦论》,文字有删节。

【译文】

　　谨按:据《战国策》《太史公记》记载:秦孝公占据崤山、函谷关的险固关隘,拥有雍州的广大土地,君臣之间同心协力,窥伺着东周王室,胸怀席卷天下、吞并八荒的志向。那时候,商君辅佐秦孝公,对内建立法令制度,鼓励人民耕种纺织,修治守城和战斗的器械设备,对外依靠勇猛善战的将帅和锐不可当的士兵,窥伺敌国的空子,由此夺取了西河之城,向南吞并了汉中,向西平定了巴蜀地区,向东夺取肥沃的土地,占领具有战略意义的郡县,山东诸侯人人恐惧,他们聚会结盟而谋划,各国不惜拿出尊贵的爵位和贵重的珍宝,来招致天下之士。那时候,齐国有孟尝君,赵国有平原君,楚国有春申君,魏国有信陵君。这四位豪杰,都具备明智忠信、宽厚爱人的品质,联合韩国、魏国、燕国、赵国、宋国、卫国、中山国的众多将士,其后更有甯越、苏秦、杜赫等人替他们出谋划策,有陈轸、召滑、乐毅等人通晓其战略意图,有吴起、孙膑、廉颇等人指挥兵马;他们曾经凭借着十倍于秦国的土地和百万大军来攻打秦国。秦人打开函谷关迎敌,结果山东六国的军队纷纷逃跑,不敢前进,秦国没有丢失一支箭,没有损失一个箭头,而山东六国已经疲困了。于是合纵解散了,盟约失败了，六国争相割让土地来贿赂秦国；秦国有充足的兵力，来控制山东六国的弱点。等到秦始皇即位，他继承秦孝公、惠文王、武王、昭襄王、孝文王、庄襄王六世的功业，挥长鞭而驾驭天下，吞并东、西二周而呵斥诸侯，登上皇帝至尊宝座而控制天下，兼采古代"帝""皇"名号而威加四海。

于时议者①，恨楚之疏远屈原②，魏不用公子无忌③，故国削以至于亡。秦因愚弱之极运④，震电之萧条⑤，混壹海内⑥，为汉驱除⑦。盖乘天之所坏⑧，谁能枝之⑨？虽阿衡宰政⑩，贲、育驭戎⑪，何益于事？且有强兵良谋，杂袭继踵⑫，每辄挫衂⑬，亦足以祛蔽启蒙矣⑭。始皇自以关中之固⑮，金城千里⑯，子孙帝王万世之业也，遂恣睢旧习⑰，矫任其私知⑱，坑儒燔书⑲，以愚其黔首⑳，穷奢肆欲，力役无餍㉑，毒流诸夏㉒，乱延蛮貊㉓；由是二世绝祀，以成大汉之资㉔。高祖践祚，四海乂安㉕。世宗攘夷境㉖，崇演礼学㉗，制度文章㉘，冠于百王矣㉙。

【注释】

①时议：时人议论。此指秦汉之际人们对时局的评论。

②楚之疏远屈原：《史记·屈原贾生列传》载楚怀王听信上官大夫谗言而疏远屈原。

③魏不用公子无忌：《史记·魏世家》载太史公曰："说者皆曰魏以不用信陵君，故国削弱至于亡，余以为不然。天方令秦平海内，其业未成，魏虽得阿衡之佐，曷益乎？"公子无忌，即战国四公子中的信陵君。

④因：依靠。愚弱：愚昧弱小。愚，指相比于山东诸国，秦国开化晚，文明程度低。弱，指秦国立国时国力弱，底子薄。极运：极端运势。

⑤震电：震耳雷电，形容秦王朝以万钧雷霆般的手段打击六国。萧条：本指万物凋零，此处形容在秦国沉重打击之下六国一片凋零的惨状。

⑥混壹海内：统一天下。

⑦为汉驱除：为汉家扫清道路。秦朝倒行逆施，使天下民心归向汉家。作者在此说明，秦灭六国，汉家代秦，都是不以人们意志为转移的历史趋势。

⑧盖乘天之所坏：这大约是顺应上天灭亡周朝的意志。坏，损坏，摧毁。

⑨谁能枝之：谁能支撑呢。《国语·周语下》：“《周诗》有之：‘天之所支，不可坏也；其所坏，亦不可支也。’”枝，同“支”。

⑩阿衡：商汤名相伊尹。《史记·殷本纪》：“伊尹名阿衡。”宰政：主持朝政。

⑪贲：孟贲，战国著名武士，有卫人、齐人、秦人等说法。育：夏育，周代著名勇士，传说能力举千斤。驭戎：驾驭兵车。

⑫杂袭：汇合各路强兵和各种良谋。继踵：接踵而至。

⑬每辄挫衄（nǜ）：每次攻秦总是遭到挫败。

⑭祛蔽启蒙：祛除遮蔽，开启蒙昧。作者以历史事实来批驳“楚之疏远屈原，魏不用公子无忌，故国削以至于亡”的言论。

⑮关中之固：关中为四塞之地，东有函谷关，西有大散关，南有武关，北有萧关，易守难攻，固若金汤。关中，《三辅旧事》：“西以散关为限，东以函谷为界，二关之中，谓之关中。”

⑯金城千里：金属般的城墙绵延千里。金城，犹言铜墙铁壁。

⑰恣睢：暴戾狂妄。旧习：指秦始皇在消灭六国过程中养成的暴虐习气。

⑱矫任其私知：听任一己的私智。私知，此指秦始皇的独裁意志。知，同“智”。

⑲坑儒：前212年，方士卢生、侯生等人私下讥刺秦始皇，认为不足以替秦始皇寻找仙人仙药，于是携巨资结伴潜逃。秦始皇大怒，捕获四百六十名方士并全部活埋。故"坑儒"又称"坑术士"。燔书：焚书。前213年，秦始皇采纳李斯的建议，下令焚烧《秦记》以外的各国史书，对不属于秦朝博士所职掌的诗书百家语等也限期交出烧毁。

⑳愚其黔首：指秦朝灭绝文化，采取愚民政策。黔首，秦朝对老百姓的称呼。秦朝自认为得水德，水德尚黑，老百姓以黑巾裹头。黔，黑。

㉑力役无赝：指秦朝无偿征调几百万老百姓从事修筑长城、阿房宫、骊山坟墓以及驰道等体力劳动。《汉书·食货志》载秦朝徭役："又加月为更卒，已，复为正，一岁屯戍，一岁力役，三十倍于古。"无赝，没有止境。

㉒毒流诸夏：中原地区深受秦朝暴政的毒害。诸夏，中原各诸侯国。

㉓乱延蛮貊（mò）：暴政的祸乱延及少数民族地区。蛮貊，泛指周边少数民族。蛮，南方少数民族。貊，东北少数民族。

㉔以成大汉之资：秦朝因此成为帮助大汉兴起的因素。此句意同前文"为汉驱除"。大汉，古代在国号之前，往往加"大"字。

㉕四海乂（yì）安：天下太平安定。

㉖世宗：汉武帝刘彻的庙号。攘夷境：指汉武帝外攘四夷。

㉗崇演礼学：指汉武帝制定汉家土德制度。《史记·礼书》载："乃以太初之元改正朔，易服色，封太山，定宗庙百官之仪，以为典常，垂之于后云。"崇演，推崇并实施。

㉘制度：指礼乐、正朔、服色、度制、官名、祭祀等规章。文章：文献典章。

㉙冠于百王：在所有君王中位居第一。冠，位居第一。

【译文】

当时人们的议论，都是痛恨楚怀王疏远屈原，魏国不重用公子无忌，因此导致国家削弱以至于灭亡。秦国本来愚昧贫弱,但凭借极端运势,以雷击电摧的手段将六国打得七零八落,由此统一天下,为汉家扫清道路。这大概是顺应上天灭亡周朝的意志吧,有谁能够支撑周朝呢?即使是由一代名相伊尹主持朝政,由孟贲、夏育来驾驭兵车,对于维系周朝也没有助益。况且山东六国拥有强兵良谋,各国强兵良谋接踵而至,但每次攻秦都以失败告终,这些事实足以祛除遮蔽、开启蒙昧了。秦始皇自以为拥有关中的稳固地形,如铜墙铁壁般绵延千里,是子孙帝王万世的基业,于是沿袭吞并六国时的暴戾旧习,废弃公理而任凭私智,焚书坑儒,以此愚弄百姓,穷奢极欲,无穷无尽地征发民力从事徭役,暴政流毒遍及中原,祸乱延及少数民族地区;因此到了秦二世就断了香火,秦朝因此成为帮助大汉兴起的因素。高祖登上皇帝宝座,天下太平安定。武帝外攘四夷,内兴礼乐,在制度典章方面,更处于所有君王之首的地位了。

卷二

正失

【题解】

正失是纠正谬误的意思。本篇所说的谬误种类繁多。有指世俗的传说，如夔一足、丁氏穿井得一人、汉武帝封禅逸闻、十件关于汉文帝的言过其实牵强附会之事等。有民间的虚妄之谈，如认为汉明帝时的叶令王乔就是仙人王乔；周灵王的太子晋能预知自己的死期，所以他是仙人王子乔；燕太子丹感动天神，在秦国做人质时出现许多祥瑞之事等。还有类似说东方朔是太白星的精灵，他在黄帝时是风后、尧时是务成子、周时是老聃、在越是范蠡，变化无端，非常神奇；淮南王刘安得道升天成仙；儒生王阳出身贫寒却能铸造黄金等。应劭认为诸如此类都是"传言失指，图景失形"之言，他极力加以辩驳和纠正，并根据史料提出了他自认为合理的解释。在"孝文帝"一节中，应劭依据史实，认为休养生息的汉文帝比不上"孝宣中兴"的汉宣帝，他引用刘向之言，明确指出后代对汉文帝的溢美之词，完全是谏官编造出来的。

在这一卷中，应劭相当理性，指摘得失，针砭时弊，大有王充之风。但参照第九卷《怪神》加以审读，就会发现应劭并非无神论者，他对怪力乱神并非完全排斥与否定。自带时代局限性的应劭才是真实的，通读《风俗通义》全文然后再来评价应劭，也才是全面的。

本篇中应劭还对九江地区猛于虎的苛税进行批判，体现了他的民本思想。本卷最后为彭城相袁元服正名，可见应劭不人云亦云、用事实说话的实事求是的高尚品质。

　　孔子曰：“众善焉，必察之；众恶焉，必察之①。”孟轲云：“尧、舜不胜其美，桀、纣不胜其恶。传言失指，图景失形②。”众口铄金，积毁消骨③，久矣其患之也。是故乐正后夔有一足之论④，晋师己亥渡河，有三豕之文⑤，非夫大圣至明⑥，孰能原析之乎⑦？《论语》：“名不正则言不顺⑧。”《易》称：“失之毫厘，差以千里⑨。”故纠其谬曰《正失》也。

【注释】

①“众善焉”几句：语本《论语·卫灵公》：“子曰：‘众恶之，必察焉；众好之，必察焉。’”

②“尧、舜不胜其美”几句：指，意旨。图景，绘画影像。景，同“影”。按，这几句不见于今本《孟子》。

③众口铄金，积毁消骨：众人的指责，能将金铁熔化；积累起来的毁谤，能将人的骨头消融。比喻舆论的作用极大，可置人于死地。

④乐正后夔有一足之论：相传舜（一说尧）时乐正夔仅有一只脚。《左传·昭公二十八年》：“乐正后夔取之。”杜预注曰：“夔，舜典乐之君长。”《荀子·成相》：“夔为乐正鸟兽服。”乐正，乐官之长。后，古代对长官的尊称。“夔一足”的故事在《韩非子·外储说左下》中有相关记载。

⑤晋师己亥渡河，有三豕之文：《吕氏春秋·察传》：“子夏之晋，过卫，有读史记者曰‘晋师三豕涉河’。子夏曰：‘非也，是己亥也。夫“己”与“三”相近，“豕”与“亥”相似。’至于晋而问之，则曰‘晋师己亥涉河’也。”己亥，己亥日。古人用天干地支记日期。

⑥大圣:指出类拔萃,道全德备的人。至明:指极其贤明的人。

⑦原析:探源分析。

⑧名不正则言不顺:语见《论语·子路》:"名不正则言不顺,言不顺则事不成。"

⑨失之毫厘,差以千里:语见《易纬通卦验》。

【译文】

孔子说:"大家喜爱他,一定要去考察他;大家厌恶他,也一定要去考察他。"孟子说:"尧、舜没法承担世人对他们的赞美,桀、纣也没法承担世人对他们的厌恶。流传的言语会失去它本来的意义,画出的影像也会失去它本来的形状。"众口一词足能熔化金属,不断的诽谤能使人毁灭,这样的祸患已经很久了。所以有关于乐正后夔仅有一只脚的言论,晋国军队在己亥日渡河,却变成晋国军队有三只猪渡河,如果不是至为圣明智慧的大圣贤,那谁能溯源分析它呢?《论语》说:"用词不当,言语就不能顺理成章。"《易纬》说:"一点微小的误差,结果就会造成很大的错误。"所以纠正这样的谬误,篇名叫《正失》。

乐正后夔一足

俗说:夔一足而用精专①,故能调畅于音乐②。

谨按:《吕氏春秋》③:"鲁哀公问于孔子:'乐正夔一足,信乎?'孔子曰:'昔者,舜以夔为乐正,始治六律④,和均五声⑤,以通八风⑥,而天下服⑦。重黎又荐能为音者⑧,舜曰:夫乐天地之精,得失之节⑨,故唯圣人为能和乐之本⑩。夔能和之,以平天下,若夔者,一而足矣⑪。故曰夔一足,非一足行。'"

【注释】

①用：用心，用力。精专：精神专一。

②调畅：调和顺畅。

③《吕氏春秋》：杂家代表作品。战国时吕不韦召集门客编成八览、六论、十二纪。其十二纪，以春夏秋冬为序，因以"春秋"名其书。又因书中有八览，故别称《吕览》。

④六律：律是定音器，六律是指黄钟、太簇、姑洗、蕤宾、夷则、无射等六个阳律。阳为律，阴为吕，举六律统指六律六吕。《吕氏春秋·察传》高诱注曰："六律，六气之律，阳为律，阴为吕，合十二也。"

⑤五声：是五种音阶，即宫、商、角、徵、羽。

⑥八风：八种季候风。《易纬通卦验》："八节之风谓之八风。立春条风至，春分明庶风至，立夏清明风至，夏至景风至，立秋凉风至，秋分阊阖风至，立冬不周风至，冬至广莫风至。"又，《吕氏春秋·慎行论》："夔于是正六律，和五声，以通八风，而天下大服。"高诱注曰："八风，八卦之风也。通和阴阳，故天下大服也。"

⑦服：服从，顺服。

⑧重黎：相传为帝颛顼之后代，为帝喾高辛氏火正。《吕氏春秋·察传》云："昔者，舜欲以乐传教于天下，乃令重黎举夔于草莽之中而进之，舜以为乐正。"

⑨得失之节：这里指政治上得失的关键。节，节骨眼，关键处。

⑩故唯圣人为能和乐之本：所以只有圣人才能从根本上调和音乐。

⑪一而足：一人就足够了。足，充足，足够。

【译文】

民间传说：夔只有一只脚，但他用心专一，所以能使音乐调和畅通。

谨按：《吕氏春秋》："鲁哀公问孔子：'乐正夔只有一只脚，这是真的吗？'孔子说：'以前舜让夔当乐正，他开始整理六律，调和五声，以通和八风,所以天下顺服。重黎又推荐调和音乐的能人,舜说:"音乐是天地的精华,得失的关键,所以只有圣人才能从根本上调和音乐。夔能够调和它,平定天下。像夔这样的人,一个就足够了。"所以说是夔一个人就足够了,而不是说夔用一只脚走路。'"

丁氏家穿井得一人

俗说:丁氏家穿井,得一人于井中也。

谨按:《吕氏春秋》^①:"宋丁氏无井,常一人溉汲于外^②,及自穿井,喜而告人:'吾穿井得一人。'传之,闻于宋君,公问其故,对曰:'得一人之使^③,非得一人于井中也。'"

【注释】

①《吕氏春秋》:本则所记见《吕氏春秋·察传》。

②溉汲:汲水浇地。这里是打水的意思。

③得一人之使:得到一个人的劳动力。

【译文】

民间传说:丁氏家凿井,在井里得到一个人。

谨按:《吕氏春秋》:"宋国丁氏家里没有井,经常要派一个人去外面打水,等到自己凿了井,他很开心地告诉别人:'我凿井得到一个人。'这话传出去,被宋国国君听到,国君问他是什么原因,他回答说:'我是说得到一个人的劳动力,不是说在井里得到一个人。'"

封泰山禅梁父

俗说:岱宗上有金箧玉策^①,能知人年寿修短。武帝探策得十八^②,因到读曰八十^③,其后果用耆长^④。武帝出玺印石⑤，裁有兆朕⑥，奉车子侯即没其印，乃止⑦。武帝畏恶，亦杀去之⑧。《封禅书》说⑨："黄帝升封泰山，于是有龙垂胡髯下迎黄帝；黄帝上骑，群臣后宫从者七十余人，小臣独不得上，乃悉持龙髯⑩，拔堕黄帝之弓⑪。小臣百姓仰望黄帝，不能复⑫，乃抱其弓而号⑬，故世因曰乌号弓。孝武皇帝时，齐人公孙卿言⑭：'汉之圣者，在高祖之孙；今历正值黄帝之日，圣主亦当上封，则能神仙矣⑮。'"

【注释】

① 岱宗：泰山的别称。篋：竹子做的小箱子。策：古代用以记事的竹、木片，编在一起的叫"策"。亦借指书简，簿册。

② 武帝：即汉武帝刘彻。前140—前87年在位。汉武帝时期为西汉最强盛时期。元封元年（前110）汉武帝曾去泰山举行封禅大典。

③ 到读：即倒着念。到，通"倒"。颠倒。

④ 用：因此。耆（qí）长：泛指长寿。耆，年老，六十岁以上称耆。

⑤ 出玺印石：拿出印玺在石上盖印。玺，印。秦以后专指皇帝的印。

⑥ 裁有兆朕：刚出现兆示吉凶的裂纹。裁，通"才"。兆朕，即朕兆，征兆，迹象。

⑦ 奉车子侯即没其印，乃止：奉车子侯赶紧将封泥毁掉，裂纹才停止了。奉车，奉车都尉。汉武帝开始设置该官位，官阶二千石，掌管乘舆。子侯，霍去病之子霍嬗，字子侯。没，败坏，毁坏。

⑧ 亦杀去之：指杀了霍子侯然后离开。按，《史记》记载霍子侯随武帝登封泰山后，不久暴病而死，与此不同。

⑨ 《封禅书》：以下所引本《史记·封禅书》。

⑩ 乃：于是。悉：都，全。持：抓住。

⑪ 堕：掉下来，坠落。

⑫不能复：黄帝不再回来。

⑬号：号哭。

⑭齐人公孙卿：汉武帝时方士。元鼎四年（前113），汾阳巫锦言得
大鼎，迎至甘泉宫，他于是献上"札书"，谓黄帝得宝鼎后，骑龙升
天。武帝大悦，被任为郎。后又数次以所谓仙人足迹欺骗武帝，
深得武帝信任，官至太中大夫。太初元年（前104），与司马迁、壶
遂请改正朔，得奉诏与迁、遂共造《太初历》。

⑮"汉之圣者"几句：今历，现在的日期。正值，刚好，适逢。黄帝
之日，指黄帝得到宝鼎的时令。按，此处所记公孙卿之言是隐括
《史记·封禅书》中公孙卿对其鼎书的解释。

【译文】

民间传说：泰山上有金匣子，里面有玉策，能预知人寿命的长短。武
帝拿到写着十八的玉策，于是倒念为八十，他后来果然因此而长寿。武
帝拿出印玺在石上盖印时，才现出兆示吉凶的裂纹，奉车都尉霍子侯就
赶紧将印文毁掉，裂纹停止了。武帝感到恐惧，就杀了霍子侯，然后离开
泰山。《封禅书》说："黄帝在封禅泰山的时候升天，一条龙垂下长长的胡
须，迎接黄帝；黄帝骑上龙背，群臣以及后宫妃嫔随他骑上龙背的有七十
多人，其余级别低的官员不能上去，于是都抓住龙须不放手，抓不到的就
乱抓，把黄帝身上的弓都拽下来了。小臣百姓仰望黄帝，看着他不再回
来，于是抱着他的弓号哭，所以后世因此称之为乌号弓。武帝时，齐国方
士公孙卿说：'汉代的圣人，就出现在高祖的孙子中；如今得到宝鼎的日
期与黄帝得宝鼎的日期完全相同，圣主如果也封禅泰山，那么就能成仙
了。'"

谨按：《尚书》《礼》：天子巡守，岁二月，至于岱宗①。孔
子称："封泰山，禅梁父，可得而数者七十有二②。"盖王者受
命易姓③，改制应天④，天下太平，功成封禅，以告平也⑤。所

以必于岱宗者,宗者,长也,万物之宗⑥,阴阳交代⑦,云触石而出,肤寸而合⑧,不崇朝遍雨天下⑨,唯泰山乎。封者,立石高一丈二赤⑩,克之曰⑪:"事天以礼,立身以义,事父以孝,成民以仁⑫,四守之内⑬,莫不为郡县,四夷八蛮,咸来贡职⑭,与天无极⑮,人民蕃息,天禄永得⑯。"祭上玄尊而俎生鱼⑰。坛广十二丈,高三尺,阶三等。必于其上,示增高也。克石纪号,著己绩也。或曰:金泥银绳,印之以玺⑱。下禅梁父,礼祠地主,去事之杀⑲,示增广也⑳。禅谓坛墠㉑,当有所与也㉒。三皇禅于绎绎㉓,明己功成而去,德者居之,绎绎者,无所指斥也㉔。五帝禅于亭亭㉕,德不及于皇,亭亭名山,其身禅予圣人。三王禅于梁父,梁者,信也㉖,信父者子,言父子相信与也。

【注释】

① "天子巡守"几句:语见《尚书·舜典》及《礼记·王制》。

② "封泰山"几句:意谓行封禅大典的王者一共有七十二家。《史记·封禅书》:"管仲曰:'古者,封泰山,禅梁父者,七十二家,而夷吾所记者,十有二焉。'"封泰山,古代帝王在泰山上筑土为坛以祭天,报答上天的功业。禅梁父,在泰山下的梁父山开辟场地祭地,报答大地的功业。自秦汉以后,历代帝王都把封禅作为国家盛典。梁父,古代小山。秦始皇二十八年(前219)、东汉建武中元元年(56)祭地,都在此处。

③ 受命易姓:接受天命,改朝换代。

④ 改制应天:改变制度,顺应天命。

⑤ 告平:告诉上天天下太平。

⑥万物之宗：万物的统领。

⑦交代：交替。

⑧肤寸：借指下雨前逐渐集合的云气。

⑨崇朝（zhāo）：从天亮到早饭时，比喻时间短暂，犹言一个早晨。崇，通"终"。朝，早晨。

⑩赤：通"尺"。

⑪克：通"刻"。

⑫成民：成就、成全民众。

⑬四守：犹四方。

⑭贡职：贡赋，贡品。

⑮无极：没有边界。

⑯天禄：天赐的福禄。

⑰上：通"尚"。崇尚，看重。玄尊：黑色的酒器。俎生鱼：谓以俎盛生鱼。俎，古代祭祀时放祭品的器物。

⑱金泥银绳，印之以玺：以水银和黄金为印泥，以银为捆扎藏放玉牒书的玉匣的绳，盖玺印封缄。

⑲去事之杀：除掉地上的枯草。杀，衰败。

⑳示增广也：天以高为尊，故示以增高；地以厚为德，故示以增广。

㉑禅谓坛墠：禅指的是坛和墠这两种仪式。坛，筑坛祭祀。墠，除草而祭。

㉒当有所与：应该是有所参照的。与，跟随，跟从。

㉓三皇禅于绎绎：《史记·封禅书》《汉书·郊祀志》皆谓三皇禅于云云。绎绎，《白虎通·封禅》："三皇禅于绎绎之山……绎绎者，无穷之义也。"云云，有远、盛二义。《太平御览》引《礼记·逸礼》："三皇禅云云，盛意也。"《广雅·释诂》云："云云，远也。"则"绎绎""云云"都有无穷盛大的意思，在这里作为山名，都是依义取名，其地一说在今山东泰安东南。

㉔无所指斥：无穷无尽。斥，开拓，扩大。

㉕亭亭：《白虎通·封禅》："亭亭者，制度审谛，道德著明也。"这里作为山名，乃依义取名，其地在今山东泰安南。

㉖信：通"伸"。延续，延伸。

【译文】

谨按：《尚书》《礼》：天子巡行诸国，当年二月，到达泰山。孔子说："封泰山、禅梁父可以数得出的有七十二家。"帝王接受天命改朝换代，改变制度以顺应天时，天下太平，成就功业就要祭天地，用来向天地报告天下太平。之所以一定要到泰山，是因为宗是长的意思，万物之长，阴阳交替，云碰到石就飘出来，云气聚合，不用一个早上就能让天下遍受雨露的，只有泰山了。封就是立一块一丈二尺的石头，在石头刻上："用礼来侍奉上天，用义来安身立命，用孝来侍奉父亲，用仁来成就民众，四方之内，没有哪里不设置为郡县，四夷八蛮，都来进贡，与天一样没有边界，人民繁衍生息，长久得到天的恩赐。"祭祀崇尚用黑色的酒器并摆上盛有生鱼的俎。祭坛宽十二丈，高三尺，台阶三级。封土于祭坛之上，表示增加高度。在石头上刻上名号，是为了显明自己的功绩。有人说：以黄金为印泥，以银为捆扎藏放玉牒书的玉匣的绳，盖玺印封缄。禅于梁父山下，以礼祭祀地神，除掉地上的衰草，表示增加广度。禅指称坛和埠这两种仪式，应该是有所依据的。三皇在绎绎山封禅，表明自己成就功业离开，有德之人当据有此地，绎绎是无穷无尽的意思。五帝在亭亭山封禅，德化比不上三皇，用亭亭为山命名，表示自己禅位给圣人。三王在梁父封禅，梁是延续的意思，延续父亲的是儿子，这是说父子相承。

孝武皇帝封广丈二尺，高九尺，其下有玉牒书祕书①，江、淮间一茅三脊为神藉②，五色土益杂封③，纵远方奇兽飞禽及白雉④，加祠，兕牛犀象之属⑤。其赞享曰⑥："天增授皇帝泰元神策⑦，周而复始，皇帝敬拜泰一。"其夜有光如流星,昼有白云起封中。于是作明堂汶上⑧,令诸侯各治邸⑨,车驾前后五至祠。以元鼎六年告封,改为元封,武帝已年四十七矣,何缘反更得十八也?就若所云,明神祸福,必有征应,权时倒读,焉能诞招期乎⑩?奉车子侯,骖乘弄臣⑪,不预封事,何因操印没石?乃正暴病而死⑫,悼惕无已⑬。又言武帝与仙人对博,棋没石中,马蹄迹处,于今尚存,虚妄若此,非一事也。

【注释】

①玉牒书:帝王封禅所用的文书,写在简牒上,用玉作装饰。祕书:当作"书祕",写着隐秘的内容。

②一茅三脊为神藉:用一种有三道棱的白茅作为祭祀所用贡品的衬垫。

③五色土益杂封:把五彩颜色的土混和在一起堆起来。杂,错杂。封,堆土,培土。

④纵:不拘束。此处是广泛采用的意思。

⑤加祠,兕(sì)牛犀象之属:增加兕牛犀象之类的祭祀祭品。加,增加。兕,雌犀牛。

⑥赞:一种文体,用于颂扬。享:用食物供奉神明。

⑦泰元:泰一。神名。为诸神中最尊贵的一种。神策:卜筮用的蓍草。

⑧明堂:古代帝王宣明政教、举行大典的地方。汶(wèn):汶水,今名大汶水或大汶河。源出今山东莱芜北,至梁山县东南入济水,今主流又西注东平湖,北入黄河。

⑨治邸:修建府邸。

⑩焉能诞招期乎:按,句意不明。《意林》引《风俗通》作"神无福矣"。

⑪弄臣:帝王狎昵的臣子。这是说奉车都尉霍子侯年少以恩泽侍左

右,如弄臣一般。

⑫正:正是。这里是说子侯自以暴病死,非武帝所杀。

⑬悼惕:忧伤恐惧。

【译文】

武帝建祭坛一座,宽一丈二尺,高九尺,坛下埋着写着隐秘之事的玉牒书。长江、淮河之间生长一种有三道棱的灵茅,用它作为祭祀时摆放贡品的衬垫,把五种颜色的土混杂在一起加在祭坛上。用远方的奇兽、飞禽以及白山鸡等物来祭祀,还增加兕牛犀象之类的祭品。有赞辞说:"上天增授给皇帝泰元神策,周而复始。皇帝虔诚地祭祀泰一神。"这天夜里有像流星那样的光芒,白天有白云从祭坛中升起。于是武帝在汶水边上修明堂,命令诸侯各自在泰山下构筑府邸,武帝的车驾前后五次到明堂。因为是在元鼎六年行封禅之礼,所以年号改为元封元年,那时武帝已经四十七岁,怎么又反而拿到十八岁这样的玉策呢? 就算如前面所说,明神祸福,一定有所征验,为了变通而倒着读,怎么就能得到所期望的年寿呢? 奉车都尉霍子侯,只是掌管车舆的弄臣,并不参与封禅之事,为什么能拿起印玺毁掉石上裂纹征兆呢? 实际上他是暴病而死,武帝还为此忧伤不已。又说武帝和仙人下棋,棋子没入石头中,马蹄留下的痕迹,到现在还有,诸如此类的虚妄之事,不一而足。

予以空伪①,承乏东岳②,忝素六载③,数聘祈祠④,咨问长老贤通上泰山者云,谓玺处克石,文昧难知也,殊无有金箧玉牒探筹之事。《春秋》以为"传闻不如亲见",亲见之人,斯为审矣⑤。传曰:"五帝圣焉死,三王仁焉死,五伯智焉死⑥。"其陨落崩薨之日,不能咸至百年。《诗》云:"三后在天⑦。"《论语》曰:"古皆没⑧。"《太史记》:"黄帝葬于桥山⑨。"骑龙升天,岂不怪乎? 乌号弓者,柘桑之林,枝条畅茂，乌登其上，下垂着地，乌适飞去，从后拨杀，取以为弓，因名乌号耳⑩。

【注释】

①空伪：谓徒有虚名。与下面的"承乏""忝素"均为谦辞。

②承乏：因人才缺乏而勉强承担。东岳：泰山别称。应劭曾任泰山太守。

③忝（tiǎn）素：此谦称任职。忝，辱，有愧于，常用作谦辞。素，素餐，白吃闲饭。

④数聘祈祠：多次经历过祭祀祈祷的事情。聘，经历。

⑤审：明白，清楚。

⑥"五帝圣焉死"几句：语见《战国策·秦策》载范雎语："五帝之圣焉而死，三王之仁焉而死，五伯之贤焉而死，乌获之力焉而死，奔、育之勇焉而死。死者人之所必不免也。"语又见《史记·范雎蔡泽列传》，略有不同。

⑦三后在天：语见《诗经·大雅·下武》。三后，指周太王、王季、文王。后，王。

⑧古皆没：《论语·颜渊》云："自古皆有死。"没，通"殁"。死。

⑨黄帝葬于桥山：《史记·五帝本纪》载："黄帝崩，葬桥山。"桥山，在今陕西黄陵西北。沮水穿山而过，山状如桥，故名。按，前句《太史记》，当指《史记》。

⑩"乌号弓者"几句：说本《淮南子·原道训》高诱注："乌号，柘桑，其材坚劲，乌峙其上，及其将飞，枝必桡下，劲能复巢，乌随之。乌不敢飞，号呼其上。伐其枝以为弓，因曰乌号之弓也。"柘（zhè）桑：亦名黄桑，木材质坚而致密，是贵重的木材，可制弓。

【译文】

我因为徒有虚名，勉强担任泰山太守，任职六年，多次经历祈祷祭祀之事，询问上过泰山的通达长老贤人，都说印玺刻石之处，文字不明难以明白，尤其是没有金箧玉牒抽签问寿之事。《春秋》认为"传闻的不如亲眼看到的"，亲眼所见之人，他们才是清楚的。古书说："圣明的五帝死了，仁慈的三王死了，聪明的五霸也死了。"他们的寿命，都不能达到一百年。《诗经》说："三位先王灵在天。"《论语》说："自古以来都难逃一死。"《太史记》说："黄帝安葬在桥山。"骑着飞龙升天之说，不是很怪诞吗？乌号弓，是说柘桑树林，枝繁叶茂，乌鸦在上面栖息，枝条直垂到地面，乌鸦刚刚飞离，枝条从后面弹拨，将其打死，取这样的枝条作为弓，因此取名为乌号弓。

叶令祠

俗说孝明帝时①，尚书郎河东王乔②，迁为叶令③，乔有神术，每月朔常诣台朝④，帝怪其来数而无车骑⑤，密令太史候望，言其临至时，常有双凫从东南飞来⑥；因伏伺，见凫举罗⑦，但得一双舄耳⑧。使尚方识视⑨，四年中所赐尚书官属履也⑩。每当朝时，叶门鼓不击自鸣，闻于京师。后天下一玉棺于厅事前⑪，令臣吏试入，终不动摇。乔："天帝独欲召我。"沐浴服饰寝其中，盖便立覆，宿夜葬于城东，土自成坟，县中牛皆流汗吐舌，而人无知者，百姓为立祠，号叶君祠。牧守班禄⑫，皆先谒拜，吏民祈祷，无不如意，若有违犯，立得祸。明帝迎取其鼓，置都亭下⑬，略无音声⑭。但云叶太史候望⑮，在上西门上⑯，遂以占星辰，省察气祥⑰，言此令即仙人王乔者也。

【注释】

①孝明帝:东汉明帝刘庄,58—75年在位。

②尚书郎:东汉之制,取孝廉中之有才能者入尚书台,在皇帝左右处理政务,初入台守尚书郎中,满一年者,称为尚书郎。河东:东汉河东郡,治安邑(今山西夏县西北禹王城)。王乔:《后汉书》有传,《列仙传》说他是古仙人王子乔的化身。

③叶:叶县,汉属南阳郡,治今河南叶县南。

④朔:夏历每月初一。台朝:即尚书台之治所。

⑤数(shuò):多次,屡次。

⑥凫(fú):水鸟,俗称野鸭。似鸭,雄的头部绿色,背部黑褐色,雌的全身黑褐色,常群游湖泊中,能飞。

⑦罗:捕鸟的网。

⑧舄(xì):鞋。

⑨尚方:制造帝王所用器物的官署。

⑩四年:指汉明帝永平四年(61)。

⑪厅事:官署视事问案的厅堂。

⑫牧守:州郡的长官。州官称牧,郡官称守。班禄:发放俸禄。班,分发。此当指上任。

⑬都亭:都邑中的传舍。秦法,十里一亭,郡县治所则置都亭。

⑭略无:全无。

⑮但云叶太史候望:《后汉书·方术列传》无"但云叶"三字,疑为衍文。

⑯上西门:洛阳城有十二门,每面城墙上有三个门,西墙北门被称为"上西门"。

⑰气祥:日旁云气。古人认为其能预示吉凶。

【译文】

民间传说明帝时,尚书郎河东王乔,外调为叶县令。王乔有神仙之术,每月初一经常从县里来到尚书台,明帝奇怪他来得那么频繁却不见他的车骑，就秘密命令太史守候观察他。太史说每次王乔快到的时候，经常有一对野鸭从东南飞来。于是派人埋伏等候，看见野鸭就举网捕捉，却只得到一双鞋而已。派尚方前去辨识，认出是明帝四年赏赐给尚书官属的鞋。每次上朝时候，叶县城门前的鼓不敲自鸣，鼓声一直传到京城。后来天上落下一具玉棺在厅事前，王乔命令属吏试着躺进去，但始终弄不动它。王乔说："天帝只想召见我。"于是他洗好澡穿好衣服睡在里面，棺盖便立刻关上了。隔天夜里把他埋葬在城东，泥土自动堆成了坟冢，县里的牛都流汗吐舌，而人却毫不知晓。百姓为他建了祠堂，称之为叶公祠。州郡长官上任时，都要先来敬拜，小臣百姓祈求祷告，没有不如意的，如有违背冒犯，立刻遭受祸患。明帝把叶县城门下的鼓取来，放在都亭下，却没有一点声响。太史站在上西门上守候眺望，通过星辰进行占卜，观察云气吉凶。人们都说这个县令就是仙人王乔。

　　谨按：《春秋左氏传》①：叶公子高，姓沈名诸梁（古者，令曰公），忠于社稷，惠恤万民，方城之外②，莫不欣戴。白公胜作乱③，杀子西、子期④，劫惠王以兵⑤。叶公自叶而入，至于北门，或遇之曰："君胡不胄？国人望君如望慈父母焉，盗贼之矢若伤君，是绝民望也，若之何不胄？"乃胄而进。又遇一人曰："何为胄？国人望君如望岁焉⑥，日日以几⑦。若见君面，是得艾也⑧。人知不死，其亦无有奋心，犹将旌君以徇于国⑨。而又掩面，以绝民望，不亦甚乎？"乃免胄而进之，与国人攻白公，白公奔山而逝，生烹石乞⑩，迎反惠王，整肃官司，退而老于叶。及其终也，叶人追思而立祠。功施于民，以劳定国，兼兹二事，固祠典之所先也⑪。此乃春秋之时，何有近孝明乎？

【注释】

①《春秋左氏传》：以下叙事本《左传·哀公十六年》。应劭文与《左传》所载基本相同。

②方城：山名。在今河南叶城南。春秋时楚人曾沿方城山修筑长城，抵御中原诸国势力南侵。

③白公胜作乱：事在楚惠王十年（前479）。白公胜是楚平王之孙，名胜，亦称王孙胜。其父太子建因被陷害而出逃，到郑国后，郑人善待他，他却阴谋联合晋国袭郑，被郑人所杀。王孙胜随伍子胥逃到吴国，后被召回，任巢大夫，号白公。他怨恨楚国君臣不攻伐郑国为其报仇，起兵杀死令尹子西、司马子期，控制楚都。后被叶公打败，自缢而死。

④子西：名申。他是楚平王之庶弟，惠王时为楚国令尹，掌军政大权。平王十三年（前516），王卒，将军子常欲立他为国君，不从，请立王子珍，是为昭王。昭王临终又欲立之，他再次推辞，与子期等立惠王。惠王二年（前487），召回白公。晋伐郑，楚派他救郑，与郑盟而还。白公胜怒，于惠王十年（前479），与石乞等将其攻杀于朝。子期：名结，楚昭王庶兄。惠王时为楚国司马。昭王十年（前506），吴伐楚，攻占郢都，子期从昭王出奔至随。吴向随讨要昭王，子期匿昭王而自代，随以昭王不在而拒绝了吴人，君臣得以逃脱。昭王病危，欲传位于子期，他不从，与子西合立了楚惠王。

⑤惠王：名章，楚昭王之子，前488—前432年在位。白公胜之乱被劫持，得屈固相救免于被杀。后叶公与其属下攻杀白公，助其复位。旋兴师灭陈，后又灭蔡，灭杞，扩地东至泗上。

⑥望岁：盼望收成。《左传》杜预注曰："岁，年谷也。"

⑦日日以几（jì）：天天盼望你来。几，通"冀"。希望。

⑧艾（yì）：通"乂"。安宁。

⑨ 旌：表扬，宣扬。徇（xùn）：展示，示众。

⑩ 石乞：白公胜的门客，叛乱的主策划。白公胜死后，他被叶公生
　擒，因不交出白公胜的尸体而被烹杀。

⑪ 祠典：祀典。有关祭祀的典制。《礼记·祀典》云："夫圣王之制祀
　也，功施于民则祀之，以劳定国则祀之，能救大灾则祀之。"

【译文】

谨按：《春秋左氏传》记载：叶公子高，姓沈名为诸梁（古时候尊称县
令为公），他忠于国家，加恩体恤百姓，方城之外，没有人不欢欣拥戴他。
白公胜作乱，杀害了子西、子期，依靠武力劫持了楚惠王。叶公从叶县进
入楚都，到北门时，有人遇到他说："您为什么不戴上头盔？老百姓盼望
您犹如盼望慈爱的父母。盗贼的箭如果伤到您，这是让老百姓绝望啊。
您为什么不戴上头盔？"叶公于是戴上头盔再进入楚都。又遇到一个人
说："您为什么要戴着头盔？老百姓盼望您犹如盼望一年的收成，天天
希冀。如果能看到您的面容，他们就安心了。老百姓知道不再有生命危
险，他们也无不有奋战的信心，还将您的功业当众宣扬。可是您却遮掩
面容，让老百姓绝望，这不是太过分了吗？"叶公于是摘下头盔进城，和
国人一起攻打白公。白公逃到山上自杀，叶公生擒石乞将他烹杀，迎接
楚惠王回来，整顿肃清政府部门，然后在叶县退休终老。等到他去世之
后，叶县人民追思而为他建立祠堂。有功于民，劳心劳力安定国家，兼有
这两大功劳，这本来就是祭祀典制优先考虑的。这是春秋时期的事情，
为什么扯到明帝时期呢？

《周书》称①："灵王太子晋，幼有盛德，聪明博达②，师
旷与言③，弗能尚也④。晋年十五，顾而问曰：'吾闻大师能
知人年之短长也。'师旷对曰：'女色赤白⑤，女声清，女色不
寿⑥。'晋曰：'然。吾后三年，将上宾于天⑦，女慎无言，祸将

及女。'其后太子果死。"孔子闻之曰："惜夫杀吾君也。"后世以其自豫知其死^⑧，传称王子乔仙。或人问仙，扬雄以为："伏羲、神农、黄帝、尧、舜殂落，文王葬毕^⑨，孔子葬鲁城之北，独不爱其死乎？知非人之所能也。生乎生乎，吾恐名生而实死也。"

【注释】

①《周书》：以下叙事见《逸周书·太子晋》。

②"灵王太子晋"几句：此三句今本《逸周书》不载，疑为佚文。

③师旷：字子野。春秋时晋国乐师，传说他生而无目，善于以声音辨吉凶。历事晋悼公、平公。

④尚：超过。

⑤女：同"汝"。

⑥女色不寿：女，《逸周书·太子晋》作"火"。《潜夫论·相列》："故师旷曰：'赤色不寿。'火家性易灭也。"赤色也就是火色。

⑦上宾：谓作客于天帝之所。指帝王去世。

⑧豫：预先。

⑨毕：毕原，亦名咸阳原、咸阳北坂、洪渎原，在今陕西咸阳东北。周文王、武王、周公皆葬于此。

【译文】

《周书》说："周灵王的太子晋，小时候就有美好的德行，聪明博学，师旷和他交谈，都不能超过他。太子晋十五岁的时候，见到师旷就问他说：'我听闻您能预知人寿命的长短。'师旷回答说：'你脸色赤白，你的声音清散，你看起来不会长寿。'太子晋说：'是的。我三年后就要到天上做客，你千万谨慎不要说出去，否则灾祸将会降临到你头上。'这之后太子晋果然就死了。"孔子听了这事说："可惜啊，杀了我们的君主。"后代因为太子晋能预知自己的死期，所以传说他是仙人王子乔。有人问什么是仙，扬雄认为："伏羲、神农、黄帝、尧、舜都死了，文王已安葬在毕原，孔子葬在鲁城的北边，他们难道不希望不死吗？只是知道死非人力所能改变。生啊生啊，恐怕仙人虽有生的名声而实际上是死了的啊。"

　　国家畏天之威[1]，思求谴告[2]，故于上西门城上候望，近太史寺令丞躬亲[3]；灵台位国之阳[4]，又安别在宫中？惧有得失，故参之也。何有伺一飞枭，遂建其处乎？世之矫诬[5]，岂一事哉！

【注释】

①国家：此指天子。汉代人常称天子为国家。

②思：希望，想。求：求索，找到。谴告：谴责警告。董仲舒《春秋繁露·必仁且智》："国家之失乃始萌芽，而天出灾异以谴告之。谴告之而不知变，乃见怪异以惊骇之。"

③近：靠近。太史寺：掌记载史事、编写史书、起草文书，兼管国家典籍和天文历法等的官署。令丞：《续汉书·百官志二》："太史丞一人，明堂及灵台丞一人，二百石。"本注曰："二丞掌守明堂、灵台。灵台掌候日月星气，皆属太史。"

④灵台：观测星象气候之台。《后汉书·光武纪》下李贤注引《汉官阁疏》："灵台高三丈，十二门。天子曰灵台，诸侯曰观台。"《文选·闲居赋》李善注引陆机《洛阳记》云："灵台在洛阳南，去城三里。"位国之阳：在国都的南边。国，国都，指洛阳。阳，南面。

⑤矫诬：假托诈欺。

【译文】

明帝畏惧上天的威严，希望寻求上天的谴责警告，所以在上西门城上观察瞭望。靠近太史寺，令丞亲自瞭望；灵台在洛阳城南，又怎么会在宫中另有一座？天子害怕有什么过失，所以参验其事。怎么会因为观察一只野鸭，就在那里建一座灵台呢？世上虚妄不实之事，又岂是这一件啊！

燕太子丹

　　燕太子丹仰叹，天为雨粟，乌白头，马生角，厨中木象生肉足①，井上株木跳度渎②。俗说：燕太子丹为质于秦，始皇执欲杀之，言能致此瑞者，可得生活；丹有神灵，天为感应，于是遣使归国。

【注释】

①木象：即木刻的人像。象，人像。

②株木：树桩。渎：小水沟。

【译文】

　　燕太子仰头长叹，天因此落下了粟米，乌鸦头上长出了白毛，马长出了角，厨房中的木像长出了肉足，井上的树桩跳过了小水沟。民间传说：燕太子丹在秦国当人质，秦始皇抓住他想要杀他，说要是他能招致上面的祥瑞之事，可以让他活下去；燕太子丹有神灵护佑，天为之感应，秦王于是遣送他回家。

　　谨按：《太史记》①：燕太子质秦，始皇遇之益不善，丹恐而亡归。归求勇士荆轲、秦武阳②，函樊於期之首③，贡督亢之地图④，秦王大悦，礼而见之，变起两楹之间⑤，事败而荆轲立死。始皇大怒，乃益发兵伐燕，燕王走保辽东，使使斩丹以谢秦，燕亦遂灭。丹畏死逃归耳，自为其父所戮，手足圮绝[6]，安在其能使雨粟，其余云云乎？原其所以有兹语者，丹实好士，无所爱吝也[7]，故间阎小论饰成之耳[8]。

【注释】

①《太史记》：以下叙事本《史记·刺客列传》。

②荆轲：战国末卫国人。后被燕太子丹尊为上卿，派他去刺杀秦王。事败身死。秦武阳：或作"秦舞阳"。战国末燕国人，勇武有力。荆轲谋刺秦王，他充任副使。事败亦被杀。

③樊於期：战国末期人。原为秦国将军，后因伐赵兵败于李牧，畏罪逃往燕国，被燕国太子丹收留。太子丹派荆轲谋刺秦王政时，荆轲请求以樊於期首级与燕督亢地图作为进献秦王的礼物，以利行刺。太子丹不允，荆轲就自己去见樊於期，告以自己的计划，樊於期立即自刎献出首级。

④督亢：战国时燕国的膏腴之地。今河北涿州东南有督亢陂，其附近定兴、新城、固安诸县一带平衍之区，皆燕之督亢地。

⑤两楹之间：此指秦庭。两楹，房屋正厅当中的两根柱子。两楹之间是房屋正中所在，为举行重大仪式和重要活动的地方。

⑥手足圮（pǐ）绝：手足断绝。此指身首异处。圮绝，毁灭断绝。

⑦爱吝：吝惜。

⑧间阎（lú yán）：乡里，泛指民间。

【译文】

谨按：《太史记》上说：燕太子丹在秦国当人质，秦始皇待他越来越不好，太子丹害怕而逃亡回国。回国后寻求得到勇士荆轲和秦武阳到秦国去，用盒子装着樊於期的首级献给秦王，并呈上督亢的地图，秦王很高兴，礼待接见他们，于是他们在秦廷之上刺杀秦王，事情失败荆轲当时就被杀死。秦始皇非常生气，于是增加兵力讨伐燕国，燕王逃到辽东，派使者杀了太子丹向秦国谢罪，燕国也因此被灭亡了。太子丹是怕死而逃回罢了，自己被父亲所杀，身首异处，他怎么可能招致天降粟米这类的祥瑞呢？之所以有这样的传闻，是因为太子丹喜爱结交宾客，礼贤下士，毫不吝啬，所以民间就夸饰成这类传闻了。

孝文帝

孝成皇帝好诗书[①]，通览古今，闲习朝廷仪礼[②]，尤善汉家法度故事[③]，常见中垒校尉刘向[④]，以世俗多传道：孝文皇帝[⑤]，小生于军，及长大有识，不知父所在，日祭于代东门外[⑥]；高帝数梦见一儿祭己[⑦]，使使至代求之，果得文帝，立为代王[⑧]。及后征到，后期，不得立，日为再中[⑨]。及即位为天子，躬自节俭，集上书囊以为前殿帷[⑩]，常居明光宫听政[⑪]，为皇太薄后持三年服[⑫]，庐居枕块如礼[⑬]，至以发大病，知后子不能行三年之丧[⑭]，更制三十六日服[⑮]。治天下，致升平，断狱三百人[⑯]，粟升一钱。"有此事不？"向对曰："皆不然。"

【注释】

①孝成皇帝：汉成帝刘骜，前33—前6年在位。

②闲：通"娴"。熟悉，熟练。

③故事：旧日的典章制度，例行的事。

④常：通"尝"。曾经。中垒校尉：汉武帝初置。为北军八校尉之一，秩二千石，戍卫京师，兼任征伐，有丞、司马。《汉书·百官公卿表》载中垒校尉掌北军垒门内，外掌西域。或谓"西域"当作"四城"。刘向：本名更生，字子政。楚元王刘交四世孙。历经宣帝、元帝、成帝三朝，曾任光禄大夫、中垒校尉等官。他也是西汉著名学者，有《新序》《说苑》《列女传》等著作存世。又整理宫廷

藏书，撰成《别录》，为我国目录学之祖。另有词赋三十三篇，今
存《九叹》《请雨华山赋》等。

⑤孝文皇帝：汉文帝刘恒，前180—前157年在位。文帝和景帝统治
时期，史称"文景之治"。

⑥日：每天。代：此指汉初代国都城代县（今河北蔚县东北的代王
城）。代国是汉初同姓九国之一。

⑦高帝：汉高帝刘邦，前202—前195年在位。西汉的开国皇帝，习
称汉高祖。

⑧立为代王：刘恒于汉高祖十一年（前196）被立为代王，都晋阳
（今山西太原南），后迁中都（今山西平遥县西南）。

⑨日为再中：太阳为此再次回到正午。

⑩上书囊：盛装奏章的袋子。

⑪明光宫：汉代宫殿。汉武帝时建造，属北宫，尚书在此殿奏事。

⑫皇太薄后：薄太后，汉文帝的生母。汉文帝即位后，尊为皇太后。
三年服：古代丧礼，子女要为父母服丧三年。

⑬庐居：庐墓。在墓旁结庐服丧。枕块：古代丧礼。居父母之丧，其
子女要头枕土块、身卧草垫以示哀痛。

⑭后子：帝王之子。

⑮更制三十六日服：汉文帝后元七年（前157）夏六月，汉文帝刘恒
去世，遗诏短丧薄葬，"服大红十五日，小红十四日，纤七日，释服"
（《史记·孝文本纪》）。大红、小红，即大功、小功，都是丧服名。
纤，即禫，指禫祭至吉祭之间的丧期。三段时间相加为三十六日。

⑯断狱：审理判决案件。

【译文】

成帝爱好诗书，通览古今，熟习朝廷的仪礼，尤其熟悉汉朝的典章
制度，曾经接见中垒校尉刘向，因为世俗多有传言：文帝从小生于军中，
长大懂事之后，不知道他父亲在哪里，每天在代国都城东门外祭祀。高

祖多次梦见有一儿子在祭拜自己，便派使者到代国寻找，果然找到文帝，将他立为代王。等到后来征召到京城，因为误了时间，不得立为天子，太阳为此再次回到正午位置。等到即位为天子后，文帝自身节俭，收集盛装上书的布袋作为前殿的帷帐，经常居住在明光宫治理政事。他为薄太后服丧三年，居住在墓庐中，睡觉时按照丧礼枕在土块上，以至于生了一场大病，由此知道帝王之子不能行三年之丧礼，于是改为服丧三十六天。文帝治理天下，天下太平，审理判决的案件仅涉及三百人，一升粟只要一钱。"有这些的事吗？"刘向回答说："这些说法都不对。"

　　谨按：汉高三年，魏王豹叛汉附楚①，汉使大将韩信击虏豹姬薄夫人②，传诣雒阳织室③。汉王见薄姬，内后宫，幸之，生文帝，二年而为王者子，常居宫阙内，不弃捐军中，祭代东门。高皇后八年后九月己酉夕即位④，就未央⑤，幸前殿，下赦令，即位时以昏夜⑥，日不再中。文帝虽节俭，未央前殿至奢⑦，雕文五采，画华榱璧珰⑧，轩槛皆饰以黄金，其势不可以书囊为帷，奢俭好丑，不相副侔⑨。又文帝以后元六年己亥崩未央宫，在时平常听政宣室⑩，不居明光宫。及皇太薄后以孝景二年四月壬子薨，葬南陵⑪，文帝先太后崩，不为皇太薄后持三年服。文帝遵汉家，基业初定，重承军旅之后，百姓新免于干戈之难，故文帝宜因修秦余政教，轻刑事少，与之休息，以俭约节欲自持。初开籍田⑫，躬劝农耕桑，务民之本。即位十余年，时五谷丰熟，百姓足，仓廪实，蓄积有余。然文帝本修黄、老之言⑬，不甚好儒术，其治尚清净无为，以故礼乐庠序未修⑭，民俗未能大化，苟温饱完结，所谓治安之国也。其后匈奴数犯塞⑮，侵扰边境，单于深入寇掠，贼害北地都尉[16]，杀略吏民，系虏老弱，驱畜产，烧积聚，候骑至甘泉[17]，烽火通长安，京师震动，无不忧懑。是时，大发兴材官骑士十余万军长安[18]，帝遣丞相灌婴击匈奴[19]，文帝自劳兵至太原、代郡，由是北边置屯待战，设备备胡，兵连不解，转输骆驿[20]，费损虚耗，因以年岁谷不登，百姓饥乏，谷籴常至石五百，时不升一钱。前待诏贾捐之为孝元皇帝言[21]："太宗时[22]，民赋四十，断狱四百余。"

【注释】

①汉高三年，魏王豹叛汉附楚：魏王豹是项羽所封，刘邦打败项羽，他归降刘邦。彭城之战，刘邦大败，他又投归项羽。事见《史记·魏豹彭越列传》。汉高祖三年，前204年。按，据《史记》，此事发生在汉高祖二年（前205），此处应劭所记有误。魏王豹，魏豹，原魏国公子，魏王魏咎弟。

②韩信击虏豹姬薄夫人：汉高祖二年（前205）九月，韩信在夏阳用木罂缶渡过黄河，奇袭魏军，将其彻底打败，生擒了魏王豹。韩信，汉朝名将。起初追随项羽，后来跟随刘邦，被任为大将。楚汉战争中封为齐王。领导垓下之战打败项羽，改封楚王。后被诬谋反，降为淮阴侯。汉高祖十一年（前196）又被告与陈豨谋反，为吕后所杀。薄夫人，即薄太后。其母将其送入魏王后宫。有人给她看相说她当生天子，魏豹暗自高兴，遂叛汉。

③传诣：转送到。雒阳：即洛阳。织室：织作之室。

④高皇后八年：前180年。高皇后，即吕太后。因其为高祖刘邦的皇后，故称。汉惠帝去世后，吕太后摄政，故史书常以为纪年。后九月：即闰九月。当时以十月为岁首，至九月则岁终，闰月置于岁末。

⑤未央：未央宫。遗址在今陕西西安西北汉长安故城内西南隅，由

萧何主持兴建。汉高祖七年（前200）建成后常为朝见之处。

⑥即位时以昏夜：《史记·孝文本纪》："皇帝即日夕入未央宫。乃夜拜宋昌为卫将军，镇抚南北军。……还坐前殿。于是夜下诏书。"

⑦未央前殿至奢：《三辅黄图》："前殿东西五十丈，深十五丈，高三十五丈。营未央宫因龙首山以制前殿。"未央宫前殿利用龙首山的丘陵作殿基。具体筑法大约是将龙首山的最高峰，削成由北而南三个大台级，四周略加修整，再用夯土包筑三个台基的四周和表面，然后再在台面上营造殿堂。《三辅黄图》所记为中层台。按《中国建筑史》附表，汉每丈以2.3米计，合今东西115米，深合今34.5米，高合今80.5米。

⑧榱（cuī）：椽子。璧珰：以玉为椽头。

⑨侔（móu）：等同，齐同。

⑩宣室：未央宫前殿正室。

⑪南陵：在今陕西西安东南白鹿原上太康村附近。《史记·外戚世家》："以吕后会葬长陵（按，汉高祖陵），故特自起陵，近孝文皇帝霸陵。"据《三辅黄图》，因其"在霸陵南，故曰南陵"。

⑫开籍田：古代的一种礼仪。春耕开始时，帝王亲耕于划定的田地，收获以奉祀宗庙，且寓劝农之意。

⑬黄、老之言：黄帝、老子的学说。崇尚清心寡欲、无为而治。

⑭庠序：古代的地方学校。后亦泛称学校。此指教化。

⑮匈奴数犯塞：汉文帝时期，匈奴大规模入侵主要有三次：文帝三年（前177），匈奴右贤王率数万大军侵占河南地（今内蒙古鄂尔多斯地区），并进袭上郡（今陕西绥德地区），杀略汉民，威胁长安。文帝十四年（前166）冬，老上单于亲率大军入北地郡，前锋直抵岐州雍（今宝鸡凤翔）、甘泉（今陕西淳化西北），距长安仅二百里，文帝后元六年（前158），军臣单于分两路，分别侵入上郡及云中郡，杀略甚众。

⑯单于深入寇掠，贼害北地都尉：此指文帝前元十四年（前166）冬，老上单于率军入侵事。北地都尉，北地郡都尉，掌管全郡军事。西汉北地郡，治马岭（今甘肃庆阳西北）。

⑰候骑：担任侦察巡逻任务的骑兵。甘泉：甘泉宫，在今陕西淳化西北甘泉山。

⑱材官：秦汉时一种地方预备兵兵种。郭沫若《中国史稿》："西汉初年，地方有经常训练的预备兵。山地或少马的地方多步兵，叫做'材官'；平地或多马的地方多骑兵，叫做'车骑'。"

⑲灌婴：汉初功臣。起初跟随刘邦转战各地，后从韩信击破齐军，并攻杀项羽。刘邦称帝，灌婴任车骑将军，封颍阴侯，后与陈平、周勃平定吕氏之乱，迎立文帝，任太尉，不久为丞相。

⑳骆驿：同"络绎"。形容延续不绝的样子。

㉑待诏：汉代徵士凡特别优异的待诏于金马门，称为待诏。贾捐之：字君房。贾谊曾孙。西汉著名政治家、文学家。汉元帝初即位，上疏言得失，时为待诏金马门。

㉒太宗：即汉文帝。庙号太宗。

【译文】

谨按：高祖三年，魏王豹背叛高祖依附项羽，高祖派大将韩信攻击俘虏了魏豹和他的姬妾薄夫人，把薄夫人转送到雒阳织室。高祖见到薄姬，纳入后宫，幸临她，生下了文帝，第二年立为王子，经常居住在宫中，并没有被抛弃在军中，在代国东门祭祷。高皇后八年闰九月己酉晚上文帝即位，到未央宫，驾临前殿，颁布敕令，即位时正是晚上，太阳并没有再次回到正午位置。文帝虽然节俭，但是未央宫前殿非常奢华，雕刻纹饰，绘以五彩，雕梁画栋，以玉为椽头，窗户和栏杆都用黄金装饰，这势必不可能用上书袋制作帷幕，奢侈与俭朴，用具品质的好坏，与传说不相吻合。另外文帝于后元六年乙亥在未央宫驾崩，他生前平常在宣室听政，并不是住在明光宫。至于薄太后是在景帝二年四月壬子去世，葬在南

陵,文帝在太后之前驾崩,所以不会为皇太后服丧三年。文帝遵循汉家
法度,基业刚稳固,又是建立在战事之后,百姓刚刚免于战争之苦,所以
文帝应该趁机修治秦朝遗留下来的政治教化,减轻刑罚减少民事,让老
百姓休养生息,以节俭少欲自我克制。他第一个下诏开垦籍田,亲自劝
勉农桑,致力于老百姓生活的根本。即位十几年,那时五谷丰登,百姓富
足,粮仓充实,蓄积有余。但是文帝主要修习黄、老之言,不太喜好儒学,
他的统治崇尚清静无为,因此礼乐学校未能修饬,民俗也未能有深入的
教化,只求温饱就可以了,这就是所谓的治安之国。在这之后匈奴多次
进犯边塞,侵扰边境,单于深入劫掠,杀害北地都尉,屠杀抢夺官员和百
姓,掳掠老弱,驱赶牲畜,烧毁积聚,侦察骑兵到达了甘泉宫,烽火传到长
安,京城震惊,没有不感到忧愁愤懑的。这时,大量征发材官、骑兵十多
万驻扎长安,文帝派遣丞相灌婴抗击匈奴,亲自到太原、代郡慰问军队,
于是北边设置屯所驻军备战,设置军备防御匈奴,战事接连不断,物资转
运络绎不绝,消耗减损,加上年成不好,百姓忍饥挨饿,买一石谷常常要
花五百钱,而不是一升一钱。前待诏贾捐之对元帝说:"文帝时,民众要
交十分之四的赋税,断案每年有四百余件。"

　　案太宗时民重犯法,治理不能过中宗之世①。地节元年②,
天下断狱四万七千余人,如捐之言,复不类。前世断狱,皆
以万数,不三百人。文帝即位二十三年③,日月薄蚀④,地数震
动,毁坏民庐舍,关东二十九山,同日崩溃,水出,河决酸枣⑤,
大风坏都,雨雹如桃李,深者厚三尺,狗马及人皆生角,大雪
蝗虫。文帝下诏书曰⑥:"间者,阴阳不调,日月薄蚀,年谷
不登,大遭旱蝗饥馑之害,谪见天地⑦,灾及万民。丞相、御
史议可以佐百姓之急。"推此事类,似不及中宗之世,不可
以为升平。

【注释】

①中宗：汉宣帝刘询，前74—前48年在位。庙号中宗。

②地节元年：前69年。地节为汉宣帝年号（前69—前66）。

③文帝即位二十三年：汉文帝在位共二十三年。

④薄蚀：指日月相掩食。《文选·张子房诗》注："京房《易飞候》曰：'凡日蚀皆于晦朔，不于晦朔蚀者名曰薄。'"

⑤酸枣：酸枣县，治今河南延津西南。汉文帝十二年（前168）黄河在此决口，东溃金堤。

⑥文帝下诏书曰：以下诏书为汉文帝后元元年（前163）诏书部分内容。

⑦谪：谴责。见：同"现"。显现。

【译文】

案：文帝时民众不轻易犯法，治理比不上宣帝时期。地节元年，全国判决讼案涉及四万七千多人，像贾捐之所说，也不符合事实。前世断案都以万数，不会只有三百人。文帝即位二十三年间，日月相掩食；地震多次发生，毁坏民众的房舍；关东二十九座山，同一天崩溃，大水涌出；黄河在酸枣决堤；大风毁坏了都城；下的冰雹像桃子李子那么大，深的地方达到三尺；狗马和人都长出角来；出现了大雪和蝗虫。文帝下诏书说："近来，阴阳不调，日月相掩食，年成不好，深受干旱、蝗虫、饥馑的灾害，被天地谴责，祸及百姓。丞相、御史商议可以帮助百姓解决急难的计策。"根据这些事实推断，似乎比不上宣帝时期，不能认为这就达到了天下太平。

上曰："吾于临朝统政施号令何如？"向未及对，上谓向："校尉帝师傅，耆旧洽闻①，亲事先帝，历见三世得失。事无善恶，如闻知之，其言勿有所隐。"向曰："文帝时政颇遗失，皆所谓悔吝小疵耶②。尝辇过郎署，问中郎冯唐以赵将廉颇、马服③。唐言：'今虽有此人，不能用也。'推辇而去，还归禁中，召责让，唐顿首陈言：'闻之于祖父，道廉颇、李牧为边将④，市租诸入，皆输莫府⑤，而赵王不问多少。日击牛灑酒⑥，劳赐士大夫，赏异有加，故能立威名。今臣窃闻云中太守魏尚⑦，边之良将也。匈奴常犯塞为寇，尚追之，吏士争居前，乐尽死力；斩首上功，误差数级，下之吏，尚竟抵罪。由是言之：虽得廉颇、李牧，不能用也。'及河东太守季布⑧，治郡有声，召欲以为御史大夫，左右或毁言使酒⑨，后不用，布见辞去，自陈曰：'臣幸得待罪河东，无故而见征召，此人必有以臣欺国者，既到无用，此人亦有以毁伤臣者。今以一人言则进之，以一人言则退之，臣恐天下有以见朝廷短也。'上有惭色，卒遣布之官。及太中大夫邓通⑩，以佞幸吮痈疡脓汁见爱，拟于至亲，赐以蜀郡铜山，令得铸钱。通私家之富，侔于王者封君。又为微行，数幸通家。文帝代服衣屩⑪，袭毡帽⑫，骑骏马，从侍中、近臣、常侍、期门、武骑猎渐台下⑬，驰射狐兔，毕雉刺彘⑭，是时，待诏贾山谏以为⑮：'不宜数从郡国贤良吏出游猎，重令此人负名，不称其举。'⑯及太中大夫贾谊，亦数谏止游猎，是时，谊与邓通俱侍中同位，谊又恶通为人，数廷讥之，由是疏远，迁为长沙太傅。既之官，内不自得，及渡湘水，投吊书曰：'阘茸尊显⑰，佞谀得意。'以哀屈原离谗邪之咎⑱，亦因自伤为邓通等所愬也⑲。"

【注释】

①耆旧：年高望重者。洽闻：博学多闻。

②悔吝：灾祸。

③冯唐：汉文帝时，为中郎署长，年已老。曾在文帝前为云中守魏尚
　辩解，指出"赏轻罚重"之失，文帝乃复以魏尚为云中守，并任冯
　唐为车骑都尉。景帝时，任楚相。马服：此指马服君赵奢，战国
　时期赵国名将。初为征收田赋的官吏，平原君家不肯出租税，他
　以法治之，受平原君赏识，推荐于赵惠文王，令他主管全国赋税，
　成绩卓著。后任将军。前270年，秦伐韩，驻军阏与（今山西和
　顺），他率兵往救，大破秦军，以功封马服君。马服，战国赵地，在
　今河北邯郸西北。

④李牧：战国末年赵国名将。长期防守赵的北方，曾打败东胡、林
　胡、匈奴。赵王迁三年（前233）率军向秦反攻，在肥（今河北藁
　城西南）大败秦军，因功封武安君。后因赵王中秦反间计，被杀。

⑤莫府：幕府。本指将帅在外的营帐。后亦泛指军政大吏的府署。
　莫，通"幕"。

⑥灑（shī）酒：酾酒，斟酒。灑，通"酾"。斟。

⑦云中：西汉云中郡，郡治云中县（今内蒙古托克托东北）。太守：
　初作"守"，战国时，各国常于边境设郡守。初为武职，负责防守，
　后逐渐成为地方长官。秦统一后，以郡为最高的地方行政区域，
　设郡守掌管郡政。汉景帝时，改称太守。

⑧河东：西汉河东郡，郡治安邑（今山西夏县西北）。季布：汉初楚
　人，楚汉战争中，为项羽部将，多次围困刘邦。汉朝建立，被刘邦
　追捕，他听周氏之计，隐名卖身为大侠朱家之奴。朱家为他游说
　刘邦功臣夏侯婴，乃得赦，拜为郎中。惠帝时匈奴数扰边，他认为
　国力尚弱，人民急需休养生息，坚决反对与匈奴交战。文帝立，调
　为河东守，有名将之称。以重信义著名当世，楚地有谚云："得黄
　金千斤，不如季布一诺。"

⑨使酒：因酒使性。

⑩太中大夫：职掌论议及顾问应对，无常事，唯诏令所使。秩比千

石。居宫中办事，是皇帝的高级参谋，若加"给事中""侍中"等官号，则职权更大，成为皇帝近侍之臣。邓通：汉文帝男宠。初为黄头郎，后得宠幸，官至太中大夫。前后赏赐无数，并赐给蜀郡严道铜山，许其铸钱，邓氏钱遍于天下，其富无比。景帝即位后，免官。不久家产被抄没，穷困而死。

⑪ 代服：代地的服装。此当指胡服，因代地为战国时赵国领土，有胡服之风。罽（jì）：毡类毛织品。

⑫ 袭：穿，戴。

⑬ 侍中：自列侯以下至郎中的加官，无定员。侍从皇帝左右，出入宫廷。常侍：秦汉有中常侍，简称常侍，汉代少府之属官、宦者，秩千石，后增秩比二千石，掌侍左右，出入内宫，赞导内众事，顾问应对给事。期门：为皇帝的随从，秩比郎，无员额。汉初选陇西、天水、安定、北地、上郡、西河等六郡良家子组成。武帝微行，执兵器护卫，"期诸殿门"，故称。属光禄勋，平帝时改称虎贲郎。渐台：台名。位于西汉建章宫太液池中。

⑭ 毕：古代田猎用的长柄小网，此处是指用长柄网捕取禽兽。

⑮ 贾山：颍川人，尝给事颍阴侯灌婴。文帝时，以秦为喻，言治乱之道，名曰《至言》，后复谏文帝除铸钱令。又讼淮南王刘长无大罪。善指事意，言多激切。文帝终不加罪，以广争之路。

⑯ "不宜数从郡国贤良吏出游猎"几句：《汉书·贾山传》："山上《至言》，有云：'今从豪俊之臣，方正之士，直与之日日猎射，击兔伐狐，以伤大业，绝天下之望，臣窃悼之。……古者，大臣不媟，故君子不常见其齐严之色，肃敬之容。大臣不得与宴游，方正修絜之士，不得从射猎，使皆务其方以高其节。'"此即概述《至言》相关内容。

⑰ 阘茸（tà róng）：此处指庸碌卑劣之人。

⑱ 离：遭受。咎：灾祸。

⑲愬（sù）：诽谤，进谗言。

【译文】

皇上说："我在临朝统治发号施令方面怎么样？"刘向没来得及回答，皇上对刘向说："你是皇帝的老师，年高而有才德，博学多闻，亲自侍奉过先帝，经历见证了三代的得失。事情无论好坏，如果听说过知道的，言语上不要有所隐瞒。"刘向说："文帝时政务有些疏忽，都是所谓的小灾祸小差错。文帝曾经坐车经过郎署，问郎中冯唐关于赵将廉颇、赵奢的情况。冯唐说：'现在即使有这两个人，您也是不能任用的。'文帝让人推车离开，回到宫中，召见冯唐并且责备他。冯唐叩头下拜说：'我从祖父那里听说，廉颇、李牧作为边疆大将，市场租税等各种收入，都输入幕府，而赵王从来不问有多少。他每天杀牛摆酒，犒劳赏赐士大夫，对表现优异的增加奖赏，所以才能树立威名。现在我听说云中太守魏尚，是边疆良将。匈奴常常进犯边塞为寇，魏尚追击他们，众将士都争着冲在前面，乐于拼死效力；斩获首级上报战功时，首级数只差了几个，便将他交给官吏审讯，魏尚最终获罪下狱。因此我说：即使得到廉颇、李牧，您也是不能任用的。'河东太守季布，治理郡务有名声，文帝召见他想让他做御史大夫，近臣有人毁谤说他使酒任性，后来就不再任用他了。季布在临行面辞文帝时，自己陈述说：'我有幸在河东任职，无缘无故而被征召，这一定是有人赞扬推荐我来欺骗您，已经到了都城而不被任用，一定是有人诋毁我。现在您因为一人之言而进用大臣，又因为一人之言而斥退大臣，我害怕天下因此而看到朝廷的不足啊。'文帝面有惭色，最终派遣季布回到河东继续当太守。太中大夫邓通，因为谄媚替皇上吮吸痈疮中的脓汁而得到宠幸，好比至亲，还把蜀郡的铜山赏赐给他，让他铸钱。邓通私家的财产，可以与王侯及有封地的贵族相比。文帝又微服私行，几次驾临邓通家。文帝穿着胡服毡衣，戴着毡帽，骑着骏马，带领侍中、近臣、常侍、期门、武骑在渐台下打猎，驰骋着射杀狐狸、兔子，网罗野鸡刺杀野猪。那个时候，待诏贾山劝谏道：'不应该多次带领郡国贤良官吏出游打猎，屡次让这些人有损名声，与行为不相称。'太中大夫贾谊，也多次劝谏文帝停止游猎。那时，贾谊和邓通都是身居侍中之位，贾谊厌恶邓通的为人，几次在朝廷讥讽他，因此被文帝疏远，贬为长沙王太傅。他到任之后，内心郁闷不得志，等到渡过湘水，投下凭吊文章说：'品格卑下的反而尊贵显赫，谀佞阿谀的反而得意扬扬。'以此哀悼屈原遭受谗邪的灾祸，同时也借此感伤自己被邓通等人所谗害。"

成帝曰："其治天下，孰与孝宣皇帝？"向曰："中宗之世，政教明，法令行，边境安，四夷亲，单于款塞①，天下殷富，百姓康乐，其治过于太宗之时，亦以遭遇匈奴宾服，四夷和亲也。"上曰："后世皆言文帝治天下几至太平，其德比周成王，此语何从生？"向对曰："生于言事。文帝礼言事者，不伤其意，群臣无小大，至即便从容言②，上止辇听之，其言可者称善，不可者喜笑而已。言事多褒之，后人见遗文，则以为然。世之毁誉，莫能得实，审形者少，随声者多，或至以无为有。故曰：'尧、舜不胜其善，桀、纣不胜其恶。'桀、纣非杀父与君也，而世有杀君父者，人皆言无道如桀、纣，此不胜其恶。故若文帝之仁贤，不胜其善，世俗褒扬，言其德比成王，治几太平也。然文帝之节俭约身，以率先天下，忍容言者，含咽臣子之短，此亦通人难及，似出于孝宣皇帝者也。如其聪明远识，不忘数十年事，制持万机，天资治理之材，恐文帝亦且不及孝宣皇帝。"向以为如此。

【注释】

①款塞：叩塞门而来投降。款，叩。

②至即便从容言：到跟前就从容发言。至，到。即，近。便，就，连词。从容，悠闲舒缓。言，发言。

【译文】

成帝说："治理天下，谁能比得上宣帝？"刘向说："宣帝的时候，政教清明，法令通行，边境安定，四夷亲和，单于叩首归顺，天下殷实富有，百姓康乐，他的治理超过了文帝时。也是因为当时匈奴归顺，四夷和睦亲善。"皇上说："后世都说文帝治理天下几乎达到太平，他的德行可以和周成王相比，这样的话语是从何而来呢？"刘向回答说："这些话是从言事官那里来的。文帝以礼对待言事官，不伤害他们的意图，群臣不管官大官小，碰到了就向文帝从容言事，文帝停车听他们讲，他们说得好的就称善，说得不好的就一笑了之。言事官大多赞扬文帝，后人看到他们留下来的文字，就以为是这样。人世间的诋毁赞誉，没有人能得知真实情况，考察的人少，随声附和的人多，有的甚至无中生有。所以说：'尧、舜好得不得了，桀、纣坏得不得了。'桀、纣没有弑君杀父，而世上有弑君杀父的人，人们都说无道如同桀、纣，这是说他们坏得不得了。所以像文帝的仁贤，好得不得了，世俗表扬他，就说他的德行可以与周成王相比，他的治理几乎就是太平盛世了。不过，文帝节约约束自身，率先给天下人做榜样，容忍言事官，原谅群臣的不足，这也是普通人难以企及的，这些都似乎比宣帝做得好。像聪明有远见，不忘数十年前的往事，控制操持纷繁事务，治理天下的天赋才能，恐怕文帝还是比不上宣帝的。"刘向认为是这样。

及世间言文帝小生于军中，长大祭代东门外，使者求得之，因立为代王，征当即位，后期，日为之再中，集上书囊，以为前殿帷，常居明光宫听政，为薄太后持三年服，治天下，致升平，断狱三百人，粟一升一钱：凡此十余事，皆俗人所妄传，言过其实，及傅会^①，或以为前皆非是，如刘向言。

【注释】

①傅会：牵强附会。

【译文】

至于民间说文帝从小生于军中，长大了在代国东门外告祭，使者寻找到他，因而立为代王，征召到京城即位，延误了时辰，太阳为之再次来到天空正中，收集上书布袋，作为前殿帷幕，经常在明光宫听政，为薄太后守孝三年，治理天下而天下太平，断狱仅三百人，米粟一升一钱：大凡这十多件事，都是世俗人虚妄传布，言过其实，牵强附会，有人认为前面的传闻都不是真的，就像刘向所言。

东方朔

俗言：东方朔太白星精^①，黄帝时为风后^②，尧时为务成子^③，周时为老聃^④，在越为范蠡^⑤，在齐为鸱夷子皮^⑥。言其神圣能兴王霸之业^⑦，变化无常。

【注释】

①太白星：即金星，中国古代称之为长庚、启明、太白或太白金星。精：精灵。

②风后：相传为黄帝时的臣子。帝遇之于海隅，举以为相。一说为黄帝之师。

③务成子：又名巫成，字昭，又称务成昭，上古诸侯国务国的国君。集思想、文学、道家、医学、房中术于一身，相传为尧、舜师。也是道教兴起前传说中的神仙。

④老聃：老子，姓李名聃，春秋时期著名思想家。

⑤范蠡：春秋末著名的政治家、军事家、经济学家和道家学者。曾献
　　策扶助越王勾践复国，后隐去。著《范蠡》二篇，今佚。

⑥鸱夷子皮：春秋末期范蠡在齐国经商时取的名字。

⑦神圣：如神一般的圣明。形容至为庄严尊贵，不可侵犯。

【译文】

民间传说：东方朔是太白星的精灵，黄帝时是风后，尧时是务成子，周朝时是老聃，在越国是范蠡，在齐国是鸱夷子皮。说他的神圣能兴起王霸的事业，变化无常。

谨按：《汉书》①：东方朔，平原人也②。孝武皇帝时，招延贤良、文学之士③，待以不次之位④，故四方多上书言得失自衒鬻者⑤。于是朔诣阙自陈⑥："十二失父，长养兄嫂，年十三学书，十四击剑，十六诵《诗》，十九习孙、吴兵法，又常服子路之言⑦。臣朔年二十三，长九尺三寸⑧，目若悬珠，齿若编贝，勇若孟贲⑨，捷若庆忌⑩，廉如鲍叔⑪，信若尾生⑫，若此，可以为天子大臣矣。"朔文辞不逊，高自称誉，由是见伟⑬，稍益亲幸，官至太中大夫，倡优畜之⑭，不豫国政⑮。刘向少时，数问长老贤人，通于事，及朔时人，皆云：朔口谐倡辩⑯，不能持论⑰，喜为凡庸诵说⑱，故今后世多传闻者。而扬雄亦以为："朔言不纯师⑲，行不纯德⑳，其流风遗书，蔑如也㉑。然朔所以名过其实，以其恢诞多端，不名一行，应谐似优，不穷似智，正谏似直㉒，秽德似隐，非夷、齐㉓，是柳惠㉔，其滑稽之雄乎！"朔之逢占射覆㉕，其事浮浅，行于众，僮儿牧竖㉖，莫不眩耀㉗，而后之好事者，因取奇言怪语附著之耳，安在能神圣历世为辅佐哉？

【注释】

①《汉书》：本则所记见《汉书·东方朔传》。《汉书》，中国第一部纪传体断代史。东汉班固撰。记录西汉一代的史事。

②平原：西汉平原郡，景帝四年（前153）分济北国西北部地置，治平原（今山东平原西南）。

③招延：招请，延请。

④不次之位：不拘常次的职位。此指破格提拔。

⑤衒（xuàn）：炫耀，自夸，卖弄。鬻（yù）：卖，推销。

⑥诣（yì）：到，特指到尊长那里去。阙（què）：皇宫门前两边供瞭望的楼。后作为皇宫或宫门的代称。

⑦服：信服。子路：名仲由，孔子的学生，以勇敢著称。

⑧长九尺三寸：西汉时1尺在22厘米左右，则东方朔身高在2.04米左右。

⑨孟贲：战国时的勇士。力大无穷，相传能生拔牛角。

⑩庆忌：春秋时吴王僚之子。后公子光弑僚，忧其为后患，遂使要离刺杀之。庆忌力量过人，勇猛无畏，以敏捷著称，史称其能走追奔兽、手接飞鸟。

⑪鲍叔：即鲍叔牙。春秋时齐国大夫。少时和管仲友善，后因齐乱，随公子小白出奔莒，管仲则随公子纠出奔鲁。襄公被杀，纠与小白争夺君位，小白得胜即位，即齐桓公。桓公命他为宰，他辞谢，保举管仲。后人认为他廉洁奉公。

⑫尾生：以守信著称的人。和女子约定在桥梁相会，久候女子不到，水涨，乃抱桥柱而死。

⑬伟：奇。

⑭畜（xù）：对待，看待。

⑮豫：通“与”。参与。

⑯倡辩：善辩。

⑰持论：立论，提出主张。

⑱诵说：传述解说。

⑲纯师：纯粹的榜样。

⑳纯德：纯粹的德行。

㉑蔑如：微不足道。谓辞义浅薄，不足称道。

㉒正谏：直言劝谏。

㉓非：责怪，反对。夷、齐：伯夷、叔齐。皆商末孤竹君之子。初孤竹
君以次子叔齐为继承人，孤竹君死后，叔齐让位给大哥伯夷，伯夷
不受，两人皆不居位而逃，投奔到周。反对周武王伐商。武王灭
商后，他们逃避到首阳山，不食周粟而死。

㉔是：肯定，认同。柳惠：即柳下惠。春秋时鲁国大夫。展氏，名获，
字禽。食邑在柳下，谥惠。以善于讲究贵族礼节著称。

㉕逢占：占卜。射覆：置物于覆器下，令人猜测。

㉖牧竖：放牧的童仆。

㉗眩耀：迷惑，迷乱。

【译文】

谨按：《汉书》记载：东方朔是平原人。武帝时，招纳贤良、文学人
士，破格提拔他们，所以四方很多人上书谈论朝廷的得失来炫耀推销自
己。于是东方朔到宫门上书自陈："我十二岁失去父亲，由兄嫂抚养长
大，十三岁学习书写，十四岁学击剑，十六岁诵读《诗经》，十九岁学习
孙、吴兵法，又很信服子路的言论。我现在二十三岁，高九尺三寸，眼睛
像悬着的明珠，牙齿像排列整齐的贝壳，勇敢如孟贲，敏捷如庆忌，廉正
如鲍叔，讲究信用如尾生，像我这样的，可以作为天子的大臣了。"东方
朔文辞不谦逊，自我称誉，因此被看成是奇伟之人，逐渐受到亲近，官至
太中大夫，皇上像戏子一样对待他，他不参与国政。刘向年少的时候，多
次询问长老贤人，对事情比较了解，还询问了与东方朔同时代的人，都
说：东方朔言语诙谐善辩，不能提出自己的观点，喜欢做平凡庸俗的解

说，所以后世人有很多关于他的传闻。而扬雄也认为："东方朔言语不能成为纯粹的榜样，行为不是纯粹的德行，他流播下来的风气和著述，不值得称道。不过东方朔之所以名过其实，是因为他诙谐多端，不拘小节，应答诙谐像戏子一般，言语滔滔不绝好像很有智慧，直言劝谏又似乎很正直，德行污秽像是隐士，他否定伯夷、叔齐，肯定柳下惠，是滑稽中的雄才。"东方朔占卜射覆，行事浅薄不深入，流行于大众之中，小孩牧童，没有谁不受迷惑，而后代的好事之人，于是收集奇谈怪论附会到他身上，怎么能说他神灵圣明数代身为辅佐呢？

淮南王安神仙

俗说：淮南王安①，招致宾客方术之士数千人，作《鸿宝》《苑祕》枕中之书②，铸成黄白③，白日升天。

【注释】

①淮南王安：即刘安，淮南王刘长的儿子。好读书，善鼓琴，尤工词赋。文帝八年（前172）封为阜陵侯，十六年（前164）立为淮南王。曾招宾客方术之士数千人，编成《内书》二十一篇，《外书》三十三篇，《中篇》八卷，后世称为《淮南鸿烈》，亦称《淮南子》。武帝元狩元年（前122）谋反事泄，自杀。国除为九江郡。

②《鸿宝》《苑祕》枕中之书：《汉书·刘向传》："上复兴神仙方术之事，而淮南有枕中《鸿宝》《苑祕》书。"颜师古注："《鸿宝》《苑祕》书，并道术篇名。臧在枕中，言常存录之不漏泄也。"则二书皆道教修仙炼丹之书。

③黄白：黄金、白银。

【译文】

民间传说：淮南王刘安，招揽宾客术士之类的几千人，做《鸿宝》《苑秘》,藏于枕中,铸成黄金、白银,在白天升天成仙。

　　谨按:《汉书》[①]:淮南王安,天资辨博[②],善为文辞,孝武以属诸父[③],甚尊之。招募方伎怪迂之人[④],述神仙黄白之事,财殚力屈,无能成获,乃谋叛逆,克皇帝玺,丞相、将军、大夫已下印[⑤],汉使符节、法冠[⑥]。赵王彭祖、列侯让等议曰[⑦]:"安废法,行邪僻,诈伪心,以乱天下,营惑百姓[⑧],背叛宗庙[⑨]。《春秋》无将,将而必诛[⑩]。安罪重于将,反形已定,图书印及他逆无道事验明白[⑪]。"丞相弘、廷尉汤以闻[⑫]。上使宗正以符节治王[⑬],安自杀,太子诸所与谋皆收夷[⑭],国除为九江郡[⑮]。亲伏白刃,与众弃之,安在其能神仙乎?安所养士,或颇漏亡,耻其如此,因饰诈说,后人吠声[⑯],遂传行耳。

【注释】

①《汉书》:本则所记见《汉书·淮南王传》。

②辨博:指聪明,学识广博。辨,通"辩"。聪明,有智慧。

③以:因为。属(shǔ):是,系。诸父:指伯父和叔父。刘安是文帝的弟弟刘长之子,是景帝的堂兄弟,是武帝的叔伯。

④方伎:泛指医、卜、星、相等术。伎,亦作"技"。怪迂(yū):怪异迂阔。

⑤克:通"刻"。已:同"以"。

⑥符节:指朝廷委派的专使。法冠:古代冠名。本为楚王冠,从秦汉起,御史、使节和执法官皆戴此冠。此指御史,执法官。

⑦赵王彭祖:刘彭祖。景帝之子,母贾夫人。景帝二年(前155)立为广川王,次年徙为赵王。好法律,善于诡辩,常陷害国相。又垄断王国商业,家多金钱。列侯让:曹让。列侯,爵位名。秦制爵分

　　二十级,彻侯位最高。汉承秦制,为避汉武帝刘彻讳,改彻侯为通
　　侯,或称列侯。

⑧眩惑:惑乱,迷惑。

⑨宗庙:朝廷和国家政权的代称。

⑩《春秋》无将,将而必诛:《春秋公羊传》之庄公三十一年、昭公元
　　年均有"君亲无将,将而诛焉"之语。将,指"将为乱",即起叛逆
　　之心。

⑪图书:犹图谶。古代方士或儒生编造的关于帝王受命征验一类的
　　文字,多为隐语、预言。

⑫丞相弘:指丞相公孙弘。字季,又字次卿,菑川薛(今山东滕州
　　南)人。熟习文法吏事,而缘饰以儒术,不肯面折廷争,议事常顺
　　武帝之意,故为武帝信任。元朔五年(前124),拜为丞相,封平津
　　侯。为汉朝白衣拜相封侯第一人。为人身行俭约、轻财重义,然
　　而外宽厚而内阴险,凡与其有矛盾者,表面假装对其不错而暗地
　　里报复他们。廷尉汤:指廷尉张汤。杜陵(今陕西西安南)人。
　　历仕太中大夫、廷尉、御史大夫等职,深受武帝亲幸,大权在握,丞
　　相形同虚设。是著名的酷吏。

⑬宗正:汉九卿之一,多由皇族中人充任,为皇族事务机关的长官。

⑭收夷:捕杀。

⑮除:撤销。

⑯吠声:犹谚语"一犬吠影,百犬吠声"。言不问虚实,人云亦云。

【译文】

　　谨按:《汉书》记载:淮南王刘安,天资聪明,学识广博,擅长写文章,
武帝因为他是叔父一辈,所以非常尊重他。他招募方术怪诞的人,讲论神
仙和铸造黄金白银这方面的事,财力枯竭力量用尽,没有什么成果,于是
谋划叛逆,私刻皇帝的印玺,和丞相、将军、大夫以下的官印,汉朝派遣持
专使和司法官去调查。赵王刘彭祖、列侯曹让等评议说:"刘安废弃法度,

行为不合正道，心地虚伪狡诈，来扰乱天下，迷惑百姓，背叛国家。《春秋》说为人臣者不得有叛逆之心，只要有叛逆之心就一定要被诛杀。刘安的罪行重于叛逆之心，反叛的情形已经确凿，图谶、印玺和其他大逆不道的证据查验清楚。"丞相公孙弘、廷尉张汤奏报皇上。皇上派宗正拿着符节治刘安之罪，刘安自杀，他的太子和所有参与谋反的人都被逮捕诛杀，撤销淮南国设为九江郡。刘安死于刀剑之下，和他一起谋反的众人也都被杀，他的成为神仙表现在哪里呢？刘安所养的门客，有的漏网逃脱，对刘安的下场感到羞耻，因此对虚假的说法加以修饰，后人盲从，于是流传开来。

王阳能铸黄金

《汉书》曰说①：王阳虽儒生，自寒贱②；然好车马衣服，极为鲜好，而无金银文绣之物。及迁徙去处，所载不过囊衣③，不蓄积余财，去位家居，亦布衣疏食④。天下服其廉而怪其奢，故俗传王阳能作黄金。

【注释】

①《汉书》曰说：本则所记见《汉书·王吉传》。曰，当为衍文。王利器《风俗通义校注》："《御览》八一一引无'曰'字，是。"

②王阳虽儒生，自寒贱：王阳，即王吉，字子阳。少时好学，兼通五经，能为驺氏《春秋》。初以孝廉为郎，举贤良为昌邑中尉。昌邑王刘贺淫佚好游猎，他曾数直言相谏。宣帝时为益州刺史，征为博士谏大夫。吉上疏陈得失，帝以为迂阔，吉遂谢病归琅邪。元帝即位，召之入京，病死途中。虽，通"须"。副词，本，本来。按，《汉书·王吉传》只说王吉"世名清廉"，并未言其"寒贱"。此处之"寒贱"意或同"清廉"。

③囊：口袋。

④疏食：粗糙的饭食。

【译文】

《汉书》记载：王阳本来是一介儒生，自然清廉；但他却喜好车马衣服，非常光鲜美好，可并没有金银锦绣这类东西。他迁徙离开住所，车所载的不过是一口袋衣服，没有积蓄的多余钱财，卸任住在家里，也是穿着布衣吃着粗糙的饭食。天下人佩服他的廉洁又奇怪他的奢侈，所以民间传说王阳能铸作黄金。

　　谨按：《太史记》①：秦始皇欺于徐市之属，求三山于海中②，通同道，隐形体③，弦诗想蓬莱④，而不免沙丘之祸⑤。孝武皇帝兹益迷谬⑥，文成、五利⑦，处之不疑，妻以公主，赐以甲第，家累万金，身佩四印⑧，辞穷情得，亦旋枭裂⑨。淮南王安，锐精黄白⑩，庶几轻举⑪，卒离亲伏白刃之罪。刘向得其遗文，奇而献之，成帝令典尚方铸作事⑫，费甚多而方不验，劾向大辟，系须冬狱⑬，兄阳成侯乞入国半⑭，故得减死。秦、汉以天子之贵，四海之富，淮南竭一国之贡税，向假尚方之饶，然不能有成者，夫物之变化，固自有极，王阳何人，独能乎哉？语曰："金不可作，世不可度⑮。"王阳居官食禄，虽为鲜明，车马衣服，亦能几所，何足怪之？乃传俗说，班固之论⑯，陋于是矣。

【注释】

①《太史记》：本则所记见《史记》《汉书》。

②秦始皇欺于徐市之属，求三山于海中：据《史记》记载，秦始皇二

十八年（前218），徐市等上书，言海中有三神山，名曰蓬莱、方丈、瀛洲，仙人居之，请得斋戒，与童男女求之。于是遣徐市发童男女数千人入海求仙人。徐市，齐国方士，又叫徐福。

③隐形体：隐藏身体，外人不见。

④弦：弹奏弦乐器。诗：指《仙真人诗》。秦始皇三十六年（前211），令博士作《仙真人诗》，及行游天下，令乐人弦歌之。

⑤沙丘之祸：指秦始皇三十七年（前210）死于沙丘平台。沙丘，在今河北广宗西北。

⑥兹：同"滋"。益，更加。

⑦文成：齐国方士李少翁。他以幻术骗武帝相信招来李夫人魂魄，遂被武帝拜为文成将军，赏赐甚多。又言欲与神通，必治宫室被服象神，武帝乃造甘泉宫，置祭具以招神。后骗术泄，被杀。五利：齐国方士栾大。自言能点金、堵河决、招神位、炼不死之药诸术，深为武帝宠信，拜为五利将军。居月余，又连得天士将军、地士将军、大通将军、天道将军四金印。同年又封为乐通侯，食二千户，得赐僮千人，黄金万斤。武帝还以卫长公主妻之，并常亲至其府第，使者更是连属于道。贵族大臣也争相献遗交结。第二年，因骗术败露，被腰斩。

⑧四印：指栾大得五利将军、天士将军、地士将军、大通将军四颗印。

⑨枭裂：诛戮，身首异处。

⑩锐精：谓用心专一，专心一志。

⑪庶几：希望，但愿。轻举：谓飞升，登仙。

⑫典：主管。尚方：汉少府下属官署。主造皇室所用刀剑等兵器及玩好器物。

⑬须：等待。冬狱：冬天行刑。按汉律，十二月处决犯人。

⑭阳城侯：指刘向之兄阳城侯刘安民。

⑮世不可度：谓人世不可超度，即不能成仙。

⑯班固之论：此指班固在《汉书·王吉传》中对于王吉能炼黄金的传言的记载。

【译文】

　　谨按：《太史记》说：秦始皇被徐市等人欺骗，到大海中去寻求蓬莱、方丈、瀛洲三神山，沟通同道，隐藏形体，弹琴唱诗冥想蓬莱仙境，却免不了身死沙丘平台。孝武皇帝更加迷信荒谬，与文成将军、五利将军相处而不怀疑，还把公主许配给他们做妻子，用上等的宅第赏赐给他们，他们的家产累至万金，身佩四颗将军之印，说了无数的言辞来圆谎，最终还是被戳穿，也很快就身首异处。淮南王刘安，锐意专注铸造黄金白银，希望飞升成仙，最终犯罪自杀。刘向得到他留下来的文章，认为奇异而把它献上去，成帝让他主管尚方铸造之事，耗费很多而方法不灵验，刘向被判处死刑，关在牢中等待冬天行刑，他的哥哥阳成侯恳求削减一半食邑，才得以免死。秦、汉天子凭借天子的尊贵，天下的富饶，淮南王倾尽一国的赋税，刘向依靠尚方的富足，尚且不能有所成就，事物的变化，自有它的准则，王阳是什么人，唯独能办到吗？俗话说："黄金不可制作，世人不可成仙。"王阳做官食俸禄，即使光鲜，车马衣服能有多少，有什么好奇怪的呢？这是传播世俗谬说，班固的言论也是如此浅陋啊。

宋均令虎渡江

　　九江多虎①，百姓苦之。前将募民捕取②，武吏以除赋课③，郡境界皆设陷阱。后太守宋均到④，乃移记属县曰⑤："夫虎豹在山，鼋鼍在渊⑥，物性之所托。故江、淮之间有猛兽，犹江北之有鸡豚。今数为民害者，咎在贪残居职使然，而反逐捕，非政之本也。坏槛阱⑦，勿复课录⑧，退贪残，进忠良。"后虎悉东渡江，不为民害。

【注释】

①九江：东汉九江郡，治阴陵（今安徽定远西北）。辖境相当今安徽
　　巢湖以北、瓦埠湖流域以东、淮河以南、长江以西地区。

②前将：前任郡守。汉代郡守兼掌军事，故常以"将"称之。

③武吏：指军职官员。除：设置。赋课：赋税。

④宋均：字叔庠。少以父任为郎。好经书，善论难，年二十余，任辰
　　阳长。立学校，禁淫祀，百姓称之。以祖母丧去官，客授于颍川，
　　后监伏波将军马援军，以恩信诏降武陵蛮，迁上蔡令、九江太守。
　　明帝永平元年（58）拜东海相，征为尚书令，后任司隶校尉、河内
　　太守。为政宽厚，倡行教化。

⑤移记：转达记录文书。移，泛指发移文。

⑥鼋鼍（yuán tuó）：大鳖和猪婆龙。

⑦槛（jiàn）：围野兽的栅栏。

⑧课录：征收赋税。课，收税。录，征收赋税的簿册。

【译文】

九江郡有很多老虎，百姓深受其苦。前任太守招募百姓去捕捉，武
官借此设置赋税，郡内边境都设了陷阱。后太守宋均到任之后，就向属
县发去公文说："虎豹在山里出没，鼋鼍在水中栖息，这是动物本性的依
托。所以江淮之间有猛兽，就像江北有鸡和猪。现在老虎多次危害百
姓，责任在于贪婪残暴的官员，是他们造成的，却反而去追捕老虎，这不
是政教的根本。应毁掉栅栏和陷阱，不再征税，斥退贪婪残暴之人，进用
忠良之士。"后来老虎都往东渡过长江，不再危害百姓。

　　谨按：《尚书》"武王戎车三百两，虎贲三千人"①，擒纣于
牧野②，言猛怒如虎之奔赴也。《诗》美南仲③："阚如哮虎④。"
《易》称："大人虎变其文炳，君子豹变其文蔚⑤。"传曰："山

有猛虎，草木茂长。"故天之所生，备物致用⑥，非以伤人也；然时为害者，乃其政使然也。今均思求其政，举清黜浊，神明报应，宜不为灾。江渡七里，上下随流，近有二十余虎，山栖穴处，毛鬣婆娑⑦，岂能犯阳侯⑧，凌涛濑而横厉哉⑨？俚语："狐欲渡河，无奈尾何⑩。"舟人楫棹，犹尚畏怖，不敢迎上，与之周旋⑪。云悉东渡，谁指见者？尧、舜钦明在上⑫，稷、契允懿于下⑬，当此时也，宁复有虎耶？若均登据三事⑭，德被四海，虎岂可抱负相随⑮，乃至鬼方绝域之地乎⑯？

【注释】

①虎贲：勇士之称。

②牧野：在今河南淇县西南。

③《诗》：以下引诗见《诗经·大雅·常武》。南仲：周文王时的武臣。

④阚（hǎn）如哮虎：原文作"阚如虓（xiāo）虎"。阚，虎哮貌。哮，用同"虓"，虎怒吼。

⑤大人虎变其文炳，君子豹变其文蔚：语见《周易·革卦》。文，指色彩、文章，指"道德"言。炳，明显，昭著。蔚，华美，有文采。

⑥致用：尽其所用。

⑦毛鬣：指虎毛。婆娑：多而散乱的样子。

⑧阳侯：古代传说中的波涛之神。借指波涛。

⑨凌：渡过，越过。涛濑：波涛与急流。横厉：横渡，横越。厉，涉深水。也泛指涉水、渡水。

⑩狐欲渡河，无奈尾何：传言狐惜其尾，每涉水，举尾不使之湿，然涉至深处，终究沾湿了尾巴。言事情开头容易，却难坚持始终。

⑪周旋：辗转相追逐。此指应付，对付。

⑫钦：指处事敬慎并且节约用度。明：明察。

⑬稷：后稷。古代周的始祖。契：传说中商的始祖。允：诚信。懿：德美。

⑭三事：即太尉、司徒、司空三公。

⑮抱负：前后毗连。

⑯鬼方：泛指边远之地的少数民族。

【译文】

谨按：《尚书》记载"武王带领战车三百辆，虎贲三千人"，在牧野擒获纣王，这是说勇士勇猛奋进如虎向前奔。《诗经》赞美南仲："怒吼如同老虎咆哮。"《周易》说："伟大的人物像猛虎一样进行变革，光明显赫。君子像有斑纹的豹子那样进行变革，文采华丽。"古书说："山里有猛虎，草木长得茂盛。"所以天下所生长的，是为了备齐万物尽其所用，不是为了害人的，但是时而有为害的，是当地的政治不善导致的。现在宋均思考追求善政，扬清去浊，神灵圣明有所报应，自然不会造成灾害。江面宽七里，上下游水流过之处，差不多有二十多只老虎栖息在山洞里，虎毛纷披，怎能侵犯水神，越过波涛与急流而横渡过江呢？俗话说："狐狸想涉水过河，最终还是沾湿了尾巴。"船夫驾舟尚且畏惧，不敢与风浪搏斗，说老虎全部东渡，有谁见到了呢？上有敬慎明察的尧、舜，下有诚信德美的稷、契，在这个时候，难道还有老虎吗？如果宋均身居三公之位，德泽被于四海，老虎难道还能前后相连，互相追随，到夷狄所居处的边远之地去吗？

彭城相袁元服

俗说：元服父字伯楚①，为光禄卿，于服中生此子②。时年长矣③，不孝莫大于无后，故收举之。君子不隐其过，因以服为字。

【注释】

①伯楚：元彭，字伯楚，袁京之子。历任广汉、南阳太守。顺帝初为光禄勋。后迁议郎。为官清正。

②服中：居丧期间。汉俗以为居丧期间生子，犯礼伤孝，不应养育。

③时：当时，那时。

【译文】

民间传说：袁元服的父亲字伯楚，任光禄卿，在居丧期间生下了他。那时伯楚年纪已经很大，没有比无后更不孝的事了，所以才养育了他。君子不掩盖自己的过错，因此用"服"作为他的字。

　　谨按：元服名贺，汝南人也①。祖父名原为侍中②。安帝始加元服③，百官会贺，临严④，垂出⑤，而孙适生，喜其加会，因名曰贺，字元服。原父安为司徒⑥，忠蹇匪躬⑦，尽诚事国，启发和帝⑧，诛讨窦氏⑨，中兴以来，最为名宰。原有堂构之称⑩，矜于法度。伯楚名彭，清拟夷、叔，政则冉、季⑪，历典三郡⑫，致位上列。贺早失母，不复继室，云："曾子失妻而不娶，曰：'吾不及尹吉甫，子不如伯奇，以吉甫之贤，伯奇之孝，尚有放逐之败，我何人哉⑬？'"及临病困，敕使⑭："留葬，侍卫先公⑮。慎无迎取汝母丧枢，如亡者有知，往来不难；如其无知，祇为烦耳⑯。虞舜葬于苍梧⑰，二妃不从⑱，经典明文，勿违吾志。"清高举动，皆此类也。何其在服中生子而名之贺者乎？虽至愚人，犹不云耳。

【注释】

①汝南：东汉汝南郡，治平舆（今河南平舆北）。

②祖父名原：袁原，《后汉书》作"袁京"，古原、京字通用，字仲誉。

初拜郎中，迁侍中，出为蜀郡太守。侍中：汉为正规官职外的加官之一，分掌乘舆服物，侍于君王左右，与闻朝政，为皇帝亲信重臣。

③加元服：加冠。古时男子二十岁行加冠礼，喻已成年。元服，冠。

④临严：盛服。临，大。严，衣装。为避汉明帝刘庄讳，改"装"为"严"。

⑤垂出：将出，将朝。

⑥原父安：袁安，字邵公，历任阴平长、任城令、楚郡太守、河南尹等职，后迁司空、司徒。袁安任司徒一职在章帝章和元年（87）。司徒：西汉哀帝时丞相改称大司徒，东汉时改称司徒。

⑦蹇：忠贞。匪躬：谓忠心耿耿，不顾自身。

⑧启发：开导其心，使之领悟。和帝：汉和帝刘肇，88—105年在位。

⑨诛讨窦氏：指永元四年（92），和帝与宦官郑众定议诛灭外戚窦氏集团。窦氏，以窦宪为首的外戚集团。窦宪之妹为汉章帝皇后。章帝死，和帝即位，窦太后临朝，窦宪为侍中，操纵朝政，不久，任车骑将军。永元元年（89）率兵击败北匈奴，直追至燕然山。后任大将军，刺史守令多出其门，弟兄横行京师。

⑩堂构：语出《尚书·大诰》："若考作室，既底法，厥子乃弗肯堂，矧肯构。"孔传："以作室喻治政也。父已致法，子乃不肯为堂基，况肯构立屋乎？"意谓父亲要盖房子，并已确定房子的盖法，而儿子却不肯去筑堂基，盖房子。后以"堂构"比喻继承祖先的遗业。

⑪冉、季：冉，冉求，字子有。季，仲由，字季路，一字子路。二人皆孔子弟子，以善于理政著称。

⑫历典：历任。

⑬"吾不及尹吉甫"几句：伯奇相传为尹吉甫长子，非常孝顺。母死，尹吉甫续娶。后母欲立其子为太子，乃诬陷伯奇，吉甫怒，放伯奇于野。尹吉甫，西周宣王的大臣。宣王五年（前823）他奉

命反击獯狁，直到太原，见《诗经·小雅·六月》。又奉命在成周
（今河南洛阳）负责向四方征发赋役，有《兮甲盘》铭文记其事。

⑭敕：告诫，嘱咐。

⑮先公：对祖先的尊称。

⑯祇（zhī）：疑为"祇（zhǐ）"，仅仅。今简化为"只"。

⑰虞舜葬于苍梧：《史记·五帝本纪》：舜"践帝位三十九年，南巡
　　狩，崩于苍梧之野，葬于江南九疑，是为零陵。"苍梧，古地名。约
　　今广西梧州一带。

⑱二妃：指尧女娥皇、女英。尧将二女嫁给舜。相传二妃南至洞庭
　　湖边，闻舜帝崩，悲痛而死。今湖南岳阳君山有二妃墓。不从：谓
　　没有与舜合葬。

【译文】

谨按：袁元服名贺，是汝南人。祖父名原，担任侍中，安帝行加冠礼，
百官前往祝贺，袁原盛装将要出门上朝的时候，恰好孙子出生了，高兴他
恰逢盛会，因此将他命名为贺，字元服。袁原的父亲袁安为司徒，忠诚坚
贞，不顾自身，尽心尽意报效国家，劝说和帝诛讨窦氏，光武中兴以来，是
最著名的宰相。袁原有能够继承先祖功业的美誉，对法度非常看重。伯
楚名彭，清廉可与伯夷、叔齐相比，治政犹如冉有、子路，相继掌管三郡，
官位很高。袁贺很早就失去母亲，其父没有再续娶，说："曾子失去妻子而
不再娶，说：'我比不上尹吉甫，我的儿子比不上伯奇，凭尹吉甫的贤能，伯
奇的孝心，尚且有伯奇被放逐的悲剧，我算是什么人呢？'"等到病重临终
之时，告诫嘱咐他儿子："将我留在原地埋葬，服侍保卫先人。千万不要迎
接你们母亲的灵柩来合葬，如果亡灵有知，互相往来并不困难；如果亡灵
无知，只不过增加烦恼而已。舜葬于苍梧，二妃没有随葬，这是经典上明
文记载的，请不要违背我的志向。"高洁的举动，都如此类，怎么会在服丧
期间生子而取名为贺呢？即使是最为愚蠢的人，也不会这样取名的。

予为萧令①，周旋谒辞故司空宣伯应②。贤相把臂③，言："《易》称：'天地大德曰生④。'今俗间多有禁忌生三子者，五月生者，以为妨害父母⑤，服中子犯礼伤孝，莫肯收举。袁元服功德爵位，子孙巍巍，仁君所见。越王勾践民生三子与乳母⑥。孟尝君对其父：'若不受命于天，何不高户，谁能及者。'⑦夫学问贵能行，君体博雅，政宜有异乎？"答曰："齐、越之事，敬闻命矣。至于元服，其事如此。明公既为乡里⑧，超然远览，何为过聆晋语⑨，简在心事乎⑩？"于是欣然悦服，续以大言⑪："'苟有过，人必知之'⑫，我能胜仲尼哉！"元服子夏甫，前后征命⑬，终不降志，亚作者之遗风矣⑭。正甫亦有重名，今见沛相⑮。载德五世，而被斯言之玷；恐多有宣公之论，故备记其终始。

【注释】

①萧：萧县，治今安徽萧县北。

②周旋：古代行礼时进退揖让。引申指交际应酬。谒辞：拜见辞行。司空：西汉成帝时改御史大夫为大司空。宣伯应：宣酆，字伯应，汝南人，封东阳亭侯。桓帝延熹九年（166）为司空。

③把臂：握人手臂。表示亲热。

④天地大德曰生：语见《周易·系辞下》。

⑤五月生者，以为妨害父母：语见《论衡·四讳》："讳举正月、五月子，以为正月、五月子杀父与母。不得已举之，父母祸死。"

⑥越王勾践民生三子与乳母：语见《国语·越语》："生三人，公与之母。"母，乳母。指越王勾践奖励生育。一说因第三子妨害父母，所以不让亲生父母抚养而是交给乳母。

⑦"孟尝君对其父"几句：事见《史记·孟尝君列传》。高户，加高

门户。

⑧乡里：同乡。

⑨聆：听从。晋语：王利器案，疑当作"昔语"。

⑩简：在，存留。

⑪大言：正大的言论。

⑫苟有过，人必知之：语见《论语·述而》。

⑬征命：征召任命。

⑭亚：次。作者：《论语·宪问》："子曰：'贤者辟世，其次辟地，其次辟色，其次辟言。'子曰：'作者七人矣。'"邢昺疏："此章言自古隐逸贤者之行也。……作，为也，言为此行者，凡有七人。"后以称隐逸之士。

⑮今见沛相：现在担任沛国相。见，此处指担任。

【译文】

我任萧县县令时，应酬拜谒辞别原司空宣伯应。司空握着我的手臂说："《周易》说：'天地最大的德行就是生生不息。'现在民间有很多禁忌，生三个儿子的，五月出生的，都被认为是妨害父母，服丧期间所生的孩子违反礼法伤害孝道，没有人愿意养育。袁元服功业德行官位都很好，子孙声名卓著，这是仁君你亲眼看见的。越国民众生育三个儿子的，越王勾践就给他们安排乳母。孟尝君对他父亲说：'如果不受天命制约，为什么不增高门户，谁能长得和门一样高呢？'学问贵在能践行，您广博儒雅，治政应该有所不同吧？"我回答说："齐国、越国之事，恭敬地听从您的教导。至于元服，他的事情就是这样。您既为同乡，有超乎众人的远见卓识，为什么要听过去那些错误的言论，把它留存在心里呢？"于是司空心悦诚服，接着引用一段名言："'如果有过错，人们一定知道'，我能超过孔子吗？"元服的儿子夏甫，前后几次被征召，始终不改变志向，有隐士的遗风。正甫也有盛名，现在任沛国相。五世拥有盛德却遭受这种言论的玷污，我担心持有宣公之论的人很多，所以详细记载这件事的始末。

卷三

愆礼

【题解】

愆礼就是违背、违反礼仪。

应劭认为礼义有其自身的标准，应该是让贤者可以降低标准俯就，不肖者踮起脚也能够得着。本篇用好几则故事来讲丧礼，描述为上司、老师、妻子服丧的正确之道。其中讲到山阳太守薛恭祖丧妻而不哭，民间认为"妻非礼所与"，应劭对此加以批判，认为替妻子服丧是对妻子的尊重。因为妻子操持家务、服侍公婆、生儿育女，相当不容易，就连鸟兽失去同伴都会哀鸣，何况有着七情六欲的人呢？应劭认为士大夫丧妻之后为了掩饰内心悲痛，外表依然装得庄重谨慎，这是扭曲本性，虚伪到了极点。应劭在这里展示了封建王朝士大夫的柔情，难能可贵，可与东汉文学史上写下《与妻徐淑书》而传为千古佳话的秦嘉相媲美。

应劭主张中庸，认为过犹不及。所以像陈子威把路上偶遇的老妇当做母亲来供养，宣度按照对待父亲的礼仪为老师服丧，薛恭祖丧妻不哭，太尉山阳王龚却和儿子们一起为亡妻执哀杖，诸如此类，虽然围观者都不加辨析地妄加赞赏，应劭却认为都是愆礼。至于像郝子廉这种到妹妹家吃饭都要付钱，张伯大、邓子敬装模作样欺世盗名，袁夏甫明哲保身到连母亲、子女都不见等等，应劭也是一律反对的。

应劭虽然坚持儒家所宣扬的"不为礼，无以立"，但他对汉代"礼仪"

的虚伪、繁琐、谬误已有充分的认识,并给予了毫不留情的揭露和批判。

夫圣人之制礼也,事有其制①,曲有其防②,为其可传,为其可继③,贤者俯就④,不肖跂及⑤。是故子张过而子夏不及⑥,然则无愈⑦;子路丧姊,期而不除,仲尼以为大讥⑧;况于忍能矫情⑨,直意而已也哉⑩?《诗》云:"不愆不忘,帅由旧章⑪。"《论语》:"不为礼,无以立⑫。"故注近世苟妄曰《怨礼》也⑬。

【注释】

①制:规章,制度。

②曲:细事,小事。防:戒备,预先做好应急的准备。

③为其可传,为其可继:语见《礼记·檀弓上》:"弁人有其母死而孺子泣者,孔子曰:'哀则哀矣,而难为继也。夫礼,为可传也,为可继也,故哭踊有节。'"

④俯就:降格相从,屈尊下从。就,靠近,接近。

⑤跂(qǐ)及:犹企及。踮起脚来够得着。跂,踮起脚。及,够得着。

⑥子张过而子夏不及:《论语·先进》:"子贡问:'师与商也孰贤?'子曰:'师也过,商也不及。'曰:'然则师愈与?'子曰:'过犹不及。'"子张,颛孙师。子夏,卜商。两人都是孔子学生。

⑦愈:贤,胜过。

⑧"子路丧姊"几句:《礼记·檀弓上》:"子路有姊之丧,可以除之矣,而弗除也。孔子曰:'何弗除也?'子路曰:'吾寡兄弟而弗忍也。'孔子曰:'先王制礼,行道之人,皆弗忍也。'子路闻之,遂除之。"期(jī),一周年。除,除去丧服。讥,指责。

⑨矫情:故意违反常情,以示高异。

⑩直意:顺心,如意。已:停止,罢了。

⑪不愆不忘,帅由旧章:语见《诗经·大雅·假乐》。愆,过错。忘,忘记。帅,遵行,遵循。

⑫不为礼,无以立:此处的"不为礼"在《论语·季氏》作"不学礼",《论语·尧曰》作"不知礼"。

⑬苟妄:胡作非为。

【译文】

圣人制定礼仪,大事有具体规定,小事有具体约束,制定礼仪是为了可以流传和继承,贤者降低标准可以靠近,不肖者踮起脚也可以够得着。所以子张过了头而子夏还赶不上,但是子张并没有超过子夏;子路为姐姐服丧,过了一年还没有除服,孔子尚且为此狠狠地批评他;何况是对于这些抑制本性、故意违背常情,自己顺意才停止的事情呢?《诗经》说:"不犯错误不忘古训,一切遵循旧的典章。"《论语》说:"不懂得礼,就不能立足于社会。"所以记载近世各种胡作非为的事,篇名叫《愆礼》。

九江太守武陵陈子威

九江太守武陵陈子威①,生不识母,常自悲感。游学京师,还于陵谷中,见一老母,年六十余,因就问:"母姓为何?"曰:"陈家女李氏。""何故独行?"曰:"我孤独,欲依亲家。"子威再拜长跪自白曰②:"子威少失慈母,姓陈,舅氏亦李,又母与亡亲同年,会遇于此,乃天意也。"因载归家,供养以为母。

【注释】

①武陵:东汉武陵郡,治临沅(今湖南常德)。

②长跪：直身屈膝成直角的跪礼。古时席地而坐,坐时两膝据地,臀
　部压在脚后跟上。长跪时则伸直腰股,以示庄敬。

【译文】

　九江太守武陵人陈子威,生下来就失去母亲,常常独自悲哀伤感。
他到京师游学,回来时经过山谷,看到一个老妇人,年纪六十多岁,于是
上前问道："您姓什么?"老妇人说："陈家的女子李氏。""您为什么独自
行走?"回答道："我孤独一人,想要去投靠亲戚家。"子威拜了两拜直身
而跪说明道："我从小就失去母亲,我姓陈,舅舅家也姓李,而且您和我过
世的母亲同年,在此相遇,这是天意啊。"于是载着老妇人回家,把她当
母亲供养。

　谨按:《礼》:"继母如母,慈母如母①。"谓继父之室②,慈
爱己者,皆有母道③,故事之如母也。何有道路之人而定省④?
世间共传丁兰克木而事之⑤,今此之事,岂不是似? 如仁人
恻隐,哀其无归,直可收养⑥,无事正母之号耳。

【注释】

①继母如母,慈母如母:语见《仪礼·丧服》。慈母,指称父妾无子
　者,因奉父命而养育自己成人,故称之为"慈母"。

②继父之室:指继母。

③母道:母亲的辈分。道,辈分,行辈。《仪礼·丧服》:"其夫属乎父
　道者,妻皆母道也;其夫属乎子道者,妻皆妇道也。"郑玄注:"道,
　犹行也。"

④定省:子女早晚向父母请安问好的礼节。定,铺床安枕。省,
　请安问候。《礼记·曲礼上》:"凡为人子之礼,冬温而夏凊,昏定而
　晨省。"

⑤丁兰克木而事之:《武梁祠堂画像》:"丁兰二亲终殁后,立木为父,
　邻人假物,报乃借与。"刘向《孝子传》、干宝《搜神记》皆有丁兰
　刻木事亲事,然所刻为母亲之像。克,通"刻"。

⑥直:仅,只是。

【译文】

　　谨按:《仪礼》说:"继母如同母亲,没有子女的父亲之妾也如同母
亲。"是说继母、对自己慈爱的父亲之妾,在辈分上都属于母亲一辈,所
以像母亲一样侍奉她们。哪里有道路上遇到的人就当成母亲侍奉的?
世上流传丁兰刻木为父母之像而侍奉它,现在这件事,难道不类似吗?
如果仁人有恻隐之心,哀伤她无家可归,也只能收养她,而不能用母亲的
名号来供养她。

大将军掾燉煌宣度

　　大将军掾燉煌宣度①,为师太常张文明制杖②。

【注释】

①大将军:汉大将军金印紫绶,地位因人而异,与三公相上下,与丞
　相相当。自西汉武帝时起领录尚书事,外主征战,内秉国政,权势超
　过丞相。东汉多以贵戚担任,位在三公之上。掾(yuàn):原为佐助
　的意思,后为属官的通称。燉煌:东汉敦煌郡,治今甘肃敦煌西。

②太常:东汉太常,为诸卿之首。职掌宗庙祭祀礼仪,兼选试博士。
　秩中二千石。张文明:疑为张奂(一作"奂"),字然明,由大司农
　转太常,后人皆称之为"太常"。制杖:哀杖,是丧礼中孝子所执
　之杖。

【译文】

　　大将军掾敦煌人宣度,替老师太常张文明执哀杖。

谨按:《礼记》①:"孔子之丧,门人疑所服②。子贡曰:'昔夫子之丧颜回③,若丧子而无服④,至子路亦然。请丧夫子如丧父而无服。'群居则否⑤。"今人乃为制杖,同之于父,论者既不匡纠,而云观过知仁⑥,谓心之哀恻,终始一者也。凡今杖者,皆在权戚之门,至有家遭齐衰同生之痛⑦,俯伏坟墓,而不归来,真不爱其亲而爱他人者也?无他也,庶福报耳⑧。凡庸小生,夫何讥称;然宣度凉州名士⑨,吾是以云耳。

【注释】

①《礼记》:以下引文见《礼记·檀弓上》。

②疑:迷惑,犹豫不定。

③颜回:孔子最喜欢的弟子。

④无服:不穿丧子的丧服。

⑤群居则否:卢文弨《群书拾补》据《礼记·檀弓上》孔颖达正义补"经,出则"三字。译文从之。

⑥观过知仁:仔细考察某人犯的错误就能知道他是不是仁人了。语本《论语·里仁》:"子曰:'人之过也,各于其党。观过,斯知仁矣。'"

⑦齐衰(zī cuī):五种丧服之一,是仅次于斩衰的服制。丧服以粗麻布制成,把丧服下部的边折转缝整齐,故称为"齐衰"。服期,为继母、慈母服三年;孙为祖父母,夫为妻服一年;为曾祖父母服五月;为高祖父母服三月。衰,同"缞"。古代用粗麻布制成的毛边丧服。同生:谓同父所生,因以指兄弟。

⑧庶:希望。福报:福德报应。

⑨凉州:西汉武帝置凉州,为十三刺史部之一。东汉治陇县(今甘肃天水张家川)。

【译文】

谨按:《礼记》说:"为孔子办丧礼的时候,弟子们对应该穿什么丧服犹豫不决。子贡说：'从前夫子为颜回治丧，好像死了儿子但不穿丧服，到了给子路办丧礼也是这样。让我们为夫子办丧礼犹如死了父亲一样但不穿丧服。'聚在一起的时候就系上麻带，出门就不是这样做。"现在的人为老师执哀杖，将他等同于父亲，议论的人也不纠正，而说仔细考察某人所犯的错误，就可以知道他是不是仁人了，说人的内心悲痛，是始终如一的。大凡当今执哀杖之人，都在权豪贵族之家，以至于有人家里遭受近亲或兄弟丧亡的悲痛，本该俯伏哭倒在坟墓上，却不回家，真的是不爱自家的亲人而去爱其他人吗？没有别的原因，只是期望得到权豪贵族人家的好处罢了。平庸小辈，用不着评论，但宣度是凉州名人，我因此才说这件事。

山阳太守汝南薛恭祖

山阳太守汝南薛恭祖①，丧其妻，不哭，临殡②，于棺上大言："自同恩好，四十余年，服食禄赐，男女成人，幸不为夭，夫复何恨哉！今相及也。"

【注释】

①山阳：东汉山阳郡，治昌邑（今山东金乡西北）。薛恭祖：薛勤，字恭祖，汝南（今河南平舆北）人。曾任山阳太守。

②临：将要。殡：把灵柩送到墓地去。

【译文】

山阳太守汝南人薛恭祖，他的妻子死了，他不哭，将要出殡的时候，他在棺木前大声说："自从结为恩爱夫妻，四十多年了，享用俸禄赏赐，儿女都已长大成人，庆幸没有夭折，还有什么遗憾呢！现在我要随你而去。"

谨按：《礼》为适妻杖，重于宗也①。妻者，既齐于己②，澄漠酒醴^③，以养舅姑，契阔中馈^④，经理蚕织，垂统传重^⑤，其为恩笃勤至矣^⑥。且鸟兽之微，尚有回翔之思^⑦，啁噍之痛^⑧；何有死丧之感，终始永绝，而曾无恻容？当内崩伤^⑨，外自矜饬^⑩。此为矫情，伪之至也。俚语："妇死腹悲，唯身知之。"又言"妻非礼所与"，此何礼也？岂不悖哉！太尉山阳王龚^⑪，与诸子并杖^⑫。太傅汝南陈蕃、袁隗^⑬，皆制衰绖^⑭，列在服位，躬入隧^⑮，哀以送之，近得礼中^⑯。王公诸子魏杖^⑰，亦过矣。

【注释】

①《礼》为适妻杖，重于宗也：语见《仪礼·丧服》。适妻，正妻。适，同"嫡"。

②齐：相同，一样。《说文解字》："妻，妇与夫齐者也。"

③澄漠：澄澈，使之清。《尔雅》："漠，清也。"

④契阔：勤苦，劳苦。中馈：指家中供给饮食等事。

⑤垂统：传给子孙。传重：古谓以丧祭及宗庙之重责传之于孙。古代宗法严嫡庶之别，若嫡子残疾死亡，或子庶而孙嫡，即以孙继祖。由祖言之，谓之传重，由孙言之，谓之承重。

⑥恩：恩爱。笃：厚道。勤：勤劳。

⑦回翔：盘旋地飞，不肯离开。

⑧啁噍（zhōu jiū）：鸟鸣声。

⑨当：应当，应该。崩伤：痛心悲伤。

⑩矜饬：矜持，谨慎。

⑪太尉：秦至西汉设置，为全国军政首脑，与丞相、御史大夫并称三公，汉武帝时改称大司马。东汉时太尉、司徒、司空，并称三公。王龚：字伯宗，东汉顺帝永和元年（136）拜太尉。

⑫并：一并，一起。

⑬陈蕃：字仲举，汉桓帝永康元年（167）为太傅。袁隗：字次阳，袁
　　安之孙，汉献帝初为太傅。

⑭衰绖（dié）：指丧服。绖，古代服丧期间结在头上或腰部的麻带子。

⑮隧：墓道。

⑯礼中：合乎礼。

⑰王公：指前文所言之王龚。魏杖：自降身份执哀杖。魏，卢文弨
　　《群书拾补》曰："疑'猥'。"猥，犹辱、承。

【译文】

　　谨按：《仪礼》讲为正妻服丧执哀杖，这是对宗族的看重。妻子与自
己是一体的，滤清美酒，奉养公婆，勤劳地准备家中膳食，料理养蚕纺织，
传宗接代，她恩爱厚道勤于家事已经做到极致了。况且微小如鸟兽，尚
且有失去伴侣而盘旋飞翔的思念，悲哀的号叫，哪有面对死亡的感伤，生
离死别而毫无悲戚之容呢？这些人应该是内心悲伤，而外表庄重谨慎。
这是掩饰真情，虚伪到了极点。俗话说："妻子死了内心悲伤，只有自己
最清楚。"又说"妻子不是要以礼相待的"，这是什么礼呢？岂不是荒谬
吗？太尉山阳人王龚，与儿子们一起为妻子执哀杖。太傅汝南人陈蕃、
袁隗都是按照服丧的礼制穿丧服，亲自进入墓道，悲伤地为妻子送葬，差
不多是合乎礼的。王公与儿子们一起执哀杖，则又太过分了。

弘农太守河内吴匡

　　弘农太守河内吴匡伯康①，少服职事②，号为敏达③，为
侍御史，与长乐少府黄琼④，共佐清河王事，文书印成⑤，甚
嘉异之⑥。后匡去济南相，琼为司空，比比援举⑦，起家⑧，拜
尚书⑨，迁弘农，班诏劝耕⑩，道于渑池⑪，闻琼薨⑫，即发丧制
服⑫，上病，载辇车还府⑬。

【注释】

①弘农：东汉弘农郡，治弘农（今河南灵宝东北故函谷关城）。河内：东汉河内郡，治怀县（今河南武陟西南）。吴匡伯康：吴匡，字伯康。灵帝时为大将军何进部将，后为袁绍部将。

②服：从事，做。

③敏达：聪慧而通达事理。

④长乐少府：秩二千石，掌皇太后宫中事务。与太仆、卫尉并为太后三卿，其位居中宫少府、少府正卿之上。无太后则缺，太后崩则省，不常置。长乐，长乐宫。汉代主要宫殿之一，汉惠帝后为太后居地。少府，汉代制度，皇太后宫置少府一人掌之，秩次如中宫。黄琼：字世英。顺帝永建中，拜议郎，迁尚书仆射。历任尚书令、魏郡太守、太常。桓帝时，历任司空、太仆、司徒、太尉、大司农等职。梁氏被诛，复拜太尉。卒赠车骑将军，谥忠侯。传见《后汉书》。

⑤卬（yǎng）：同"仰"。仰仗，仰望，仰慕。

⑥嘉异：特别赞美。

⑦比比：每每，频频。援举：引荐。

⑧起家：从家中被荐举。谓出仕为官。

⑨尚书：东汉时正式成为协助皇帝处理政务的官员，从此三公权力大为削弱。

⑩班诏：颁布诏书。班，颁布。劝耕：汉制，郡守常在春季巡行所辖县邑，鼓励民众耕桑。

⑪渑（miǎn）池：渑池县，治今河南渑池西。

⑫制服：服丧服。

⑬辇（niǎn）车：一种便车，多用人挽拉。

【译文】

弘农太守河内人吴匡，字伯康，年轻时任职做事，以敏达著称，任侍御史，和长乐少府黄琼，共同辅佐清河王，文书都仰赖他写作，黄琼非常赞许看重他。后来吴匡辞掉济南相，黄琼是司空，每每引荐吴匡，吴匡又出来做官，担任尚书，又任弘农太守。他颁诏鼓励农耕，经过渑池时，听闻黄琼去世，马上办理丧事穿上丧服，向朝廷报称生病，乘辇车回府了。

　　谨按：《春秋》："大夫出使，闻父母之丧，徐行而不反，君追还之，礼也[①]。"匡虽为琼所援举，由郡县功曹、州治中、兵曹位朝廷尚书也[②]，凡所按选[③]，岂得复为君臣者耶[④]？今匡与琼其是矣。剖符守境[⑤]，劝民耕桑[⑥]，肆省冤疑[⑦]，和解仇怨，国之大事，所当勤恤，而顾私恩，傲狠自遂[⑧]，若宫车晏驾[⑨]，何以过兹？论者不深察，而归之厚，多有是言，及其人患失，而亦曰其然。司空袁周阳举荀慈明有道[⑩]，太尉邓伯条举訾孟直方正[⑪]，二公薨，皆制齐衰，世非一。然荀、訾通儒，于义足责。或举者名位斥落，子孙无继，多不亲至，何乃衰乎！过与不及，古人同称[⑫]，吊服之制，斯近之矣[⑬]。

【注释】

①"大夫出使"几句：《春秋公羊传·宣公八年》云："大夫以君命出，闻丧，徐行而不反。"《春秋繁露·精华》篇："徐行不反者，谓不以亲害尊，不以私妨公也。"

②功曹：汉代郡守下有功曹史，简称功曹，相当于郡守的总务长，除掌人事外，并得与闻一郡的政务。治中：汉代置治中从事史，为州刺史的助理。兵曹：汉代置兵曹从事，主管一州的军事。

③按选：考选。通过考查选用人员。

④君臣：汉、魏时，以属吏与主官为君臣关系。

⑤剖符：古代帝王分封诸侯、功臣时，以竹符为信证，剖分为二，君臣各执其一，后因以为分封、授官之称。剖，分开。

⑥耕桑：种田与养蚕。泛指从事农业。

⑦肆：赦宥，宽缓。省：减少。

⑧傲狠：傲慢凶狠。自遂：随心所欲。

⑨官车晏驾：天子去世。官车，代指天子。晏驾，车驾晚出。古代称帝王死亡的讳辞。

⑩袁周阳：袁逢，字周阳，汝南汝阳（今河南商水西北）人。汉灵帝光和元年（178）为司空。荀慈明：荀爽，一名谞，字慈明，颍川颍阴（今河南许昌）人。博学洽闻，世称硕儒，颍川为之语曰："荀氏八龙，慈明无双。"有道：汉代选举科目之一。

⑪邓伯条：卢文弨《群书拾补》曰："钱云：'当是邓盛，《灵帝纪》注云：字伯能。'"汉灵帝中平元年（184），升任太尉。訾孟直：生平不详。方正：汉代选举科目之一。

⑫过与不及，古人同称：犹言过犹不及。指事情做得过分，就像做得不够一样，都是不好的。语本《论语·先进》："子贡曰：'师与商也孰贤乎？'子曰：'师也过，商也不及。'曰：'然则师愈与！'子曰：'过犹不及也。'"同称，一同述说，表示同等看待。

⑬吊服之制，斯近之矣：意谓对于吊丧服制，人们也认为过与不及都不对。

【译文】

谨按：《春秋》说："大夫奉命出使，听闻父母去世，也只能慢慢走而不能回来，君主派人追上他召回才回，这是礼。"吴匡虽然是黄琼引荐的，由郡县功曹、州治中、兵曹而官至朝廷尚书，但大凡考察选拔出来的官员，哪里还能与旧主官再论君臣呢？如今吴匡和黄琼就是这样。接受天子任命守卫边境，鼓励民众耕田种桑，赦免减少冤狱疑案，和解仇隙怨恨，这是国家大事，理当费心体恤，但他顾念私人恩情，傲慢恣肆，随心所欲,如果是天子驾崩,还能用什么比这更隆重的礼仪呢?议论的人不深入考察,而将这种行为归之于仁厚,很多人持有这种言论,还有的人害怕失去职位,也是这样说。司空袁周阳以有道举荐荀慈明,太尉邓伯条以方正举荐訾孟直,袁周阳、邓伯条死后,荀慈明、訾孟直都为他们穿丧服,像这种事世上并非只有一件。但荀慈明、訾孟直都是学识渊博的儒生,在道义上足以指责他们。有的举荐者名位衰落,子孙不能继承,被举荐的人大多不亲自前往,更不要说穿丧服了。过分与不足,古人同等看待。对于吊丧服制的规定,也是这样看待的。

河南尹太山羊翩祖

河南尹太山羊翩祖^①,在家;平原相封子衡葬母^②,子衡故临太山数十日^③,时翩祖去河南矣,子衡四从子曼慈复为太山^④,士大夫用此行者数百人^⑤,皆齐衰绖带,时与太尉府自劾归家^⑥。故侍御史胡毋季皮独过相候^⑦,求欲作衰^⑧。谓:“君不为子衡作吏,何制服?”曰:“众人若此,不可独否。”又谓:“足下径行自可^⑨,今反相历^⑩。令子失礼,仆豫愆^⑪。古有吊服,可依其制。”因为裁缟冠帻袍单衣^⑫,定,大为同作所非。然颍川有识陈元方、韩元长、綦毋广明咸嘉是焉^⑬。

【注释】

① 河南:东汉河南郡,治雒阳(今河南洛阳)。太山:东汉太山郡,又作“泰山郡”,治奉高(今山东泰安东)。羊翩祖:此指羊陟,字嗣祖。“翩”字误。羊陟出身官宦世家,初举孝廉,后历官冀州刺史、城门校尉、尚书令、河南尹等。在职抑制豪强,反对宦官专权。以党锢免官,卒于家。为名士“八顾”之一。

②平原：东汉或为郡，或为国。治平原（今山东平原西南）。汉桓帝
　　建和二年（148），封帝弟刘顾为平原王。

③临：治理，统治。

④四从：是指四代堂房亲族。从，宗族中次于至亲的亲属，即堂房
　　亲属。

⑤行者数百人：卢文弨《群书拾补》疑"行"下脱"服"字。行服，穿
　　孝服居丧。

⑥时与太尉府自劾归家：此句是说羊陟到太尉府自我检举过失辞职
　　回家。

⑦胡毋季皮：胡毋班，字季皮，东汉太山人，轻财赴义，为汉末名士。
　　曾任侍御史。胡毋为复姓。

⑧作衰：服丧。

⑨径行：直接行动，不必考虑其他因素。

⑩历：乱，紊乱，引申为扰乱。

⑪仆：此为羊嗣祖谦称。豫愆：参与其过，犯同样的错误。

⑫缟：白色。帻：头巾。单衣：古代官吏的服装。或为朝服。同作：
　　卢文弨《群书拾补》疑"作"当是"行"。

⑬陈元方：陈纪，字元方，颍川许（今河南许昌东）人。性至孝。及
　　遭党锢，发愤著书数万言，著有《陈子》。韩元长：韩融，字元长，
　　颍川舞阳（今河南舞阳西北）人。少能辩理，不为章句之学，声
　　名甚盛。献帝初，官至太仆。綦（qí）毋广明：綦毋闿（kǎi），字广
　　明。綦毋为复姓。

【译文】

河南尹太山人羊陟，免官在家；平原相封子衡埋葬母亲，子衡曾经
治理太山郡数十日，那时羊陟已经不作河南尹了，子衡的远房侄子曼慈
又治理太山郡，士大夫因此送葬的有数百人，都服齐衰结上经带，当时羊
陟到太尉府自我弹劾要求回家，原侍御史胡毋季皮独自问候他，想请求

服齐衰。羊陟说:"你不曾做过子衡的下属,为什么要服丧呢?"胡毋季皮说:"大家都这么做,我不可以独自一人不这样。"羊陟又说:"您自己直接行动就可以,现在反而把事情搞乱了。让您失礼,让我也犯了错误。古代有吊丧的服制,可以依据它的规定。"于是裁白绢做成冠帻衣袍朝服,这样确定后,大为同行所非议。而颍川有见识的陈元方、韩元长、綦毋广明都赞许这种做法。

　　谨按:《礼》:"为旧君齐衰三月①。"谓策名委质②,为臣吏者也。子衡临郡日浅,无他功惠,又非其身;翩祖位则亚卿③,雅有令称,义当纲纪人伦④,为之节文⑤。而首倡导,犯礼违制,使东岳一郡朦朦焉⑥,岂不愍哉⑦!由郦人失兄,子皋为之衰⑧,虽失于子衡,归于曼慈者矣。

【注释】

①为旧君齐衰三月:语本《仪礼·丧服》:"传曰:大夫为旧君,何以服齐衰三月也?大夫去君,扫其宗庙,故服齐衰三月也,言与民同也。何大夫之谓乎?言其以道去君而犹未绝也。"

②策名:名字写在简策上。古人开始做官时,必须先把名字写在简策上。策名也就是出仕、做官的意思。委质:委身事君。质,指形体。也有人认为"质"是给主君献上进见的礼物,一般是雉。

③亚卿:指郡守。郡守位次于九卿。羊陟为河南尹,即河南郡的最高长官,相当于郡守,所以说他"位则亚卿"。

④纲纪:治理,管理。人伦:礼教所规定的人与人之间的关系。特指尊卑长幼之间的等级关系。

⑤节文:制定礼仪,使行之有度。

⑥东岳一郡:指太山郡。朦朦:昏昧无知。

⑦悠：同"悯"。

⑧由郕（chéng）人失兄，子皋为之衰：《礼记·檀弓下》："成人有其兄死而不为衰者，闻子皋将为成宰，遂为衰。成人曰：'蚕则绩而蟹有匡，范则冠而蝉有绥，兄则死而子皋为之衰。'"由，通"犹"。郕，即成，古邑名。在今山东宁阳东北。子皋，孔子弟子，为人至孝。

【译文】

谨按《仪礼》说："为过去的君主服齐衰三个月。"是说姓名写在简策上委身事君，成为大臣的属官。子衡治理太山郡的时间很短，没有其他功德恩惠，又不是他自己的丧事；羊陟位列亚卿，向来有着美好的名声，道义上应当约束人伦，为大家规范礼仪。但他首先倡导犯礼违制，使得太山一郡都糊里糊涂，难道不是令人痛心吗？就像郕人死了哥哥，因为子皋才为哥哥服齐衰一样，虽然子衡有过失，但也应归咎于曼慈。

太原郝子廉

太原郝子廉，饥不得食，寒不得衣，一介不取诸人①。曾过娣饭②，留十五钱，默置席下去。每行饮水，常投一钱井中。

【注释】

①介：通"芥"。小草。比喻细小的东西。

②娣：妹妹或弟妇。此处应指妹妹。

【译文】

太原人郝子廉，饥饿时吃不上饭，寒冷时穿不上衣服，但任何微小的东西都不从别人那里拿。他曾经到妹妹家吃饭，留下十五钱，悄悄放在座席下后离开。每次外出喝水，常常投一钱到井里。

　　谨按《易》称："天地交,万物生;人道交,功勋成①。"《语》:"愿车马衣轻裘,与朋友共弊之,而无憾②。"士相见之礼,赘用腒雉③,受而不拒,而交答焉④。唯祭饭然后拜之⑤。孔子食于施氏,未尝不饱⑥。何有同生之家,而顾钱者哉⑦?伤恩薄礼,弊之至也。孟轲讥仲子吐鶂鶂之羹,而食井上苦李⑧。鲍焦耕田而食⑨,穿井而饮,非妻所织不衣,饿于山中,食枣,或问之:"此枣子所种耶?"遂呕吐,立枯而死⑩。世不乏异,惟其似旃⑪。孔子疾时贪昧,退思狂狷⑫;狷者有所不为⑬,亦其介也⑭。

【注释】

①"天地交"几句:当引自《周易·泰卦》象辞下的古注。《周易·泰卦》:"象曰:……天地交而万物通也,上下交而其志同也。"扬雄《法言·修身篇》亦用此文,未标出处。

②"愿车马衣轻裘"几句:语见《论语·公冶长》。

③赘:古时初次拜见所送的礼物。腒(jū)雉:干野鸡肉。腒,干腌肉。雉,野鸡。

④交答:相互答礼。

⑤唯祭饭然后拜之:《论语·乡党》:"朋友之馈,虽车马,非祭肉,不拜。"祭饭,似当作"祭肉"。

⑥孔子食于施氏,未尝不饱:《礼记·杂记二》载:"孔子曰:'吾食于少施氏而饱,少施氏食我以礼。'"施氏,即少施氏,鲁惠公之子施父之后。

⑦顾钱:付钱。顾,通"雇"。付钱。《后汉书·宦者传》:"贱买十分雇一。"注:"雇谓酬其价也。"

⑧孟轲讥仲子吐鶂鶂(yì)之羹,而食井上苦李:事详见《孟子·滕

文公下》：陈仲子住在於陵，三天没有饮食，耳朵听不见，眼睛看不见。井上有李子，金龟子的幼虫已将其蛀食大半，他爬过去，摘下来吃，咬了三口，耳朵才有听觉，眼睛才有视觉。他认为其兄的俸禄不义，不肯吃他的东西。有一次他的母亲将别人送给其兄的一只鹅宰了，把鹅肉送给他吃。他知道内情后将肉吐出。孟子讥讽了此事。仲子，陈仲子，齐国人，世被称为田仲、陈仲、於陵仲子。鸮鸮，鹅叫声。亦借指鹅。

⑨鲍焦：周时隐士，行为高洁，非议俗世。其事迹各书所载皆有差异，大概是因为传闻有所不同。

⑩立枯而死：枯槁而死。

⑪旃（zhān）：代词。相当于"之"。

⑫狂狷（juàn）：指志向高远的人与拘谨自守的人。狷，洁身自好，安分守己。

⑬狷者有所不为：狷者不肯做不义之事。《论语·子路》："狂者进取，狷者有所不为也。"

⑭介：次一等。

【译文】

谨按：《易》说："天地交感，万物生长；人道交感，功勋成就。"《论语》说："愿意把我的车马衣服，同朋友共同使用直到用坏，也没有什么不满。"士人相见的礼节，礼物用干腌的野鸡，接受不拒绝，而相互答礼。只有接受祭祀的饭菜才行拜礼。孔子在施氏家吃饭，从没有没吃饱的。哪有在同胞妹妹家吃饭，而付钱的呢？伤害亲恩轻视礼节，错误到了极点。孟子讥讽陈仲子吐掉鹅肉而吃井上边的苦李。鲍焦耕田吃自己种的粮食，打井喝井水，不是妻子织的衣服不穿，在山中很饥饿，吃了枣子，有人问他："这枣子是你种的吗？"他于是吐了出来，枯槁而死。世间有不少奇人异事，郝子廉就像他们这样。孔子痛恨那个时代贪婪昏昧之人，反而思念志向高远的人与拘谨自守的人，拘谨自守的人有些事件是坚决不做的，也是退而求其次了。

南阳张伯大

南阳张伯大[1]，邓子敬小伯大三年，以兄礼事之。伯卧床上，敬寝下小榻，言："常恐清旦朝拜[2]。"俱去乡里，居缑氏城中[3]，亦教授，坐养声价[4]，伯大为议郎、益州太守[5]，子敬辟司徒[6]，公车征[7]。

【注释】

①南阳：东汉南阳郡，治宛县（今河南南阳）。

②清旦：清晨。朝拜：拜谒。

③缑氏：缑氏县，治今河南偃师东南。

④坐养声价：无故取得名声身价。坐，无故、自然而然地。养，取。

⑤议郎：为皇帝近臣，秩比六百石。职掌顾问应对，参与议政，指陈得失。东汉更为显要，常选任者儒名士、高级官吏，除议政外，亦或给事宫中近署。益州：汉武帝所置十三刺史部之一。东汉同。东汉治所在雒县（今四川广汉北），中平中移治绵竹（今德阳东北），兴平中又移成都（今四川成都）。

⑥司徒：东汉掌管教化。东汉时与司空、太尉并为三公。

⑦公车：官署名。汉代为卫尉的下属机构设公车司马令（省称"公车令"），秩六百石，负责警卫宫殿中的司马门和夜间宫中巡逻。凡臣民上书和朝廷征召，均由公车令掌管。

【译文】

南阳人张伯大，邓子敬比他小三岁，用兄长之礼来侍奉他。伯大睡在床上，子敬睡在下面的小床上，说："我常常担心耽误清晨朝拜。"他们一起离开乡里，住在缑氏城中，同时教授学生，因此取得声名身价，伯大做议郎、益州太守，子敬受到司徒的征召，公车征用。

    谨按：《礼记》："十年兄事之，五年肩随之[①]。"《诗》云："如切如磋，如琢如磨[②]。"朋友衎衎訚訚[③]，各长其仪也[④]。凡兄弟相爱，尚同舆而出，同床而寝；今相校三年耳[⑤]，幸无骨肉之属[⑥]，坐作鬼怪[⑦]，且朝言恐。《论语》："恭而无礼则劳[⑧]。"且晏平仲称善与人交，岂徒拜伏而已哉[⑨]？《易》设四科，出处语默[⑩]。传曰："朝廷之人，入而不能出；山林之民，往而不能反[⑪]。"二者各有所长。而弃圣绝知[⑫]，遁世保真[⑬]，当窜深山，乐天知命[⑭]。今居缑氏，息偃城郭[⑮]，往来帝都，招延宾客，无益诲人，拱默而已[⑯]，饰虚矜伪，诳世耀名，辞细即巨[⑰]，终为利动。《春秋》讥宋伯姬女而不妇[⑱]，今二子屑屑[⑲]，远大失矣。

【注释】

①十年兄事之，五年肩随之：语本《礼记·曲礼》："十年以长则兄事之，五年以长则肩随之。"肩随，比肩而行，追随。

②如切如磋，如琢如磨：语见《诗经·卫风·淇奥》。

③衎衎（kàn）：和乐敏捷貌，亦有刚直从容之意。訚訚（yín）：和颜悦色的样子。《论语·乡党》："孔子于乡党，訚訚如也。"

④长：增益。仪：仪礼。

⑤相校：相差。

⑥幸：本来，原来。

⑦坐作鬼怪：指无故而自作鬼怪。

⑧恭而无礼则劳：语见《论语·泰伯》。劳，疲劳，劳倦。

⑨且晏平仲称善与人交，岂徒拜伏而已哉：《论语·公冶长》："晏平仲善与人交，久而敬之。"晏平仲，晏婴，字平仲，俗称晏子，春秋时期齐国大夫。世传《晏子春秋》便是战国时人收集他的言行编辑而成。

⑩出处语默：语见《周易·系辞上》："子曰：'君子之道，或出或处，或默或语。'"出，出世。处，入世。语，畅所欲言。默，沉默寡言。

⑪"朝廷之人"几句：语本《韩诗外传》："朝廷之士为禄，故入而不能出；山林之士为名，故往而不能返。"

⑫弃圣绝知：语本《老子》："绝圣弃智，民利百倍。"知，同"智"。

⑬遁世保真：逃避现世，保全本性。语本《周易·乾卦·文言》："遁世无闷。"

⑭乐天知命：语见《周易·系辞上》："乐天知命故不忧。"

⑮息偃：休息。

⑯拱默：拱手而缄默不语。

⑰辞细即巨：言辞虽小野心巨大。

⑱《春秋》讥宋伯姬女而不妇：鲁襄公三十年（前543），宋国发生火灾，左右劝宋伯姬躲避，伯姬说："妇人之义：保傅不俱，夜不下堂。"被火烧死。《左传·襄公三十年》："君子谓宋共姬女而不妇，女待人妇义事也。"意谓未婚之女才等待保姆，已婚妇女应见机行事。宋伯姬，鲁宣公之女，鲁成公九年（前582）嫁给宋共公为夫人，故又称宋共姬。女而不妇，奉行女儿的守则而不是奉行媳妇的守则。女，女儿。妇，媳妇。

⑲屑屑：特意、着意的样子。

【译文】

谨按：《礼记》说："大自己十岁的用兄长之礼侍奉他，大自己五岁的，与他并肩而略退后。"《诗经》说："就像那切磋过的象牙，就像那琢磨过的美玉。"朋友刚直而又随和，各自增益礼仪。大凡兄弟互相敬爱，尚且同车而出，同床而睡，现在伯大和子敬只相差三岁，本也不是骨肉兄弟，无故而装神弄鬼，担心耽误了清早朝拜。《论语》说："恭敬而没有礼仪就会很疲倦。"况且晏平仲善于与别人向往，难道只是伏身叩拜吗？《周易》规定了四种君子类型，要么出世，要么入世，要么畅所欲言，要么沉默寡言。经传上讲："朝廷上的人，入世而不能出世；山林的民众，出世了就不能再回到尘世间。"两者各有各的长处。但是要抛弃聪明弃绝智慧，逃离人间以保有纯真，应当逃到深山里去，乐从天道的安排，安守命运的分限。现在张伯大和邓子敬住在缑氏城，栖身城郭，往来都城洛阳，招揽延请宾客，对教诲世人没有好处，拱手而静默不语，矫饰虚伪，欺骗世人炫耀声名，言辞虽小但野心很大，最终为利益所动。《春秋》讥笑宋伯姬奉行女儿的规矩而不奉行媳妇的规矩，当今张伯大、邓子敬两个人着意做作，过失太大了。

公车徵士汝南袁夏甫

公车徵士汝南袁夏甫[1]，少举孝廉，为司徒掾，人间之事，无所关也。其后，闭户塞牖，不见宾客。清旦，东向再拜朝其母，念时时往就之，子亦不得见，复逾拜耳[2]。头不著巾，身无单衣[3]，足常木屐[4]，食止壃菜[5]，云我无益家事，莫之能强。及母终亡，不列服位。

【注释】

①公车徵士：汉制，官署以公车征召天下方正有道之士。被征召的人称为公车徵士。袁夏甫：袁闳，字夏甫。袁安玄孙。虽出身显贵，仍以耕学为业。延熹末，为避党乱，乃筑土室，潜身十八年。黄巾军起，百姓惊散，仍诵经不止，黄巾军相约不入其室，年五十

七,卒于土室。《后汉书·袁闳列传》:"闳字夏甫,……少励操行,苦身修节,……累征聘举召,皆不应。……延熹末,党事将作,闳遂散发绝世,欲投迹深林,以母老不宜远遁,乃筑土室,四周于庭,不为户,自牖纳饮食而已。旦于室中东向拜母。母思闳时,往就视。母去,便自掩闭,兄弟妻子,莫得见也,及母殁,不为制服设位。时莫能名,或以为狂生。"

②逾拜:遥拜。逾,远。

③单衣:单层的布质衣服。

④木屩(jué):木屐。

⑤壃:即姜。

【译文】

公车徵士汝南人袁夏甫,年轻时被举荐为孝廉,担任司徒掾,人世间的事,都不关心。后来,他关闭大门堵塞窗户,不接见宾客。清晨,朝东向其母亲行跪拜之礼,他母亲想念他的时候就过去看他,孩子也不能见他,只能遥拜而已。他不戴头巾,身上没有单衣,脚上常常穿着木屐,只吃姜菜。说自己对家事没有帮助,没有人能勉强他。到他母亲去世,也不为她服丧设牌位。

谨按:《孝经》:"生事爱敬,死事哀戚①。"一家之中,谕若异域②,下床暗拜③,远于爱敬者矣。祖载崩隧④,又不能送,远于哀戚者矣。巾所以饰首,衣所以蔽形,此乃士君子所以自别于夷狄者也;唯丧者、讼者,露首草舍⑤,余曷有哉?长沮、丈人⑥,避世之士,由讯子路⑦,杀鸡黍,见其子焉⑧;何有藏一室中,不出户庭?以此为高,斯亦婞婞⑨。鲤趋而过庭,闻诗闻礼,而陈亢喜于得三⑩,不当近之⑪,何乃若兹者乎!

【注释】

① 生事爱敬，死事哀戚：语见《孝经·丧亲章》。意谓父母亲活着，则事之以爱敬；父母亲去世，则事之以悲戚。

② 谕若：譬如。

③ 暗拜：谓不当面礼拜之。

④ 祖：死者将葬时之祭。泛指设奠祭送死者。载（zài）：此处指灵车。崩：用同"塴（bèng）"。丧葬时下棺于土。隧：墓道。

⑤ 草舍：古礼，持丧或讼狱者居于草庐。

⑥ 长沮、丈人：皆古时不知真实姓名的隐士。丈人，指荷蓧丈人。见《论语·微子》。

⑦ 由：通"犹"。讯子路：《论语·微子》："长沮、桀溺耦而耕，孔子过之，使子路问津焉。长沮曰：'夫执舆者为谁？'子路曰：'为孔丘。'曰：'是鲁孔丘与？'曰：'是也。'曰：'是知津矣。'"讯，问。

⑧ 杀鸡黍，见其子焉：语见《论语·微子》："子路从而后，遇丈人，以杖荷蓧。子路问曰：'子见夫子乎？'丈人曰：'四体不勤，五谷不分。孰为夫子？'植其杖而芸。子路拱而立。止子路宿，杀鸡为黍而食之，见其二子焉。"黍，即黍子，去皮后称黄米，煮熟后有黏性。见其子，荷蓧丈人曾让他的两个儿子出来和子路相见，这是他重视长幼之间礼节的表现。

⑨ 婞婞：倔强的样子。

⑩ "鲤趋而过庭"几句：事见《论语·季氏》："陈亢问于伯鱼曰：'子亦有异闻乎？'对曰：'未也。尝独立，鲤趋而过庭。曰："学诗乎？"对曰："未也。""不学诗，无以言。"鲤退而学诗。他日，又独立，鲤趋而过庭。曰："学礼乎？"对曰："未也。""不学礼，无以立也。"鲤退而学礼。闻斯二者矣。'陈亢退而喜曰：'问一得三，闻诗，闻礼，又闻君子之远其子也。'"鲤，孔鲤，字伯鱼，孔子之子。陈亢，字子禽，孔子的学生。

⑪不当近之:谓君子对自己的儿子并不特别亲近。

【译文】

谨按:《孝经》说:"双亲活着,就用爱敬之心来侍奉他们,双亲去世,则用哀戚之情来对待他们。"一家人,却犹如分居不同的地方,起床后不当面拜候母亲,离爱敬之心太远了。母亲的丧礼,又不能送葬,离哀戚之情也太远了。头巾是用来装饰头部的,衣服是用来遮蔽身体的,这是士君子用来区别自己和夷狄的标准。只有服丧、讼狱,才光头露顶身居草舍,还有谁像他这样呢?长沮、荷蓧丈人是避世的隐士,还会与子路相问候,杀鸡做饭给他吃,让他的两个儿子和子路见面,哪有隐居一室之中,足不出户?以此标榜清高,这也太倔强了。孔鲤恭敬地快步从中庭经过,知道了学诗学礼的重要性,而陈亢却高兴地明白了三件事。君子对待自己的儿子不该很亲近,但哪有像袁夏甫这样的呢?

公车徵士豫章徐孺子

公车徵士豫章徐孺子①,比为太尉黄琼所辟②,礼文有加;孺子隐者,初不答命。琼薨,既葬,负笥弁涉③,赍一盘④,酹哭于坟前⑤。孙子琰故五官郎将⑥,以长孙制杖,闻有哭者,不知其谁,亦于倚庐哀泣而已⑦。孺子无有谒刺⑧,事讫便去。子琰大怪其故,遣琼门生茅季玮追请辞谢⑨,终不肯还。

【注释】

①徐孺子:徐稚,字孺子,豫章南昌(今江西南昌)人。家贫,常自耕稼。恭俭义让,屡辟公府不就。延熹二年(159),桓帝备礼征之,亦不至。灵帝初病卒。

②黄琼:字世英,江夏安陆(今湖北安陆西北)人。顺帝永建中,拜议

郎，迁尚书仆射。历任尚书令、魏郡太守、太常。桓帝时，历任司空、太仆、司徒、太尉、大司农等职。梁氏被诛，复拜太尉。卒赠车骑将军，谥忠侯。传见《后汉书》。

③筥井：此二字不见于古字书，音义不明。古人校勘多认为有讹误。如钱大昕、卢文弨认为当是"算"字，朱筠则认为"负筥井涉"当为"负笈徒步"等。总之，此二字所指应为一种竹器，可用于装食物或衣物，随人所用。涉：徒步。

④赍（jī）：旅行的人携带衣食等物。

⑤酹（zhuì）：酹酒，祭祀时把酒洒在地上。

⑥孙子琰：黄琬，字子琰。黄琼之孙。早而辩惠，知名京师。稍迁五官中郎将，为权贵陷以朋党，被禁锢几二十年。灵帝时擢为青州刺史，迁侍中，后又为豫州牧，政绩为天下表，封关内侯。及董卓秉政，以琬名臣，征为司徒，迁太尉，更封阳泉乡侯，转司隶校尉。与司徒王允同谋诛董卓。及董卓将李傕、郭汜攻破长安，被杀。五官郎将：五官中郎将。西汉武帝设中郎三将，其首为五官中郎将，秩比二千石，职领所属诸郎，为皇帝高级侍从官。东汉因置。

⑦倚庐：殡后的孝子住处。

⑧谒刺：犹今名片。

⑨门生：东汉时指再传弟子。一说指依附名势的门客。茅季玮：茅容，字季伟（一作"玮"），陈留（今河南开封东南）人。性至孝，为郭林宗所赏识，因劝令学，卒以成名。

【译文】

公车徵士豫章人徐孺子，屡为太尉黄琼所征召，礼节优厚地对待他；徐孺子为隐士，最初不应召。黄琼去世，已下葬，徐孺子背着竹箱徒步行走，送上一盘祭品，把酒洒在地上，就在坟前痛哭。黄琼之孙黄子琰，原是五官郎将，以嫡孙身份执哀杖，听到有人哭，不知他是谁，也于倚庐中哀哭。徐孺子没有谒刺，祭奠完了就走。子琰对这感到大为不解，派黄琼的门生茅季玮追上去表达谢意,徐孺子始终不肯返回。

　　谨按:礼,凡吊丧者,既哭,兴踊①,进问其故,哀之至也。孺子所以经三千里,越度山川而亲至者,非徒徇于己②,顾义报乎?哭醊坟前,是也;讫,当即其帐衾③,问劳子琰——子琰宿有善名④,在礼无违⑤,傥见微阙,教诲可乎,如何儵忽⑥,甚于路人?昔黔敖忽于嗟来,然君子犹以为其嗟可去,谢可食⑦。今与黄有恩故矣,孝子寝伏苦块⑧,又孺子到便诣坟,无介⑨,夫何为哉?

【注释】

①兴踊:跺脚。以示悲痛至极。

②徇:顺从。

③帐衾:本指停放灵柩的地方,此处指黄子琰所居的倚庐。衾,覆盖尸体的单被。

④问劳:慰问。

⑤在礼无违:《论语·为政》:"孟懿子问孝,子曰:'无违。'樊迟御,子告之曰:'孟孙问孝于我,我对曰,无违。'樊迟曰:'何谓也?'子曰:'生,事之以礼;死,葬之以礼,祭之以礼。'"

⑥儵忽:迅疾的样子。

⑦"昔黔敖忽于嗟来"几句:《礼记·檀弓下》:"齐大饥,黔敖为食于路,以待饿者而食之。有饿者,蒙袂辑屦,贸贸然来。黔敖左奉食,右执饮,曰:'嗟来食。'扬其目而视之,曰:'予唯不食嗟来之食,以至于斯也。'从而谢焉,终不食而死。曾子闻之曰:'微与,其嗟也可去,其谢也可食。'"谢,道歉。

⑧寝伏苦(shān)块:睡在草垫上,枕着土块。《仪礼·既夕礼》:"居

倚庐，寝苫枕块。"

⑨介：自我介绍。

【译文】

谨按：依礼，大凡吊丧的人，哭完之后，踩脚，上前问其原因，表达哀痛就到了极致了。徐孺子之所以经过三千里，跋山涉水亲自前往，不是顺从自己的心愿，知恩图报吗？哭着在坟前酹酒，这是对的；结束了，应该到草庐中，问候黄子琰——黄子琰一贯有好名声，在礼节上没有违背的地方，如果看到稍有不周之处，教诲他就可以了，哪能匆匆而去，比路人离开还快呢？以前黔敖由于疏忽而吆喝饥民吃饭，但君子还认为他无礼吆喝可以离开，道歉之后就可以吃了。现今黄琼于徐孺子有旧恩，孝子睡在草垫上枕着土块，而孺子到后就去上坟，没有自我介绍，这样做是为什么呢？

过誉

【题解】

所谓过誉，就是指过分的赞誉。

生而为名，这是儒家追求的人生理想，但是为了所谓的声誉而"讦以为直，隐以为义，枉以为厚，伪以为名"，这却是应劭所极力反对的。欧阳歙大庭广众之下任命欺上瞒下、贪赃枉法的緐延固然有错，但是郅恽明知緐延为人卑劣却不及时给予惩处，反而让欧阳歙因失察而下不了台，应劭认为也是不可取的，至少是不值得世人赞誉的。太守葛兴得了风病不能主政，下属韩稜擅作主张代替葛兴发号施令长达两年之久，应劭认为韩稜貌似助人，实则欺上瞒下，应该敕令韩稜终身不得为官。周党年轻时被乡佐当众羞辱，后来冒死前往报仇，应劭认为身体发肤受之父母，不可轻易伤毁，世人将周党的匹夫之勇标榜为"勇果"，是不对的。陈茂徇私情救了卫修，后来又不留情面让卫修抵了死罪，应劭认为陈茂置礼法于不顾，行为随心所欲，最终毁了卫修。皇甫规为了举荐弟弟当官不惜扰乱法度，甚至出于私心擅离职守，应劭认为置其死罪都不为过。五世公墨守成规不问贤愚任用人才，戴幼起高调让财，标榜廉洁，赵仲让擅自离职、放浪形骸，诸如此类的人物在当时都博得一定的声誉，但在应劭笔下，却是迂腐、虚伪、虚张声势且不堪一击的。

应劭引经据典，义正词严，用孔子、霍去病等圣人贤士来做对比，高下立见,亦见世人赞誉这种种行为时的迷妄无知。

孔子称:"大哉!中庸之为德,其至矣乎①!"又曰:"君子之道,忠恕而已②。"至于讦以为直③,隐以为义④,枉以为厚⑤,伪以为名⑥,此众人之所致誉,而明主之所必讨。盖观过知仁,谓中心笃诚,而无妨于化者⑦,故覆其违理曰《过誉》也⑧。

【注释】

①"大哉"几句:语见《论语·雍也》:"子曰:'中庸之为德也,其至矣乎!'"中庸,这是孔子的最高道德标准。中,折中,不偏不倚。庸,平常,不变。

②君子之道,忠恕而已:语见《论语·里仁》:"曾子曰:'夫子之道,忠恕而已矣。'"据孔子的解释,恕的定义是:"己所不欲,勿施于人。"忠则应该是指:"己欲立而立人,己欲达而达人。"

③讦(jié):攻击别人的短处,揭发别人的隐私。

④隐:隐瞒。

⑤枉:委曲求全。

⑥伪:伪装。

⑦化:教化。

⑧覆:审察明辨。

【译文】

孔子说:"伟大啊,中庸这种道德,该是最高的了。"又说:"君子之道,只是忠和恕罢了。"至于把揭发别人的隐私当作直率,把隐瞒别人的过失当作仗义,把委曲求全当作厚道,把伪装做作当作名望,这是众人求取声誉的方法,而贤明的君主一定会声讨的。大概仔细考察某人所犯的错误，就可以知道他是什么样的人了，这是因为内心笃实忠诚，对教化就没有妨害，所以审察这些违理的行为，篇名叫《过誉》。

长沙太守汝南郅恽

长沙太守汝南郅恽君章①，少时，为郡功曹②。郡俗冬飨③，百里内县，皆赍牛酒④，到府宴饮。时太守司徒欧阳歙⑤，临飨，礼讫，教曰⑥："西部督邮繇延⑦，天资忠贞，禀性公方，典部折冲⑧，摧破奸雄，不严而治。《书》曰：'安民则惠，黎民怀之⑨。'盖举善以教，则不能者劝⑩。今与诸儒，共论延功，显之于朝⑪。"主簿读教⑫，户吏引延受赐⑬。恽前跪曰："司正举觥⑭，以君之罪⑮，告谢于天⑯。明府有言而误⑰，不可覆掩。按延资性贪邪，外方内圆，朋党构奸，罔上害民，所在荒乱，虚而不治，怨愿并作⑱，百姓苦之。而明府以恶为善，股肱莫争⑲。此既无君，又复无臣，君臣俱丧，孰与偏有。君虽倾危，臣子扶持，不至于亡。恽敢再拜奉觥。"歙甚惭。

【注释】

①长沙：东汉长沙郡，治临湘（今湖南长沙）。郅恽（Zhì Yùn）：字君章，汝南西平（今河南西平西）人。少学《韩诗》《严氏春秋》，明天文历数。为人正直敢言。得光武帝赏识，曾令其授皇太子刘彊《韩诗》，侍讲殿中。恽再迁长沙太守，后坐事左迁，又免归，避地教授，著书八篇。以病卒。

②功曹：汉代郡守下设功曹史，简称功曹，相当于郡守、县令的副手。

③飨：祭祀。

④赍（jī）：带着。

⑤欧阳歙：字正思，乐安千乘（今山东高青东南）人。世传《尚书》，门徒甚众。光武帝建武七年（31）任汝南太守，推用贤俊，政绩显著。十五年（39）征为大司徒，旋因在汝南贪赃至千余万之事被发觉而下狱，死于狱中。

⑥教：教令，州郡所下的命令称之为教。

⑦督邮：汉代各郡的重要属吏，代表太守督察县乡，宣达教令，兼任狱讼捕亡等事。

⑧折冲：抵御敌人。

⑨安民则惠，黎民怀之：语见《尚书·皋陶谟》。

⑩盖举善以教，则不能者劝：语本《论语·为政》：季康子问："使民敬忠以劝，如之何？"子曰："临之以庄，则敬；孝慈，则忠；举善而教不能，则劝。"劝，劝勉。

⑪朝：汉人称郡治为朝。

⑫主簿：汉代中央及郡县官署均置此官，主管文书典籍及印鉴，为掾史之首。

⑬户吏：《后汉书》《后汉纪》俱作"户曹"。户吏主民户祠祀农桑。引：领，引导。

⑭司正：古代宴会监司礼仪的人。觥（gōng）：古代一种酒器。

⑮君：指太守。

⑯告谢：请罪。

⑰明府：汉人对太守的尊称。

⑱慝（tè）：邪恶。

⑲股肱：此处指太守属下的众官吏。

【译文】

长沙太守汝南人郅恽，年轻时担任汝南郡功曹。郡里有冬天祭祀的习俗，郡治百里之内的县都送牛肉和酒到郡府宴饮。时任太守后来官至司徒的欧阳歙到祭祀现场，行礼完毕，发布教令说："西部督邮繇延，天资忠诚坚定，禀性公正方直，统领部下御敌，摧毁奸诈不服从统治的人，不用严刑酷法而得以治理。《尚书》说：'安定民心就受人爱戴，百姓就会怀念他。'举荐善人起到教育的作用，那么能力不足的人就会受到鼓励。现在同各位儒生，一起讨论缑延的功业，使他的功绩显扬于郡府。"主簿宣读教令，户吏引导缑延受赏赐。郅恽上前跪拜说："请司正举起酒杯，将郡守的罪过，向上天谢罪。郡守的话有误，不能掩盖。据查缑延秉性贪婪邪恶，外表方正，内心圆滑，结党营私，欺上害民，所治理的地方年荒世乱，空虚不安定，怨声载道，百姓深以为苦。而郡守以恶为善，辅佐臣属不据理力争。这样既使君失道，又使臣属失道，君臣都无道，谁会去纠察他的罪过。君主即使身处危险境地，但只要大臣扶持，那也不至于灭亡。我斗胆再拜捧上酒杯。"欧阳歙听了非常惭愧。

　　谨按：《礼》谏有五，风为上，狷为下[①]。故入则造膝[②]，出则诡辞[③]，善则称君，过则称己[④]；暴谏露言[⑤]，罪之大者。而歙于缯中，用延为吏，以紫乱朱[⑥]，大妨王命，造次颠沛[⑦]，不及讽谕，虽举觯强歙可行也。今恽久见授任，职在昭德塞违，为官择人，知延贪邪，罔上害民，所在荒乱，怨愆并作，此为恶积愆，非一旦一夕之渐也。孔子以匹夫，朋徒无几，习射矍相之圃，三哲而去者过半[⑧]。汝南，中土大郡，方城四十[⑨]，养老复敬化之[⑩]。至延奸豐彰著[⑪]，无与比崇。臧文仲有言："见无礼于君者，若鹰鹯之逐鸟雀[⑫]。""农夫之务去草也"[⑬]，何敢宿留[⑭]？不即弹黜奸佞，而须于万人之中，乃暴引之，是为陷君。君子不临深以为高，不因少以为多[⑮]，况创病君父，以为己功者哉？而论者苟眩虚声[⑯]，以为美谈。汝南，楚之界也，其俗急疾有气决[⑰]。然自君章之后，转相放式[⑱]，好干上怵忮[⑲]，以采名誉，末流论起于爱憎，政在陪隶也[⑳]。

【注释】

① "《礼》谏有五"几句：《后汉书·李云传论》："《礼》有五谏，讽为上。"李贤注："五谏，谓讽谏、顺谏、窥谏、指谏、陷谏也。讽谏者，知患祸之萌而讽告也；顺谏者，出辞逊顺，不逆君心也；窥谏者，视君颜色而谏也；指谏者，质指其事而谏也；陷谏者，言国之害，忘生为君也。见《大戴礼》。"今本《大戴礼记》佚此文，《白虎通义·谏诤》《说苑·正谏》《春秋公羊传·庄公二十四年》《孔子家语·辨政》等文对五谏都有所论述，但说法各不相同。风，通"讽"。狷，偏急。

② 造膝：促膝。谓对坐而膝相接近，多形容亲切交谈或密谈。

③ 诡辞：说假话。此处指不透露谈话的真实内容。

④ 善则称君，过则称己：语见《礼记·坊记》《春秋穀梁传·襄公十九年》等。

⑤ 暴：疾急。露：直言不讳。

⑥ 以紫乱朱：此处比喻将邪恶之人看成是正人君子。语本《论语·阳货》："恶紫之夺朱也。"紫，紫色，蓝色和红色合成的颜色。古时认为紫色是间色。朱，朱色，大红色。古时认为朱色是正色。

⑦ 造次颠沛：此指仓促之间。语本《论语·里仁》："君子无终食之间违仁，造次必于是，颠沛必于是。"造次，仓促匆忙。颠沛，跌倒，引申为困顿流离。

⑧ "孔子以匹夫"几句：事见《礼记·射义》："孔子射于矍相之圃，盖观者如堵墙。射至于司马，使子路执弓矢出延射曰：'贲军之将，亡国之大夫，与为人后者不入，其余皆入。'盖去者半，入者半。"矍相，在今山东曲阜阙里之西。圃，菜园。哲，古同"誓"。

⑨ 方城四十：《汉书·地理志》《续汉书·郡国志》俱言汝南郡三十七城，此言四十，盖以整数言之。

⑩ 养老复敬化之：卢文弨《群书拾补》认为句或有缺字。敬，疑当作

"教"。

⑪釁（xìn）：同"衅"。过失，罪过，嫌隙。

⑫见无礼于君者，若鹰鹯（zhān）之逐鸟雀：语本《左传·文公十八年》："见无礼于其君者诛之，如鹰鹯之逐鸟雀也。"鹰、鹯，都是捕食小鸟的猛禽。

⑬农夫之务去草也：语本《左传·隐公六年》："周任有言曰：'为国家者，见恶如农夫之务去草焉，芟夷蕴崇之，绝其本根，勿使能殖，则善者信矣。'"

⑭宿留：迟待，有所等待。

⑮君子不临深以为高，不因少以为多：语本《礼记·儒行》："不临深而为高，不加少而为多。"此处是指不在地位卑下的人面前显示自己高贵，不在功绩微小的人面前炫耀自己功绩。

⑯苟：贪求。

⑰急疾：谓性情褊急。气决：谓果敢而有魄力。

⑱放式：放纵恣肆，不守礼法。

⑲干：侵犯。怵忮（chù zhì）：恐吓违逆。怵，恐惧，害怕。忮，违逆。

⑳陪隶：此处指臣之臣，末等役吏。

【译文】

谨按：《礼记》上讲五种劝谏的方法，讽谏为上，狷谏为下。所以进谏君主时入内则密谈，出来时不透露劝谏的真实内容，优点归功于君主，有过失则归罪于自己；突然而直言不讳地劝谏，这是很大的罪过。而欧阳歙在宴饮中任用鯀延为官吏，把邪恶之吏当作廉正之吏，大大妨害了帝王的命令，如果郅恽在仓促匆忙、颠沛流离之间，来不及讽谕，那么即使举起酒杯迫使欧阳歙喝罚酒也是可以的。现在郅恽被授予官职已经很久了，他的职责在于表彰德行而堵塞过失，任用官员选择人才，他知道鯀延贪婪邪恶，欺君害民，所治理的地方年荒世乱，怨声载道，这是作恶积怨，不是一朝一夕造成的。孔子以一介匹夫，朋友学生不多，在矍相的菜园练习射礼，宣布败军之将、失去国土的大夫、求做别人后嗣的人不许进入园中，当场走了一半的人。汝南是中原大郡，有四十座城池，奉养老人礼敬有加已经深入人心。至于繇延奸邪罪行显露明白，没有人能比他更严重。臧文仲说："见到对君主无礼的，要像鹰鹯驱逐鸟雀。""农夫的任务就是要去除杂草"，怎敢怠慢？不立即弹劾罢黜奸佞之人，而在万人之中才曝光检举他，这是在陷害君主。君子不在地位卑下者面前显示自己的高贵，不在功绩微小的人面前炫耀自己的功劳，何况是损害君父来显示自己的功劳的呢？而评论的人贪求炫耀虚名，当作美谈。汝南在楚国境内，它的民俗偏激、果敢而有魄力。但在郅恽之后，转相放纵恣肆，喜欢犯上违逆，来求取声誉，浅薄的议论出于喜爱或憎恶，而政治的混乱正源于这些陪臣主政。

司空颍川韩稜

司空颍川韩稜[①]，少时为郡主簿，太守兴被风病[②]，恍忽误乱，稜阴扶辅其政，出入二年，署置教令无愆失[③]。兴子尝出教，欲转徙吏，稜执不听，由是发露被考，兴免官，稜坐禁固[④]。章帝即位，一切原除也[⑤]。

【注释】

①颍川：东汉颍川郡，治阳翟（今河南禹州）。韩稜：《后汉书》作"韩棱"。字伯师，颍川舞阳（今河南舞阳西北）人，弓高侯韩颓当后裔。少以孝友著称。初为郡功曹，后为尚书令、南阳太守、太仆、司空。为人抗直，多荐良吏，政号严平。《后汉书》有传。

②太守兴：此处指颍川太守葛兴。风病：疯病。指神经错乱、精神失常。

③署置：部署设置。常指选用官吏。

④禁固：禁锢，禁止做官或参与政事。

⑤原除：赦免。

【译文】

司空颍川人韩稜，年轻时做郡主簿，太守葛兴得了疯病，神志恍惚错乱，韩稜暗中辅佐他治理郡政，前后两年，选用官吏、颁布教令没有过失。葛兴的儿子曾经出过教令，想要调换官吏，韩稜执意不听，因而被告发揭露追究，葛兴被免官，韩稜因此被禁止做官。章帝即位后，将他们都赦免了。

　　谨按：《易》称："守位以仁①。"《尚书》："无旷庶官②。"《诗》云："彼君子不素餐兮③。"《论语》："陈力就列，不能者止④。"汉典，吏病百日，应免⑤，所以恤民急病，惩俗逋慝也⑥。今兴官尊任重，经略千里⑦，当听讼侍祠⑧，班诏劝课⑨，早朝旰食⑩，夕惕若厉⑪，不以荣禄为乐，而以黔首为忧；位过招殃，灵督其瞽⑫，风疾恍忽，有加无瘳⑬。稜统机括⑭，知其虚实，当听上病，以礼选引⑮，何有上欺天子，中诬方伯⑯，下诳吏民，扶辅耄乱，政自己出，虽幸无阙⑰，罪已不容于诛矣。为人谋而不忠⑱，爱人而以姑息⑲，凡人不可，况于君子乎？上令兴负贪昧之罪，子被署用之愆⑳，章问洶赫㉑，父子湮没。执事如此，谓礼义何！稜宜禁固终身，中原非是㉒。

【注释】

①守位以仁：语本《周易·系辞下》："何以守位曰仁。"守位，保全地位。

②无旷庶官：语见《尚书·皋陶谟》。旷，空旷，此处指虚设，空设。庶官，众官，百官。

③彼君子不素餐兮：语见《诗经·魏风·伐檀》。

④陈力就列，不能者止：语见《论语·季氏》。

⑤"汉典"几句：依汉制，官吏生病满三个月就要免官。

⑥逋慝：怠惰邪恶。

⑦经略：筹划治理。

⑧侍祠：犹言陪祭。

⑨劝课：鼓励与督责。

⑩旰（gàn）食：天晚才吃饭。

⑪夕惕若厉：语见《周易·乾卦》九三爻辞。惕，忧惧。厉，危险。

⑫灵督其瞾：神灵责罚他的过错。督，责备，责罚。

⑬瘳（chōu）：痊愈。

⑭机括：弩箭关键所在，此处比喻机要之事。

⑮选引：辞去官职。

⑯方伯：殷周时代一方诸侯之长。汉代刺史、郡太守也称"方伯"。

⑰阙：缺误，疏失。

⑱为人谋而不忠：语见《论语·学而》。忠，竭尽心力。

⑲爱人而以姑息：语本《礼记·檀弓上》："君子之爱人也以德，细人之爱人也以姑息。"姑息，无原则的宽容。出于照顾或好心而迁就或容忍。

⑳署用：谓任用官吏。

㉑章问：章奏上闻于朝廷。汹赫：形容气势盛大。

㉒中原：中途原谅。指章帝即位后赦免其罪。

【译文】

谨按：《周易》说："用仁来保全地位。"《尚书》说："不要虚设百官之位。"《诗经》说："那些君子不是白白地吃闲饭的。"《论语》说："能够贡献自己的力量，就去任职；如果不行，就该辞职。"汉代律法规定，官吏生病超过百天，就应该免职，这是为了体恤民众的迫切需求和疾苦，整治平庸懒怠邪恶。现在葛兴官位尊贵责任重大，管辖千里，理当听理诉讼，陪从祭祀，颁布命令，鼓励和督责百姓，早升堂晚吃饭，一天到晚警惕戒惧，如同面临危险，不以荣华富贵为乐，而以百姓疾苦为忧；但他职位超过能力而招来灾祸，神灵责罚他的罪过，患病后神情恍惚，病情加重而不见缓解。韩稜掌管机要之事，了解他的实际情况，应当听凭他上章告病，按礼仪辞去官职，哪里有上欺天子，中瞒刺史太守，下骗吏民，扶持辅佐年老昏乱之主，政令由自己发出，虽然幸而没有差错，但已经罪不容诛。为人出谋划策而不竭心尽力，爱护别人却姑息纵容，一般人尚且不能这么做，何况是君子呢？对上让葛兴背负贪婪昏聩之罪，其子背上乱用官吏的过错，措词严厉的奏章上闻于朝廷，父子声名都化为乌有。这样办事，礼义上如何说得过去！韩稜应该终生不得为官，中途原谅他是不对的。

太原周党

太原周党伯况[1]，少为乡佐发党过于人中辱之[2]。党学《春秋》长安，闻报仇之义[3]，辍讲下辞归报仇。到与乡佐相闻，期斗日[4]。乡佐多从兵往[5]，使乡佐先拔刀，然后相击。佐欲直[6]，令兵击之，党被创，困乏。佐服其义勇，箯舆养之[7]。数日苏兴，乃知非其家，即径归。其立勇果，乃至于是。

【注释】

①太原：东汉太原郡，治晋阳（今山西太原西南）。周党：字伯况，太原广武（今山西代县西南）人。王莽时，托疾不出，建武中征为议郎，因病去职，隐居于渑池。

②乡佐：乡里主收取税赋的乡官。

③党学《春秋》长安，闻报仇之义：《春秋·庄公四年》："纪侯大去其

国。"《春秋公羊传》曰："大去者何？灭也。孰灭之？齐灭之。曷为不言齐灭之？为襄公讳也。《春秋》为贤者讳。何贤乎襄公？复仇也。何仇尔？远祖也。哀公亨乎周，纪侯谮之。……远祖者，几世乎？九世也。九世犹可以复仇乎？虽百世可也。"此就是所谓的"《春秋》报仇之义"。

④期：约定。

⑤乡佐多从兵往：兵，底本作"正"，《太平御览》引《东观汉记》作"兵"，形近而误。径改。

⑥直：直接取胜。

⑦篹（biān）舆：竹制的舆床。

【译文】

太原人周党字伯况，年轻时被乡佐当众侮辱。周党到长安学习《春秋》，知道了报仇的含义，停止研习告辞回家报仇。到家之后告诉乡佐，和他约好决斗的日期。乡佐带了很多士兵前往，周党让乡佐先拔刀，然后相搏击。乡佐想直接取胜，命令士兵们攻击他，周党受伤，难以支持。乡佐佩服他的义勇，用竹舆把他抬回家休养。几天后周党苏醒，才知道不是在自己家里，马上直接回家。他立身勇敢果断，以至于到了这种程度。

　　谨按：《孝经》："身体发肤，受之父母，不敢毁伤，孝之始也①。"乐正子春下堂而伤足，三月不出，既瘳矣，犹有忧色②。身无择行，口无择言③，修身慎行，恐辱先也。而伯况被发④，则得就业，乡佐虽云凶暴，何缘侵己？今见辱者，必有以招之。身自取焉，何尤于人？亲不可辱，在我何伤？凡报仇者，谓为父兄耳⑤，岂以一朝之忿，而肆其狂怒者哉⑥？既远《春秋》之义，殆令先祖不复血食⑦，不孝不智，而两有之。归其义勇，其义何居⑧？

【注释】

①"身体发肤"几句：语见《孝经·开宗明义章》。

②"乐正子春下堂而伤足"几句：此事《礼记·祭义》《大戴礼记·曾子大孝》《吕氏春秋·孝行》等也有记载。乐正子春，春秋时期鲁国人，曾参的弟子，以至孝闻名。

③身无择行，口无择言：语见《孝经·卿大夫章》。

④被发：被征发。

⑤凡报仇者，谓为父兄耳：《春秋公羊传·定公四年》："父不受诛，子复仇，可也；父受诛，子复仇，推刃之道也。"

⑥岂以一朝之忿，而肆其狂怒者哉：语本《论语·颜渊》："一朝之忿，忘其身以及其亲，非惑与？"肆，发泄。

⑦血食：祭祀。

⑧归其义勇，其义何居：《太平御览》引杜预《女记》："申屠蟠奏记外黄令梁配云：'昔太原周党，感《春秋》义，辞师复仇，当时论者，犹高其节。'"

【译文】

谨按：《孝经》说："身体发肤，受之父母，不敢毁坏受伤，这是孝道的开端。"乐正子春下堂时弄伤了脚，三个月不出门，痊愈之后，仍然面有忧色。行为遵循法则而无其他选择，言论也别无选择，修养身心谨慎行事，唯恐有辱先人。而周党被征发，就应该赴任，乡佐虽说凶暴，但为什么要侵犯自己？现在被侮辱，一定是有招致侮辱的原因。咎由自取，为什么要怪罪他人？亲人没有受到侮辱，对我有什么损害？大凡报仇的人，都是说为父兄报仇，怎么能因为一时的愤怒，而肆意发泄狂怒呢？这既是远离了《春秋》的大义，又几乎令先祖不再受到祭祀，不孝顺不聪明，两者兼有。而把这说成是义勇，他的义到底体现在哪里呢？

汝南陈茂

汝南陈茂君因①，为荆州刺史②。时南阳太守灌恂③，本名清能。茂不入宛城，引车到城东，为友人卫修母拜，到州。修先是茂客④，仕苍梧还⑤。到修家，见修母妇，说修坐事系狱当死。因诣府门，移辞乞恩⑥，随辈露首⑦，入坊中⑧，容止严恪⑨，须眉甚伟。太守大惊，不觉自起，立赐巾延请⑩，甚嘉敬之，即为出修。南阳士大夫谓茂能救解修⑪。茂弹绳不挠⑫，修竟极罪⑬，恂亦以它事去。南阳疾茂杀修，为之语曰："卫修有事，陈茂活之⑭，卫修无事，陈茂杀之。"

【注释】

①陈茂：字君因，东汉汝南人。曾为交趾别驾，后任荆州刺史。

②荆州：西汉武帝始置为十三刺史部之一，东汉承其制。州治汉寿（今湖南常德东北）。

③南阳：东汉南阳郡，治宛县（今河南南阳）。为荆州下辖郡。

④修先是茂客：修，底本作"恂"。按下文灌恂并不认识陈茂，所以灌恂不是陈茂之客。卢文弨《群书拾补》校作"修"，今从改。

⑤苍梧：东汉苍梧郡，治广信（今广西梧州）。

⑥移辞：致辞。

⑦露首：免冠谢罪。

⑧坊：别屋，专用的房子。

⑨恪：恭敬，谨慎。

⑩延请：邀请，招请。

⑪南阳士大夫谓茂能救解修：茂，底本作"恂"。按，为卫修乞恩者是陈茂，下文众人所评论者也是陈茂，与灌恂无关。卢文弨《群

书拾补》校作"茂",今从改。

⑫弹绳:纠举。不挠:不弯曲。此处指不留情面。

⑬竟:最终,到底。极罪:死罪。

⑭陈茂活之:活,底本作"治",卢文弨《群书拾补》校作"活",云:"与'杀'协。"今从改。

【译文】

　　汝南人陈茂字君因,担任荆州刺史。当时南阳太守灌恂,本来以清廉有才能闻名。陈茂不进入宛城,引导车乘到了城东,去拜访朋友卫修的母亲,然后再到荆州。卫修原来是陈茂的门客,从苍梧任官后回家。陈茂到了卫修家中,见到卫修的母亲和妻子,她们说卫修因为犯法下狱就要被处死。陈茂于是到郡府拜谒,致辞乞求恩赦,随着同行之人免冠谢罪,进入别室之中,仪容举止严肃恭敬,须眉伟岸。太守灌恂非常惊讶,不禁自己站了起来,即刻赐给他冠巾并邀请他,非常赞赏尊重他,马上放出了卫修。南阳士大夫都说陈茂能够解救卫修。陈茂弹劾他人不留情面,卫修最终还是被杀,灌恂也因为其他事离职。南阳人怨恨陈茂杀了卫修,为此事说道:"卫修犯法,陈茂救了他;卫修被释放,陈茂又杀了他。"

　　谨按:《春秋》王人之微,处于诸侯之上①,坐则专席,止则专馆,朱轩驾驷②,威烈赫奕③。就恂素为官速谤④,当便入传⑤,引见诘问,纠其赃状⑥,以时列闻⑦。文王日昃不暇食⑧,周公坐而俟旦⑨,且非为己私,皆公也。何有忘百姓涂炭之急⑩,便乃光昭旧交之问乎⑪?鲍宣州牧⑫,行部多宿下亭⑬,司直举劾⑭,以为轻威损命,坐之刑黜。今茂泯弃天常⑮,进止由己。"孰使毁之?小人誉之。"自我为之,古人病诸,以为大讥⑯。茂与修善,由鸱鸮之爱其子⑰,适所以害之者。

【注释】

①《春秋》王人之微，处于诸侯之上：意谓周王室的小官即使身份低微，但仍在诸侯之上。这是对周王室表示一种尊重。王人之微，周王室之小官。《春秋·僖公八年》："八年春王正月，公会王人、齐侯、宋公、卫侯、许男、曹伯、陈世子款盟于洮。"《穀梁传》曰："王人之先诸侯何也？贵王命也。"

②朱轩：红漆的车子。古代为显贵所乘。

③威烈赫奕：威风凛凛，光彩照人。赫奕，显赫、美盛的样子。

④就：到，靠近。素：向来。速：招致。谤：非议，公开指责。

⑤当：应该。便：就便。传：传舍，客馆。

⑥纠：纠举，检察。赃状：贪赃枉法的情况。

⑦时：及时。列：罗列。闻：报告上级。

⑧日昃：太阳偏西。

⑨周公坐而俟旦：语见《孟子·离娄下》："周公思兼三王以施四事，其有不合者，仰而思之，夜以继日，幸而得之，坐以待旦。"

⑩涂炭：烂泥和炭火，比喻极困苦的境遇。

⑪便乃：表示反问语气。光昭：彰明显扬。问：通"闻"。此处指名声。

⑫鲍宣：字子都，渤海高城（今河北盐山东南）人。好学明经。西汉哀帝时为谏大夫、豫州牧、司隶校尉。不避权贵，多所谏争。平帝时，因不愿依附王莽，被杀。州牧：古代指一州之长，汉成帝时改刺史为州牧。

⑬行部：巡行所属部域以考核政绩。下亭：此处指乡亭，有别于郡县所设的都亭。汉制，百户为一里，十里一亭，每亭设公舍一间，供行人休息住宿。

⑭司直：丞相最高属官，掌监察检举，督录诸州事，秩比二千石，位在司隶校尉之上。

⑮天常：天的常道。常指封建的纲常伦理。

⑯ "孰使毁之"几句:《淮南子・说山训》:"故小人之誉人,反为损。"
　　 高诱注引故谚曰:"问谁毁之? 小人誉之。"意谓小人的赞誉往往
　　 毁了被赞之人。

⑰ 由:通"犹"。鸱鸮(chī xiāo)之爱其子:一说鸱鸮不懂得护养其
　　 子,最终害其丧生。一说鸱鸮长大而吃其母,是不孝之子。鸱鸮,
　　 猫头鹰一类的动物。

【译文】

谨按:《春秋》中周王室的小官,地位还是在诸侯之上,坐的时候有
专门的位置,休息的时候有单独的旅馆,出行时有驷马拉的红色车舆,威
风凛凛光彩照人。陈茂到灌恂府上本来就会招致官员们的非议,他应该
住在客馆中,引见诘问灌恂,纠察卫修贪赃的罪状,以及时地列出他的罪
过上闻于朝廷。周文王太阳偏西都顾不上吃饭,周公坐着等待天亮,都
不是为了一己之私,都是为了公事。哪里有忘记百姓的困苦,而照顾昔
日交情呢? 鲍宣担任州牧时,行部大多在乡亭休息,司直检举弹劾他,认
为他看轻权威有辱使命,因此免了他的官职。现在陈茂泯灭抛弃纲常伦
理,进退随心所欲。"是谁毁了他? 小人赞赏他。"做事自作主张,古人不
满这些行为,认为这是要大大指责的事。陈茂与卫修的友善,犹如鸱鸮
爱护它们的孩子,恰恰因此害了他。

度辽将军安定皇甫规

度辽将军安定皇甫规威明[①],连在大位,欲退避弟[②],数
上病,不见听,会友人上郡太守王旻物故[③],规素缟到下亭迎
丧,发服送之。因令客密告并州刺史胡芳[④],言规擅远军营[⑤],
赴私违公,当及举奏[⑥]。答曰:"威明欲得避弟,故作激发[⑦],
我为朝廷惜其功用,何能为此私家计耶?"规后为中郎将[⑧],

督并、凉、益三州^⑨，时有党事^⑩，惧见及，因先自上言："臣前荐故太常张涣^⑪，才任将帅，是附党也。又臣论输左校^⑫，时太学生张凤等上书讼臣^⑬，是为党人所附也。昔有畏舟之危而自投水者，盖忧难与处，乐其亟决。"

【注释】

①度辽将军：杂号将军名。东汉明帝之后常设，地位较高。皇甫规：字威明，安定朝那（今宁夏固原东南）人。有兵略。汉桓帝时击破关西羌兵，羌人归附者先后二十多万人。以遭宦官和豪强诬陷，下狱罚作苦役，后遇赦归家。复为度辽将军，在任数岁，北边威服。

②欲退避弟：意谓皇甫规想退位而让弟弟得到征辟。

③物故：此处指去世、身故。

④令客密告并（bīng）州刺史：《后汉书·安帝纪》注引《汉官仪》："度辽将军屯五原曼柏县。"五原郡属并州统辖，故可向并州刺史告发。

⑤擅远军营：据《后汉书·皇甫规传》："规缟素越界到下亭迎之。"即离开了屯驻地区。

⑥当及举奏：及，《后汉书·皇甫规传》作"急"。

⑦激发：刺激引发。

⑧中郎将：东汉中郎将主要协助光禄勋考课察举五官、左、右三署诸郎。还遣中郎将领兵，遂增设东、西、南、北四中郎将，以征讨四方，类似将军。各中郎将秩比二千石。

⑨并、凉、益三州：皆属汉武帝所置"十三刺史部"。并州，东汉州治晋阳（今山西太原西南）。凉州，东汉治陇县（今甘肃张家川）。益州，东汉治所先在雒县（今四川广汉北），灵帝中平中移治绵竹

（今四川德阳东北），献帝兴平中又移成都（今四川成都）。

⑩时有党事：此指东汉末年的党锢之祸。东汉桓帝、灵帝时，士大夫、外戚等对宦官乱政的现象不满，猛烈抨击宦官集团，宦官诬告他们结为朋党，诽谤朝廷，士大夫、外戚集团失败，多人被杀，大批士人被禁锢不许为官。

⑪张涣：《后汉书》作"张奂"。张奂，东汉敦煌渊泉（今甘肃安西东）人，字然明。少学欧阳《尚书》，有志操，尝言"大丈夫处世，当为国家立功边境"。桓帝时，拜武威太守，迁度辽将军，后拜大司农，转护匈奴中郎将，屡立边功。灵帝建宁元年（168），窦武、陈蕃谋诛宦官事泄，他受伪诏率禁兵讨窦武，事后悔恨。后转太常。因得罪宦官，被禁锢归乡里，闭门撰《尚书记难》三十余万言，今佚。皇甫规推荐张焕代己为度辽将军时，张涣是中郎将。

⑫论输：定罪而罚作劳役。左校：汉朝隶属于将作大匠（将作少府）的官署，带领本署工徒修造宫室、宗庙、陵园、道路等，秩六百石。官吏犯法，常输送到左校为工徒。

⑬太学生张凤等上书讼臣：桓帝时，中常侍徐璜、左悺因索贿不得，遂将皇甫规下狱。张凤等三百余人诣阙辩讼，乃赦皇甫规归家。

【译文】

度辽将军安定人皇甫规字威明，连续担任高官，想要退避使他的弟弟能得到征辟，几次上表称病，但不被接受。刚好他的朋友上郡太守王旻去世，皇甫规穿着丧服到乡亭迎丧，为王旻送丧。趁此机会让人向并州刺史胡芳告密，说皇甫规擅自远离军营，徇私损公，应当赶紧上表告发。胡芳回答说："威明想要退避而让他弟弟得以征辟，故意来刺激我，我为朝廷爱惜他这样的人才，怎能为他私人打算呢？"皇甫规后来担任中郎将，管辖并州、凉州、益州，当时有党争之事发生，皇甫规害怕被牵连，因此率先上书自陈说："我先前推荐原太常张涣，认为他的才能可以胜任将帅之职，这是依附党人。另外我在左校罚做苦役，当时太学生张凤等

上书替我辩解,这是我为党人所依附。从前有害怕船翻的危险而自己投
水的,大概是担心难以在那种情况下安处,所以乐于尽快赴死吧。"

　　谨按:《诗》云:"淑人君子,其仪不忒;其仪不忒,正是
四国①。"传曰:"一心可以事百君,百心不可事一君②。"《论
语》:"夫子温良恭俭让以得之③。"立朝忘家,即戎忘身。身
且忘之,况于弟乎? 方殊俗越溢④,大为边害,朝廷比辟公盱
食⑤。规义在出身,折冲弭难;而诛伐已定,当见镇慰⑥,何
有挟功,苟念去位? 弟实隽德,不患无位,而徒阘茸⑦,何所
堪施? 强推毂之⑧,乱仪干度。孝武皇帝为骠骑将军霍去病
治第舍⑨,敕令视之⑩,曰:"匈奴不灭,何以家为!"去病外戚
末属,一切武夫⑪,尚能抗节洪毅⑫,而规世家纯儒⑬,何独负
哉⑭? 又以党事先自劳衔⑮。如有白验,其于及己;而形兆求
不可得,唯是从,何惮于病⑯? 曰"畏舟之危,自投于水,忧
难于处,乐其亟决",主幸必不坐⑰。《太誓》有云:"民之所
欲,天必从之⑱。"天作孽,犹可违;自作孽,不可逭⑲。人之
所忌,炎自取之⑳。盖、严、杨恽㉑,勋著王室,言事过差,皆
伏大辟㉒,以隆主威,抑骄侵也。规顾弟,私也;离局㉓,奸也㉔;
诱巧,诈也;畏舟,慢也㉕。四罪是矣,杀决可也。

【注释】

①"淑人君子"几句:语见《诗经·曹风·鸤鸠》。忒,偏差。正,领
　导。四国,各国。

②一心可以事百君,百心不可事一君:王先谦《诗三家义集疏》认为
　此为《鲁诗》解《诗经》之语。语又见《晏子春秋·内篇·问下》

《列女传·魏芒慈母》《孔丛子·诘墨》等。

③夫子温良恭俭让以得之:语见《论语·学而》。温,温和。良,善良。恭,严肃。俭,节俭。让,谦逊。

④殊俗:异俗之人,此处指羌人。越溢:越出礼法,不受管束,胡作非为。

⑤比:等待。辟(bì)公:公卿大臣。辟,诸侯。泛指臣下,百官。旰(gàn)食:泛指勤于政事。

⑥镇慰:安抚,安慰。

⑦阘茸:卑贱低劣。这里指没有才能。

⑧推毂:这里指推举人才。

⑨骠骑将军:两汉高级武官。武帝时始置。西汉时秩禄同大将军,位比三公,而实际的优宠和权力都在丞相之上。

⑩敕:指皇帝的诏书、命令。

⑪一切:一般的,普通的。

⑫抗节:坚守节操而不屈服。洪毅:指心志宽广坚忍。

⑬纯儒:纯粹的儒者。《后汉书·皇甫规传》:"以《诗》《易》教授,门徒三百人。"《蔡中郎集·荐皇甫规表》:"伏见护羌校尉皇甫规,少明经术,道为儒宗。"

⑭负:这里是指辜负、背弃了作为纯儒之后的节操。也可指不如他人。

⑮劳衒:矜夸,炫耀。

⑯"如有白验"几句:语句艰涩难解,卢文弨《群书拾补》认为句中有脱误。

⑰坐:定罪。

⑱民之所欲,天必从之:语见《尚书·泰誓》。泰、太,同。

⑲"天作孽"几句:语见《尚书·太甲》。孽,灾祸。违,避免。逭(huàn),逃避。

⑳人之所忌，炎自取之：语本《左传·庄公十四年》："人之所忌，其气炎以取之，妖由人兴也。"意谓人们所忌惮的事，是由自己的威势所决定的。

㉑盖：指盖宽饶，字次公，魏郡（今河北临漳西南）人。少以明经为郡文学，举孝廉为郎。宣帝时举方正，对策高第，累迁太中大夫。后任司隶校尉，刺举无所回避，劾奏甚多，公卿贵戚皆恐惧，不敢犯禁。为人刚直公廉，好言事讥刺，后因上书言事而宣帝信谗不纳，宽饶引佩刀自杀。严：指严助（又作庄助），西汉中期会稽郡人。汉武帝时任中大夫，会稽太守。建元三年（前138），闽越兵围东瓯，东瓯向汉朝告急，严助最终说服汉武帝出兵援救。严助与朱买臣、刘安交好，后因刘安谋反，严助受御史张汤指控，被杀。杨恽：字子幼，华阴（今陕西华阴东）人。杨敞之子，司马迁外孙。尝习读外祖《太史公记》，并将《太史公记》公之于世。宣帝时，任左曹，因告发霍氏谋反，任中郎将，封平通侯。为人自负，轻财好义，廉洁无私，又喜揭人阴私，致多招怨。后与太仆戴长乐不和，遭戴诬告，被免为庶人。及失爵，复治产业，以财自娱。与人多怨望语，复被告发，其与友人孙会宗之书也被查获，宣帝见而恶之，遂以大逆不道罪被处以腰斩。

㉒大辟：死刑。

㉓离局：擅离职守。

㉔奸：作乱，邪恶。

㉕慢：怠慢。

【译文】

谨按：《诗经》上说："贤明的人和高尚的君子，他们的仪容总不差分毫；他们的仪容不差分毫，才能做四方国家的首脑。"经传上讲："一心一意可以事奉百君，怀有多心不可以事奉一个君主。"《论语》说："他老人家是靠温和、善良、严肃、节俭、谦逊来得到他所想了解的事情的。"在朝廷当官就应该忘了小家,赶赴战场就要忘了自身。自身尚且要忘,何况是弟弟呢?当时外族人正在胡作非为,是边境的大害,天子正期待公卿大臣们勤于政事。皇甫规道义上应该身先士卒,御敌取胜消除战乱,讨伐平定之后,应该抚慰边关,哪有依恃战功,随随便便地想要离职呢?弟弟如果实在德才出众,不担心没有官位,而如果只是庸才,又能用在哪里呢?强行举荐他,只能乱了礼仪干扰了法度。武帝为骠骑将军霍去病修治府邸,命令他前往视察,霍去病回复说:"匈奴还没有消灭,哪里顾得上小家!"霍去病只是外戚的支属,普通的武夫,尚且能够坚守节操、宽宏坚毅,而皇甫规世代都是儒士,为什么他却违背了儒者的节操呢?又用朋党之事抢先炫耀自己。如果朋党之事得到验证,祸害将会殃及自己;而如果找不到什么证据,为什么害怕遭受刑罚呢?说"害怕有翻船的危险,所以自己投水,担心难以自处,所以乐于尽快赴死",是认准了一定不会治他的罪。《太誓》说:"生民想要得到的,上天一定会依从他们。"上天造成的灾祸,还可以避免,自己造成的灾祸,无法逃避。人们所忌惮的,是由自己的威势所决定的。盖宽饶、严助、杨恽,对于王室都功勋卓著,但言语做事不当,都被处死,以尊崇皇上的威严,抑制大臣的骄矜冒犯。皇甫规顾念自己的弟弟,这是出于私心;擅离职守,这是不忠于国家;投机取巧,这是伪诈;担心难以自安,这是怠慢自己的职责。有这四条罪状,杀掉他都是可以的。

南阳五世公

南阳五世公①,为广汉太守②,与司徒长史段辽叔同岁③。辽叔太子名旧,才操卤钝④,小子髡既见齿乡党⑤,到见股肱曰⑥:"太守与辽叔同岁,恩结缔素⑦,薄命早亡,幸来临郡⑧,今年且以此相饶⑨,举其子,如无罪,得至后岁贯鱼之次⑩,

敬不有违。"有主簿柳对曰:"明府谨终追远⑪,兴微继绝⑫;然旧实不如髡,宜可授之。"世公于是厉声曰:"丈夫相临,儿女尚欲举之,何谓高下之间耶?释兄用弟,此为故殃段氏之家,岂称相遭遇之意乎⑬?"竟举旧也。世公转换南阳⑭,与东莱太守蔡伯起同岁⑮,欲举其子,伯起自乞子瓒尚弱,而弟琰幸以成人,是岁举琰,明年复举瓒。瓒十四未可见众,常称病,遣诣生⑯,交到十八,乃始出治剧平春长⑰。上书:"臣甫弱冠⑱,未任宰御,乞留宿卫。"尚书劾奏⑲:"增年受选⑳,减年避剧,请免瓒官。"诏书:"左迁武当左尉㉑。"会车骑将军冯绲南征武陵蛮夷㉒,绲与伯起同时公府辟,瓒为军曲候㉓。瓒归卧家,军功除新阳长㉔,官至下邳相㉕。

【注释】

①五世公:五,姓氏。世公为字。

②广汉:东汉广汉郡,治雒县(今四川广汉北)。

③司徒长史:为司徒属官,秩千石。东汉太尉、司徒、司空三公府皆设长史,号称"三公辅佐",权力颇大。同岁:同年被辟举。

④卤钝:鲁莽愚钝。卤,通"鲁"。愚钝。

⑤见齿:受重视。齿,提及,引申为重视。乡党:同乡人,乡亲。

⑥到:去,往。股肱:指五世公的属官。

⑦恩结缔素:恩情相结于平素。意即两个人一直有交情。

⑧临:管辖。

⑨饶:相容,宽容。

⑩贯鱼之次:此处是比喻相继举用段旧、段髡二人。贯鱼,犹今言鱼贯,依次而进。

⑪明府:汉时对郡守的尊称。这里指五世公。谨终追远:语见《论

语·学而》："曾子曰：'慎终追远，民德归厚矣。'"何晏集解："慎终者，丧尽其哀；追远者，祭尽其敬。"原意指居父母丧，祭祀祖先，要依礼尽哀，要恭敬虔诚。此指恭敬慎重地对待同年的葬礼。

⑫兴微继绝：使衰落了的振兴起来，中断了的延续下去。

⑬称：相合。遭遇：此指交往，交友。

⑭转换南阳：指由广汉太守迁为南阳太守。

⑮东莱：东汉东莱郡，治黄县（今山东龙口东）。

⑯诣：疑为"诸"。

⑰交到十八，乃始出治剧平春长：刚刚十八岁，就出任难以治理的平春县长。据《汉书》记载，汉代规定年十八才可以为官。剧，汉代县分剧、平两种。剧县是指难以治理之县。平春，平春县，属江夏郡，治今河南信阳西北。长，依据汉代制度，每县设令长一人。万户以上称"令"，万户以下称"长"。

⑱甫：才，刚刚。弱冠：二十岁。

⑲尚书：东汉主管文书奏章的官员。劾：揭发罪行。

⑳增年：虚报年龄。

㉑武当：武当县，属南阳郡，治今湖北均县北。左尉：东汉县左部尉省称。汉代大县，置左、右部尉分治之。

㉒车骑将军冯绲（gǔn）南征武陵蛮夷：事在汉桓帝延熹五年（162）。冯绲，字鸿卿，巴郡宕渠（今四川渠县东北）人，东汉时期名将。历仕顺、冲、质、桓四朝。因识破陷害父亲的阴谋而知名。举孝廉，迁为广汉属国都尉，征拜御史中丞。顺帝末，迁陇西太守。后为辽东太守、京兆尹、司隶校尉，所在立威刑。迁廷尉、太常。延熹年间平定武陵蛮叛乱。为宦官所谮，策免。旋拜将作大匠，转河南尹，复为廷尉。宦官单超之弟单迁犯罪，绲考致其死。后拜屯骑校尉，复为廷尉，卒于官。武陵，东汉武陵郡，治临沅（今湖南常德）。

㉓军曲候：军官名。秩六百石。

㉔新阳：新阳县，属汝南郡，治今安徽界首北。

㉕下邳：东汉下邳国，永平十五年（72）以西汉原临淮郡改置，治下邳（今江苏睢宁西北古邳镇东）。

【译文】

南阳人五世公，担任广汉太守，和司徒长史段辽叔同年被征召举荐。段辽叔长子名叫段旧，才能操行愚钝，小儿子段髡则为乡党所看重。五世公见他的佐吏说："我和辽叔同年被征召，素有交情，辽叔短命早亡，我有幸来管理本郡，今年暂且举荐他的长子段旧，如果没有过错，到了后年依次举荐段髡，请不要违背我的意愿。"有柳主簿回答说："您谨慎小心地办理丧事，诚心诚意地进行祭祀，兴起灭亡的世族，延续断绝的后代，但是段旧实在不如段髡，应该选用段髡。"五世公于是厉声说："大丈夫执掌一郡，如果想任用他的子女，那还说什么高下的区别？不用哥哥而用弟弟，这是故意祸害段氏一家，怎能与故交的本意相符呢？"最终还是举荐了段旧。五世公换到南阳做太守，和东莱太守蔡伯起同年被征召举荐，想要举荐他的儿子。蔡伯起自己乞称儿子蔡瓒还小，而弟弟蔡琰幸而已经成人，这一年先举荐蔡琰，明年再举荐蔡瓒。蔡瓒才十四岁，未能出来见众人，常常称病，派遣他与诸生交往。刚到十八岁，出仕担任难以治理的平春县长。蔡瓒上书说："我才二十岁，不能担任管理地方的工作，请求留下值宿守卫。"尚书弹劾上奏："夸大年龄受到选拔，又减少年龄避任剧县之职，请罢免蔡瓒的官职。"诏书曰："贬蔡瓒为武当左尉。"刚好车骑将军冯绲南征武陵蛮夷，冯绲和蔡伯起同时被公府征辟，蔡瓒担任军曲候。事后蔡瓒归卧家中，因为军功被授为新阳长，官至下邳国相。

谨按：古无孝廉，唯有贡士①，贡士恩义，经传无以也②。春秋诸侯朝觐会遇③，大夫亦豫其好④。《礼记》曰："大夫三月葬，同位毕至⑤。"此言谨终悼亡，不说子弟当见宠拔也。

鲁有后成叔聘卫，右宰榖留而觞之，陈乐而不乐，酒酣而不饮，送以璧，其妻孥，隔宅而居之，分禄而食之，其子长乃辟[6]。孔子称："可寄百里之命，托六尺之孤，临大节而不可夺[7]。"相于之义[8]，具于此矣。语有曰："白头如新，交盖如旧[9]。"箪食壶浆[10]，会于树阴，临别眷眷[11]，念在报效；何有同岁相临，而可拱默者哉[12]?《春秋》因其可褒而褒之，若乃世公二郡之举，斯为过矣。然世人亦多浅薄，在者无殷勤之谊[13]，亡者无顾覆之施[14]，饥寒缓急，视之若遗[15]；非徒如此而已，至有可否之际，受刑诛者。人各有心，两不得中。夫孝廉平除[16]，则有社稷民人[17]，伤及民人，实宜料度，以为后图[18]。

【注释】

①贡士：指地方向朝廷举荐人才。

②以：疑作"有"，这里指记载。

③会遇：会见，聚会。

④豫：通"与"。参与。

⑤大夫三月葬，同位毕至：语见《礼记·王制》《礼记·杂记》。同位，同等官位的人。

⑥"鲁有后成叔聘卫"几句：事见《吕氏春秋·恃君览·观表》。后成叔，《吕氏春秋》作"邯成子"。右宰榖，《吕氏春秋》作"右宰榖臣"，死于卫国甯喜驱逐卫献公的叛乱。右宰，卫国官名。孥，子女。隔，底本作"鬲"，卢文弨《群书拾补》据《吕氏春秋》《孔丛子》皆作"隔"，以为"鬲字疑误"；王利器亦认为是形近而误。此从改。其子长乃辟，《吕氏春秋》作"其子长而反其璧"。

⑦"可寄百里之命"几句：语见《论语·泰伯》："曾子曰：'可以托六尺之孤，可以寄百里之命，临大节而不可夺也。君子人与？君子

人也。'"百里,指诸侯国。六尺,指小孩。

⑧相于:相亲,相爱。

⑨白头如新,交盖如旧:意谓如果彼此不相知,虽交往到老仍如新识;如果彼此相知,虽驻车对语片刻便如故交。交盖,车篷相接。指道行相遇。

⑩箪(dān)食壶浆:用筐装饭,用壶盛汤。箪,装饭的圆形竹篮。

⑪眷眷:依依不舍。

⑫拱默:拱手而沉默。

⑬殷勤:深情厚谊。

⑭顾覆:同"顾复"。语出《诗经·小雅·蓼莪》:"父兮生我,母兮鞠我。拊我畜我,长我育我,顾我复我,出入腹我。"后因以指父母之养育。这里指对同年晚辈的照顾。

⑮若遗:像对待被抛弃的东西一样。

⑯平除:拜官授职。

⑰有:治理。

⑱以为后图:为以后做打算。

【译文】

谨按:古代没有孝廉,只有贡士,贡士的恩德道义,经传上没有记载。春秋时期诸侯朝觐聚会,大夫也参与其事。《礼记》说:"大夫死后三个月下葬,官位相同的人全来送葬。"这是说要谨慎地办好丧事、悼念亡者,而不是说其子弟就该被恩宠提拔。鲁国有后成叔到卫国聘问,卫国的右宰毂留住他并宴请他,但奏乐却不快乐,喝到最痛快的时候却不再喝,还送给他玉璧。后成叔让右宰毂的妻子儿子与自己隔开而住,分出自己的俸禄给他们吃,右宰毂的儿子长大之后,后成叔把玉璧还给了他。孔子称赞说:"可以把国家的命运托付给他,可以把幼小的孤儿托付给他,在生死存亡的关头,他的大节不会被夺去。"相互厚爱的道义,都体现在这里了。有谚语说:"白头犹如新朋友,道行相遇犹如老朋友。"一箪食、一壶浆，在树荫下相聚，临别时依依不舍，心中想的是报答对方；哪有参加同年的葬礼，而可以拱手默无一言呢？《春秋》因为他值得赞扬而赞扬他，像五世公先后执掌二郡的举动，就不对了。但是世人大多浅薄，同年活着时没有真挚情谊，去世后没有对其子女加以照顾，对他们的饥饿寒冷危急变故，都像对遗弃的东西一样漠不关心；不但如此，到了生死关头，有因此而被刑诛的。人各有心，两者不可兼得。孝廉拜官授职，就要治理社稷百姓，如果危害百姓，实在应当思量处理，以此作为后来的镜鉴。

汝南戴幼起

　　汝南戴幼起[①]，三年服竟[②]，让财与兄，将妻子出客舍中，住官池田以耕种[③]。为上计史[④]，独车载衣资，表"汝南太守上计史戴绍车"。后举孝廉，为陕令[⑤]。

【注释】

①戴幼起：戴绍，字幼起。

②三年服竟：为父服三年丧，期满除服。

③官：官方的。池：陂池。

④上计史：汉制，每到年终，郡国遣吏至京，将全年人口、钱、粮、贼、狱讼等事项，向朝廷报告，称为"上计"。凡进京执行这项工作的称为上计史。

⑤陕：陕县，治今河南三门峡市西旧陕县。

【译文】

　　汝南人戴幼起，三年服丧结束后，把财产都给哥哥，将妻儿迁出住在客舍中，自己住在官府的池田以耕种。他担任上计史，只用一辆车载着衣服及生活物资，标明"汝南太守上计史戴绍车"。后来被举荐为孝廉，担任陕县令。

谨按：《礼》有东宫西宫，辟子之私，不足则资，有余亦归之于宗也①。此言兄弟无离异之义也。凡让财者类与弟②，子弟尚幼，恩情注③，希有与兄④。既出之日，可居冢下⑤。冢无屋，宗家犹有赢田庐田⑥，可首粥力者耳⑦，何必官池客舍。既推独车，复表其上，为其饰伪，良亦昭晰⑧。幼起同辟有薛孟尝者⑨，与弟子共居，弟子常求分，力不能止，固乃听之⑩，都与，奴婢引其老者⑪，曰："与我共事，汝不能使之。"田屋取其荒坏者，曰："我少时所作买，意所恋也。"器物取其久者，曰："我服食久，身口安之也。"外有共分之名，内实十三耳⑫。子弟无几尽之⑬，辄复更分，如此者数。传称袁益三兄子分而供其公家之费⑭，此则然矣。《论语》："泰伯三让，民无得而称之焉⑮。"何有让数十万，畏人而不知，欲令皦皦⑯，乃如是乎？方之袁、薛⑰，差以千里。凡同居，上也；通有无，次也；让其下耳。况若幼起，仍斯不足贵矣。

【注释】

①"《礼》有东宫西宫"几句：语本《仪礼·丧服》："传曰：……故昆弟之义无分，然而有分者，则辟子之私也。子不私其父则不成为子，故有东宫，有西宫，有南宫，有北宫，异居而同财，有余则归之宗，不足则资之宗。"辟子之私，避开儿子个人的亲情。宗，宗族。

②类：大抵。

③注：倾注，集中。

④希：同"稀"。很少，少有。

⑤冢下：坟墓旁。

⑥宗家：宗族，家族。赢田：多余的田地。

⑦首:卢文弨校作"身"。粥(yù)力:此处是勤力的意思。粥,通
　"鬻"。卖。

⑧昭晰:清楚,明白。

⑨薛孟尝:薛苞(一作"包"),字孟尝。东汉人,官至太中大夫。

⑩固:通"故"。所以,于是。

⑪引:选取。

⑫十三:十分之三。

⑬子弟:当作"弟子"。无几:没过多久。

⑭袁盎:字丝,汉初楚国人。个性耿直,才学兼备,深受汉文帝赏识。
　历任齐相、吴相。与晁错不睦,在吴楚七国之乱中,劝景帝杀了晁
　错。七国之乱平定后,又为楚相,以病免,居家。后因阻挠景帝之
　弟梁王刘武谋立储君,遭到梁王忌恨,为刺客所杀。

⑮泰伯三让,民无得而称之焉:语本《论语·泰伯》:"子曰:'泰伯,
　其可谓至德也已矣。三以天下让,民无得而称焉。'"泰伯,吴太
　伯,知其父欲传位于弟季历,再传与季历之子姬昌(即后来的周
　文王),遂逃于吴,断发文身,示不可用,将继承权让与季历,使其
　可以传给姬昌。

⑯皦皦(jiǎo):清楚、明白的样子。

⑰方:比较。

【译文】

　　谨按:《仪礼》上讲有东宫西宫,是为了避开儿子对自己特殊的亲近
之情,各家用度不足就得到宗族的资助,用度有余则归于宗族。这是说
兄弟不分家的道义。大凡让与财产大抵是给儿子、弟弟,是因为儿子、弟
弟还小,恩情应集中在他们身上,很少有让给哥哥的。搬出来以后,可以
住在父母坟墓旁。坟墓旁没有房子的,宗族还有余田或墓田,可以自食
其力,何必住到官府的池田客舍中?既然只推一辆车,又在上面做标记,
这是虚伪矫情,也是很明显的。和戴幼起一起被征辟的有薛孟尝,他与

弟弟的儿子一起住，弟弟的儿子常常要求分家，薛孟尝力劝不能阻止，于是只好听他的，全部财产都给了他弟弟的儿子，奴婢只选取其中年老的，说："他们和我共事很久了，你不能使唤他们。"田屋选那些荒坏的，说："我年轻时买的，心里有所依恋。"器物选那些用了很久的，说："我使用久了，身体习惯它们。"对外有平分财产之名，其实只取十分之三。弟弟的儿子没多久就都用完了，于是又再分家，这样分了几次。有记载说袁盎兄长的三个儿子把家产分了而共同承担公用的费用，这也是对的。《论语》说："吴泰伯三次让出天下，老百姓简直找不出恰当的词语来称赞他。"哪有让出几十万家财，生怕别人不知道，想让这件事显扬，而有这样一番做作呢？比起袁盎、薛孟尝，戴幼起差了千里之远。大凡兄弟一起居住，是最好的；互通有无，是其次；让出家财，是最下了。何况如戴幼起，就不足以为贵了。

江夏太守河内赵仲让

江夏太守河内赵仲让①，举司隶茂材②，为高唐令③，密乘舆车，径至高唐，变易名姓，止都亭中十余日④，默入市里，观省风俗，已，呼亭长问⑤："新令为谁？从何官来？何时到也？"曰："县已遣吏迎，垂有起居⑥。"曰："正我是也。"亭长怖，遽拜谒，竟，便具吏⑦。其日入舍，乃谒府⑧，数十日无故便去⑨。为郡功曹所选，颇有不用，因称狂，乱首走出府门。太守以其宿有重名，忍而不罪。后为大将军梁冀从事中郎⑩，冬月坐庭中，向日解衣裘捕虱，已，因倾卧，厥形悉表露⑪。将军夫人襄城君云："不洁清⑫，当亟推问。"将军叹曰："是赵从事，绝高士也。"他事若此非一也。

【注释】

① 江夏：东汉江夏郡，治西陵（今湖北武汉新洲西）。河内：东汉河内郡，治怀县（今河南武陟西南）。

② 司隶：即司隶校尉。东汉司隶校尉秩比二千石，纠察百官，上至诸侯、外戚、三公，下至地方郡守，为京师及所辖地区最高行政长官，相当于州刺史，职权显赫，与御史中丞、尚书令并称"三独坐"。茂材：即秀才。东汉时为避光武帝刘秀名讳，改秀才为茂才。

③ 高唐：高唐县，属平原郡，治今山东禹城西南。

④ 止：停留，逗留。都亭：都邑中的传舍。

⑤ 亭长：西汉时在乡村每十里设一亭，亭有亭长，掌管治安警卫，兼管停留旅客，治理民事。此外在城内设都亭，在城门设门亭，也有亭长，其职权和乡村亭长一样。

⑥ 垂有起居：马上就有消息，这里是有动静的意思。垂，即将，马上。起居，举动行动。

⑦ 具吏：全部告知了县吏。

⑧ 谒府：谒拜郡太守府。依据汉制，新任县令（长）到县之前，要先拜谒太守。

⑨ 去：离开，这里指离任。

⑩ 从事中郎：郎官的一种。汉大将军有从事中郎二人，秩比六百石，职参谋议。梁冀：字伯卓。东汉时期外戚、权臣。在任迫害刚直之士，独断朝政二十余年，结党营私，一门前后七侯，三皇后，六贵人，二大将军，夫人、女食邑称君者七人，尚公主者三人，其余卿、将、尹、校五十七人。汉桓帝对其专权乱政极为不满，后借宦官单超、徐璜、具瑗、左悺、唐衡等五人之力杀死梁冀，并将之灭族。

⑪ 厥形悉表露：他的身体全部暴露无遗。厥，其。

⑫ 洁清：清洁。此指行为检点。

【译文】

　　江夏太守河内人赵仲让，被司隶举荐为茂才，担任高唐县令。他秘密乘车，直接来到高唐，变换姓名，在都亭停留了十几天，默默地来到集市中，考察民情风俗，完毕之后，喊来亭长问道："新来的县令是谁？从什么官职调来的？什么时候到任？"亭长回答说："县令已经派遣官吏迎接，马上会有消息。"赵仲让说："我就是新来的县令！"亭长大吃一惊，连忙拜谒，过后，告诉了县吏。当天他住进县令官舍，然后才去拜谒太守，过了几十天，便无缘无故离开了职位。他为郡中功曹所选，却没得到任用，因此装疯卖傻，披头散发走出太守府门。太守因为他一直有好名声，忍住没有加罪于他。后来赵仲让担任大将军梁冀的从事中郎，冬天坐在中庭中，迎着太阳解开衣裳捉虱子，之后，顺势倾卧在地，他的身体暴露无遗。将军夫人襄城君说："行为不检点，应该赶快推究问罪。"将军叹气说："这是赵从事，是少有的高士。"诸如此类的事不一而足。

　　谨按：《诗》云："不愆不忘，率由旧章^①。"《左氏传》曰："旧章不可无也^②。"凡张官置吏，为之律度，故能摄固其位^③，天下无觊觎也。今仲让不先谒府，乃径到县，俱谍吏民^④，尔乃入舍。《论语》："升车必正立，执绥，不内顾^⑤。"不掩不备^⑥，不见人短见^⑦。《礼记》："户有二屦不入^⑧。""将上堂，声必扬^⑨。"家且犹若此，况于长吏乎^⑩？君子之仕，行其道也，民未见德，唯诈是闻。远荐功曹，策名委质^⑪，就有不合，当徐告退，古既待放^⑫，须起乃逝^⑬，何得乱道，进退自由，傲很天常^⑭，若无君父？《洪范》陈五事，以貌为首^⑮，《孝经》列三法，以服为先^⑯。仲让居有田业，加之禄赐，势可免冻馁之厄，未必须冬日之暖也，利不体皆此也^⑰。河内，殷之旧都，国分为三,康叔之风既激^⑱,而纣之化由存^⑲,其俗士大夫本矜好大言^⑳,而少实行。

【注释】

①不愆不忘,率由旧章:语见《诗经·大雅·假乐》。愆,过错,过失。

②旧章不可无也:语见《左传·哀公三年》。

③摄固:保持,巩固。

④俱:疑为"伺",意思是秘密探察、观察。谍:侦察,刺探。

⑤"升车必正立"几句:语本《论语·乡党》:"升车,必正立,执绥。车中,不内顾,不疾言,不亲指。"

⑥不掩不备:不掩袭没有准备的人。

⑦见:同"现"。显露。

⑧户有二屦(jù)不入:语本《礼记·曲礼上》:"户外有二屦,言闻则入,言不闻则不入。"屦,鞋子。

⑨将上堂,声必扬:语见《礼记·曲礼上》。登堂之前声音一定要响亮,以便使堂上的人能听到。

⑩长吏:这里指地位较高的官员。

⑪策名:谓任职做官。古时开始做官,必先把名字写在简策上。委质:向君主献礼,表示献身。质,通"贽"。古代相见时所送的礼物。

⑫待放:古谓人臣有罪辞职等待放逐。

⑬须起:卢文弨《群书拾补》云:"二字疑讹。"

⑭傲很:骄傲违逆。很,违逆,不听从。天常:天的常道。常指封建的纲常伦理。

⑮《洪范》陈五事,以貌为首:《尚书·洪范》:"五事:一曰貌,二曰言,三曰视,四曰听,五曰思。"貌,仪容。

⑯《孝经》列三法,以服为先:《孝经·卿大夫章》:"非先王之法服不敢服,非先王之法言不敢道,非先王之德行不敢行。"

⑰利不体皆此也：徐友兰曰："此盖道厥形表露之失。"不体，不遵守礼制。

⑱康叔：西周初卫国始封者。姬姓，名封，周武王同母弟。初封于康，故名"康叔"。周公平定武庚叛乱，将原来商都周围地区及殷民七族分封给他，建立卫国，都朝歌（今河南淇县）。成王亲政后，召为周司寇。歊：应做"歇"，这里是说荡然无存的意思。

⑲由：通"犹"。

⑳大言：夸大的言辞，大话。

【译文】

谨按：《诗经》说："不犯错误不忘古训，严格遵循旧的典章。"《左传》说："旧的典章不可以废止。"大凡设置官吏，制定了律法，所以就能巩固他的位置，天下人就不会对其有非分之想。现在赵仲让不先去拜谒太守，而是直接到县里，伺察吏民，然后才住进官舍。《论语》说："上车一定先端正地站好，拉着扶手，不向内回顾。"不掩袭没有准备的人，不暴露别人的短处。《礼记》说："看到门外有两双鞋就不进屋。""登堂之前，问候的声音一定要响亮。"居家行事尚且如此，何况当官的呢？君子当官，要走正道，老百姓没看见他的德行，只听到他的虚诈。被功曹举荐来当官，当了之后发现不合适，应该慢慢告退，古人在辞职之后，也要等待才离开，哪里能够扰乱道义，进退放任自由，傲慢违逆不合礼法，好像无君无父一样。《洪范》陈述五事，将仪容放在第一位，《孝经》列举三种法则，将服饰放在第一位。赵仲让居家有田产，还有俸禄，自然可以免除冻饿的困厄，没必要靠冬天太阳来取暖，放任自己如此不守礼法。河内是殷商的旧都，其国一分为三，康叔时代的民风已荡然无存，而商纣的遗毒还在，这个地方的风俗士大夫本来就是喜欢夸耀说大话，而少有行动。

卷五

十反

【题解】

面对功名利禄、荣辱得失，每个人的态度都不相同，本篇讲述的就是面对同一情境时人们的不同反应，以此来彰显各人思想境界的高低。

同是不接受征辟，刘炬是通过效力于权贵而让自己和叔叔同时得到举荐；田煇是通过装病而把机会让给了兄长；范滂却拒绝别人征辟父亲以显示自己的聪明。应劭把这几件事情并列陈述，不同人物截然不同的为人处世跃然纸上。同是侄儿作奸犯科，但望发乎真心，面露哀戚为他求情，不惜以己之子抵侄子的死罪；周珂则义正词严、六亲不认、弃之不顾。应劭赞赏但望而指责周珂没有恻隐之心。虽然在今天看来，但望有徇私枉法之嫌，但应劭在按语中引经据典，亦能在封建道德的范畴内自圆其说。应劭批评周乘不为郡守服丧，认为周景一味地任用所举荐孝廉的亲属和韩演的一律摒弃都是不可取的。至于能不能侍奉前后两任太守，要不要担任御者这种较低的职位，应劭认为有古礼可遵，有经典可循，与世俗看法不同。对于年迈的臣子能否任职这个问题，应劭以李统和朱伥两人为例，说明任职与否虽然要考虑年龄问题，但最主要的还是要看责任心和能力，应该说应劭的这个标准是比较公允的。文末关于刘胜的例子，不难看出应劭对巧言令色、往来官府干涉政事持否定态度，认为"思不出其位"的刘胜比"婆娑府县"的杜密要胜出一筹。

《易》记出处默语①，《书》美"九德咸事"②，同归殊涂，一致百虑③，不期相反，各有云尚而已④。是故伯夷让国以采薇⑤，展禽不去于所生⑥；孔丘周流以应聘⑦，长沮隐居而耦耕⑧；墨翟摩顶以放踵⑨，杨朱一毛而不为⑩；干木息偃以藩魏⑪，包胥重茧而存郢⑫；夷吾朱纮以三归⑬，平仲辞邑而濯缨⑭；惠施从车以百乘⑮，桑扈徒步而裸形⑯；甯戚商歌以干禄⑰，颜阖逾墙而遁荣⑱；高柴趣门以避难，季路求入而陨零⑲；端木结驷以货殖⑳，颜回屡空而弗营㉑；孟献高宇以美室㉒，原宪蓬门而株楹㉓。传曰："人心不同，有如其面㉔。"古今行事，是则然矣。比其舛曰《十反》㉕。

【注释】

①《易》记出处默语：语本《周易·系辞上》："子曰：'君子之道，或出或处，或默或语。'"出，出世。处，入世。语，畅所欲言。默，沉默寡言。

②九德咸事：具有全部九种美德。《尚书·皋陶谟》，禹问，何为九德，皋陶答曰："宽而栗，柔而立，愿而恭，乱而敬，扰而毅，直而温，简而廉，刚而塞，强而义。彰厥有常吉哉！日宣三德，夙夜浚明有家；日严祗敬六德，亮采有邦。翕受敷施，九德咸事，俊乂在官。"

③同归殊涂，一致百虑：语本《周易·系辞下》："子曰：'天下何思何虑，天下同归而殊涂，一致而百虑。'"这是说起初虽然途径不同，终则同归于一；思虑虽有百种，必归于一致。涂，道路。

④云：所。尚：崇尚。

⑤是故伯夷让国以采薇：事见《史记·伯夷列传》。伯夷、叔齐都是

孤竹君的儿子，孤竹君想立叔齐为继承人，在他死后，两人互相推让，最终皆弃国归周。又反对周武王伐纣，义不食周粟，隐于首阳山采薇而食，最终饿死。薇，又名野豌豆、巢菜等。叶与果实皆可食用。

⑥展禽不去于所生：《论语·微子》：“柳下惠为士师，三黜，人曰：‘子未可以去乎？’曰：‘直道而事人，焉往而不三黜。枉道而事人，何必去父母之邦。’”展禽，即柳下惠。春秋时鲁国大夫。展氏，名获，字禽。食邑在柳下，谥惠。任士师，以善于维护贵族礼节著称。所生，指自己的祖国。

⑦孔丘周流以应聘：从五十五岁到六十八岁，孔子带着他的若干亲近弟子，从鲁国出发，用了十几年的时间走了卫国、曹国、宋国、齐国、郑国、陈国、蔡国等地，向各诸侯宣讲自己的思想，希望得到任用。周流，周游列国。《史记·孔子世家》对孔子周游列国之事有详细记载。

⑧长沮隐居而耦（ǒu）耕：孔子周游列国至蔡，长沮和桀溺正一起耕田。孔子让子路向长沮问路，他嘲讽孔子，并劝孔子效法自己避世隐居。耦耕，两个人在一起耕地。

⑨墨翟摩顶以放踵：墨子讲“兼爱”，为了别人的利益可以不辞劳苦。墨翟，战国时墨家代表人物，曾为宋大夫，其学说主张兼爱、非攻、尚贤、节用等十论。著有《墨子》一书。摩顶以放踵，从头顶到脚跟都受到损伤，形容不辞辛劳。放，至，到。踵，脚跟。

⑩杨朱一毛而不为：杨朱讲“为我”，拔自己一根毛发可有利于天下也不干。杨朱，春秋末战国初的哲学家，魏国人，主张贵生、重己等。一毛而不为，《孟子·尽心下》：“杨子取为我，拔一毛而利天下，不为也。”

⑪干木息偃以藩魏：魏文侯礼敬段干木，使得秦不敢出兵伐魏。干木，段干木。战国初年魏国人。姓段干，名木。原为晋的市侩，求

学于子夏。魏文侯给以爵禄官职，都不受。文侯乘车过他的住所门口，必伏轼致敬。息偃，休息。此指不出仕为官。藩，保护，捍卫。

⑫包胥重茧而存郢：楚昭王十年（前506）吴用伍子胥计攻入楚都郢都，申包胥到秦求救，在宫廷痛哭七日七夜，终使秦发兵救楚。包胥，申包胥。春秋时楚国大夫。重茧，比喻奔波之苦。郢，楚国国都，在今湖北江陵纪南城。

⑬夷吾朱纮以三归：此指管仲僭越礼制而生活奢侈。夷吾，管仲，名夷吾，春秋时齐国政治家。朱纮，朱红色的帽带。当为僭制之举。纮，系于额下的帽带。三归，杨伯峻先生认为即"市租"，此指管仲享有市租收益。

⑭平仲辞邑而濯缨：此指晏婴崇尚俭朴清廉。平仲，晏婴，字平仲，春秋时齐国大夫，夷维（今山东高密）人。任齐卿，历仕灵公、庄公、景公三世。今传《晏子春秋》是战国时人搜集他的相关言行编辑而成。辞邑，齐景公欲仿照管仲之例赐给晏婴城邑，晏婴辞谢说："昔圣王论功而赏贤，贤者得之，不肖者失之，御德修礼，无有荒怠。今事君而免于罪者，其子孙奚宜与焉？若为齐国大夫者必有赏邑，则齐君何以共其社稷与诸侯币帛？婴请辞。"事见《晏子春秋·外篇》。濯缨，洗濯帽缨。比喻超凡脱俗、意志坚贞。《孟子·离娄上》："有孺子歌曰：'沧浪之水清兮，可以濯我缨；沧浪之水浊兮，可以濯我足。'"

⑮惠施从车以百乘：事在惠施任魏惠王相时。《淮南子·齐俗训》云："惠子从车百乘以过孟诸，庄子见之，弃其余鱼。"惠施，战国时宋人，是名家代表人物。曾做过魏惠王相。

⑯桑扈徒步而裸形：桑扈，又名子桑伯子、子桑户等。古代隐士，佯狂以表示对社会的不满。《楚辞·九章·涉江》："接舆髡首兮，桑扈裸行。"《说苑·修文》："孔子见子桑伯子，子桑伯子不衣冠而

处。"即所谓"裸形"。

⑰宁戚商歌以干禄：宁戚原为卫国人，家贫。欲向齐桓公谋求官职，自己穷困无以为生，便替商人赶车至齐，晚宿城门之外，正遇桓公领群臣郊外迎客，宁戚于车下喂牛，叩牛角而歌，桓公闻而异之，知其贤，拜为上卿，后迁相国。商歌，悲凉的歌。商声凄凉悲切，故称。干，求。

⑱颜阖逾墙而遁荣：颜阖是春秋时鲁国隐士。《庄子·让王》："鲁君闻颜阖得道之人也，使人以币先焉。颜阖守陋闾……使者曰：'此颜阖之家与？'颜阖对曰：'此阖之家也。'使者致币。颜阖对曰：'恐听者谬而遗使者罪，不若审之。'使者还，反审之，复来求之，则不得已。"

⑲高柴趣（qū）门以避难，季路求入而陨零：卫灵公的太子蒯聩因欲杀灵公夫人南子失败而逃亡，灵公去世，蒯聩之子继位，是为出公。前480年，蒯聩联合卫执政大臣孔悝之母等密谋策划，蒯聩先潜入其家，然后劫持孔悝，共同作乱，袭攻出公。混乱中，高柴逃出城门，子路时为孔悝家臣，寻机进城，想要救护孔悝，力战而死。高柴，字子羔，春秋时齐人，孔子弟子。趣，趋向，奔向。季路，仲由，字季路，或作子路，春秋时人，孔子弟子。陨零，陨亡，死。

⑳端木：端木赐，字子贡，卫人，孔子弟子。货殖：经商营利。《论语·先进》："赐不受命，而货殖焉，亿则屡中。"

㉑颜回屡空：《论语·先进》："子曰：'回也其庶乎，屡空。'"又，《论语·雍也》："贤哉，回也！一箪食，一瓢饮，在陋巷，人不堪其忧，回也不改其乐。贤哉，回也！"颜回，字子渊，鲁人，孔子弟子。空，贫穷。

㉒孟献高宇以美室：《左传·襄公十五年》："春，宋向戌来聘，且寻盟。见孟献子，尤其室，曰：'子有令闻而美其室，非所望也。'对

曰：‘我在晋，吾兄为之。毁之重劳，且不敢间。’”孟献，即孟献子。春秋时鲁国正卿。姬姓，孟叔氏，名蔑。亦称仲孙蔑。历仕鲁宣公、成公、襄公，为正卿，专国政。多次不奉公命而使晋、宋等诸侯国。

㉓原宪蓬门而株楹：《庄子·让王》：“原宪居鲁，环堵之室，茨以生草，蓬户不完，桑以为枢而瓮牖，二室，褐以为塞，上漏下湿，匡坐而弦。”原宪，字子思，宋人。孔子为鲁司寇，原宪尝为孔子宰。孔子卒后，原宪退隐居于卫。株楹，树株作的屋柱。形容房屋简陋。

㉔人心不同，有如其面：语本《左传·襄公三十一年》：“人心之不同，如其面焉。”

㉕舛：相违背。十反：指上述十件相反之事。

【译文】

《周易》记述君子出世或者入世，默默无语或是高谈阔论，《尚书》赞美“具有全部九种美德的人都担任官职”，归于同一目标而途径各异，终点一致而思虑不同，没有约定各自行相反之事，不过是各自有所崇尚而已。所以伯夷采食薇菜而让出国家，柳下惠不离开父母之邦；孔子周游列国希望得到任用，长沮隐居乡里而耕田；墨子摩顶放踵以兼爱天下，杨朱拔一毛利天下而不为；段干木隐居不仕就让魏国安定，申包胥奔波劳苦才保住了楚国；管仲领下系着红色的帽带还收取人民大量的市租自用，晏婴辞掉赏邑而在清水旁洗他的帽缨；惠施出游，跟随的车辆有百乘，桑扈出门裸体步行；宵戚唱着商歌来求得禄位，颜阖翻墙逃走以逃避荣位；高柴为了避难从城门逃走，季路不避危难进城赴死，端木赐车马相连去经商，颜回穷得一无所有也不去经营；孟献子的屋宇高大华美，原宪住在用草做门用树枝做柱子的房子里。经传上讲：“人心各不相同，就如每个人的面孔都不一样。”古往今来人们所做的事情，都是这样的。排比这些矛盾的事情，篇名叫《十反》。

太尉沛国刘矩

太尉沛国刘矩叔方①，父字叔辽②，累祖卿尹③，好学敦整④，土名不休扬⑤，又无力援⑥，仕进陵迟⑦。而叔方雅有高问⑧，远近伟之，州郡辟请⑨，未尝答命，往来京师，委质通门⑩。太尉徐防、太傅桓焉二公⑪，嘉其孝敬，慰愍契阔⑫，为之先后⑬，叔辽由此辟公府博士⑭，征议郎⑮。叔方尔乃翻然改志⑯，以礼进退，三登台衮⑰，号为名宰。

【注释】

①太尉：东汉时太尉与司徒、司空并称三公。沛国：东汉沛国，治相县（今安徽淮北相山区）。刘矩：字叔方，沛国萧（今安徽萧县西北）人。少有高节，举孝廉。以礼让作为行政根本，百姓敬之。历官从事中郎、尚书令、宗正、太常。桓帝延熹四年（161），拜太尉，与黄琼、种暠同心辅政，有贤相之称。后以灾异免。灵帝建宁元年（168），代周景为太尉，旋以日食免官。

②父：这里指的是刘矩的叔父。汉时叔侄亦可称父子。

③累祖：犹言历代。卿尹：泛指高官。

④敦整：敦厚方正。

⑤土名：乡里的名声。休：美，好。

⑥力援：得力之人的举荐。

⑦陵迟：缓慢，迟滞。

⑧雅：平素。高问：名声大。问，通"闻"。声誉，名声。

⑨辟请：征辟，延请。

⑩通门：这里指权贵之家。

⑪徐防：字谒卿，沛国铚（今安徽宿县西北）人。明帝永平中，举孝

廉，除为郎。历仕明、和、殇、安四帝。和帝时先拜司空，再拜为司
徒，殇帝延平元年（106），迁太尉，与太傅张禹参录尚书事。安帝
永初元年（107）免。桓焉：字叔元，沛郡龙亢（今安徽怀远西北）
人。授安帝、顺帝经学。安帝永宁中、顺帝继位后两次拜太傅。

⑫契阔：勤苦，劳苦。

⑬先后：辅助。

⑭博士：秦及汉初，博士所掌为古今史事待问及书籍典守。至汉武
帝时，设五经博士，自后博士专掌经学传授。东汉因之。

⑮议郎：郎官的一种，掌管顾问应对。

⑯翻：彻底而迅速。

⑰三登台衮（gǔn）：指刘矩在和帝永元十四年（102）拜司空，十六
年（104）拜为司徒，殇帝延平元年（106）迁太尉。台衮，这里指
三公。

【译文】

太尉沛国人刘矩字叔方，他的叔父字叔辽，历代先祖都任高官，好学
敦厚方正，在乡里名声还没成就传扬，又没有得力的人举荐，所以仕进缓
慢。而叔方平素有很大的名声，远近都认为他是奇伟之人，州郡征辟延
请他，他都没有答应，而是往来京师，奔走于权贵之门。太尉徐防、太傅
桓焉两人赞赏他的孝顺恭敬，怜惜他的勤勉，为他帮忙，叔辽因此被征辟
为公府博士，担任议郎。刘矩这才完全改变志向，举止合乎礼仪，三次登
上三公职位，被称为名相。

阳翟令左冯翊田辉

阳翟令左冯翊田辉叔都①，兄字威都，俱合纯懿②，不隕
洪祚③。叔都最为知名，郡常欲为察授之④。辉耻越贤兄，惧
不得免，因缘他疾，遂托病痼⑤。家人妻子，莫知其情，人数

恐灼⑥,持之有度。后在田舍,天连阴雨,友人张子平、吉仲考等,密共穿窬⑦,夺取衣衾,穷夜独处,迫切至矣,然无声响,徒喑喑而已⑧。子平因前抱持曰:"我某公也,谓汝避兄耳⑨,何意真然耶?天丧斯人,吾侪将何效乎⑩!"相对歔欷⑪,哀动左右。间积四岁,威都果举,迁安定长史⑫,据辎乘缕⑬,还历乡里,荐祀祖考⑭。叔都沃酹神坐⑮,俯仰因语。是月,司隶、太尉、大将军同时并辟,为侍御史⑯,举茂才。不幸早陨,威都官至武都太守⑰。

【注释】

①阳翟:阳翟县,治今河南禹州。左冯翊:汉时京畿地区郡级行政区,为三辅之一,故又名左辅。东汉治高陵(今陕西西安高陵区西南)。

②纯懿:品行端正美好。

③陨:毁坏,败坏。洪祚:洪福。此指家族世代相传的美名。

④察:察举。授:授职。

⑤瘖(yīn):哑,不能说话。

⑥恐灼:担心焦虑。一说"灼"为"焵"之形误。恐焵,即恐吓。

⑦穿窬(yú):挖墙洞和爬墙头。窬,从墙上爬过去。

⑧喑喑:不成语言的发声。

⑨谓:以为,认为。

⑩侪(chái):等辈,同类的人。

⑪歔欷:哀叹抽泣声。

⑫安定:东汉安定郡,治临泾(今甘肃镇原东南)。长史:汉制,丞相、太尉、公及将军府属吏均有长史。另边陲郡守亦置长史,掌兵马,秩六百石。

⑬辒：辒车。古代一种有帷盖的大车。緌（ruí）：下垂的帽带。

⑭荐：进献祭品。祖考：祖先。

⑮沃酹（zhuì）：以酒浇地来祭祀。

⑯侍御史：汉代为御史大夫属官，秩六百石，其中十五人由御史中丞领录，给事殿中，职掌监察、检举非法或奉使出外执行指定任务。

⑰武都：东汉武都郡，治下辨（今甘肃陇南成县西）。

【译文】

阳翟令左冯翊人田辉字叔都，兄长字威都，都符合美好纯正的品德，没有损害家族名誉。叔都更加知名，郡守常常想通过察举授予他职位，田辉以超过贤兄为耻，害怕没办法推辞，又因为得了其他疾病，于是假托得了哑病说不出话。家人妻子孩子，没有人知道实情，人们经常为他担心焦虑，他一直坚持不说话。后来在农舍，天接连阴雨绵绵，他的朋友张子平、吉仲考等，秘密地一起翻过墙头，拿走他的衣服被子，田辉一整夜独自待着，窘迫至极，但还是不发出声响，只是"喑喑"而已。张子平于是上前抱住他说："我是张子平，以为你是为了谦让兄长，哪里想到是真的呢？上天毁了你这个人，我们这辈人还能效法谁呢？"相对哭泣，悲哀之情感动了左右之人。过了四年，威都果然被举荐，升为安定长史，坐着高车垂着帽带，返回乡里，进献祭品祭祀祖先。田辉把酒洒在神坐前的地上以祭神，叩拜着讲话。这个月，司隶、太尉、大将军同时征辟他，担任侍御史，举荐为茂才。田辉不幸早死，兄长威都官至武都太守。

太尉掾汝南范滂

太尉掾汝南范滂孟博①，天资聪睿，辩于持论②，举孝廉光禄主事③，京师归德④，四方影附。父字叔矩，遭母忧⑤，既葬之后，饘粥不赡⑥，叔矩谓其兄弟："《礼》不言事⑦，辩杖而起⑧；今俱匍匐号咷，上阙奠酹⑨，下困糊口⑩，非孝道也。"因将人客于九江⑪，田种畜牧，多所收获，以解债，负土成冢，立祀。三年服阕⑫，二兄仕进。叔矩以自替于丧纪⑬，独寝坟侧，服制如初，哀犹未歇。郡举至孝⑭，拜中司勾章长⑮，病去官，博士征，兄忧不行⑯。司徒梁国盛允字子嗣，为议郎，慕孟博之德，贪树于有礼⑰，谓孟博："家公区区⑱，欲辟大臣，宜令邑人廉荐之⑲。"孟博厉声曰："老父年尊⑳，绝意世事；又海内清高，当路非一㉑。"退而告人："子嗣欲德我，我不受也。"子嗣亦以恨，遂不得辟。孟博病去受事，而常干宰相之职㉒。

【注释】

①太尉掾：太尉属官正职的通称。范滂：字孟博，汝南征羌（今河南郾城东南）人。少有操行，为州里所服，举孝廉。滂在职，抑制豪强不轨，并与太学生交结，反对宦官专权。延熹九年（166），因党事与李膺等同时被捕。释放后南归。建宁二年（169），朝廷又大捕党人，滂下狱死。

②持论：坚持所立之论。

③光禄主事：属光禄勋，设有南北庐主事、三署主事，从诸郎中选高第者担任，主管某方面事务。

④归德：称许他的德行。归，称许。

⑤母忧：母亲的丧事。

⑥饘（zhān）粥：指浓稠的粥。赡（shàn）：富足，足够。

⑦《礼》不言事：语本《礼记·丧大记》："既葬，与人立，君言主事，不言国事；大夫士言公事，不言家事。"

⑧辩杖：即治杖，备办丧事。辩，通"办"。备办。杖，本指居丧时所执的丧棒，这里指代为丧事。

⑨阙：缺少。莫酹（lèi）：犹祭奠。酹，把酒洒在地上表示祭奠。这里指祭奠之物。

⑩糊口：指勉强维持生活。

⑪将：率领。人客：佃客。九江：东汉九江郡，治阴陵（今安徽定远西北）。

⑫服阕（què）：服丧三年期满脱下丧服。阕，止息，终了。

⑬叔矩以自替于丧纪：叔矩因为自己曾经废弃丧事。替，废弃。丧纪，丧事。

⑭至孝：汉代察举中的一科。

⑮中司：此谓御史中丞。勾章：一作句章，会稽郡属县，治今浙江余姚东南。

⑯博士征，兄忧不行：意谓叔矩因为兄长服丧而不就博士之征。东汉时，有不少人因兄弟子侄、伯父伯母、姐妹叔嫂等丧事而弃官服丧。

⑰贪：想要，希望。

⑱家公：犹令尊。称呼对方的父亲。区区：犹方寸。形容人的心。引申谓真情挚意。

⑲廉荐：察举。

⑳老父年尊：父，底本作"夫"。王利器校："胡本、郑本作'老父'，《御览》八五九引亦作'老父'，寻上文'允谓孟博家公'，及应氏案语，自以作'老父'为是，当据改正。"今据改。

㉑当路：当权者，当政者。

㉒干：求取。

【译文】

太尉掾汝南人范滂字孟博，天资聪颖，善于辩论有主见，被举荐为孝廉光禄主事，京师称许他的德行，四方之士如影随形地追随他。他的父亲字叔矩，在母亲去世下葬之后，连粥都喝不上。叔矩对他的兄弟说：

"《礼》上说下葬后不讲家事，办好丧事之后就应振作起来。现在我们都趴在地上大哭，上缺祭奠之物，下乏糊口之资，这不是守孝之道。"于是率领佃客到九江，种田畜牧，有很多收获，用来还债，堆土修成坟冢，建立宗祠。三年守丧期满除服，两个兄长都当了官。叔矩因为自己曾经废弃丧事，独自睡在坟冢旁，像当初那样穿着孝服，悲哀还没有消失。郡中举荐他为至孝，官为中司勾章长，因病辞官，征辟为博士，因为兄长去世而没去应征。司徒梁国人盛允字子嗣，担任议郎，仰慕孟博的德行，希望树立有礼之人的名声，对孟博说："令尊情义真挚，我想征辟他作大臣，应该让乡里人举荐他。"孟博严肃地说："我父亲年事已高，无心过问世事；又海内清廉高尚之人，当权者中并非没有。"回来告诉别人说："子嗣想要给我恩惠，我没有接受。"子嗣也因此而怨恨，于是没有征召叔矩。孟博病好之后就接受任命，而常常求取宰相之职。

谨按：《礼》："父为士，子为天子[①]。"武王建有周之号，谥大王、王季[②]，言王业肇于此矣。越裳重九译，献白雉，周公荐陈祖庙，曰"先人之德"[③]。有天下，尊归于父，此人道之极[④]。前汉诏曰："海内大乱，兵革并起，朕被坚执锐，自率士卒，犯危难，平暴乱，偃兵息民，天下大安，此皆太公之教训也。今上尊号曰太上皇[⑤]。"《春秋》之义："因其可褒而褒之[⑥]。"《孝经》曰："敬其父则子悦[⑦]。"叔矩则其孝敬[⑧]，则粥身苦思[⑨]，率礼无违矣；则其友于[⑩]，则褒兄委荣，尽其哀情矣[⑪]；则其学艺[⑫]，则家法洽览[⑬]，诲人不倦矣；则其政事，则施于已试[⑭]，靡有阙遗矣[⑮]。君子百行，子产有四[⑯]。凡在他姓，尚宜褒之，况于父乎？敬意之至，犹用夷悦[⑰]，况于宠族乎[⑱]？抗爽言以拒厚旨[⑲]，抑所生以为己高[⑳]，忍能厉然独享其荣㉑！若乃不令之下愚㉒，流货贿于权嬖，此罪人也。田烨托疾，上也；刘矩屈体，次也；范滂吾无取焉耳。

【注释】

①父为士，子为天子：语见《礼记·丧服小记》。

②武王建有周之号，谥大王、王季：《史记·周本纪》：武王立，"追尊古公为太王，公季为王季，盖王瑞自太王兴。"大王，太王，周武王曾祖古公亶父。王季，周武王祖父。

③"越裳重九译"几句：事见《太平御览》引《尚书大传》。周公制礼作乐，天下和平，越裳国来朝且献白雉。成王归功于周公，周公则归功于王，称先王之神所致，将白雉献于宗庙。越裳，古国名。在今越南境内。重九译，经过多次翻译。

④极：中，中正的准则。

⑤"海内大乱"几句：语见《汉书·高帝纪》，文字略有不同。被坚，披戴甲胄。执锐，手执武器。偃兵，止兵，停战。

⑥因其可襃而襃之：语见《春秋公羊传·隐公元年》。

⑦敬其父则子悦：语见《孝经·广要道章》。

⑧则：衡量。

⑨粥（yù）身：卖力，勤力。粥，同"鬻"。卖。

⑩友于：这里是指兄弟友爱之义。

⑪哀：怜爱，亲爱。

⑫学艺：学问经艺。

⑬家法：各家之法则。洽览：广见博闻。

⑭施于已试：指叔矩拜勾章长。

⑮靡有阙遗：治政没有疏漏的地方。

⑯君子百行，子产有四：意谓古代规定君子有一百种行为规范，子产有其中四种，就受到孔子的称赞。语本《论语·公冶长》："子谓：

'子产有君子之道四焉：其行己也恭，其事上也敬，其养民也惠，其使民也义。'"子产，名侨，郑国大夫，郑穆公之孙。他是春秋时著名贤臣，在郑简公、郑定公时执政多年。

⑰用：为。夷悦：快乐而兴奋。

⑱宠族：使宗族得到荣宠。

⑲抗：举。爽言：差谬之言。爽，差失，错误。厚旨：厚意。

⑳所生：谓父母。此指范滂的父亲。

㉑厉然：磨砺自然的天性。厉，同"砺"。

㉒不令：不善。

【译文】

谨按：《礼记》上说："父为士，子为天子。"武王建立周朝，追尊太王、王季，说周的功业是从太王开始的。越裳国经过多次翻译，献上了白色野鸡，周公把它作为祭品陈放在祖庙，说："这是先人的德行。"拥有天下，而将尊荣归于先父，这是人道中最中正的。前汉诏书上说："海内大乱，硝烟四起，我披甲戴盔手持武器，亲自率领将士，冒着危险和困难，平定了暴乱，使战争平息使百姓安定。天下太平，这都是太公教导的结果。现在追尊太公为太上皇。"《春秋》的大义是："因为他值得赞美而赞美他。"《孝经》上说："尊敬他的父亲，那么儿子也会开心。"叔矩的品行以孝敬来衡量，他勤力苦思，遵循礼法没有违背；以兄弟友爱来衡量，他褒扬他的兄长而礼让荣宠，极尽亲爱之情；以学问经艺来衡量，他以博览各家以传家，诲人不倦；以政事来衡量，他试行于任上，没有缺失的地方。君子有一百种行为规范，子产有其中四种就受到孔子赞扬。大凡对于别人，尚且可以褒扬他，更何况是自己的父亲呢？深表敬意，尚且心情愉悦，何况是使宗族得到荣宠呢？口出错误言论来拒绝厚意，贬低父母来抬高自己，忍心矫揉造作改变天性而独享荣华吗！至于不良善的愚笨之人，贿赂受君王宠幸的权贵，这是罪人啊。田辉假托生病，这是上策；刘矩委曲求全，这是次一等；范滂这人我觉得没有什么可取的。

巴郡太守太山但望

巴郡太守太山但望伯阄[①]，为司徒掾，同产子作客杀人系狱[②]，望自劾去，星行电征[③]，数日归，趋诣府，露首肉袒，辞谢太守太尉李固[④]，请与相见，顿头流血，自说："弟薄命早亡，以孤为托，无义方之教[⑤]，自陷罪恶。自男穿既与知情[⑥]，幸有微胤[⑦]，乞以代之。"言甚哀切。李公达于原度[⑧]，即活出之。

【注释】

①巴郡：东汉巴郡，治江州（今重庆市北嘉陵江北岸）。但望伯阄：阄，底本作"门"，根据《太平御览》《北堂书钞》等文献，引文俱作"阄"。且阄有开启、开阔之意，与名中的"望"字相应。径改。

②同产子：侄子。同产，同母兄弟。

③星行电征：如流星之行，雷电之往。比喻行走非常迅速。征，行。

④辞谢：请罪。李固：字子坚。汉中南郑（今陕西汉中）人。少年时究览典籍，结交英贤。顺帝阳嘉二年（133），诏问当世之敝、为政所宜，固以摧抑宦官外戚为对。帝嘉之，以固为议郎。后历任荆州刺史、太山太守、将作大匠、大司农等，所在称职，境内安宁。及冲帝即位，以为太尉。因不附权臣梁冀免职。桓帝建和元年（147），梁冀又诬陷李固与奸人合谋立刘蒜为天子，下狱死。

⑤义方：正确的方式。方，道。

⑥自：《太平御览》引作"息"。息男，亲生儿子。

⑦胤：后代。

⑧达：通晓。原度：追源测度，推究。

【译文】

巴郡太守太山人但望字伯阄，担任司徒掾，同母兄弟的儿子寄居别处时杀人被捕，但望自我检举后离职，风驰电掣般几天就回到家，赶往郡府拜谒，披头散发袒露身体，向太守太尉李固谢罪，请求与他相见，叩首以致流血，自己陈述说："我的弟弟薄命早死，托孤给我，我没有用正确的方法去教育他们，这是我的罪过。我的儿子但穿已经知情，幸好还有后代，请求让他代替侄子服罪。"言辞非常悲哀恳切。李固通达推究，于是免了他侄子的死罪释放了。

高唐令乐安周玘

　　高唐令乐安周玘孟玉①，为大将军掾，弟子使客杀人，捕得，太守盛亮，阴为宿留②。玘亦自劾去，诣府。亮与相见，不乞请，又不辞谢。亮告宾客："周孟玉欲作抗直③，不恤其亲，我何能枉宪乎④？"遂毙于狱。弟妇不哭死子而哭孟玉。世人误之，犹以为高⑤。

【注释】

①乐安：东汉乐安国，治临济（今山东高青东南）。

②太守盛亮，阴为宿留：意谓太守盛亮暗中拖延狱事，以等待周玘前来乞请，从而使他的侄子能活下来。宿留，停留，等待。

③抗直：刚直不阿。

④枉宪：犹枉法。宪，法令。

⑤世人误之，犹以为高：《太平御览》引作"孟玉由此为高"。

【译文】

　　高唐令乐安人周玘字孟玉，担任大将军掾，他的侄子派人杀了人，被捕，太守盛亮，私底下拖延审批。周玘也自我弹劾离职，亲自到太守府拜见。盛亮和他相见，周玘不乞求恩请，又不谢罪。盛亮对宾客说："周孟玉想要表现出刚直不阿,不体恤他的亲人,我又怎能枉法呢?"他的侄儿于是死在狱中。他的弟媳不为死了的儿子哭却为孟玉哭。世人对此认识不清,还认为孟玉行为高尚。

　　谨按:《春秋》:叔牙为庆父杀般、闵公,大恶之甚①,而季子缘狱有所归②,不探其情③,缓追逸贼,亲亲之道④。州吁既杀其君⑤,而虐用其人,石碏恶之,而厚与焉⑥,大义灭亲,君子犹曰:纯臣之道备矣⑦,于恩未也。君亲无将⑧,王诛宜耳。今二家之子,幸非元恶⑨,但望诚心内发,哀情外露,义动君子,合礼中矣;周纡苟执果毅,忽如路人。昔乐羊为魏伐中山,歠其子羹,文侯壮其功而疑其心⑩。秦西巴触命放麑,而孟氏旋进其位;麑犹不忍,况弟子乎⑫?孟轲讥无恻隐之心⑪,传曰:"于厚者薄,则无所不薄矣⑬。"

【注释】

①叔牙为庆父杀般、闵公,大恶之甚:前662年,鲁庄公病重。鲁庄公有三个弟弟,长为庆父,次为叔牙,季友最小。鲁庄公无嫡嗣,叔牙认为可立庆父,季友认为应立庄公庶子般。在庄公支持下,季友逼叔牙自杀,立子般为君。庆父杀了子般,立庄公另一庶子启为君,即鲁闵公。两年后,庆父又杀了闵公,欲自立为君,鲁国混乱不堪。季友奉庄公之子申出逃,发出文告声讨庆父。鲁人响应,庆父出逃至莒(今山东莒县)。季友与公子启回国,立启为君,即鲁僖公。季友以重金贿赂莒国,将庆父押送回鲁,庆父途中自缢而死。杀般与闵公者是庆父,此误作叔牙。

②季子:季友。缘狱有所归:因为这桩案子已有了结论。

③不探其情:不再探究其中的内情。

④缓追逸贼，亲亲之道：意谓不急于追查，放庆父逃跑，这也是爱兄弟至亲的方式。《春秋·闵公二年》："秋，八月，辛丑，公薨。"《公羊传》："庆父弑二君，何以不诛？将而不免，遏恶也。既而不可及，缓追逸贼，亲亲之道也。"

⑤州吁既杀其君：前719年，州吁杀了卫桓公，自立为卫君。州吁，卫庄公宠姬之子，庄公让其将兵。桓公继位后出奔。后收聚卫国流亡之人，弑杀桓公，后被石碏设计杀死。

⑥石碏（què）恶之，而厚与焉：石碏是卫国大夫，曾劝卫庄公不要纵容州吁。其子石厚则参与了州吁弑君。他把州吁与儿子石厚一起诱到陈国，让陈人把他们捉住并杀死。

⑦纯臣之道备矣：语本《左传·隐公四年》："君子曰：石碏纯臣也。恶州吁而厚与焉。大义灭亲，其是之谓乎。"纯臣，忠纯笃实之臣。

⑧将：心存叛逆篡弑的企图。

⑨元恶：首恶。

⑩"昔乐羊为魏伐中山"几句：事见《战国策·魏策》："乐羊为魏将而攻中山，其子在中山，中山之君烹其子而遗之羹，乐羊坐于幕下而啜之，尽一杯。文侯谓睹师赞曰：'乐羊以我之故，食其子之肉。'赞对曰：'其子之肉尚食之，其谁不食！'乐羊既罢中山，文侯赏其功而疑其心。"乐羊，战国时名将。由翟璜推荐于魏文侯。伐取中山后，以功封于灵寿（今河北灵寿西北，原属中山）。中山，古国名。春秋时白狄所建。本称鲜虞，春秋晚年改称中山。初都中人（今河北唐县），后迁都于顾（今河北定州）。约在前406年被魏文侯攻灭。后约于前378年复国，迁都灵寿（今河北灵寿西北）。前296年，被赵所灭。啜（chuò），饮，喝。

⑪"秦西巴触命放麑（ní）"几句：《韩非子·说林上》："孟孙猎得麑，使秦西巴持之归，其母随之而啼，秦西巴弗忍而与之。孟孙适至而求麑，答曰：'余弗忍而与其母。'孟孙大怒，逐之；居三月，复

召以为其子傅。其御曰：'曩将罪之，今召以为子傅，何也？'孟孙
曰：'夫不忍麑，又且忍吾子乎？'"麑，幼鹿。

⑫孟轲讥无恻隐之心：《孟子·公孙丑上》："无恻隐之心非人也。"

⑬于厚者薄，则无所不薄矣：语见《孟子·尽心上》："于所厚者薄，
无所不薄也。"于厚者薄，对该亲厚的人刻薄。

【译文】

谨按：《春秋》上说：叔牙为了庆父而杀了子般和闵公，这是最大的
罪恶了，而季友因为这桩案子已经有结果，所以不深究其实情，不急着追
查逃犯，这就是亲亲之道。州吁杀了他的国君之后，残暴地役使民众，
石碏痛恨他，而儿子石厚却参与了弑君之事，石碏大义灭亲，君子还说：
石碏具备做纯臣的道义，但对于私人恩情来说还不够。对君主不能有谋
逆之心，有谋逆之心君主就应该诛杀他。现在但望、周玕两家子侄没有
犯首恶之罪，但望诚意发自内心，哀伤之情表露于外，情义感动君子，这
就合乎礼仪了；而周玕勉强持守果敢刚毅，对侄子有如路人。以前乐羊
为魏国攻打中山，喝了自己儿子的肉做的汤，魏文侯赞许他的功绩而怀
疑他的心地。秦西巴违命放走了小鹿，而孟氏却很快提拔了他；小鹿尚
且不忍心伤害，更何况是自己的兄弟儿子呢？孟子嘲讽没有恻隐之心的
人，解释说："对亲近的人刻薄，那没有什么可以不刻薄的了。"

豫章太守汝南封祈、泰山太守周乘

豫章太守汝南封祈武兴、泰山太守周乘子居①，为太守
李张所举，函封未发，张病物故，夫人于枢侧下帷见六孝廉②，
曰："李氏蒙国厚恩，据重任，咨嘉休懿③，相授岁贡④，上欲
报称圣朝⑤，下欲流惠氓隶⑥；今李氏获保首领以天年终⑦，
而诸君各怀进退⑧，未肯发引⑨。妾幸有三孤，足统丧纪⑩；

正相追随⑪，蓬颗坟柏⑫，何若曜德王室⑬，昭显亡者？亡者有灵，实宠赖之⑭。殁而不朽，此其然乎！"于是周乘顾谓左右："诸君欲行，周乘当止者，莫逮郎君，尽其哀恻⑮。"乘与郑伯坚即日辞行，祈与黄叔度、郅伯向、盛孔叔留随辒辌⑯。乘拜郎⑰，迁陵长，治无异称⑱，意亦薄之。某官与祈相反，俱为侍御史⑲，公车令⑳，享相位焉。

【注释】

①豫章：东汉豫章郡，治南昌（今江西南昌）。封祈：一作封新，字武兴。生平事迹不详。周乘：字子居，《世说新语·赏誉》引《汝南先贤传》曰："周乘字子居，汝南安城人。天资聪朗，高峙岳立，非陈仲举、黄叔度之俦则不交也。仲举尝叹曰：'周子居者，真治国之器也。'为太山太守，甚有惠政。"

②下帷：放下室内悬挂的幕。六孝廉：东汉时郡举孝廉六人。当时李张为汝南太守，举封武兴、周子居、郑伯坚、黄叔度、郅伯向、盛孔叔六人为孝廉。

③咨嘉休懿：意谓寻求品行优秀的贤才。休懿，美好。

④岁贡：汉时孝廉每年一举，贡于朝廷，称"岁贡"。

⑤报称：犹报答。

⑥氓隶：这里指百姓。氓，民。隶，小臣。

⑦保首领以天年终：保全头颈不被杀戮而善终。指使自己善终。此当为汉朝的套语。

⑧进退：犹豫。

⑨发引：谓执绋，丧葬时手执牵引灵柩的大绳以助行进。这里指参加出殡仪式。

⑩统：治理，管理。丧纪：丧事。

⑪正:纵然,即使。

⑫蓬颗:一般指坟上长草的土块,亦借指坟头。

⑬曜德:光大德泽。

⑭宠赖:仰仗。

⑮"诸君欲行"几句:按,此处语意不明,疑有脱误。王利器校:"《女戒》《汝南传》俱作:'子居叹曰:"不有行者莫宣公,不有止者莫恤居。"'"译文据逻辑而译。郎君,此指李张。

⑯黄叔度:黄宪,字叔度,汝南慎阳(治今河南正阳北)人。有才学,为世所重。荀淑誉之为颜回。郭泰称:"叔度汪汪若千顷陂,澄之不清,淆之不浊,不可量也。"(《后汉书·黄宪列传》)曾举孝廉,辟公府,未仕而还。辖:指丧车。

⑰郎:皇帝侍从官侍郎、中郎、郎中等的统称。

⑱异称:特别的声誉。

⑲某官与祈相反,俱为侍御史:据《四库全书》本,为"乃弃官去,祈后为侍御史"。

⑳公车令:公车司马令的简称。东汉掌宫南阙门,主凡吏民上章、四方贡献及征诣公车者。

【译文】

豫章太守汝南人封祈字武兴、泰山太守周乘字子居,被太守李张举荐,公函还没有发出,李张就生病死了。他的夫人在灵柩旁边放下帷帐会见六位孝廉,说:"李氏承蒙国家的厚恩,担任重要的职位,寻求品行优秀的贤才,每年向朝廷举荐一次孝廉,对上是想回报朝廷的恩宠,对下是想施惠于百姓。现在李君得以善终,但是诸位君子却犹豫不决,不肯参加出殡仪式。我幸而有三个儿子,足以安排丧事;你们即便追随,不过是守护坟墓,哪里比得上光大王室德泽,昭显亡者荣耀?亡者有灵,实在仰赖你们的宣扬。死而不朽,就是这样的啊!"于是周乘回头对其他人说:"不论诸位是想离开还是留下,周乘我要离开了。不要让郎君失望,以此表达我的哀痛之情。"周乘和郑伯坚当天就辞行,封祈和黄叔度、郅伯向、盛孔叔留下来守丧。周乘担任郎官,升为陵县长,治政没有特别的声誉,内心也看不起这个职位,于是辞去官职。封祈成为侍御史,公车令,高居相位。

　　谨按:《孝经》:"资于事父以事君①。""君亲临之,厚莫重焉②。"《春秋国语》:"民生于三,事之如一③。"《礼》:"斩衰,公士大夫众臣为其君④。"乘虽见察授⑤,函封未发,未离陪隶⑥,不与宾于王⑦,爵诸临城社⑧,民神之主也⑨,义当服勤,关其祀纪⑩。夫人虽有恳切之教,盖子不以从令为孝⑪,而乘嚣然要勒同侪⑫,去丧即宠,谓能有功异也,明试无效⑬,亦旋告退,安在其显君父德美之有。

【注释】

①资于事父以事君:语见《孝经·士章》:"资于事父以事母而爱同,资于事父以事君而敬同。"资,采取。

②君亲临之,厚莫重焉:语见《孝经·圣治章》:"父子之道,天性也,君臣之义也。父母生之,续莫大焉。君亲临之,厚莫重焉。"意谓人们所承受的恩泽,没有比君主和父母的爱护更为深厚的了。

③民生于三,事之如一:语见《国语·晋语一》:"民生于三,事之如一。父生之,师教之,君食之。非父不生,非食不长,非教不知。生之族也,故一事之。"民生于三,人们的一切都来自君、父、师。事之如一,用同等的标准来事奉他们。

④斩衰,公士大夫众臣为其君:语见《仪礼·丧服》:"公士大夫之众臣为其君,布带绳屦。"斩衰,五种丧服中最重的一种,其服用最粗的麻布做成,不缝边。士,卿士。

⑤察授:察举孝廉。

⑥陪隶:指郡国之吏。

⑦不与宾于王:没到朝廷为官。即仍为陪隶。

⑧爵诸临城社:此指周乘等人还是本郡有官吏。城社,城池和祭地神的土坛。城,郡县城邑。社,祭祀之所。

⑨主:主人。

⑩祀纪:祀仪,丧礼。

⑪子不以从令为孝:按,此句与下文语意不连贯,似有脱误。《文选·永明九年策秀才文》李善注引《风俗通》作:"子不以从令为孝,后主固宜是革,浸以为俗,岂不谬哉?"

⑫要(yāo)勒:阻拦。同侪(chái):同辈。

⑬明试无效:这里是说试着让他担任官职,终无政治上的声望。

【译文】

谨按:《孝经》上说:"采用侍奉父亲的方式来侍奉君主。""君主和父母的爱护,恩泽没有比这更重的了。"《国语》上说:"人民的一切来自君、父、师,所以侍奉他们的方式是一样的。"《仪礼》上说:"斩衰,公、卿士、大夫众臣要为君主服这种丧。"周乘虽然被察举,但是公函还没有发出,还没脱离陪臣的地位,没有授予职位,还是本郡的官吏,治理本郡民众,祭祀本郡的神灵,理当勤劳职事,参与李张的丧礼。夫人虽然有恳切的教诲,但儿子不以听从命令为孝,而周乘强悍地阻拦其他几位孝廉,抛开丧事而去当官,说他能有特殊的功绩,担任县长却并无效果,也很快就离职,哪里有彰显李张的美德呢?

河内太守庐江周景

河内太守庐江周景仲向①,每举孝廉,请之上堂,家人宴饮,皆令平仰②,言笑晏晏③,如是三四;临发,赠以衣齐④,皆出自中。子弟中外⑤,过历职署,逾于所望,曰:"移臣作子,于之何有⑥。"

【注释】

①河内太守：底本作"河内太守府"。府，卢文弨《群书拾补》云：
"疑衍。"今据删。周景：字仲向，庐江舒（今安徽庐江西南）人。
历任豫州刺史、河内太守、尚书令、太仆、卫尉。好贤下士，拔才荐
善，为人所称。延熹六年（163），升任司空。打击宦官，并使中常
侍侯览、具瑗等坐黜。后复为太尉。建宁元年（168）卒，以参与
策立灵帝，追封安阳乡侯。

②平仰：这里指平起平坐。平，平视。

③晏晏：和悦的样子。

④齐（zī）：通"资"。财物。

⑤中外：中表之亲。如姑表、舅表兄弟。

⑥移臣作子，于之何有：意谓把属官当做自己的子弟，对于执政也没
有什么不好。

【译文】

河内太守庐江人周景字仲向，每次举荐孝廉，都要请他们到厅堂上
来，和家里人一起宴饮，都让他们平起平坐，言谈举止和悦闲适，像这样
要请上三四次。孝廉们临近出发的时候，又送给他们衣物钱财，都是出
自他的家中。他们的子弟和中表兄弟，也被选到官署里面任职，他们的
表现也都超过预期。周景说："把臣属看做自己的子弟，对于执政有什
么不好呢？"

河内太守司徒颍川韩演

河内太守司徒颍川韩演伯南①，举孝廉，唯临辞，一与相
见，无所宠拔②，曰："我已举若，岂可令恩偏积于一门乎？"

【注释】

①韩演:亦作韩缤、韩寅,字伯南,颍川舞阳(今河南舞阳西北)人。顺帝时,为丹阳太守,政有能名。桓帝时为司空、司徒。延熹二年(159),大将军梁冀谋反,坐不卫宫,减死下狱。八年(165)复拜司隶校尉。韩演在周景之前任河内太守。

②无所宠拔:《后汉书·周景传》作"恩亦不及其家",则所宠拔者为被举荐者的家属。

【译文】

河内太守司徒颍川人韩演字伯南,举荐孝廉,只有在临行辞别的时候,才与他们见上一面,对他们的家属就不再优宠提拔,韩演说:"我已经举荐了你们,怎可让恩宠偏施于一家呢?"

谨按:《春秋左氏传》:"夫举无他也,唯善所在,亲疏一也①。""祈奚称其仇不为谄,立其子不为比,举其偏不为党,建一官而三物成②。"晋国赖之,君子归焉③。盖人君者,辟门开窗④,号咷博求⑤,得贤而赏,闻善若惊,无適也,无莫也⑥。周不综臧否⑦,而务蕴崇之⑧,韩演不唯善是务,越此一概。夫不择而强用之,与可用而败之,其罪一也。

【注释】

①"夫举无他也"几句:语见《左传·昭公二十八年》。

②"祈奚称其仇不为谄"几句:语本《左传·襄公三年》。祁奚,《左传》作"祈奚",字黄羊,春秋时晋国大臣。曾任中军尉。他退休时推荐仇人解狐自代,解狐死,又推荐儿子祁午;羊舌职去世,他推荐了羊舌赤。于是君子评论说:"祁奚于是能举善矣。称其仇,不为谄。立其子,不为比。举其偏,不为党。《商书》曰:'无

偏无党,王道荡荡。'其祁奚之谓矣。解狐得举,祁午得位,伯华
(按,即羊舌赤)得官,建一官而三物成,能举善也夫。"称,举荐。
谄,谄媚。比,勾结,偏爱。党,偏私,偏袒。三物成,指解狐得
举,祁午得位,羊舌赤得官。

③归:趋向,归附。

④辟门开窗:语本《尚书·尧典》:"辟四门,明四目,达四聪。"意谓
　打开四门,广泛了解各方意见。窗,古与"聪"通。

⑤号咷:大哭,比喻求贤心切。博求:广泛地搜罗。

⑥无适(dí)也,无莫也:语见《论语·里仁》。适,亲厚。莫,此指
　冷淡,疏远。

⑦综:核实。臧否:善恶,好坏。

⑧蕴崇:积聚,蓄藏,充满。

【译文】

谨按:《春秋左氏传》上说:"举荐没有其他的标准,只有善,不管亲
疏都一样。""祁奚举荐他的仇敌不是谄媚,推立自己的儿子不是偏爱,
举荐下属的儿子不是偏袒下属,立一个官职而三件事都很圆满。"晋国
信赖他,君子归附他。作为君主,打开门户,迫切地搜求人才,得到贤才
就像得到赏赐,听到善言就像受到震动,对任何人不特别亲厚,也不特别
疏薄。周景不核实善恶,一律推举任用,韩演不唯善是从,一律摒弃。不
选择而强行任用,和可用而放弃,这罪过是一样的。

安定太守汝南胡伊伯、建平长樊绍

安定太守汝南胡伊伯、建平长樊绍孟建①,俱为司空虞
放掾属②,放逊位自劾还家,郡以伊为主簿,迎新太守,曰:
"我是宰士③,何可委质于二朝乎④?"因出门名户⑤,占系陈

国⑥。绍曰:"柳下惠不去父母之国,君子不辞下位⑦。"独行服事。后公黄琼,大以为恨,移书汝南,论正主者吏⑧,绝绍文书,而更辟伊。

【注释】

①安定:东汉安定郡,治临泾(今甘肃镇原东南)。胡伊伯:王利器认为"伯"下脱"建"字。建平:沛国属县,治今河南夏邑西南。

②虞放:字子仲,陈留东昏(今河南兰考)人。桓帝时为尚书,以议诛大将军梁冀功封都亭侯。后由太常升司空。疾恶宦官,遂为所陷。灵帝初,与长乐少府李膺等俱以党事被诛。

③宰士:公卿的属官。

④二朝:这里指新旧两任太守。

⑤出门名户:这里是指背井离乡的意思。

⑥占系:落户定居。陈国:治陈县(今河南淮阳)。

⑦柳下惠不去父母之国,君子不辞下位:语本《孟子·公孙丑上》:"柳下惠不羞污君,不卑小官。"

⑧主者:主办之人。

【译文】

安定太守汝南人胡伊字伯建、建平长樊绍字孟建,都担任司空虞放的属官。虞放离任自我弹劾回家,郡府让胡伊担任主簿,迎接新的太守。胡伊说:"我是宰士,怎么可以在新旧两朝太守手下任职呢?"因此离开家乡,入籍陈国。樊绍说:"柳下惠不离开父母之邦,君子不辞小官。"独自勤勉行事。后来太守黄琼,觉得非常遗憾,发公文给汝南主要办事的人,断绝了樊绍的文书,而重新征辟胡伊。

谨按:《春秋》尊公曰宰,其吏为士,言于四海,无所不统焉①。孟轲称:"不枉尺以直寻,况于枉寻以直尺②?"柳下惠不枉道以事人，故三黜而不去，孔子谓之不恭③。今绍见编，会以礼游引耳④，其义不同于此。伊心明审，自求多福⑤。近灵帝之末，司徒掾弘农董君考上名典，君事不得自劾，暂以家急假⑥，太守李崇请乞相见，俯领功曹⑦，与俱班录讫乃谢遣⑧。时公袁隗意亦非之⑨，然弹纠⑩。自是之后，弥以滋甚，郡用从事⑪，县用府吏，上下溷淆⑫，良可秽也。《诗》云："虽无老成人，尚有典刑⑬。"国之大纲也，可不申敕小惩而大戒哉⑭？

【注释】

①"《春秋》尊公曰宰"几句：《通典·职官二》："春秋九命作伯，尊公曰宰，言于海内无不宰统焉。"

②不枉尺以直寻，况于枉寻以直尺：语本《孟子·滕文公下》："且夫枉尺而直寻者，以利言也。如以利，则枉寻直尺而利，亦可为与？"这里是比喻宁肯委屈自己也不违心逐利。寻，八尺。

③恭：恭顺，恭敬。

④游引：离职。

⑤自求多福：语见《诗经·大雅·文王》。

⑥暂以家急假：暂时以家中有急事为理由来请假回家。

⑦俯领：俯身接受职位。功曹：汉代郡守、县令长之佐吏。系郡县佐吏中地位最高者。其职主考查记录功劳、参与任免赏罚，有时甚至代行郡守及县令长之事，职总内外。

⑧班录：分赐俸禄恩惠给老百姓。

⑨袁隗：字次阳，汝南汝阳（今河南商水西北）人。少历显官，历任大鸿胪、司徒、太常等。中平六年（189），拜太傅，与大将军何进参录尚书事。初平元年（190）以族子袁绍起兵山东，为董卓所杀。

⑩然弹纠：据文意，当是"然不弹纠"。

⑪从事：州郡长吏的属官，主要掌管纠察各种非法行为。

⑫溷（hùn）淆：混浊，混淆，杂乱。

⑬虽无老成人，尚有典刑：语见《诗经·大雅·荡》。典刑，典章刑法。

⑭可不申敕小惩而大戒哉：语本《周易·系辞下》："子曰：'小人不
　　耻不仁，不畏不义。不见利不劝，不威不惩。小惩而大诫，此小人
　　之福也。'"小惩而大戒，惩罚小错就能使人警惕大错。

【译文】

谨按：《春秋》尊称公为宰，他的属吏叫士，是说四海之内，没有他不
主管的。孟轲说："不屈折一尺而来伸直八尺，何况屈折八尺来伸直一
尺？"柳下惠不违背道义而侍奉君主，所以三次被罢免都不离开，孔子说
他是不恭顺。现在樊绍被任命，应该依礼仪离职，他的道义和柳下惠不
一样。胡伊内心明白，自己追求更多的福分。近来灵帝末年，司徒属官
弘农人董君考察上世名典，知道侍奉君主不可以自我弹劾，于是暂时乞
假回家。太守李崇请求与他相见，董君屈身领受功曹一职，与他一起分
赐俸禄结束后才离开。那时司徒袁隗觉得这事不对，但是没有弹劾他。
从那之后，这种事层出不穷，郡守用州从事，县用府吏，上下混杂，实在是
混乱不堪。《诗经》说："虽然没有年老有德之人，但还有典章刑法。"这
是国家的主要法纪，难道不是用来惩罚小错而使他们警惕大错的吗？

宗正南阳刘祖奉为郡属曹吏

宗正南阳刘祖奉为郡属曹吏①，左骑校尉薛丞君卓为户
曹史②。太守公孙庆当祠章陵③，旧俗常以衣冠子孙④，容止
端严⑤，学问通览⑥，任顾问者，以为御史⑦，时功曹白用刘祖⑧。
祖曰："既托帝王肺腑⑨，过闻前训，不能备光辉胥附之任⑩，而

身当侧身陪乘,执策握革,有死而已,无能为役^⑪。"薛丞因前自白:"今明公垂出^⑫,未有御者,虽云不敏,敢充人乏。"周旋进退,补察时阙,言出成谟^⑬,大见敬重;亦以祖为高,岁尽,俱举孝廉。

【注释】

①宗正:秦开始设置此官,多由皇族中人充当,掌管皇族事务。刘祖奉:据下文,此人名为刘祖,王利器认为"奉"字前后或有脱文。

②左骑:左骑县。汉武帝置属国都尉,以主管归降、内附的少数民族等。安帝时,张掖属国别领五城,即候官、左骑、千人、司马官、千人官。左骑故址当在今内蒙古额济纳旗一带。户曹:掌管民户、祭祀、农桑等的官署。

③章陵:汉光武帝之父刘钦的陵墓,在南阳郡章陵县(今湖北枣阳南)。

④衣冠子孙:指缙绅士大夫家的子弟。

⑤容止端严:容貌举止端庄严肃。

⑥通览:通达博识。

⑦御史:卢文弨《群书拾补》云:"'史'疑衍。"

⑧白:表明,说明。用:任用,起用。

⑨肺腑:王利器认为当依《汉书·楚元王传》作"肺附",喻指帝王的亲属或亲戚。

⑩备:充当。光辉:光耀,荣耀。胥附:使疏远者相亲附。

⑪役:役使,驱使。

⑫垂出:将要出行。

⑬谟:计谋,策略。

【译文】

宗正南阳人刘祖担任郡属曹吏,左骑校尉薛丞字君卓担任户曹史。太守公孙庆准备祭祀章陵,旧俗常常派缙绅之家的子孙,容貌举止端庄严肃,学问通达博识,能担任顾问的人来做御者驾车,当时的郡功曹建议任用刘祖。刘祖说:"我是宗室微末之亲,以前听过前人的训导,不能充任光荣的使疏远者相亲附的职务,而只是自身小心地陪乘左右,手执马鞭握着缰绳,我宁死也决不能做这个差事。"薛丞于是上前自我推荐:"现在太守即将出行,没有驾车的人,我虽然不聪慧,斗胆来充任这个空缺。"他应酬举止有礼,察补疏忽遗漏,每句话说出来都很有谋划,于是被非常敬重;同时人们也认为刘祖品行高洁,到了岁末,两人都被推荐为孝廉。

　　谨按:《周礼》保氏掌六艺之教,其一曰御①。《论语》曰:"吾何执,执御乎②。""子适卫,冉子仆③。"有,政事之士,列于四友④,然犹御者,不为役也。《春秋左氏传》:"晋悼公即位,程郑为乘马御,训群驺知礼⑤。"今国家大驾⑥,大仆亲御⑦,他出,奉车都尉御⑧,宁可复言执策握革而辞让之乎?凡黔首皆五帝子孙,何独今之肺附,当见优异也?宗庙之人,或在毗亩⑨,人之化也,何日之有⑩。旧时长吏质朴,子皆驾御,故曰从儿。君臣父子,其揆一也⑪,臣不肯御,子岂可然。公孙遂偃塞不使⑫,下陵上替⑬,能无乱乎?刘祖幸免罪戾,而见褒赏,公孙于是失政刑矣。

【注释】

①保氏掌六艺之教,其一曰御:《周礼·地官·保氏》:"保氏掌谏王恶,而养国子以道,乃教之六艺,一曰五礼,二曰六乐,三曰五射,四曰五驭,五曰六书,六曰九数。"

②吾何执,执御乎:语见《论语·子罕》。执御,驾车。

③子适卫,冉子仆:语见《论语·子路》。仆,驾车。

④有,政事之士,列于四友:语本《论语·先进》:"德行:颜渊、闵子

骞、冉伯牛、仲弓。言语:宰我、子贡。政事:冉有、季路。文学:
子游、子夏。"四友,此指孔门列于德行、言语、政事、文学四个方
面的优秀弟子。

⑤"晋悼公即位"几句:语本《左传·成公十八年》:"二月乙酉朔,
晋悼公即位于朝,始命百官。""程郑为乘马御,六驺属焉,使训群
驺知礼。"程郑,晋国贵族。乘马御,晋国官名。掌驾君主之车参
加重大典礼。群驺,众驺官。驺,掌管驾车的官员。

⑥国家:这里指天子。大驾:皇帝出行,仪仗队之规模最大者为大
驾,在法驾、小驾之上。泛指天子的车驾。《续汉书·舆服志》:
"东都唯大行乃大驾。"又云:"大驾属车八十一乘,法驾半之。"

⑦大仆:太仆,九卿之一,负责掌管车驾和畜牧的官。大,同"太"。

⑧奉车都尉:汉武帝开始设置该官位,官阶二千石,掌管乘舆。

⑨甽(quǎn)亩:田间,引申指民间。甽,同"畎"。田间的水沟。

⑩何日之有:意思是没多少时间。

⑪揆:道理,准则。

⑫偃蹇:骄傲,傲慢。

⑬下陵上替:下面侵犯,上面衰废。替,废弛。

【译文】

谨按:《周礼》中保氏掌管六艺的教导,其中之一就是驾车。《论语》
说:"我干什么呢? 我驾车吧。""孔子到卫国去,冉有为他驾车。"冉有
是很有政治才能的人,列入四友之中,但还是驾车,并不认为这是一种役
使。《春秋左氏传》上说:"晋悼公即位,程郑做乘马御,让他培训驾车的
官员们懂得礼仪。"现在天子大驾,太仆亲自驾车,其他时候出门,奉车
都尉驾车,怎么可以再说是手执马鞭握着缰绳而加以推辞呢? 百姓都是
五帝的子孙,为什么唯独现在的宗室微末之亲就要特别优待呢? 天子的
族人,有的成了下层百姓,这只是人事的变化,用不了多少时间。过去的
长吏朴实敦厚,儿子都驾御车马,所以称之为从儿。君臣父子,其道理是

一样的,大臣不肯驾车,难道儿子就可以吗? 公孙庆于是任其傲慢不用他,在下者凌驾于上,在上者废弛无所作为,怎能不乱呢? 刘祖幸而逃脱罪责,而且还被赞赏,公孙庆对于政令刑罚是有过失的。

聘士彭城姜肱、京兆韦著

聘士彭城姜肱伯淮、京兆韦著休明①,灵帝践祚②,太后临朝③,陈、窦以忠见害④,中常侍曹节秉国之权⑤,大作威福,冀宠名贤⑥,以弭己谤,于是起姜肱为犍为太守⑦,著东海相⑧。肱告其人:“吾以虚获实,蕴藉声价⑨,盛明之际,尚不委质,况今政在家哉⑩!”遂乘桴浮海⑪,莫知所极。而著欢以承命,驾言宵征⑫,民不见德,唯戮是闻,论输左校⑬。

【注释】

①聘士:徵士。指不应朝廷征聘的隐士。彭城:东汉彭城国,治彭城(今江苏徐州)。姜肱:字伯淮,彭城广戚(今江苏沛县东南)人。性笃孝,事继母恪勤。博通五经,兼明星纬,一生不肯应诏。韦著:字休明,京兆杜陵(今陕西长安西北)人。少以经行知名,不应州郡辟召。灵帝即位,欲宠时贤以求美名,强拜著为东海相。著政任威刑,为受罚者所奏,坐论输左校。归家后,为奸人所害。

②践祚:天子即位。

③太后:指窦太后,即窦妙。汉桓帝皇后。灵帝即位,她临朝执政,并任其父窦武为大将军。后窦武谋诛宦官失败,她由此失势,被迫归政。

④陈、窦以忠见害:窦太后临朝,陈蕃、窦武辅政,中常侍曹节、王甫诏事太后,陈蕃、窦武欲诛之,事泄,曹节矫诏将二人诛杀。陈,陈

蕃,字仲举,汝南平舆(今河南平舆北)人。汉桓帝延熹八年
(165),任太尉。永康元年(167)为太傅。与李膺等反对宦官专
权,为太学生所敬重,称之"不畏强御"。灵帝立,后与外戚窦武
谋诛宦官,事泄,宦官曹节等矫诏诛窦武,陈蕃亦遇害。窦,窦武,
字游平,扶风平陵(今陕西咸阳西北)人。桓帝死,无子。窦武迎
立灵帝,任大将军,常居禁中,掌握朝政,更封闻喜侯。窦武与太
学生交结,和太傅陈蕃谋诛宦官。事泄,兵败自杀。

⑤中常侍:秦始置,西汉中常侍为加官,加此官者得入禁中。东汉时
则专用宦官为中常侍,掌侍天子左右,从入内宫,以传达诏令和
掌理文书,权力极大。曹节:字汉丰,世吏二千石。桓帝时,迁中
常侍、奉车都尉。建宁元年(168),以定策立灵帝有功,封长安乡
侯。与宦官王甫等矫诏诛大将军窦武、太傅陈蕃等,迁长乐卫尉,
封育阳侯。次年诏拜车骑将军。后领尚书令,卒赠车骑将军。

⑥冀:希望。

⑦犍为:东汉犍为郡,治武阳(今四川彭山)。

⑧东海相:东汉东海国,治郯(今山东郯城西北)。四传至懿王祇,
韦著即为祇相。

⑨蕴藉:蕴藏。此指珍爱,爱惜。声价:名誉身价。

⑩政在家:此指政权掌握在宦官手里。《天中记》引此句作"今政在
私门,夫何为哉"。

⑪桴(fú):小竹筏或小木筏。

⑫驾言:驾,乘车。言,语助词。宵征:夜行。

⑬左校:汉朝隶属于将作大匠(将作少府)的官署,带领本署工徒修
造宫室、宗庙、陵园、道路等,秩六百石。官吏犯法,常输送到左校
为工徒。

【译文】

聘士彭城人姜肱字伯淮、京兆人韦著字休明,灵帝即位,太后临朝听

政,陈蕃、窦武因为忠诚而被杀害,中常侍曹节掌握国家大权,作威作福,希望通过对名人贤士加以恩宠,来消除民众对自己的责难,于是任用姜肱担任犍为太守,韦著担任东海相。姜肱对他的友人说:"我因为虚名获得实利,珍惜自己的名誉。太平盛世的时候,我尚且不为官,何况现在宦官当权。"于是乘着竹筏漂浮海上,没有人知道他去了哪里。而韦著高高兴兴地接受任命,驾车连夜出发赴任,老百姓看不到他的仁德,只听到他的严刑,最后韦著犯法被送到左校服刑。

谨按:《易》称:"君子之道,或出或处,或默或语①。"传曰:"朝廷之人,入而不能出;山林之士,往而不能返②。"言各有长也。孔子嘉虞仲、夷逸③,作者七人④,亦终隐约⑤。姜肱高尚其事⑥,见得思义⑦,岂不绰绰然有余裕哉⑧!韦著迈种其德⑨,少有云补⑩,可也;虐刑以逞⑪,民心怨痛,德薄位尊,力小任重,古人惧胼⑫,鲜能不及矣。

【注释】

①"君子之道"几句:语见《周易·系辞上》。

②"朝廷之人"几句:语本《韩诗外传》:"朝廷之士为禄,故入而不能出;山林之士为名,故往而不能返。"

③孔子嘉虞仲、夷逸:《论语·微子》:孔子谓:"虞仲、夷逸隐居放言,身中清,废中权。"虞仲、夷逸,古代著名隐士。

④作者七人:这样的隐士已有七人。《论语·微子》:"逸民:伯夷、叔齐、虞仲、夷逸、朱张、柳下惠、少连。"

⑤隐约:不分明、不清楚的样子。

⑥高尚其事:看重自己的声望和社会地位。

⑦见得思义:语见《论语·季氏》:"君子有九思:视思明,听思聪,色

思温,貌思恭,言思忠,事思敬,疑思问,忿思难,见得思义。"

⑧绰绰然:宽裕的样子。

⑨迈种其德:勉力树德。

⑩云:所。

⑪逞:放纵,肆行。

⑫旃(zhān):助词,相当于"之"或"之焉"。

【译文】

谨按:《周易》说:"君子之道,有的出世有的入世,有的缄默不语有的高谈阔论。"经传上讲:"朝廷中的人,入世了就不能出世;山林中的士人,出世了就不能再返回世俗。"是说他们各有所长。孔子赞美虞仲、夷逸,这样的隐者有七位,最终湮没不彰。姜肱看重自己的名誉,看见可得的就考虑道义,这难道不是德行深厚有余吗?韦著砥砺培养自己的德行,对时政稍有补救,也是可以的;肆意实行严酷刑罚,民众内心怨恨痛苦,德行微薄而地位尊贵,力量小而责任重,古人对这种情况感到恐惧,少有不遭殃的。

赵相汝南李统

赵相汝南李统,少幼①,为冀州刺史阮况所奏"耳目不聪明";股肱掾史,咸用忿愤②,欲诣阙自理。统闻知之,历收其家,遣吏追还,曰:"相久忝重任,负于素餐,年渐七十,礼在悬车③,顷被疾病,念存首丘④,比自乞归,未见听许,州家幸能为⑤,相得去,实上愿也。"居无几,果征。时冀州有疑狱,章帝见问统。统处当详平⑥,克厌上心⑦,曰:"君大聪明,刺史侵君⑧。"统曰:"臣受国厚恩,官尊禄重,不能自竭,有以报称。久抱重疾,气力羸露⑨,耳聋目眩,守虚陨越⑩,自分奄忽填壑⑪，猥得承望阙廷⑫，亲见御座，不胜其喜，权时有瘳⑬。辞出之后，必复故也，刺史不侵臣也。”上悦其逊，即日免况，拜统侍中。

【注释】

①少幼：按，据后文，李统自称年近七十，不当称“少幼”。译文不译。

②咸：都。用：因此。

③悬车：致仕退休。古人一般七十岁就辞官归家，废车不用。

④首丘：比喻人死后归葬故土。《礼记·檀弓上》：“古之人有言曰：‘狐死正丘首，仁也。’”

⑤州家：这里指州刺史阮况。

⑥处当：判决，处断。详平：审慎公平。

⑦克：能。厌：合，满足。

⑧侵：欺凌，攻击，冒犯。

⑨羸露：病弱，瘦弱。

⑩守虚：心力衰弱。陨越：颠坠，丧失。

⑪自分：自料。奄忽填壑：忽然死亡。奄忽，忽然。

⑫猥：犹言辱。谦辞。

⑬权时：暂时。瘳：病愈。

【译文】

赵相汝南人李统，被冀州刺史阮况说成是“耳目不聪明”；臣属掾史，都因此而感到气愤，想要到朝廷亲自申诉。李统知道这件事之后，将家人全部聚集起来，派官吏追回掾属，说：“我忝任赵相这个重任很久了，尸位素餐，心中有愧，年纪已近七十，依礼应当辞官退休。不久前生病，我就想着死后归葬故土，连续亲自乞求告老还乡，没有被允许。州刺史幸好能这样上奏，我得以离任，实在是我的心愿。”没过多久，果然重新被征召。当时冀州有疑难案件，章帝召见询问李统。李统处理得当审慎公平，皇上很满意，皇上说："你聪明得很，刺史是在欺凌你。"李统说："我受到国家的厚待恩宠，官位尊贵而福禄优厚，却不能竭尽全力，来报答皇恩。我生病很久了，气力羸弱，耳聋眼花，心力虚弱衰退，自料很快就要死去。我有幸被皇上看重，亲自见到圣颜，喜不自胜，病暂时好了一些。辞职之后，肯定又会恢复到老样子，所以说刺史没有欺凌我。"皇上很喜欢他的谦逊，当日就罢免了阮况，任命李统为侍中。

司徒九江朱伥

司徒九江朱伥①，以年老，为司隶虞诩所奏"耳目不聪明"②，见掾属大怒曰："颠而不扶，焉用彼相③？君劳臣辱，何用为？"于是东阁祭酒周举曰④："昔圣帝明王，莫不历象日月星辰⑤，以为镜戒；荧惑比有变异⑥，岂能手书，密以上闻？"伥曰："可自力也。"举为创草："臣闻《易》曰：'天垂象，见吉凶⑦。''观乎天文，以察时变⑧。'臣窃见九月庚辰，今月丙辰，过荧惑于东井辟⑨，金光辉合，并移时乃出。臣经术浅末，不晓天官⑩，见其非常，昭昭再见，诚切怪之⑪。臣诚懑愤⑫。夫月者太阴，荧惑火星，不宜相干。臣闻盛德之主，不能无异⑬，但当变改，有以供御。孔子曰：'虽明天子，荧惑必谋⑭。'祸福之征，慎察用之。孝宣皇帝地节元年，月蚀荧惑，明年有霍氏乱⑮。孔子曰：'火上不可握，荧惑班变，不可息志，帝应其修无极⑯。'此言荧惑火精，尤史家所宜察也。楚庄曰：'灾异不见，寡人其亡⑰。'今变异屡臻⑱，此天以佑助汉室，觉悟国家也。臣诚惧史官畏忌，不敢极言⑲，惟陛下深留圣思,按图书之文,鉴古今之戒,召见方正,极言而靡讳,亲贤纳忠,推诚应人,犹影响也。宋景公有善言,荧惑徙舍,延年益寿。况乎至尊,感不旋日^⑳。《书》曰:'天威棐谌^㉑。'言天德辅诚也。周公将没,戒成王以左右常伯、常任、准人、缀衣、虎贲^㉒,言此五官,存亡之机,不可不谨也。臣愿陛下思周旦之言,详左右清禁之内^㉓,谨供养之官^㉔,严宿卫之身,申敕屡省^㉕,务知戒慎,以退未萌,以此无疆。谨匍匐自力,手书密上。"上览伥表,嘉其忠谠,伥目数病,手能细书^㉖。诩案大臣,苟肆私意^㉗。诩坐上谢,伥蒙慰劳。

【注释】

①朱伥:字孙卿,九江(今安徽寿县)人。顺帝永建元年(126),拜为司徒,次年罢。

②虞诩:字升卿,陈国武平(今河南鹿邑西北)人。安帝时曾大败叛乱的羌人。顺帝时曾任司隶校尉、尚书仆射。好举劾奸恶,绝不曲护通融。数以此忤权戚,遂九见谴考,三遭刑罚,而刚正之性,终老不屈。永和初迁尚书令。

③颠而不扶,焉用彼相:语见《论语·季氏》。相,这里指搀扶盲人的助手。

④东阁祭酒:丞相、公侯、郡守自辟贤达之士参与谋议、无固定职事的散吏,避正门而从东阁出入,与掾史等属官相区别,故这些散吏的职衔或冠以"东阁"二字。郡散吏地位最高者为祭酒。周举:字宣光,汝南汝阳(今河南周口)人,博学洽闻,为儒者所崇。初辟司徒府,顺帝时,官历并州刺史、冀州刺史尚书、司隶校尉等职。与杜乔等八人奉使巡行风俗,号称"八俊"。桓帝时,迁光禄勋、光禄大夫。

⑤历：这里是推算的意思。《尔雅·释诂》："历，数也。"象：这里是取法的意思。

⑥荧惑：火星。

⑦天垂象，见吉凶：语见《周易·系辞上》。

⑧观乎天文，以察时变：语见《周易·贲卦》象传。

⑨东井：井宿，二十八宿之一，因在玉井之东，故称。

⑩天官：本指掌天文的官员，这里指天文。

⑪切：实在。

⑫懑愤：烦闷抑郁。

⑬异：例外。

⑭虽明天子，荧惑必谋：《汉书·天文志》："荧惑，天子理也，故曰：虽有明天子，必视荧惑所在。"《开元占经》引《荆州占》曰："荧惑，上承天一，下主司天下人臣之过。……王者礼义，荧惑不留其国；凶殃，荧惑罚之。"

⑮"孝宣皇帝地节元年"几句：据《汉书·天文志》记载，地节元年（前69）正月戊午乙夜，月蚀荧惑。四年，故大将军霍光夫人显、大司马霍禹、奉车都尉霍山等谋反被诛，与《宣帝纪》记载相吻合。此处说霍氏之乱在地节二年，有误。

⑯"火上不可握"几句：出处不详。班变，变化。志，记录。应，应变。修，修正。

⑰灾异不见，寡人其亡：《春秋繁露·必仁且智》："楚庄王以天不见灾，地不见孽，则祷之于山川，曰：'天其将亡予耶？不说吾过，极吾罪也？'"

⑱臻：至。

⑲极言：畅所欲言。

⑳"宋景公有善言"几句：据《史记·宋微子世家》《吕氏春秋·制乐》等记载，宋景公时期，荧惑停留在心宿，宋景公询问司星子

韦。子韦说,心宿为宋之分野,宋国国君当有灾祸,但可移于将相、百姓或年成,宋景公认为这样做都会损害国家人民的利益,宁愿自己受祸。于是子韦认为宋景公所言是善言,上天当有奖赏,荧惑当徙三舍,君将延寿二十一年。而这天荧惑果徙三舍。旋日,一日之间,形容速度很快。旋,不久。

㉑天威棐(fěi)谌:《尚书·康诰》作"天畏棐忱"。意谓上天辅助笃诚之人。威,畏古通,《广雅·释诂》:"威,德也。"棐,辅助。谌,诚。

㉒常伯:治民官。常任:治事官。准人:执法官。缀衣:掌管君王服饰之人。虎贲:守卫君王的武官。

㉓详:审查。清禁:指皇宫。皇宫中清静严肃,故称。

㉔供养之官:侍奉起居的官员。此指宦官。

㉕申敕:告诫。

㉖细书:写的字很小。

㉗苟肆:不审慎。私意:出于私情。

【译文】

司徒九江人朱伥,因为年老,被司隶校尉虞诩奏说"耳目不聪明",他见到属官非常生气地说:"将要摔倒了而不去扶,那又何必用助手呢?君主劳累大臣受辱,那还用他们干什么?"于是东阁祭酒周举说:"以前的圣帝明王,没有谁不是推算日月星辰运行的规律,作为参照;火星接连发生变异,能不能写奏章,秘密地让皇上知道?"朱伥说:"可以自己办到。"周举替他起草:"我听《周易》说:'上天显示各种天象,表示吉凶。''观察天文,来考察四季的变化。'我看到九月庚辰,这个月丙辰,火星经过井宿旁边,与月亮光芒相合,过了一个时辰才移出。我经学浅陋,不懂得天文,看到这一异常现象,明明白白两次出现,实在是觉得很怪异。我也实在感到烦闷忧虑。月亮是太阴,荧惑是火星,不应该互相干扰。我听闻盛德的君主,也不能不遇到异常天象,只是面对异常,应当有所改变,有用以防御的办法。孔子说:'即使是贤明的天子,也一定要观察火星。'

它是祸福的征兆，应谨慎观察。宣帝地节元年，月亮侵犯火星，第二年就发生霍氏的叛乱。孔子说：'火星难以掌握，它的变化，不可以停止记录，帝王应该不停地做相应的改变。'这是说火星是火精，史家尤其应当考察。楚庄王说：'灾异没有出现，我将会败亡吧。'现在变异屡次出现，这是上天用来辅助汉室，使天子觉悟。我实在是担心史官畏惧忌讳，不敢畅所欲言，希望陛下仔细思考，按照图书上的记载，借鉴古今的警戒，召见方正之士，畅所欲言而不要忌讳，亲近贤人接纳忠言，推行诚信响应人们的要求，犹如影子随身和声音回响一样。宋景公有过好的言论，以致火星退后三舍，他自己也得以延年益寿。何况是天子，用不了多久上天就会感动。《尚书》上说：'天威棐谌。'这是说上天之德是辅佐有诚信的人。周公临终前，告诫周成王任用常伯、常任、准人、缀衣、虎贲这些辅佐之臣，是说这五个官职，关系到国家存亡的关键，不可以不谨慎。我希望陛下思量周公的言语，审察身边宫廷内的人，谨慎对待侍奉起居的宦官，严格考核宿卫的士兵，对于他们再三告诫频繁省察，一定要谨戒慎重，以消除还没有萌发的灾祸，从而长治久安。我恭敬地匍匐在地亲自手写密奏。"皇上看了朱伥的奏章，赞许他的忠诚有谋略。朱伥的眼睛多次生病，但却亲自书写小字的奏疏。虞诩考察大臣，出于私情不审慎。因此虞诩上表道歉，朱伥蒙受慰劳。

　　谨按：《论语》："能以礼让为国乎？何有[①]。""夫子温良恭俭让以得之。"传曰："心苟不竞，何惮于病[②]。"朱伥位极人臣，视事数年，迄无一言，弥缝时阙。又伥年且九十，足以愊愤，义当自引，以避贤路，就使有枉，欣以俟命耳，何能乃发忿，欲自提理[③]。周举为人谋而不忠，维讫匡陈[④]，起自营卫。夫奉义顺之谓礼，爱人而不以德，不可谓仁，信不由中[⑤]，文辞何为？向遇中宗、永平之政[⑥]，救罪不暇，何慰劳之有？

李统内省不疚，进退温雅，明主是察，终为长者⑦。

【注释】

①能以礼让为国乎？何有：语见《论语·里仁》。

②心苟不竞，何惮于病：语见《左传·僖公七年》："谚有之曰：'心则不竞，何惮于病。'"竞，刚强。

③提理：申诉。

④维讫：王利器认为应是"虽托"二字。

⑤中：衷。

⑥中宗：汉宣帝刘询，前73—前49年在位。《汉书·宣帝纪》："孝宣之治，信赏必罚，综核名实，政事文学法理之士咸精其能。"永平：汉明帝刘庄年号，58—75年。《后汉书·明帝纪》："明帝善刑理，法令分明，日晏坐朝，幽枉必达。内外无倖曲之私，在上无斺大之色。断狱得情，号居前代十二。"

⑦长者：谓年长德高，见多识广者。

【译文】

谨按：《论语》上说："能够用礼让来治理国家吗？这有什么困难呢？""夫子是靠温和、善良、严肃、节俭、谦逊来取得的。"经传上讲："心里如果不争强好胜，又怎会害怕屈辱。"朱伥身居高位，亲理朝政多年，一直没有金玉良言来弥补当时的缺失。另外朱伥年近九十，肯定已经昏聩，理当自己辞职，为贤人让出位置，即使有委屈，也应该欣然等待命令，怎能如此发怒，想要自己申诉。周举为人谋划而不尽心尽力，虽然委托辅佐陈述，还是出于自我经营护卫。奉行道义顺从它叫做礼，爱人而不用德，不能称为仁，诚信不是发自内心，修饰文辞又有什么用呢？如果是在宣帝、明帝年间，逃脱罪责都来不及，哪里还会受到慰劳？李统自我反省而不内疚，举止温和优雅，明主考察他，最终视他为长者。

蜀郡太守颍川刘胜

蜀郡太守颍川刘胜季陵,去官在家,闭门却扫[1]。岁致敬郡县,答问而已,无所褒贬,虽自枝叶[2],莫力。太仆杜密周甫亦去北海相[3],在家,每至郡县,多所陈说,笺记括属[4]。太守王昱,颇厌苦之,语次[5]:"闻得京师书,公卿举故大臣刘季陵,高士也,当急见征。"密知以见激,因曰:"明府在九重之内[6],臣吏惶畏天威,莫敢尽情。刘胜位故大夫[7],见礼上宾,俯伏甚于鳖獱,冷涩比如寒蝀[8],无能往来,此罪人也。清隽就义,隐居笃学,时所不综[9],而密达之;冤疑勋贤,成陈之罪,所折而密启之[10],明府赏刑得中,令问休扬[11],虽自天然之姿[12],犹有万分之一。《诗》不云乎:'雨我公田,遂及我私[13]。'人情所有,庶不为阙[14],既不善是,多见讥论,夫何为哉?"于是昱甚悦服,待之弥厚。

【注释】

①却扫:不再扫径迎客。谓闭门谢客。

②枝叶:此处指宗族旁支。

③杜密:字周甫,颍川阳城(今河南登封东南)人。为人沉质,少有厉俗志。曾任代郡太守、太山太守、北海相等。桓帝征拜尚书令,迁河南尹,转太仆。抑惩宦官,与李膺并称"李杜",在党锢之祸中被迫自杀。

④笺记:古代文体。给长官的书启。括:王利器校注:"《广博物志》十七引作'托',范书《杜密传》:'每谒守令,多所陈托。''括'当为'托'之误。"

⑤语次:言谈之际。

⑥九重之内：本指君王的居处。此处言九重是对王昱表示尊崇。

⑦位故大夫：《后汉书》杜密本传作"位为大夫"，与《资治通鉴》所载同。胡三省注："位为大夫，谓在朝列也。"

⑧冷涩：谓说话迟钝，语言艰难。寒蜩：寒蝉，到秋天寒冷就不再鸣叫。

⑨综：综聚而考核其实。

⑩"冤疑勋贤"几句：语辞艰涩难懂。冤疑勋贤，冤假错案中的有功勋的贤人。成陈，罗列，罗织。启，开启，揭开，这里指澄清。所折，卢文弨《群书拾补》曰："疑有讹脱。"

⑪令问：善誉。令，好。问，通"闻"。休：美好。

⑫天然：犹言自然。

⑬雨我公田，遂及我私：语见《诗经·小雅·大田》。

⑭庶：希望，但愿。

【译文】

蜀郡太守颍川人刘胜字季陵，辞官在家，关闭门户谢绝客人。每年只在一定的时间去郡县表达敬意，回答提问而已，没有什么褒贬，即使对自己的亲属，也不尽力推荐。太仆杜密字周甫也是辞去北海相，赋闲在家，每次到郡县，喜欢陈述自己的观点，并写信托付事情。太守王昱对此很厌烦苦恼，言谈之间说："听说京师的文书上说，公卿举荐原大臣刘胜，是个高洁之士，应当很快被征召。"杜密知道这是在激将他，于是说："您在郡府之中，下属惶恐惧怕您的威严，没有人敢尽力表达真实情况。刘胜身为大夫，被待以上宾之礼，却蛰伏得比鳖和刺猬还深，又像冬天的蝉一样不言不语，不能有所荐举或批评，这是罪人啊。那些清高超群接近道义、隐居乡里勤于学问的人，时人没能综合考核他们，而我举荐他们；那些冤假错案中的有功勋的贤人，他们被人罗列成的罪行，我都为他们澄清。您赏罚得当，美名远扬，虽然是出于您的自然禀赋，但我也有万分之一的功劳。《诗经》不是说吗：'浇灌我的公田，然后才泽惠我的私田。'

这是人情所共有的,希望不要缺失。既然不被肯定,又多被讥讽,我为什么要做呢?"于是王昱心悦诚服,对他更加优厚。

　　谨按:《论语》:"澹台灭明,非公事未尝至于偃之室也①。""君子思不出其位②。"孟轲亦以为"达则兼济天下,穷则独善其身"③。刘胜在约思纯④,其静已甚,若时意宴及⑤,言论折中,亦无嫌也。杜密婆娑府县⑥,干与王政,就若所云,犹有公私,既见讥切,不蹴坐谢负⑦,而多伐善,以为己力,惟颜之厚,博而俗矣。

【注释】

①澹台灭明,非公事未尝至于偃之室也:语见《论语·雍也》:"子游为武城宰。子曰:'女得人焉尔乎?'曰:'有澹台灭明者,行不由径,非公事,未尝至于偃之室也。'"澹台灭明,姓澹台,名灭明,字子羽。《史记·仲尼弟子列传》将他列为孔子学生。偃,言偃,字子游。亦孔子学生。

②君子思不出其位:语见《论语·宪问》。

③达则兼济天下,穷则独善其身:语本《孟子·尽心上》。

④在约思纯:语见《左传·昭公二十八年》。约,贫困。纯,孔颖达正义:"无滥心。"

⑤宴及:在公余非正式的场合被问到。宴,安闲,平时。

⑥婆娑:往来的样子。

⑦蹴:惊惭不安的样子。

【译文】

　　谨按:《论语》上武城宰言偃说:"澹台灭明,不是公事从不到我屋里来。"又说:"君子所思虑的不超出自己的工作岗位。"孟子也认为"得志时兼济天下,穷困时独善其身"。刘胜在贫困时思虑保持纯正,非常静穆,如果在非正式的场合被问到,能发表不偏不倚的言论,也没有什么不好。杜密往来郡府,干涉政事,就和他所说的那样,还是有公私之分,已经被讥讽,还不恭敬地道歉,而大肆表功,以为是自己的功劳,这只能说明他的脸皮很厚,虽然渊博但也庸俗。

卷六

声音

【题解】

　　"声音"一词通常是指由物体振动而发生的声波通过听觉所产生的印象，而在本卷中，声音有其特殊的含义："声"是指宫、商、角、徵、羽五个声调，"音"是指由不同材质制作的八类乐器，可见本卷与音乐关系密切。

　　儒家学者很早就很重视"乐"移风易俗、感化人心的作用，所以"乐"被列入"六艺"之一，孔子听了韶乐之后三月不知肉味的典故更是传之久远。应劭单列一卷对音乐进行详细的介绍，表达了他对礼乐制度的看重，也不难看出这是他对东汉后期以礼乐为核心的儒家思想的渐趋衰落局面的反应，而这正是其儒家思想的鲜明体现。

　　本卷主要介绍了远古各种主要的音乐作品，音乐的产生及其功能。音乐作品除了我们熟悉的《武》《韶》《夏》，还有《六茎》《五英》《护》等。音乐是圣人的创造，黄帝、颛顼、喾、尧、舜、禹、商汤、周武王、周公等圣人都是音乐的制作者，他们创制音乐的目的就是"动天地，感鬼神，按万民，成性类"。本卷还对五声宫、商、角、徵、羽的本义，在五行、五常、五事中的对应关系进行了说明，同时对埙、笙、鼓、管等十四种乐器的创作者、材质、形制、适用场合等做了介绍。

　　本卷不仅记录下了一些已经失传的乐章和乐器，让我们知道这些乐章和乐器曾经存在于中华文化之中，而且让我们看到了礼乐社会中

"乐"的具体呈现。此篇的音乐不仅仅属于文艺,更是和天时、节令、农事、度量衡制作等紧密联系在一起,有着重要的文献价值。

《易》称:"先王作乐崇德,殷荐之上帝,以配祖考①。"《诗》云:"钟鼓锽锽,磬管枪枪,降福穰穰②。"《书》曰:"击石拊石,百兽率舞③。"鸟兽且犹感应,而况于人乎?况于鬼神乎?夫乐者,圣人所以动天地,感鬼神,按万民④,成性类者也⑤。故黄帝作《咸池》⑥,颛顼作《六茎》⑦,喾作《五英》⑧,尧作《大章》⑨,舜作《韶》⑩,禹作《夏》⑪,汤作《护》⑫,武王作《武》⑬,周公作《勺》⑭。《勺》,言能斟勺先祖之道也⑮;《武》,言以功定天下也;《护》,言救民也;《夏》,大承二帝也;《韶》,继尧也;《大章》,章之也;《五英》,英华茂也;《六茎》,及根茎也;《咸池》,备矣。

【注释】

① "先王作乐崇德"几句:语见《周易·豫卦》。殷荐,隆重地进献。配,配享,配祭。祖考,这里泛指先人。

② "钟鼓锽锽"几句:语见《诗经·周颂·执竞》。穰穰(ráng),盛多,众多。

③ 击石拊石,百兽率舞:语见《尚书·益稷》。石,石磬。拊,轻击。

④ 按万民:使万民安定。按,通"安"。

⑤ 性类:这里指有生命的物类。性,生命,生机。

⑥ 《咸池》:传说中的古代乐名。《周礼》记为《大咸》。《白虎通义·礼乐》云:"《礼记》曰:'黄帝乐曰《咸池》。'"又:"黄帝曰《咸池》者,言大施天下之道而行之,天之所生,地之所载,咸蒙德施也。"

⑦《六茎》:传说中的古代乐名。《白虎通义·礼乐》:"《礼记》曰:'颛顼乐曰《六茎》。'"又:"颛顼曰《六茎》者,言和律吕以调阴阳。茎者,万物也。"

⑧《五英》:传说中的古代乐名。《白虎通义·礼乐》云:"《礼记》曰:'帝喾乐曰《五英》。'"又:"帝喾曰《五英》者,言能调和五声以养万物,调其英华也。"

⑨《大章》:传说中的古代乐名。《白虎通义·礼乐》云:"《礼记》曰:'尧乐曰《大章》。'"又:"尧曰《大章》者,大明天地人之道也。"《礼记·乐记》云:"《大章》,章之也。"郑玄注:"尧乐名也,言尧德章明也。"章,显示,表明。

⑩《韶》:传说中的古代乐名,又名《箫韶》。《白虎通义·礼乐》云:"《礼记》曰:'舜乐曰《箫韶》。'"《礼记·乐记》云:"《韶》,继也。"郑玄注:"舜乐名也。韶之言绍也,言舜能绍尧之德。"

⑪《夏》:传说中的古代乐名,又名《大夏》。《白虎通义·礼乐》云:"《礼记》曰:'禹乐曰《大夏》。'"又:"禹曰《大夏》者,言禹能顺二圣之道而行之,故曰《大夏》也。"《礼记·乐记》:"《夏》,大也。"郑玄注:"禹乐名也。言禹能大尧、舜之德。《周礼》曰《大夏》。"

⑫《护》:传说中的古代乐名,又名《大护》。《白虎通义·礼乐》云:"《礼记》曰:'汤乐曰《大护》。'"又:"汤曰《大护》者,言汤承衰,能护民之急也。"

⑬《武》:传说中的古代乐名,又名《大武》。《白虎通义·礼乐》云:"《礼记》曰:'周乐曰《大武》《象》,周公之乐曰《酌》,合曰《大武》。'"又:"合曰《大武》者,天下始乐周公之征伐行武,故诗人歌之:'王赫斯怒,爰整其旅。'当此之时,天下乐文王之怒以定天下,故乐其武也。"

⑭《勺》(zhuó):传说中的古代乐名,又写作《酌》。《白虎通义·礼

乐》云：“《礼记》曰：‘周公之乐曰《酌》。’”又：“周公曰《酌》者，
言周公辅成王，能斟酌文、武之道而成之也。”

⑮斟勺（zhuó）：考虑，吸取。勺，此同“酌”。

【译文】

《周易》上说：“先王制作音乐推崇道德，隆重地进献给上帝，以此配
享先人。”《诗经》说：“钟鼓声锽锽地奏响，悬磬和管乐也锵锵嘹亮，神
灵降下了众多的福祉。”《尚书》说：“轻敲重击着石磬，百兽都跟着跳起
舞来。”鸟兽尚且能感受应和音乐，何况是人呢？何况是鬼神呢？音乐
是圣人用来感动天地鬼神，安定民众，成就有生命的物类的。所以黄帝
创作《咸池》，颛顼创作《六茎》，喾创作《五英》，尧创作《大章》，舜创作
《韶》，禹创作《夏》，汤创作《护》，武王创作《武》，周公创作《勺》。《勺》
是说能汲取先祖的大道；《武》是说能以武功平定天下；《护》是说拯救万
民；《夏》是说禹能光大尧舜二帝的德行；《韶》是说舜能继承尧的事业；
《大章》是说能彰明大义；《五英》是说能英华繁茂；《六茎》是说恩泽遍
及万物；《咸池》是说德行完备。

其后，周室陵迟，礼崩乐坏，诸侯恣行，竞悦所习，桑
间、濮上，郑、卫、宋、赵之声，弥以放远，滔湮心耳，乃忘和
平，乱政伤民，致疾损寿①。重遭暴秦，遂以阙忘。汉兴，制
氏世掌大乐，颇能纪其铿锵②，而不能说其义。武帝始定郊
祀，巡省告封③，乐官多所增饰，然非雅正④，故继其条畅曰
《声音》也⑤。

【注释】

①“周室陵迟”几句：《汉书·礼乐志》云：“周室大坏，诸侯恣行，设
两观，乘大路。陪臣管仲、季氏之属，三归《雍》彻，八佾舞庭，制

度遂坏,陵夷而不反,桑间、濮上,郑、卫、宋、赵之声并出,内则致疾损寿,外则乱政伤民。"《史记·乐书》云:"郑、卫之音,乱世之音也,比于慢矣。桑间、濮上之音,亡国之音也,其政散,其民流,诬上行私而不可止。"陵迟,渐趋衰颓。放远,狂放不羁,不拘礼法。忘,通"亡"。桑间,指桑间之咏。泛指淫靡之音。濮上,古卫地。指濮水之滨。春秋时濮上以侈靡之乐闻名于世,男女亦多于此处幽会,故后用以指代侈靡淫乱的音乐、风俗的流行地。放远,放纵。滔湮,淹没堵塞。

②"汉兴"几句:《汉书·礼乐志》:"汉兴,乐家有制氏,以雅乐声律,世世在太乐官,但能纪其铿锵鼓舞,而不能言其义。"制氏,《汉书·礼乐志》颜师古注引服虔云:"鲁人也,善乐事也。"铿锵,形容金玉或乐器等声音洪亮,这里代指各种音乐。

③巡省:巡察诸侯。告封:告祭封禅。

④乐官多所增饰,然非雅正:《文心雕龙·乐府》云:"暨武帝崇礼,始立乐府,总赵、代之音,撮齐、楚之气,延年以曼声协律,朱、马以骚体制歌,《桂华》杂曲,丽而不经,《赤雁》群篇,靡而非典,河间荐雅而罕御,故汲黯致讥于《天马》也。"

⑤继:延续,使之不绝。条畅:通畅,畅达。

【译文】

在这之后,周室衰微,礼崩乐坏,诸侯任意而行,竞相乐其所好,桑间、濮上,郑、卫、宋、赵的音乐,越来越放纵不羁,使人心灵放荡耳目淤塞,于是平和安静消亡,扰乱政治伤害民众,导致疾病折损寿命。又遭受暴虐的秦朝,于是把上古的音乐都缺失遗忘了。汉代建立,制氏世代掌管音乐,很能记录下响亮而有节奏的乐曲,但不能解说音乐的意义。武帝开始订立郊祀的礼仪,巡察诸侯告祭封禅,乐官增加修饰了很多,但都不够标准典雅,所以继承通畅上古音乐,篇名叫《声音》。

　　昔皇帝使伶伦自大夏之西[①]，昆仑之阴，取竹于嶰谷生[②]，其窍厚均者[③]，断两节而吹之，以为黄钟之管[④]，制十二篇[⑤]，以听凤之鸣；其雄鸣为六，雌鸣亦为六，天地之风气正而十二律定[⑥]，五声于是乎生，八音于是乎出。声者，宫、商、角、徵、羽也[⑦]，音者，土曰埙，匏曰笙，革曰鼓，竹曰管，丝曰弦，石曰磬，金曰钟，木曰柷。《诗》曰："鹤鸣九皋，声闻于天[⑧]。"《书》："八音克谐，无相夺伦[⑨]。"由是言之：声本音末也。

【注释】

①皇帝：即黄帝。伶伦：传说为黄帝的大臣。大夏：古地名。《汉书·律历志》颜师古注引应劭云："大夏，西戎之国也。"《吕氏春秋·古乐》高诱注："大夏，西方之山。"

②嶰（xiè）谷：《汉书·律历志》颜师古注引孟康曰："解，脱也。谷，竹沟也。取竹之脱无沟节者也。一说昆仑之北谷名也。"又引晋灼曰："谷名是也。"

③窍：孔。

④黄钟之管：律管。黄钟是十二律之一。律管是古代用来校正乐音标准的管状仪器。管也作"宫"。

⑤篇（tǒng）：又作"筒"。《吕氏春秋·古乐》高诱注："六律六吕各有管，故曰十二筒。"

⑥十二律：古人按乐音的高低分为六律和六吕，合称"十二律"。十二律分别称为应钟、无射、南吕、夷则、林钟、蕤宾、仲吕、姑洗、夹钟、太蔟、大吕、黄钟。

⑦宫、商、角、徵（zhǐ）、羽：古音的五个音阶。

⑧鹤鸣九皋，声闻于天：语见《诗经·小雅·鹤鸣》。

⑨八音克谐，无相夺伦：语见《尚书·舜典》。夺，失去。伦，条理，

次序。

【译文】

　　以前黄帝让伶伦从大夏的西边,昆仑山的南边,采伐嶰谷中生长的竹子,选取孔隙内外厚薄均匀的竹子,截成两节来吹,当作校正乐音的律管,制成十二律,用来听凤凰的鸣声;雄鸣声音有六种,雌鸣声音也有六种,天地之间的风声节气平正而十二律稳定,五声于是产生,八音于是制出。声是指宫、商、角、徵、羽。音是指用土做的埙,用匏做的笙,用革做的鼓,用竹做的管,用丝做的弦,用石做的磬,用金做的钟,用木做的柷。《诗经》上说:“鹤在水泽边鸣叫,声音响彻天际。”《尚书》上说:“八种乐器的声音能够和谐,不互相乱了次序。”如此说来:声是本音是末。

商

　　谨按:刘歆《钟律书》[①]:“商者,章也[②],物成熟,可章度也[③]。”五行为金[④],五常为义[⑤],五事为言[⑥],凡归为臣[⑦]。

【注释】

①刘歆:字子骏,西汉著名经学家、文学家刘向之子。博学洽闻,历任太中大夫、骑都尉、奉车光禄大夫等职。《钟律书》:西汉刘歆著,今不存。

②章:明显。《汉书·律历志》作“章”,《白虎通义·礼乐》作“张”。

③章度(duó):衡量,计算。《汉书·律历志》:“商之为言章也,物成孰可章度也。”

④五行:指金、木、水、火、土。汉代流行的阴阳五行说认为:五行中的金与时序上的秋季、五声中的商相配合;木与春季、角声相配合;火与夏季、徵声相配合;水与冬季、羽声相配合;土尊贵,不与

四时相配,五声中合于宫。

⑤五常:指仁、义、礼、智、信。

⑥五事:指貌、言、视、听、思。《尚书·洪范》:"五事,一曰貌,二曰言,三曰视,四曰听,五曰思。"

⑦凡归为臣:此句即《汉书·律历志》所谓的"以君臣民事物言之",商合于臣之义。《礼记·乐记》正义引《乐纬动声仪》:"商为臣,臣者,当发明君之号令,其声散以明,其和温以断,动肺也。"

【译文】

谨按:刘歆《钟律书》上说:"商是显著,万物成熟了,可以衡量计算了。"五行中的金和它相配,五常中的义和它相配,五事中的言和它相配,大凡归于臣之义。

角

谨按:刘歆《钟律书》:"角者,触也,物触地而出,戴芒角也①。"五行为木,五常为仁,五事为貌,凡归为民②。

【注释】

①"角者"几句:《白虎通义·礼乐》云:"角者,跃也,阳气动跃。"意思与此相同。芒角,指植物的尖叶。

②凡归为民:《礼记·乐记》正义引《乐纬动声仪》:"角为民,民者,当约俭不奢僭差,故其声防以约,其和清以静,动肝也。"

【译文】

谨按:刘歆《钟律书》上说:"角是触动,万物触动大地而生长,现出初生的尖叶。"五行中的木和它相配,五常中的仁和它相配,五事中的貌和它相配,大凡归于民之义。

宫

谨按：刘歆《钟律书》："宫者，中也，居中央，畅四方，倡始施生，为四声纲也①。"五行为土，五常为信，五事为思，凡归为君②。

【注释】

①"宫者"几句：《白虎通义·礼乐》云："宫者，容也，含也，含容四时者也。"意思与此相异。倡始，首倡，先导。施生，谓生育万物。纲，事物的关键部分。

②凡归为君：《礼记·乐记》正义引《乐纬动声仪》："宫为君，君者，当宽大容众，故其声宏以舒，其和清以柔，动脾也。"

【译文】

谨按：刘歆《钟律书》上说："宫就是中，位于中央，通达四方，倡导生育万物，是四声的关键。"五行中的土和它相配，五常中的信和它相配，五事中的思和它相配，大凡归于君之义。

徵

谨按：刘歆《钟律书》："徵者，祉也，物盛大而繁祉也①。"五行为火，五常为礼，五事为视，凡归为事②。

【注释】

①"徵者"几句：《白虎通义·礼乐》云："徵者，止也，阳气止。"与此意思不同。繁祉（zhǐ），多福。祉，福。

②凡归为事：《礼记·乐记》正义引《乐纬动声仪》："徵为事，事者，

君子之功既当急就之,其事勿久流亡,故其声贬以疾,其和平以切,动心也。"

【译文】

谨按:刘歆《钟律书》上说:"徵就是福祉的意思,万物盛大所以福祉众多。"五行中的火和它相配,五常中的礼和它相配,五事中的视和它相配,大凡归于事之义。

羽

谨按:刘歆《钟律书》:"羽者,宇也,物聚藏,宇覆之也①。"五行为水,五常为智,五事为听,凡归为物②。

【注释】

①"羽者"几句:《白虎通义·礼乐》则云:"羽者,纡也,阴气在上,阳气在下。"意思与此不同。

②凡归为物:《礼记·乐记》正义引《乐纬声动仪》:"羽为物,物者,不有委聚,故其声散以虚,其和断以散,动肾也。"

【译文】

谨按:刘歆《钟律书》上说:"羽是屋宇的意思,万物聚集收藏其中,屋宇遮盖着它们。"五行中的水和它相配,五常中的智和它相配,五事中的听和它相配,大凡归于物之义。

故闻其宫声,使人温润而广大;闻其商声,使人方正而好义;闻其角声,使人整齐而好礼;闻其徵声,使人恻隐而博爱;闻其羽声,使人善养而好施。宫声乱者,则其君骄;商声错者,则其臣坏;角声缪者①,则其民怨;徵声洪者,则其事难;羽声差者,则其物乱。春宫秋律,百卉必凋;秋宫春律,万物必荣;夏宫冬律,雨雹必降;冬宫夏律,雷必发声②。夫音乐至重,所感者大,故曰:"知礼乐之情者能作,识礼乐之文者能述。作者之谓圣,述者之谓明,明圣者,述作之谓也③。"

【注释】

①缪:错误,乖谬。

②"春宫秋律"几句:此谓五音、十二律与十二月应配合有序,否则必生灾异。宫,这里指五音。宫为五音之本,故有时指代五音。

③"知礼乐之情者能作"几句:语见《礼记·乐记》。识,记住。文,泛指曲调。《荀子·乐论》:"故乐者审一以定和者也,比物以饰节者也,合奏以成文者也。"

【译文】

所以听到宫声,使人性情温和而心胸开阔;听到商声,使人正直不阿而喜好正义;听到角声,使人有秩序而喜好礼仪;听到徵声,使人心生怜悯而博爱天下;听到羽生,使人乐于供养且爱好施舍。宫声如果紊乱,那么就是君主骄横;商声如果错位,那么就是大臣败坏;角声如果谬误,那么就是百姓怨恨;如果徵声洪亮,那么就是事情陷入困境;如果羽声有差错,那么就是万物杂乱。如果用春天的声来和秋天的律,那么百花就会凋零;如果用秋天的声来和春天的律,那么万物必定繁荣;如果用夏天的声来和冬天的律,大雨冰雹一定会降落;如果用冬天的声来和夏天的律,一定会打雷。音乐至关重要,所能感动的面很广,所以说:"了解礼乐真正含义的人能创作,记得礼乐的形式曲调的能复述。创作的人称为圣,复述的人称为明,明和圣,就是讲复述和创作的人。"

埙

谨按:《世本》^①:"暴辛公作埙^②。"《诗》云:"天之诱民,如埙如篪^③。"埙,烧土为之,围五寸半,长三寸半,有四孔,其二通,凡为六孔。

【注释】

①《世本》:战国时史官所撰。有《帝系谱》《诸侯谱》《卿大夫谱》《姓氏》《居》《作》《谥法》等篇。主要记历代帝王、诸侯、卿、大夫世系名号及古代姓氏,兼载都邑居处、事物发明历史和谥法等。至宋已佚。

②暴辛公:《太平御览》云:"《世本》曰:'埙,暴新公所造。'亦不知何人,周畿内有暴国,岂其时人乎?"又引宋均注:"暴公,周平王诸侯也。"

③天之诱民,如埙如篪(chí):语见《诗经·大雅·板》。诱,今本《诗经》作"牖"。篪,古代一种用竹管制成像笛子一样的乐器,有八孔。

【译文】

谨按:《世本》上说:"暴辛公制作了埙。"《诗经》上说:"上天诱导民众,就像埙和篪唱和相应。"埙是用烧土做成的,周长五寸半,长三寸半,有四个孔,其中有二个对应贯通,共有六个孔。

笙

谨按:《世本》:"随作笙。"长四寸,十二簧,像凤之身,正月之音也,物生故谓之笙^①。《诗》云:"我有嘉宾,鼓瑟吹笙②。"大笙谓之篁,小者谓之和③。

【注释】

①"长四寸"几句:《说文解字》:"笙,十三簧,象凤之身也。笙,正月之音,物生,故谓之笙。大者谓之巢,小者谓之和。从竹生声。古者随作笙。"二,当作"三"。

②我有嘉宾,鼓瑟吹笙:语见《诗经·小雅·鹿鸣》。

③大笙谓之篁(cháo),小者谓之和:《尔雅·释乐》:"大笙谓之巢,小者谓之和。"

【译文】

谨按:《世本》上说:"随制作了笙。"长四寸,有十三块簧片,形状好像凤凰的身体,是正月的声音,万物生长所以称之为笙。《诗经》上说:"我有嘉宾,鼓瑟吹笙。"大笙叫做篁,小的叫做和。

鼓

谨按:《易》称:"鼓之以雷霆,圣人则之①。"不知谁所作也。鼓者,郭也②,春分之音也,万物郭皮甲而出,故谓之鼓。《周礼》六鼓:雷鼓八面,路鼓四面,睪鼓、晋鼓皆二面③。《诗》云:"击鼓其镗④。"《论语》:"小子鸣鼓而攻之,可也⑤。"

【注释】

①鼓之以雷霆,圣人则之:语见《周易·系辞上》。

②郭:扩张,扩大。

③"雷鼓八面"几句:语见《周礼·地官·鼓人》。睪(gāo)鼓,鼓名。即鼖鼓。睪,通"鼖"。《周礼·地官·鼓人》:"以鼖鼓鼓役

事。"郑玄注:"鼗鼓长丈二尺。鼗音羔。"

④击鼓其镗:语见《诗经·邶风·击鼓》。

⑤小子鸣鼓而攻之,可也:语见《论语·先进》:"季氏富于周公,而求也为之聚敛而附益之。子曰:'非吾徒也。小子鸣鼓而攻之可也。'"

【译文】

谨按:《周易》说:"用雷霆来鼓动他们,圣人效法它。"不知道是谁制作了鼓。鼓是扩张的意思,是春分时的声音,万物从皮甲中生长出来,所以叫做鼓。《周礼》上记载有六种鼓:雷鼓有八面,路鼓有四面,鼍鼓、晋鼓都是二面。《诗经》上说:"击鼓咚咚响。"《论语》上说:"你们学生可以大张旗鼓地来攻击他。"

管

谨按:《诗》云:"嘒嘒管声①。""萧管备举②。"《礼·乐记》:"管,漆竹长一尺,六孔,十二月之音也。象物贯地而牙,故谓之管③。"《尚书大传》:"舜之时,西王母来献其白玉琯④。"昔章帝时,零陵文学奚景⑤,于冷道舜祠下得生白玉管⑥,知古以玉为管,后乃易之以竹耳。夫以玉作音,故神人和,凤皇仪也⑦。

【注释】

①嘒嘒(huì)管声:语见《诗经·商颂·那》。嘒嘒,象声词。形容管乐声音色清脆。

②萧管备举:语见《诗经·周颂·有瞽》。萧,即箫。

③"管,漆竹长一尺"几句:此处所引《礼记·乐记》文字,不见于今本《礼记·乐记》。西汉刘向校书,得《乐记》二十三篇,著录于《别录》。今《乐记》仅断取其中十一篇,所剩十二篇已佚,但

篇名犹存,其中有《乐器》第十三。此处所引的《礼记·乐记》即出于《乐器》。《汉书·律历志》颜师古注引孟康曰:"《礼·乐器记》:'管,漆竹长一尺,六孔。'"

④琯(guǎn):玉管。古乐器,用玉制成,六孔,如笛。历家用以候气。

⑤文学:汉代于州郡设置文学一职,或称文学掾,或称文学史,是后代教官的前身。

⑥冷道:冷道县,东汉属零陵郡,治今湖南宁远东。舜祠:人们为纪念舜帝而修建的祠庙,位于九嶷山东北。传说舜南巡死去,葬于九嶷山。生:《初学记》《太平广记》《路史》等引文均作"笙"。

⑦仪:来。

【译文】

谨按:《诗经》上说:"管声悠悠扬清脆。""箫管一起奏响。"《礼记·乐记》上说:"管,由漆竹制成,长一尺,有六个孔,是十二月的声音。象征万物钻出地面而萌芽,所以称之为管。"《尚书大传》上说:"在舜的时候,西王母来献她的白玉琯。"以前章帝的时候,零陵郡文学史奚景,在冷道舜的祠堂下得到白玉管,可知古代用玉来制作管,后来才改用竹来做。用玉来发音,所以神人应和,凤凰来舞。

瑟

谨按:《世本》:"宓羲作瑟,长八尺一寸,四十五弦①。"《黄帝书》②:"泰帝使素女鼓瑟而悲,帝禁不止,故破其瑟为二十五弦③。"《春秋》:"师旷为晋平公奏清徵之音④,有玄鹤二八,从南方来,进于廊门之危⑤,再奏之而成列,三奏之则延颈舒翼而舞⑥,音中宫商,声闻于天。平公大说,坐者皆喜。平公提觞而起,为师旷寿,反坐而问曰:'音莫悲于清徵乎？'师旷曰：'不如清角⑦。'平公曰：'清角可得闻乎？'师旷曰：'不可。昔黄帝驾象车⑧，六交龙⑨，毕方并辖⑩，蚩尤居前⑪，风伯进扫⑫，雨师洒道⑬，虎狼在后，虫蛇伏地，大合鬼神于太山之上，作为清角；今主君德薄，不足以听之，听之，将恐有败。'平公曰：'寡人老矣，所好者音也，愿遂闻之。'师旷不得已而鼓之，一奏之，有云从西北起，再奏之，暴风疯至，大雨沣沛⑭，裂帷幕，破俎豆⑮，堕廊瓦，坐者散走，平公恐惧，伏于室侧，身遂疾痛，晋国大旱，赤地三年。故曰：不务德治而好五音，则穷身之事也⑯。"今瑟长五尺五寸，非正器也⑰。

【注释】

①"宓羲作瑟"几句：《宋书·乐志》云："瑟，马融《笛赋》云：'神农造瑟。'《世本》：'宓羲所造。'《尔雅》：'瑟二十七弦者曰灑。'今无其器。"

②《黄帝书》：疑为《汉书·艺文志》著录的《黄帝》十六篇。

③"泰帝使素女鼓瑟而悲"几句：《史记·封禅书》："太帝使素女鼓五十弦瑟，悲，帝禁不止，故破其瑟为二十五弦。"《太平御览》引王嘉《拾遗记》："黄帝使素女鼓庖羲氏之瑟，满席悲不能已，后破为七尺二寸，二十五弦。"素女，传说为黄帝时的神女，一说精于音乐，一说知阴阳天道，擅长房中之术。

④师旷为晋平公奏清徵之音：此事《韩非子·十过》《史记·乐书》《论衡·感虚篇》和《纪妖篇》等均有记载。清徵，清澄的徵音。徵，五音之一，相当于今首调唱名中的sol音。

⑤危：屋脊。

⑥鸠（jǐng）：同"颈"。

⑦清角（jué）：高畅而清和的角音。角，古代五音之一，相当于今首调唱名中的mi音。

⑧象车：用象牙装饰的车。

⑨交龙：即蛟龙。

⑩毕方：传说中的神名，状如鸟。一说是木之精，一说是父老神。并（bàng）辖：犹言夹毂，指跟随在车子两侧担任护卫。并，挨着，跟随。辖，安在车轴末端的车键，用以挡住车轮，不使脱落。此指车轮。

⑪蚩尤：传说中的古代九黎族首领。以金作兵器，与黄帝战于涿鹿，失败被杀。但古籍所载，说法不一。《史记·五帝本纪》正义引《龙鱼河图》云："黄帝摄政，有蚩尤兄弟八十一人，并兽身人语，铜头铁额，食沙石子，造立兵仗刀戟大弩，威振天下，诛杀无道，不慈仁。万民欲令黄帝行天子事，黄帝以仁义不能禁止蚩尤，乃仰天而叹。天遣玄女下授黄帝兵信神符，制伏蚩尤，帝因使之主兵，以制八方。蚩尤没后，天下复扰乱，黄帝遂画蚩尤形像以威天下，天下咸谓蚩尤不死，八方万邦皆为弭服。"

⑫风伯：神话中的风神。《史记·司马相如列传》正义引张揖曰："风伯字飞廉。"

⑬雨师：古代传说中司雨的神。雨师所指不一，或以二十八宿之毕宿为雨师，见《周礼·春官·大宗伯》郑玄注；或以屏翳为雨师，见《山海经·海外东经》郭璞注。

⑭沣沛：雨盛的样子。

⑮俎豆：俎和豆。古代祭祀、宴飨时盛食物用的器物。

⑯穷身：使自己困窘。

⑰正器：指合乎标准的器具。

【译文】

谨按：《世本》上说："宓羲制作了瑟，长八尺一寸，有四十五根弦。"《黄帝书》上说："泰帝让素女鼓瑟而声音悲伤，泰帝制止不住，所以把瑟剖开减少为二十五根弦。"《春秋》上说："师旷给晋平公演奏清徵的声调，有黑色的鹤十六只，从南方飞来，停在廊门的屋脊上，再次奏乐时就排成列，第三次弹奏就伸长脖颈舒展翅膀翩翩起舞，声音合乎宫商，乐声上闻于天。平公非常高兴，在座的人也都很欣喜。平公拿着酒杯站起来，为师旷祝寿，回到座位又问师旷说：'音乐没有比清徵更美妙的了吗？'师旷说：'清徵还比不上清角。'平公说：'清角之调能让我听听吗？'师旷说：'不能。从前黄帝驾着象牙装饰的车，由六条蛟龙拉着，毕方在两旁护卫着车子，蚩尤在前面开路，风伯一路扫除障碍，雨师冲洗道路，虎狼在后面跟着，虫蛇匍匐在地，在泰山山顶会合鬼神，这才弹奏清角之调。现在主君德行浅薄，不足以听这个声调，如果听了，恐怕会有败伤。'平公说：'我已经老了，喜欢的也就是音乐了，希望能够如愿听一听。'师旷不得已而演奏清角之音，刚一奏乐，就有云从西北升起，再次奏乐时，暴风快速到来，大雨瓢泼，撕裂了帷幕，打破了俎豆，吹落了回廊上的瓦片，所有陪坐的人都四散逃走，平公恐惧，伏于廊屋的侧面，身体于是患病，晋国大旱，三年寸草不生。所以说：不致力于德政而喜好音乐，那是让自己陷于困窘的事情。"现在瑟长五尺五寸，不是标准的乐器。

磬

　　谨按：《世本》："毋句作磬①。"《尚书》："豫州锡贡磬错②。"《诗》云："笙磬同音③。"《论语》："子击磬于卫，有荷蒉而过者，曰：'有心哉！'④"

【注释】

　　①毋句作磬：《通志·乐略》云："磬，《世本》云叔所造，不知何代人。又曰无句作磬。"

　　②豫州锡贡磬错：语见《尚书·禹贡》。豫州，古九州之一。锡，指

贡给。错,打磨。

③笙磬同音:语见《诗经·小雅·钟鼓》。

④"子击磬于卫"几句:语见《论语·宪问》。蒉(kuì),古代用草编的筐子,一般用来盛土。

【译文】

谨按:《世本》:"毋句制作了磬。"《尚书》上说:"豫州进贡打磨过的磬。"《诗经》上说:"笙磬的声音非常和谐。"《论语》上说:"一天孔子在卫国正击磬,一个挑着草筐的人从门前走过,说:'这个击磬是有深意的呀!'"

钟

谨按:《世本》:"垂作钟①。"秋分之音也。《诗》:"鼓钟于宫,声闻于外②。"《论语》云:"乐云乐云,钟鼓云乎哉③?"周景王将铸大钟④,单穆公谏曰⑤:"夫先王之制钟也,大不出均⑥,重不过石,律度量衡⑦,于是乎生,小大器用⑧,于是乎出,故圣人慎之。今王作钟,听之弗及⑨,比之不度⑩,钟声不可以知和,制度不可以出节,无益于乐,而鲜民财⑪,将焉用之?"

【注释】

①垂作钟:《宋书·乐志》云:"钟者,《世本》云:'黄帝工人垂所造。'"

②鼓钟于宫,声闻于外:语见《诗经·小雅·白华》。

③乐云乐云,钟鼓云乎哉:语见《论语·阳货》。

④周景王将铸大钟:此则所记详见《国语·周语下》。周景王二十

三年（前522），准备铸无射钟，先铸了大林钟。

⑤单穆公：名旗。春秋时期周王室大夫。

⑥均：同"钧"。指调节乐音的标准。以木长七尺者弦系之以为钧法。

⑦律：音律。度：指长短。量：量容积大小的量器。衡：称轻重的衡器单位。

⑧小：指小的计量单位。大：指大的计量单位。

⑨听之弗及：无射为阳律细声，林钟为阴律大声，细声被大声压抑，所以耳朵就无法分辨声音的清浊。

⑩不度：指不符合"大不出钧，重不过石"的法度。

⑪鲜：用尽。

【译文】

谨按：《世本》上说："垂制作了钟。"这是秋分时的声音。《诗经》上说："在宫中敲钟，宫外都能听到声音。"《论语》上说："乐啊乐啊，仅是指钟鼓等乐器而说的吗？"周景王想要铸造大钟，单穆公劝谏说："先王制作钟，最大也不超过均，最重不超过一石，音律、长度、容量、重量的标准都是根据这个标准而产生，小大器物的制作标准也是由此产生，所以圣人对此很慎重。现在大王制作钟，耳朵听不到它的声音，形制不合钧石之数，从钟声听不出和谐，制作的尺度又不能作为法度，这样的乐器对音乐没有好处，却用尽民财，制作这样的钟有什么用呢？"

柷

谨按：《礼·乐记》："柷，漆桶，方画木，方三尺五寸，高尺五寸，中有椎，止其名也①，用柷止音为节②。"《书》曰："合止柷敔，笙镛以间③。"声所以五者，系五行也，音所以八者，系八风也④。传曰："八音之变，不可胜听也。"由经五艺六⑤，而其枝别叶布，繁华无已也。

【注释】

① "柷（zhù），漆桶" 几句：引文不见于今本《礼记·乐记》。《尔雅·释乐》："柷如漆桶，方二尺四寸，深一尺八寸，中有椎柄连底，桐之令左右击。止者，其椎名。" 又，《通典·乐四》："柷如漆桶，方二尺四寸，深一尺八寸，中有椎柄，连底，旁开孔，内手于中，击之以举乐。" 止其名，止就是击打柷的椎之名。

② 用柷止音为节：《说文解字》："柷，乐木空也，所以止音为节。"

③ 合止柷敔（yǔ），笙镛以间：语见《尚书·益稷》。合止，合乐止乐。敔，一种打击乐器，形状像伏虎，奏乐将终时，击之使演奏停止。镛，大钟。

④ "声所以五者" 几句：《白虎通义·礼乐》云："声五音八何？声为本，出于五行；音为末，象八风。故《乐记》曰：'声成文，谓之音；知音而乐之，谓之乐也。'"

⑤ 由：通"犹"。经五艺六：即五经六艺。五经指《易》《书》《诗》《礼》《春秋》。六艺指礼、乐、射、御、书、数。

【译文】

谨按：《礼记·乐记》上说："柷，形状像漆桶，方形木制，上面画有图案，周长三尺五寸，高一尺五寸，中间有一个椎柄，叫做止，用柷止音以合乎节奏。"《尚书》上说："敲柷作为奏乐的开始，敲敔作为奏乐的结束，中间以笙和大钟交替演奏。"声之所以有五，是因为它联系着五行；音之所以有八，是因为它联系着八方之风。经传上讲："八音的变化，怎么听也听不完。"就像五经六艺，它派生的枝叶，繁华得无穷无尽。

琴

谨按：《世本》："神农作琴①。"《尚书》②："舜弹五弦之琴，歌《南风》之诗，而天下治。"《诗》云："我有嘉宾，鼓瑟鼓琴③。"雅琴者,乐之统也,与八音并行,然君子所常御者,琴最亲密,不离于身。非必陈设于宗庙乡党,非若钟鼓罗列于虡悬也④,虽在穷阎陋巷,深山幽谷,犹不失琴,以为琴之大小得中,而声音和,大声不喧哗而流漫⑤,小声不湮灭而不闻,适足以和人意气,感人善心。故琴之为言"禁"也,雅之为言"正"也,言君子守正以自禁也。夫以正雅之声,动感正意,故善心胜,邪恶禁;是以古之圣人君子,慎所以自感,因邪禁之适,故近之,闲居则为从容以致思焉,如有所穷困,其道闭塞,不得施行,及有所通达而用事,则著之于琴,以杼其意⑥,以示后人。其道行和乐而作者,命其曲曰"畅",畅者,言其道之美畅,犹不敢自安,不骄不溢,好礼不以⑦,畅其意也;其遇闭塞,忧愁而作者,命其曲曰"操",操者,言遇灾遭害,困厄穷迫,虽怨恨失意,犹守礼义,不惧不慑,乐道而不失其操者也。伯子牙方鼓琴,锺子期听之,而意在高山,子期曰:"善哉乎,巍巍若太山!"顷之间而意在流水,锺子又曰:"善哉乎,汤汤若江河!"子期死,伯牙破琴绝弦,终身不复鼓,以为世无足为音者也⑧。今琴长四尺五寸,法四时五行也;七弦者,法七星也⑨。

【注释】

①神农作琴:按《史记·乐书》正义、《初学记》《乐府诗集》并引《世本》此文,而《文选·笛赋》曰:"庖羲作琴。"

②《尚书》:此处指《尚书大传》。

③我有嘉宾,鼓瑟鼓琴:语见《诗经·小雅·鹿鸣》。

④虡(jù)悬:悬挂钟鼓的木架。

⑤流漫：放纵。

⑥杼（shū）：通"抒"。

⑦以：通"已"。停止。

⑧"伯子牙方鼓琴"几句：此事《列子·汤问》《吕氏春秋·本味》《韩诗外传》等均有记载。伯子牙，即伯牙。相传生于春秋时代，以善弹琴闻名于世。锺子期，与伯牙同时，以善于欣赏音乐而著称。

⑨七星：指北斗星座的天枢、天璇、天玑、天权、玉衡、开阳、摇光七星。

【译文】

谨按：《世本》上说："神农制作了琴。"《尚书》上说："舜弹奏五弦琴，唱《南风》这首诗，而天下太平。"《诗经》上说："我诚心请来尊贵的宾客，弹奏琴瑟多么悠扬。"高雅的琴，是音乐的准则，和八音并列，但是君子最常携带使用，琴和君子最为亲密，一刻也不离开身边。琴不一定非要陈设在宗庙乡社中，也不像钟鼓那样罗列在木架上，即使在穷门陋巷，深山幽谷，也不会失去琴的踪迹，这是因为琴的大小适中，声音和谐，声音大时不喧哗而放纵，声音小时不会消失而使人听不到，刚好足够来调和人的意气，启发人的善心。所以琴的意思就是"禁"，雅的意思是"正"，这是说君子遵守正道来自我约束。用既正又雅的音乐来感化纯正的心志，因此善良的心就会占上风，邪恶之心就会被抑制；因而古时候的圣人君子，对影响自己的音乐都很慎重，根据禁绝邪恶之心的需要，所以偏爱琴。闲居时从容弹奏则能深谋远虑，穷困潦倒时，奉守之道阻塞不通，施行不了，需要有所排遣给予寄托，就会依靠琴来抒发他的胸臆，以昭示后人。那些思想推行顺畅因而作曲的人，将其乐曲命名为"畅"。畅，是说他思想推行顺畅，但仍不敢自在闲适，不骄傲自满，好礼不止，尽情表达其胸臆；那些境遇闭塞不通，忧愁烦闷因而作曲的人，将其乐曲命名为"操"。操，是说遭遇了灾难，困苦艰难，虽然怨恨失意，仍能坚守礼义，不害怕不屈服，安贫乐道而不失其节操。伯牙弹琴，锺子期倾听，琴声想表现高山，锺子期说："好啊！仿佛巍峨的泰山就在眼前。"忽然又想表现流水，锺子期又说："好啊！似乎浩浩荡荡的江河在奔流。"锺子期死后，伯牙破琴断弦，终身不再弹琴，认为世上再也没有称得上知音的了。现在琴长四尺五寸，效法春夏秋冬四时和金木水火土五行；七弦，是效法北斗七星。

空侯

　　谨按：《汉书》^①："孝武皇帝赛南越^②，祷祠太一后土^③，始用乐人侯调，依琴作坎坎之乐，言其坎坎应节奏也，侯以姓冠章耳^④。"或说：空侯取其空中^⑤。琴瑟皆空，何独坎侯耶？斯论是也。《诗》云："坎坎鼓我^⑥。"是其文也^⑦。

【注释】

①《汉书》：本则所记见《汉书·郊祀志》。

②孝武皇帝赛南越：前111年，汉武帝灭南越，为此举行了谢神仪式。赛，旧时行祭礼以酬神曰赛。

③太一：也作"太乙""泰一"。天神名。《史记·封禅书》："天神贵者太一。"司马贞索隐引宋均云："天一、太一，北极神之别名。"后土：地神之名。

④"始用乐人侯调"几句：《史记·封禅书》集解引徐广曰："应劭云：'武帝令乐人侯调始造此器。'"《文选·箜篌引》注引应劭《汉书注》："使乐人侯调作之，取其坎坎应节也，因以其姓号名曰坎侯。"《宋书·乐志一》："空侯，初名坎侯。汉武帝赛灭南越，祠太一后土，用乐，令乐人侯晖依琴作坎侯，言其坎坎应节奏也。侯者，因工人姓尔，后言空，音讹也。"

⑤空侯：又作箜篌、坎侯。古代拨弦乐器。有卧式、竖式两种形制。

⑥坎坎鼓我：语见《诗经·小雅·伐木》。

⑦文：指鼓乐。

【译文】

谨按：《汉书》上说："武帝为灭南越举行谢神祭祀仪式，祝祷祭祀太一神和后土祠神，初次任用乐师侯调，依据琴的体制制作坎坎之乐，说它坎坎是因为它发声应和节奏，侯调用自己的姓来给这种乐器命名。"有人说：空侯这一名称是因为乐器中间是空的。琴瑟的中间都是空的，哪里是坎侯独有呢？所以前一种结论是对的。《诗经》上说："敲击乐器坎坎响。"说的就是这种声音。

筝

谨按：《礼·乐记》："筝五弦，筑身也①。"今并、凉二州筝形如瑟，不知谁所改作也。或曰：秦蒙恬所造②。

【注释】

①筑身：形体像筑。筑，乐器名。其形颈细而肩圆，弦下设柱。演奏时，左手按弦的一端，右手执竹尺击弦发音。

②蒙恬：秦名将。前221年，攻灭齐国，拜为内史。秦统一六国后，他率兵三十万击退匈奴，收复河南地（今内蒙古河套一带），并修筑长城。戍边十余年，匈奴不敢入侵，甚受始皇尊宠。秦二世立，逼迫其自杀。

【译文】

谨按：《礼记·乐记》上说："筝有五根弦，形体和筑一样。"现在并、凉两州的筝形状像瑟，不知是谁改成这样子的。有人说：是秦国的蒙恬制造的。

筑

谨按:《太史公记》^①:"燕太子丹遣荆轲欲西刺秦王,与客送之易水^②,而设祖道^③,高渐离击筑,荆轲和歌,为濮上音^④,士皆垂发涕泣^⑤。后为羽声,慷慨而索,瞋目,发尽上指冠^⑥。荆轲入秦,事败而死。渐离变名易姓,为人庸保^⑦,匿作于宋子^⑧。久之,作苦,闻其家堂上客击筑,伎痒^⑨,不能毋出言,曰:'彼有善不善。'从者告其主曰:'彼庸乃知音,窃言是非。'家丈人作乐^⑩,召前使击筑,一坐称美,赐酒。而渐离念久畏约^⑪,毋穷已时,乃退,出装匣中筑与其善衣,更容貌而前,莫不惊愕,下与亢礼^⑫,以为上客,使击筑歌,无不涕泣而去者。宋子客传之,闻于秦始皇,始皇召见,人有识者,乃高渐离;始皇惜其善击筑,重杀之,乃矐其目^⑬,使击筑,未尝不称善,稍益近之。渐离乃以铅置筑木中,后进得近,举筑扑始皇,不中,于是遂诛。"

【注释】

①《太史公记》:本则所记见《史记·刺客列传》。

②易水:在当时燕国南境,今河北西部。发源于今河北易县,在定兴汇入南拒马河。

③祖道:出行时祭祀路神。

④濮上音:《史记·刺客列传》作"变徵之声"。变徵是我国古代七声声阶中的第四个音级。比徵(通常相当于今首调唱名中的sol音)低半音。《国语·周语下》韦昭注:"蕤宾为变徵也。"

⑤士皆垂发涕泣:发,《史记·刺客列传》作"泪"。

⑥"后为羽声"几句:《史记·刺客列传》作"复为羽声忼慨,士皆瞋目,发尽上指冠。"羽声,通常相当于今首调唱名中的la音。古乐中羽声悲壮慷慨。索,流泪的样子。

⑦庸保:指受雇佣而充当杂工的人。庸,同"佣"。保,佣人。

⑧宋子:战国时赵邑,在今河北赵县。

⑨伎痒:身怀技艺而欲逞其能。伎,技艺,才能。

⑩家丈人:一家的主人,犹言家长。

⑪畏:畏缩,害怕。约:贫穷,俭约。

⑫亢礼:彼此以平等礼节相待。亢,同"抗"。匹敌。

⑬矐(huò):使眼睛失明。

【译文】

谨按:《太史公记》上记载:"燕太子丹派遣荆轲准备西行刺杀秦王,他和门客在易水边上送别荆轲,出行前设祭坛祭祀路神。高渐离击着筑,荆轲和着筑声而歌唱,唱的是濮上之音,送行的人都落下眼泪来。后来他又唱羽声,慷慨流泪,瞪大眼睛,怒发冲冠。荆轲进入秦国,事情失败而死。高渐离变名改姓,给人做佣人,隐匿在宋子县。时间一久,劳作十分辛苦,听到主人家的厅堂上有客人在击筑,感到技痒,忍不住评论,说:'他演奏得有的地方好,有的地方不好。'随从告诉主人说:'那个佣人懂音乐,私底下在评论是非。'主人家演奏音乐,召唤高渐离上前击筑,在座的人都称好,赐给他美酒。而高渐离想着自己长时间畏缩穷困,没有出头之日,于是告退,拿出行装里的筑和他的好衣裳,更换仪容上前,没有人不惊愕,都走下堂来以平等之礼对待他,把他当作上客,让他击筑唱歌,在座的没有不流着泪离开的。宋子县的人把这件事传播开来,被秦始皇听到,始皇召见他,有人认识他,知道他是高渐离;始皇看重他善于击筑,舍不得把他杀掉,于是弄瞎了他的眼睛,命他击筑,没有一次不称好的,逐渐接近他。高渐离于是把铅放在筑中,后来等到进宫得以靠近始皇,就举起筑扑打始皇,没有击中,于是被杀。"

缶

谨按:《易》称:"日昃之离,不鼓缶而歌①。"《诗》云:"坎其击缶,宛丘之道②。"缶者,瓦器,所以盛浆,秦人鼓之以节歌。《太史公记》:"赵惠文王与秦昭王会于渑池③,秦王饮,酒酣,曰:'寡人窃闻赵王好音,请奏瑟。'赵王鼓瑟,秦御史前曰:'某日,秦王与赵王会饮,令赵王鼓瑟。'蔺相如前曰④:'窃闻秦王善为秦声,请奏缶以相乐。'秦王怒不许。于是相如进曰:'五步之内,相如请得以颈血溅大王矣。'左右欲刃相如,张目叱之,皆靡。于是秦王不怿,为一击缶。相如顾召御史书曰:'秦王为赵王击缶也。'"

【注释】

①日昃(zè)之离,不鼓缶而歌:语见《周易·离卦》卦辞:"九三,日昃之离,不鼓缶而歌,则大耋之嗟,凶。"日昃,太阳偏西。离,迷离,模糊不清。按,本句对《周易》卦辞引用不全,直译意义不明,故译文据全部卦辞补足译出。

②坎其击缶,宛丘之道:语见《诗经·陈风·宛丘》。坎,象声词。宛丘,四周高中央低的地方。

③赵惠文王与秦昭王会于渑池:渑池之会在前279年,当赵惠文王二十年,秦昭襄王二十八年。《史记·廉颇蔺相如列传》有详细记载。渑池,在今河南渑池西。

④蔺相如:战国时赵国大臣。初为赵宦者令缪贤舍人。赵惠文王时,秦昭王向赵强索和氏璧,以缪贤推荐,他奉命带璧入秦,当廷力争,使完璧归赵。任上大夫。渑池会上面折秦王,不辱国体,因功升为上卿,位在廉颇之上。廉颇声言欲侮辱他,他退避谦让,认

为应"先国家之急",使廉颇愧悟,两人遂成刎颈知交。后又率军攻齐,直至平邑(今河南南乐东北)。赵孝成王时,长平之战,他已病重,谏阻赵王任用纸上谈兵的赵括,赵王不听,遂有长平惨败。不久蔺相如病卒。

【译文】

谨按:《周易》上说:"黄昏太阳西落一片迷离,如不击缶而唱歌,至年老则会哀叹。"《诗经》上说:"敲打起那缶坎坎地响,宛丘下的大道上。"缶就是瓦器,是用来盛水浆的器具,秦人击打它来和着节拍唱歌。《太史公记》上说:"赵惠文王和秦昭王在渑池会盟,秦王喝酒,喝得很痛快,说:'我私底下听说赵王喜好音乐,请用瑟演奏一曲。'赵王鼓瑟,秦国御史上前记下:'某日,秦王和赵王会盟喝酒,秦王让赵王鼓瑟。'蔺相如上前说:'我私底下听说秦王善于演奏秦国的音乐,请击缶来相互娱乐。'秦王很生气,不答应。于是相如向前靠近秦王说:'在五步以内的地方,请让我用脖子上的鲜血溅到大王身上。'秦王的左右想要杀相如,相如瞪大眼睛怒叱他们,他们全部都倒退。于是秦王很不高兴,击了一下缶。相如回头召来赵国御史记录说:'秦王为赵王击缶。'"

笛

谨按:《乐记》:"武帝时丘仲之所作也。笛者,涤也,所以荡涤邪秽,纳之于雅正也①。"长二尺四寸,七孔。其后又有羌笛,马融《笛赋》曰②:"近世双笛从羌起,羌人伐竹未及已。龙鸣水中不见己,截竹吹之音相似。剡其上孔通洞之③,材以当树便易持④。京君明贤识音律⑤,故本四孔加以一。君明所加孔后出,是谓商声五音毕⑥。"

【注释】

① "武帝时丘仲之所作也"几句：《宋书·乐志》："笛，案马融《长笛赋》，此器起近世，出于羌中，京房备其五音。又称丘仲工其事，不言仲所造。《风俗通》则曰丘仲造笛，武帝时人，其后更有羌笛尔。三说不同，未详孰实。"

② 马融《笛赋》：马融的《长笛赋》，是一篇关于音乐的赋文，描写笛子的制作过程和笛音的优美，是马融的代表作。马融，字季长，扶风茂陵（今陕西兴平东北）人。博通经籍，且善辞赋。历东汉安帝、顺帝、冲帝、质帝、桓帝五朝，官至太守。后因病辞官，教养诸生。弟子千数，卢植、郑玄皆出其门下。为一代通儒，古文经学大师。

③ 刿（yǎn）其上孔：在竹子上面削孔。刿，削，刮。

④ 杖（zhuā）：马鞭。

⑤ 京君明：京房，字君明，东郡顿丘（今河南浚县北）人。本姓李，以推算历律而改姓京。研治《易经》，其说长于灾变，后著《易传》。西汉元帝时曾奏行"考功课吏法"（即以官吏业绩定升贬），朝臣多以为不可行。又多次与元帝言灾异，意指天变由于任用宦官石显等。石显与尚书令五鹿充宗遂嫉恨之，以试行考功法，奏调他外任魏郡太守。旋诬以"诽谤政治，归恶天子"，下狱弃市。

⑥ "故本四孔加以一"几句：此处是说笛子原来有四个孔，京房为合五声，又增加一个孔，为商声。

【译文】

谨按：《乐记》上说："笛是武帝时丘仲制作的。笛就是涤的意思，用它可以荡涤邪恶和污秽，使音乐归于高雅纯正。"笛长二尺四寸，有七个孔。后来又有羌笛，马融在《笛赋》中说："近代的双笛从羌人那里开始制作，羌人砍伐竹子还没结束。龙鸣水中却不见龙，截断竹子吹出的声音与龙吟相似。在竹管上面削出孔穴与竹管相通，裁成马鞭的样子便于携带。京君明精通音律,所以在原来的四孔的基础上加了一孔。君明加了一孔的笛子后来才出现,这就是商声,五音就完备了。"

批把

谨按:此近世乐家所作,不知谁也。以手批把①,因以为名②。长三尺五寸,法天地人与五行,四弦象四时。

【注释】

①批把:推手前曰批,引手却曰把。

②因以为名:《初学记》引《释名》:"琵琶,本胡中马上所鼓也。推手前曰琵,引手却曰琶,因以为名。"

【译文】

谨按:琵琶是近代的音乐家制作的,具体不知是谁。用手指前后拨弄,因此而取了这个名。长三尺五寸,取法天地人三才和五行,四弦象征四季。

筝

谨按:《礼记》:"管三十六簧也①,长四尺二寸。"今二十三管。

【注释】

①簧:乐器里用金属或其他材料制成的发声薄片。

【译文】

谨按:《礼记》上说:"筝管有三十六个簧片,长四尺二寸。"现在有二十三个簧片。

簧

谨按:《世本》:"女娲作簧。"簧,笙中簧也。《诗》云:"吹笙鼓簧,承筐是将①。"

【注释】

①吹笙鼓簧,承筐是将:语见《诗经·小雅·鹿鸣》。筐,盛有币帛的筐。

【译文】

谨按:《世本》上说:"女娲制作簧。"簧是指笙中的簧片。《诗经》上说:"吹奏笙管鼓动笙簧,赠送那满筐的礼物助兴。"

籥

谨按:《周礼》:"籥师氏掌教国子吹籥①。"《诗》云:"以籥不僭②。"籥乐之器,竹管,三孔,所以和众声也。

【注释】

①籥(yuè)师氏掌教国子吹籥:语见《周礼·春官·籥师》。籥,古管乐器,分吹籥和舞籥两种。此指吹籥。

②以籥不僭:语见《诗经·小雅·鼓钟》。

【译文】

谨按:《周礼》上说:"籥师氏掌管教习国子们吹籥。"《诗经》上说:"用籥不僭越。"籥乐的器材是竹管,有三个孔,用它来协调各种音乐。

篪

谨按：《世本》："苏成公作篪①。"管乐，十孔，长尺一寸②。《诗》云："伯氏吹埙，仲氏吹篪③。"

【注释】

①苏成公作篪（chí）：《太平御览》引《世本》云："苏成公造篪，吹孔有嘴如酸枣。苏成公，平王时诸侯也。"又引《古史考》云："古有篪尚矣，苏成公善篪，而记者因以为作，谬也。"二说不同。篪，古代的一种竹管乐器。

②"管乐"几句：关于篪的形制有多种说法。《尔雅·释乐》："大篪谓之沂。"郭璞注："篪以竹为之，长尺四寸，围三寸，一孔上出，一寸三分，名翘，横吹之。小者尺二寸。《广雅》云八孔。"《周礼·春官·笙师》郑玄注引郑众云："篪，七空。"孙诒让正义："诸书并云篪七孔，不云八孔。徐氏（按，徐养原）本《诗·小雅·何人斯》孔疏说，谓不数其上出者，故七孔。此说甚当。……《通典·乐》引《月令章句》云："篪，六孔，有距，横吹之。'案：'距'当即所谓翘觜，盖皆指其上出之吹孔而言。但云'六孔'，未详其说。聂氏《三礼图》引《旧图》云：'雅篪长尺四寸，围三寸，翘长一寸三分，围自称，九孔。颂篪尺二寸。'此又作'九孔'。然则孔有多少，或雅篪、颂篪之异与？"此处说篪有十孔，它书未见。

③伯氏吹埙，仲氏吹篪：语见《诗经·小雅·何人斯》。

【译文】

谨按：《世本》上说："苏成公制作篪。"篪是竹管做成的乐器，有十个孔，长一尺一寸。《诗经》上说："哥哥吹埙，弟弟吹篪。"

箫

谨按：《尚书》："舜作，《箫韶》九成，凤皇来仪[①]。"其形参差，像凤之翼，十管，长一尺[②]。

【注释】

① "舜作"几句：见《尚书·益稷》。孔颖达疏："郑云：'成，犹终也。每曲一终，必变更奏，故经言九成，传言九奏，《周礼》谓之九变，其实一也。'"九成，是说演奏乐曲时要变更九次才算结束。

② "其形参差"几句：箫的管数、长度，历代皆有差异，且大小亦有别。

【译文】

谨按：《尚书》上说："是舜制作的，演奏《箫韶》九次，凤凰来舞。"它的形制参差不齐，像凤凰的翅膀，有十根竹管，长一尺。

籁

谨按：《礼·乐记》："三孔籥也，大者谓之产，其中谓之仲，小者谓之箹[①]。"

【注释】

① "三孔籥也"几句：《尔雅·释乐》与此说相同。《广韵》："产，生也。又大籥，似笛三孔而短。"又《太平御览》引舍人云："仲，其声适中，仲吕也；小者，形声细小曰箹（yuē）也。"

【译文】

谨按：《礼记·乐记》上说："籁是三个孔的籥，大的叫做产，中等的叫做仲，小的叫做箹。"

箛

谨按:《汉书旧注》:"箛[1],吹鞭也。箛者,怃也[2],言其节怃威仪[3]。"

【注释】

①箛(gū):古乐器,一说是笳。

②怃(wǔ):通"抚"。节制,收敛。

③威仪:庄重的仪容举止。

【译文】

谨按:《汉书旧注》上说:"箛又叫吹鞭。箛就是怃的意思,是说它的音节能节制威仪。"

篍

谨按:《汉书注》:"篍[1],箛也,言其声音篍篍,名自定也。"

【注释】

①篍(qiū):吹筒,古代用于警戒或督役的哨子。

【译文】

谨按:《汉书注》上说:"篍就是箛。说它的声音篍篍,它的名称是由它自身的声音定下来的。"

卷七

穷通

【题解】

穷是困厄，通是通达，穷通讲的就是否极泰来的事情。本卷所讲的都是人们耳熟能详的古代圣贤穷困潦倒最后却能显达的故事，颇有孟子所言之"天将降大任于是人也"的意味。

孔子逐于鲁，削迹于卫，拔树于宋，见厄于陈蔡，穷厄之至，但他弦歌不断，终立素王之法。在孔子这一"穷通"的典型之下，应劭一连列举了孟子、荀子、虞卿、孟尝君、韩信、韩安国、李广等人的事迹，除了虞卿被强秦所逼，最终穷困潦倒不得志之外，其他都否极泰来，兼济天下。

在这些圣贤不得志的时候，应劭特别看重周围人对他们的态度，对那些伸出援手救人于困厄的人给予极大的赞美，而对那些见风使舵的势利小人则给予严厉的批判。比如省下自己的口粮，接济了韩信数十日的漂母，与不为韩信准备饭菜的南昌亭长之妻就形成鲜明的对比，应劭在字里行间洋溢着对漂母的赞美之情。在祝恬的故事中，谢著的唯恐避之不及与应融的舍身救人也是对比分明。谢著是祝恬的老朋友，应融却素不相识。一场热病，使祝恬深切感受到了人情冷暖。文末应劭引用翟公的"一死一生，乃知交情；一贵一贱，交情乃见"这句话，足见他对世态炎凉的无奈。

"昔子夏心战则惧，道胜如肥，何必高位丰爵以为融懿也"，本卷最后，应劭以子夏追求心安道胜的例子，说明只要先王之道在内心占了上风，那又何必将追求高官厚禄作为美事呢？这应该是应劭本人情感的真实流露。

《易》称"悬象著明，莫大乎于日月"①，然时有昏晦；《诗》美"滔滔江汉，南北之纪"②，然时有壅滞；《论语》"固天纵之"③，莫盛于圣，然时有困否④。日月不失其体，故蔽而复明；江汉不失其源，故穷而复通；圣人不失其德，故废而复兴。非唯圣人，俾尔亶厚⑤，夫有恒者⑥，亦允臻矣⑦。是故君子厄穷而不闵⑧，劳辱而不苟⑨，乐天知命，无怨尤焉，故录先否后喜曰《穷通》也。

【注释】

①悬象著明，莫大乎于日月：语见《周易·系辞上》。

②滔滔江汉，南北之纪：语见《诗经·小雅·四月》。

③固天纵之：语见《论语·子罕》。

④困否（pǐ）：困厄不通，艰难窘迫。

⑤俾：使。亶（dǎn）厚：忠厚，醇厚。亶，厚道，忠实。

⑥有恒：这里指坚持一定的操守、品行。

⑦允：信。臻：至。

⑧闵：忧愁。

⑨苟：苟且，不循礼法。

【译文】

《周易》上说"悬挂在天上最显著的物象，莫过于太阳和月亮"，但是日月有时会出现昏暗不明的情况；《诗经》赞美说"滔滔的长江和汉水，是南北百川的纲纪"，但是长江和汉水有时也会水流不畅；《论语》上说

"这本是上天让他成为圣人",没有谁比圣人更伟大,但是圣人有时也会出现困顿窘迫。日月不失去它们本来的形体,所以被遮蔽了又会重新明亮;长江汉水不失掉它们的本源,所以拥堵了还会再次畅通;圣人不失掉他们的品德,所以被废黜了还会再次被任用。不单单只有圣人能使福分越来越厚,那些能坚守信念的人,也一定可以得到回报。所以君子困厄不顺而不忧虑,辛劳受辱也不苟且,乐天知命,不怨天尤人,所以记下那些否极泰来的事,篇名叫《穷通》。

孔子

孔子困于陈、蔡之间①,七日不尝粒,藜羹不糁②,而犹弦琴于室。颜回释菜于户外③,子路、子贡相与言曰:"夫子逐于鲁④,削迹于卫⑤,拔树于宋⑥,今复见厄于此。杀夫子者无罪,籍夫子者不禁⑦;夫子弦歌鼓儛⑧,未尝绝音。盖君子之无耻也若此乎?"颜渊无以对,以告孔子。孔子恬然推琴,喟然而叹曰:"由与赐小人也⑨,召,吾语之。"子路与子贡入,子路曰:"如此可谓穷矣。"夫子曰:"由,是何言也?君子通于道之谓通,穷于道之谓穷。今丘抱仁义之道,以遭乱世之患,其何穷之为?故内省而不疚于道,临难而不失其德。大寒既至,霜雪既降,吾是以知松柏之茂也。昔者桓公得之莒⑩,晋文公得之曹⑪,越得之会稽⑫,陈、蔡之厄,于丘其幸乎!"自卫反鲁⑬,删《诗》《书》⑭,定《礼》《乐》,制《春秋》之义,著素王之法⑮,复相定公,会于夹谷⑯,昭旧以正其礼,抗辞以拒其侮,齐人谢过,来归郓、谨、龟阴之田焉。

【注释】

①孔子困于陈、蔡之间：此事见载于多种文献。如《史记·孔子世家》："闻孔子在陈、蔡之间，楚使人聘孔子。孔子将往拜礼，陈、蔡大夫谋曰：'孔子贤者，所刺讥皆中诸侯之疾。今者久留陈、蔡之间，诸大夫所设行皆非仲尼之意。今楚，大国也，来聘孔子。孔子用于楚，则陈、蔡用事大夫危矣。'于是乃相与发徒役围孔子于野。不得行，绝粮。从者病，莫能兴。孔子讲诵弦歌不衰。子路愠见曰：'君子亦有穷乎？'孔子曰：'君子固穷，小人穷斯滥矣。'"《庄子·山木》："孔子围于陈、蔡之间，七日不火食。"《吕氏春秋·任数》："孔子穷乎陈、蔡之间，藜羹不斟，七日不尝粒。"《韩诗外传》："孔子困于陈、蔡之间，即三经之席，七日不食，藜羹不糁，弟子有饥色，读《诗》《书》，习礼乐不休。"

②藜：一种可食用的野生植物。糁（sǎn）：指煮熟的饭粒。

③释菜：祭祀先圣先师的一种典礼。

④夫子逐于鲁：为重新确立鲁公室的权威，孔子在鲁定公十三年（前497）策划实施了"堕三都"的政治军事行动，希望能够削减三桓大夫的实力，但功败垂成。再加上鲁定公不问朝政，不信任孔子，最终导致孔子被迫离开鲁国。此事在《论语·微子》《孟子·告子》《史记·孔子世家》等文献中都有记载。

⑤削迹于卫：不被卫国任用。削迹，削除车迹，是不被任用的意思。

⑥拔树于宋：指宋司马桓魋欲加害孔子之事。《史记·孔子世家》："孔子去曹适宋，与弟子习礼大树下。宋司马桓魋欲杀孔子，拔其树。孔子去。弟子曰：'可以速矣。'孔子曰：'天生德于予，桓魋其如予何！'"

⑦籍：羞辱，欺凌。

⑧儛（wǔ）：同"舞"。

⑨由：即子路，仲由字子路。赐：即子贡，端木赐字子贡。

⑩桓公得之莒（jǔ）：指齐桓公称霸的想法在莒地生成。齐桓公，名小白。齐襄公时，公子小白被迫逃亡到了莒国，齐襄公死后，他回国争位成功，即齐桓公。后在管仲等人辅佐下成为春秋时期第一位霸主。莒，古诸侯国，嬴姓（纪公以下始为己姓）。开国君主是兹舆期，建都计斤（一作介根，今山东胶州西南）。春秋初迁于莒（今山东莒县）。

⑪晋文公得之曹：指晋文公称霸的想法产生在困于曹之时。晋文公，名重耳。晋献公时，重耳避难流亡，至曹国，曹国国君在他洗澡时偷看他，极其无礼。重耳回国争位成功，即晋文公，在赵衰等人辅佐下，成为继齐桓公之后的霸主。曹，古诸侯国，姬姓。始封之君为周武王弟叔振铎，建都陶丘（今山东定陶西南）。

⑫越得之会稽（kuài jī）：谓勾践的称霸之心产生于会稽之厄。越，此指越王勾践。被吴王打败后逃到会稽山，几乎亡国，卑辞请降。后卧薪尝胆，生聚经营，最终灭掉了吴国，成为春秋时期最后一位霸主。会稽，会稽山，在今浙江绍兴。

⑬自卫反鲁：鲁哀公十一年（前484）冬，孔子从卫国返回鲁国，结束了十四年周游列国的生活。

⑭删《诗》《书》：孔子删《诗》之说，最早见于《史记·孔子世家》："古者诗三千余篇，及至孔子，去其重，取可施于礼义，上采契后稷，中述殷周之盛，至幽厉之缺，始于衽席，故曰'《关雎》之乱以为风始，《鹿鸣》为小雅始，《文王》为大雅始，《清庙》为颂始'。三百五篇孔子皆弦歌之。"孔子删《书》之说，见于《尚书琁机钤》："孔子求《书》，得黄帝玄孙帝魁之书，迄于秦穆公，凡三千二百四十篇。断远取近，定可以为世法者，百二十篇。以百二篇为《尚书》，十八篇为《中候》。"但对于孔子删《诗》《书》之说后世多有疑议。

⑮素王：指有王者之德而无王者之位的人。

⑯复相定公，会于夹谷：此指鲁定公十年（前500），定公和齐景公相
　　会于夹谷，孔子为鲁定公相礼赴会。齐人欲劫持鲁公，为孔子所
　　斥，齐景公乃止，两国盟誓和好。夹谷，齐地，在今山东莱芜南之
　　夹谷峡。

【译文】

　　孔子被围困在陈、蔡之间，七天没有吃到饭，喝着用野菜做成的没有
米粒的汤，但仍然在室内弹琴。颜回在门外行释菜之礼，子路、子贡和他
说道："夫子在鲁国被驱逐，在卫国不被任用，在宋国的树下教学时被砍
伐了树木，现在又在这里再次遭受厄运。杀夫子的人没有被治罪，凌辱
夫子的人不受禁止；夫子弹琴唱歌击鼓舞蹈，从未终止过音乐。难道君
子都像这样没有屈辱之心吗？"颜渊无言以对，把这些话告诉了孔子。孔
子安静地推开琴，喟然叹息说："子路和子贡真是小人，把他们叫来，我有
话跟他们说。"子路与子贡进来，子路说："像您这样可以说是处境困窘
了吧。"夫子说："子路，你说的是什么话？君子在道义上通达叫做通达，
在道义上困窘才叫做困窘。现在我守着仁义之道，而遭受乱世之灾难，
怎么能叫困窘呢？所以自我省视对于道义不内疚，面临灾难而不丧失道
德。严寒已经到了，霜雪已经降下，我因此才知道松柏生命力的旺盛。
以前齐桓公在逃亡莒国时立下称霸的志向，晋文公在流亡曹国时立下称
霸志向，越王勾践在败逃会稽时立下称霸志向，陈、蔡的厄运，对我来说
是种幸运啊！"孔子从卫国返回鲁国，删改《诗》《书》，编定《礼》《乐》，
制定《春秋》的大义，确立素王的法则，又相礼鲁定公在夹谷会盟，昭示
以前的礼法来匡正礼节，据理力争来抵抗侮辱，齐国人表示道歉，将以前
侵夺的郓、谨、龟阴的田地归还鲁国。

孟轲

　　孟轲受业于子思①，既通，游于诸侯，所言皆以为迂远
而阔于事情，然终不屈道趣舍，枉尺以直寻。尝仕于齐，位

至卿,后不能用。

【注释】

①子思:名伋,孔子之孙。

【译文】

孟轲跟随子思学习,融会贯通之后,在诸侯间游说,他所说的都被认为是迂阔而不切实际,然而始终不肯委曲求全,退缩一尺以伸直八尺。他曾经在齐当官,达到卿这一高位,后来不被重用。

孟子去齐①,尹士曰②:"不识王之不可以为汤、武,则是不明也;识其不可,然且至,则是干禄也③;千里而见王,不遇故去,三宿而后出画④,是何濡滞也⑤?"轲曰:"夫尹士乌知予哉! 千里而见王,是予所欲也,不遇故去,岂予所欲哉? 予不得已也。予三宿而出画,于予心犹以为速,王庶几改诸,王如改之,则必反予。夫出画而王不予追也,予然后浩然有归志⑥。"

【注释】

①孟子去齐:以下记述见《孟子·公孙丑下》。

②尹士:《孟子》赵岐注:"齐人也。"

③干禄:追求官爵厚禄。

④画:齐国地名。在今山东淄博东北。

⑤濡滞:迟缓。

⑥浩然:水盛大的样子。这里形容归志之盛。

【译文】

孟子离开齐国,尹士说:"不知道齐王不可能成为汤、武那样的圣君,是不聪明；知道他做不到，但还是到齐国来，是求高官厚禄；千里迢迢来见齐王，意见不合所以离开，住了三个晚上才离开画邑，为什么这么迟缓呢？"孟轲说："尹士哪里懂得我呢！不远千里来拜见齐王，这是我想做的，意见不合所以离开，难道是我想要的吗？我是不得已啊。我住了三个晚上才离开画邑，我心里还觉得很匆忙了，齐王也许会改变主意，齐王如果改变主意，一定会让我回去。我离开画邑而齐王不来追我回去，我这才断然决定离开不再回来。"

鲁平公驾，将见孟子，嬖人臧仓谓曰[①]："何哉？君所谓轻身以先于匹夫者[②]，以为贤乎？"乐正子曰："克告于君[③]，君将为来见也，嬖人有臧仓者沮君[④]，君是以不果[⑤]。"曰："行或使之，止或尼之[⑥]，行止非人之所能也。吾不遇于鲁侯，天也，臧氏之子，焉能使予不遇哉！"

【注释】

①嬖（bì）人：宠幸的人。

②轻身：谓不尊重自身。

③克告于君：以下见《孟子·梁惠王下》。克，乐正子的名字。

④沮：终止，停止。

⑤不果：没有成为事实，终于没有实行。

⑥尼（nì）：阻止。

【译文】

鲁平公备好车马，准备去见孟子，他宠幸的臣子臧仓对他说："为什么要这样做呢？您放低自己的身份去拜访一个普通人，因为他有贤德吗？"乐正子对孟子说："我告诉过国君，国君本来要来见你的，嬖人臧仓劝阻了国君，国君因此就没来。"孟子说："或者促使而做成这件事，或者阻止而不做它，做或者不做不是人力所能决定的。我不被鲁侯赏识，这是天意，臧家的小子，哪里能使我不被赏识呢！"

又绝粮于邹、薛[1]，困殆甚，退与万章之徒[2]，序《诗》《书》、仲尼之意，作书中、外十一篇[3]，以为："圣王不作[4]，诸侯恣行，处士横议[5]，杨朱、墨翟之言，盈于天下，天下之言，不归杨则归墨。杨氏为我，是无君也，墨氏兼爱，是无父也，无父无君，是禽兽也。杨、墨之道不息，孔子之道不著，是邪说诬民[6]，充塞仁义也[7]，仁义充塞，则率兽食人[8]，人将相食也；吾为此惧，闲先王之道[9]，距杨、墨，放淫辞[10]，正人心，熄邪说，以承三圣者[11]。予岂好辩哉？予不得已也。"梁惠王复聘请之[12]，以为上卿[13]。

【注释】

①邹：战国时邹地在今山东邹城东南。薛：战国时齐邑，在今山东滕州东南。

②万章：姓万名章，孟子弟子。

③作书中、外十一篇：今本《孟子》凡七篇。

④圣王不作：以下见《孟子·滕文公下》。

⑤处士：不官于朝而居家者，即有才德而隐居不仕的人。横议：恣意议论。

⑥诬民：欺蒙百姓。

⑦充塞：堵塞。

⑧率兽食人：《孟子·滕文公下》此段"无父无君，是禽兽也"下有"公明仪曰：'庖有肥肉，厩有肥马，民有饥色，野有饿莩，此率兽而食人也。'"本指统治者为政失职，只图享乐，不关心百姓疾苦。

后因以"率兽食人"比喻虐政害民。

⑨闲：捍卫。

⑩放：舍弃，废置。淫辞：邪僻荒诞的言论。

⑪三圣：此指夏禹、周公和孔子。

⑫梁惠王：战国时魏国国君，名罃。即位后迁都大梁，故称梁惠王，亦称魏惠王。即位初国势强盛，任惠施为相，白圭理财，庞涓整军。迁都后修魏长城，开鸿沟，周显王二十五年（前344），改侯称王，在逢泽（今河南开封东南）召集秦、韩、宋等十二国会盟，朝周天子。后接连为齐、秦等国所败，国势渐衰。

⑬上卿：在周代官制中是最尊贵的诸侯大臣。

【译文】

孟子又曾经在邹、薛一带断了粮，非常困窘疲殆，返回来和万章等弟子，叙述《诗经》《尚书》和孔子的学说，创作《孟子》一书中、外共十一篇，认为："圣明的君王不出现，诸侯肆意妄行，有才学而隐居不做官的人乱发议论，杨朱、墨翟的言论，充斥天下，天下的言论，不是站在杨朱一边就是站在墨子一边。杨朱提倡一切为了自我，这是无视君王，墨子提倡兼爱，这是无视父亲，无视父亲无视君王，这就如同禽兽。杨、墨的学说不停息，孔子的学说就没办法彰显，这些荒谬的学说欺骗老百姓，堵塞了仁义的道路，仁义的道路被堵塞，那就无异于率领野兽来吃人，人与人也互相吞噬；我对此很忧惧，捍卫先王的学说，抗拒杨、墨的学说，舍弃那些荒谬的言辞，匡正人心，止息邪说，来继承夏禹、周公和孔子三位圣人的事业。我难道是喜好辩论吗？我是不得已啊。"梁惠王再次聘请他，把他当做上卿。

孙况

孙况①。齐威、宣王之时，聚天下贤士于稷下②，尊宠之，若邹衍、田骈、淳于髡之属甚众③，号曰列大夫，皆世所称，咸作书刺世。是时，孙卿有秀才，年十五，始来游学。诸子之事，皆以为非先王之法也。孙卿善为《诗》《礼》《易》《春秋》，至襄王时，而孙卿最为老师④，齐尚循列大夫之缺，而孙卿三为祭酒焉⑤。齐人或谗孙卿，乃适楚，楚相春申君以为兰陵令⑥。人或谓春申君："汤以七十里，文王以百里⑦。孙卿贤者也，今与之百里地，楚其危乎！"春申君谢之，孙卿去之，游赵，应聘于秦。

【注释】

①孙况：即荀子。名况，汉人避宣帝讳，改称孙况。时人尊而号为"卿"。战国时赵国人。曾游学于齐，后在稷下学宫三为祭酒。韩非、李斯都是他的学生。著作有《荀子》。

②稷下：齐国都城临淄稷门附近地区。齐威王、宣王曾在此建学宫，招揽文学游说之士数千人，任其讲学议论。有淳于髡、驺衍、田骈、接子、慎到、宋钘、尹文、鲁仲连、荀况等著名人物，成为各学派活动的中心。学宫的设置，对百花齐放、百家争鸣的学术繁荣起了很大作用。

③邹衍：战国末期齐国人，阴阳家代表人物。田骈：战国末期齐国人，亦称陈骈、陈骈子。学黄老道德之术，号"天口骈"。著有《田子》二十五篇。淳于髡：战国末期齐国人，以博学著称。

④最为：最被称为。老师：年老辈尊的传道授业的人。

⑤三为祭酒：指荀况三度担任列大夫的首领。祭酒，古代飨宴时酹酒祭神的长者。后亦以泛称年长或位尊者。

⑥春申君：即黄歇，战国时楚国贵族。顷襄王时任左徒，考烈王即位，任令尹，封给淮北地十二县，号春申君。礼贤下士，门下有食

客三千。前后相楚二十五年。赵长平之败后，秦进兵邯郸，他率师救赵，击败秦军。不久又灭鲁。考烈王死，幽王立，王舅李园为独擅朝政而将他刺死。兰陵：兰陵县，治今山东苍山西南兰陵。

⑦汤以七十里，文王以百里：意谓商汤只用方圆七十里，周文王只用方圆百里的土地就使人心归服。

【译文】

孙况。齐威王、宣王的时候，在稷下聚集天下的贤士，尊宠他们，像邹衍、田骈、淳于髡等这类人很多，称他们为列大夫，都被世人所称道，他们都著书来讽刺世事。当时，孙卿有突出的才华，十五岁，开始来此游学。他认为诸子的学说，都是不遵守先王的法则。孙卿善于讲《诗》《礼》《易》《春秋》，到齐襄王的时候，孙卿最被称为老师，齐国还在补充列大夫的缺位，孙卿三次担任祭酒。齐国有人谗毁孙卿，孙卿于是去了楚国，楚国丞相春申君让他担任兰陵令。有人对春申君说："汤用七十里，文王用百里就让天下臣服。孙卿是贤能的人，现在给他百里之地，楚国很危险啊！"春申君于是辞谢了孙卿，孙卿离开楚国，到赵国游历，后来在秦国受到聘用。

是时，七国交争，尚于权诈；而孙卿守礼义，贵术籍①，虽见穷擯，而犹不黜其志，作书数十篇，疾浊世之政，国乱君危相属，不遵大道，而营乎巫祝②，信机祥③。苏秦、张仪以邪道说诸侯，以大贵显，随而笑之曰："夫不以其道进者，必不以其道亡。"又小五伯，以为仲尼之门，羞称其功。后客或谓春申君曰："伊尹去夏入殷，殷王而夏衰；管仲去鲁入齐，鲁弱而齐强。故贤者所在，君尊国安；今孙况天下贤人，所去之国，其不安乎？"春申君使请孙况，况遗春申君书，刺楚国，因为歌赋以遗春申君④；春申君恨，复固谢孙卿，因不得已，乃行，复为兰陵令焉。

【注释】

①贵术籍：重视与儒术有关的书。

②营乎巫祝：热衷于巫祝占卜之事。营，经营，谋划。巫祝，古代称事鬼神者为巫，祭主赞词者为祝；后连用以指掌占卜祭祀的人。

③禨（jī）祥：祈禳求福之事。禨，迷信鬼神，向鬼神求福的举动。祥，吉凶的预兆。

④因为歌赋：此赋见载于《荀子·赋篇》，曰："琁玉瑶珠，不知佩也。杂布与锦，不知异也。闾娵、子奢，莫之媒也。嫫母、力父，是之喜也。以盲为明，以聋为聪，以危为安，以吉为凶。呜呼上天，曷维其同！"

【译文】

那个时候，七国交战争夺，崇尚权谋诈术；而孙卿遵守礼义，看重儒家典籍，虽然困厄被摈弃，但还是不废弃自己的志向，创作《荀子》一书数十篇，厌恶污浊世道的政治，国家混乱君王危难的事情接二连三，不遵守大道，而热衷于巫祝占卜，相信祈禳求福。苏秦、张仪用不正当的学说游说诸侯，而大为富贵尊显，荀子随后耻笑他们说："用不正当的学说来晋升，一定会因为不正当的学说而灭亡。"又贬斥五霸，认为仲尼的门徒，耻于谈论五霸的功业。后来有门客对春申君说："伊尹离开夏进入殷，殷国兴旺而夏国衰败；管仲离开鲁进入齐，鲁国衰弱而齐国强大。所以贤人所在的地方，君王尊贵国家安宁。现在孙况是天下的贤人，他离开的国家，会不会不安定呢？"春申君派人来请孙况，孙况给春申君写了一封信，讽刺楚国，还就此作了歌赋送给春申君，春申君后悔，又坚持向孙卿道歉，孙卿因此不得已，才动身到楚国，再次担任兰陵令。

虞卿

虞卿[①]，游说之士也，一见赵孝成王，赐黄金百镒[②]，白璧一双，再见拜为上卿，故号为虞卿。其后，范雎之仇魏齐亡过平原君[③]，于是秦昭王请平原君，愿为布衣之交，与饮数日，请曰："周文王得吕尚而以为太公，齐桓公得管夷吾而以为仲父[④]，今范君亦寡人之叔父也。范君之仇，在君之家，愿使人取其头；不然，吾不出君于关[⑤]。"平原君曰："贵而交者为贱也，富而友者为贫也。夫魏齐者，胜之交也，在固不出，况今又不在臣所乎？"昭王乃遗赵王书曰："范君之仇魏齐在平原君家，王使人疾持其头来。不然，吾举兵而伐赵，又不出王之弟于关。"赵孝成王乃发卒围平原君家，急，魏齐夜亡，出见赵相虞卿。虞卿度王终不可说，乃解其印，与魏齐间行[⑥]，念诸侯莫可以赴急者，乃复走大梁，欲因信陵以至楚[⑦]。而信陵君闻之，畏秦，犹与，未肯见，曰："虞卿何如人哉？"时侯嬴在傍[⑧]，曰："人固未易知，知人亦未易也。夫虞卿一见赵王，赐白璧一双，黄金百斤，再见拜为上卿，三见卒受相印，封万户侯。当是之时，天下争知之。夫魏齐穷困，过虞卿，虞卿不敢重爵禄之尊，解相印，捐万户侯而间行，以急士穷而归公子，公子曰何如人，知人固未易也。"信陵君大惭，驾如野迎之。魏齐闻信陵君之初重见之，大怒而自刭。赵王闻之，卒取其头与秦，秦乃遣平原君。虞卿遂留于魏。魏、赵畏秦，莫复用。困而不得意，乃著书八篇，号《虞氏春秋》焉。

【注释】

①虞卿：战国时人。因进说赵孝成王被任为上卿，又以封邑在虞（今山西平陆），故号为"虞卿"。主张以赵为主，合纵抗秦。长平之战前，建议联合楚、魏，迫使秦讲和。既解邯郸围，赵王拟割六城求和，他竭力反对。后离赵入魏，不得意而著书，刺讥国家得失，称《虞氏春秋》。

②镒（yì）：古代的重量单位，二十两为一镒，或说二十四两为一镒。

③范雎之仇魏齐亡过平原君：秦相范雎的仇人魏齐逃亡到平原君处。范雎，战国时魏国人，字叔，初为魏大夫须贾家臣。因事为须贾所诬，魏相魏齐不加分辨，使人笞击范雎，折胁断齿，丢在厕所任人侮辱。范雎逃生后化名张禄秘密进入秦国。他游说秦昭王，提出远交近攻的策略，进说昭王加强王权，废黜宣太后和魏冉等，后被任为相，封应侯。乃宣言报仇，要魏国杀魏齐。魏齐得知后，遂逃至平原君处。平原君，名胜。赵惠文王弟，封于东武城（今山东武城西北），号平原君。任相国。礼贤下士，有食客数千人。与魏信陵君、楚春申君、齐孟尝君并称"战国四公子"。

④仲父：《荀子》杨倞注："仲者，夷吾之字；父者，事之如父。"

⑤关：指函谷关。以险要著称于世。

⑥间行：潜行，微行。

⑦信陵：信陵君，名无忌，称公子无忌，或称魏公子。魏昭王少子，安釐王之弟。安釐王即位，封信陵君。他礼贤下士，有食客三千人，是"战国四公子"之一。

⑧侯嬴：战国时魏国贤人。年七十岁，任大梁夷门的守门小吏。后被信陵君迎为上客。秦围赵都城邯郸，他为信陵君献窃符救赵之计，并为此而自尽。

【译文】

虞卿是游说的学士，第一次见了赵孝成王，被赐黄金百镒，白璧一双，第二次拜谒就拜为上卿，所以称他为虞卿。在这之后，范雎的仇人魏齐逃亡躲在平原君那里,于是秦昭王宴请平原君,希望成为布衣之交,和他喝了几天酒,请求说:"周文王得到吕尚而称他为太公,齐桓公得到管夷吾而称他为仲父,现在范君也是我的叔父。范君的仇人,在您的家中,希望您派人杀了他;不然,我不放您出关。"平原君说:"尊贵时结交朋友是为了贫贱时有个依靠,富裕时结交朋友是为了清贫时有人投奔。魏齐是我的朋友,就算他在我家,我也坚决不把他交出来,更何况他现在并没在我家。"昭王于是给赵王写了一封信说:"范君的仇人魏齐在平原君家里,你派人赶快拿着他的人头来。不然,我就要发兵而讨伐赵国,而且不放你的弟弟出关。"赵孝成王于是派兵包围了平原君的家,情况很紧急,魏齐在夜里逃亡,见到赵相虞卿。虞卿考虑赵王一定不可说服,于是解下相印,和魏齐一起悄悄逃走,想着没有哪个诸侯可以抵挡秦国,于是又逃到大梁,想借助信陵君逃到楚国。但信陵君听说了这件事,害怕秦国,犹豫不决,不肯接见他们,说:"虞卿是什么人啊?"那时侯嬴正好在他身边,说:"人本来就不容易了解,了解一个人也是不容易的。虞卿第一次见赵王,就被赐白璧一双、黄金百斤,第二次拜见就被拜为上卿;第三次拜见就接受了相印,被封万户侯。在那个时候,天下人争着结交他。魏齐困窘,逃到虞卿那里,虞卿不看重爵禄的尊贵,解下相印,抛弃万户侯的封号悄悄逃走,为了解救魏齐的窘迫而投奔公子,公子却问他是怎么样的人,了解一个人本来就不容易。"信陵君很惭愧,驾车到郊外迎接他们。魏齐听说信陵君起初不想见他们,非常生气而自杀了。赵王听说后,就拿他的人头给秦国,秦国才遣还了平原君。虞卿于是留在魏国。魏、赵害怕秦国,没有再任用他。虞卿困窘而不得志,于是著书八篇,称为《虞氏春秋》。

孟尝君

孟尝君逐于齐,见反。谭子迎于澅[①],曰:"君怨于齐大夫乎？"孟尝君曰："有。"谭子曰："如意则杀之乎？夫富贵则人争归之，贫贱则人争去之，此物之必至，而理之固然也，愿君勿怨。请以市论：朝而盈焉，夕而虚焉，非朝爱之而夕憎之也，求在故往，亡故去②。"孟尝君曰："谨受命③。"于是削所怨者名而已。

【注释】

①谭子：齐国人。洒：一作画，齐国城邑，在今山东淄博东北。

②亡：无。

③谨：恭敬。

【译文】

孟尝君被齐国放逐，又被请回来。谭子在洒邑迎接他，说："您怨恨齐国的大夫吗？"孟尝君说："是的。"谭子说："按您的意思就是要把他们杀掉吗？富贵时人人都争着归附，贫贱时人人都争着离开，这是万物必然的趋势，情理上本来就是这样，希望您不要怨恨。请让我以市场为例来分析：市场早上人很多，晚上人就少了，不是人们早上爱市场而晚上就憎恶它，是因为市场里有想要买的东西所以就去，没有了所以就会离开。"孟尝君说："恭敬地听从您的教诲。"于是削去了那些自己怨恨之人的姓名终止了报复计划。

韩信

韩信常从南昌亭长食①，数月，亭长妻患之，乃晨早食，食时，信往，不为具食。信亦知意，遂绝去。钓城下，有一漂母见信饥②，饭之，竟漂数十日。信曰："吾必重报母。"母怒曰："大丈夫不能自食，吾哀王孙耳③，岂望报乎！"淮阴少年有侮信者④，曰："君虽姣丽，好带长剑，怯耳。能死，刺我；不能，则出我跨下⑤。"于是信熟视之，俯出跨下，匍匐⑥，一市人皆笑，以为信怯。后佐命大汉，功冠天下，封为楚王。赐所食母千金，及亭长与百钱，曰："公，小人也，为德不竟。"召辱信之少年，以为中尉⑦，告诸侯将相曰："此人壮士也。方辱我时，岂不能杀之，杀之无名，故忍至于此也。"

【注释】

①亭长：秦汉时在乡村每十里设一亭，置亭长，掌治安，捕盗贼，理民事，兼管停留旅客。亭，秦汉时乡以下、里以上的行政机构。

②漂（piǎo）母：用水冲洗丝绵的老妇人。

③王孙：旧时对人的尊称，并非真的王之子孙。

④淮阴：淮阴县，治今江苏淮阴东南。

⑤跨：通"胯"。

⑥匍匐：谓倒仆伏地，趴伏。

⑦中尉：掌管都城的治安的武官。

【译文】

韩信曾经跟着南昌亭长到家里吃饭，一连几个月，亭长的妻子讨厌他，于是大清早就把饭吃了，到了吃饭时间，韩信前往，不给他准备饭菜。韩信也明白她的意思，于是断绝来往离开了。他在城下钓鱼，有一个漂洗丝絮的老妇人看见韩信饿肚子，就把饭给他吃，直到完成漂洗工作，一连几十天都是这样。韩信说："我一定会重重地报答你。"老妇人生气地说："大丈夫不能自食其力，我是可怜你，难道是希望报答吗？"淮阴有个年轻人侮辱韩信，说："你虽然长得漂亮，喜欢佩带长剑，但是很胆怯。你要是不怕死，就用剑刺我；要是怕死，就从我胯下钻过去。"于是韩信看了他很久，俯下身体从他胯下钻过，趴在地上，整个闹市的人都笑话他，认为韩信很胆怯。后来韩信辅佐大汉皇朝，功劳天下第一，被封为楚王。韩信赐予给自己饭吃的老妇人千金，给了南昌亭长一百钱，说："你是小人，做好事不做到底。"他召来侮辱自己的少年，让他担任中尉，告诉诸侯将相说："这个人是壮士。当年他侮辱我的时候，难道我不能杀他吗？只是杀了他也不能使自己扬名，所以忍下来，才有现在的功业。"

韩安国

韩安国为梁中大夫①，坐法抵罪，蒙狱吏田甲辱安国②，安国曰："死灰独不复燃乎？"田甲曰："燃则溺之③。"居无几，梁内史缺④，孝景皇帝遣使者即拜安国为内史，起徒中为二千石。田甲亡。安国曰："甲不就官，我灭乃宗。"甲肉袒谢。安国笑曰："公等可与治乎！"卒善遇之。

【注释】

①韩安国：字长孺，西汉梁国成安（今河南临汝）人。初为梁孝王中大夫，吴楚七国之乱时，击退吴兵，由此著名。武帝时，任御史大夫，后为卫尉。匈奴进攻，他任材官将军，屯兵渔阳，兵败，不久病死。中大夫：西汉为九卿之一郎中令属官，掌议论，无定员，秩比二千石。汉武帝太初元年（前104）改名为光禄大夫。

②蒙：西汉梁国属县，治今河南商丘东北。田甲：姓田的某个人。甲，代词。指代失传、虚构或不欲明言的人名。

③溺（niào）：小便，撒尿。

④内史：西汉初，诸侯王国内置内史，掌民政。

【译文】

韩安国担任梁国中大夫，因为犯法被判刑，蒙地的狱吏田某侮辱韩安国。韩安国说："死灰难道不会再次燃烧吗？"田某说："再烧起来我就撒尿浇灭它。"没过多久,梁国的内史一职空缺,景帝派使者任命韩安国为内史,从罪犯中提拔他来担任二千石的职务。田某闻风逃走。韩安国说:"田某不回来做官,我就灭了你的宗族。"田某袒露肩膀谢罪。韩安国笑着说:"你这种人值得我去惩治吗?"最终还是善待田某。

李广

李广去云中太守①,屏居蓝田南山中②,射猎。尝夜从一骑出饮田间,还,霸陵尉呵止广③。广骑曰:"故李将军。"尉曰:"今将军尚不得夜行,何故也?"宿亭下。居无何,匈奴入辽西④,大为边害,于是孝武皇帝乃召广为北平太守⑤。广请霸陵尉与俱,至军斩之,上书谢罪。上报曰:"将军者,国之爪牙也。《司马法》曰⑥:'登车不式⑦,遭丧不服⑧。'振旅抚师⑨,以征不服,率三军之心⑩,同战士之力,故怒形则千里竦⑪,威振则万物伏,是以名声暴于夷、貊,威棱憺乎邻国⑫。夫报忿除害,捐残去杀⑬,朕之所图于将军也;若乃免冠徒跣⑭,稽颡请罪⑮,岂称朕之指哉!"

【注释】

①李广:西汉名将。陇西成纪(今甘肃秦安)人。善骑射。文帝时,为郎、武骑常侍。景帝、武帝时,历典上郡、陇西、北地、雁门、代郡、云中诸郡。元光元年(前134)为卫尉。后任右北平太守,匈奴数年不敢攻扰,称之为"飞将军"。元狩四年(前119)随大将军卫青攻匈奴,以失道被责,自杀。云中:西汉云中郡,治云中县(今内蒙古托克托东北)。

②屏居蓝田南山中:按,据《史记·李将军列传》,李广以卫尉为将

军,出雁门击匈奴,几乎被生擒,军队亡失过多,被判斩首,赎为庶
人,遂居南山。屏居,隐居。蓝田,蓝田县,治今陕西蓝田西。南
山,终南山,在今陕西西安南。

③霸陵尉:霸陵县尉。秦汉县令、县长下置尉,掌管治安。霸陵县,
在今陕西西安东北,因其地有汉文帝刘恒霸陵,故名。

④辽西:西汉辽西郡,治阳乐县(今辽宁锦州义县西)。

⑤北平太守:《史记·李将军列传》作右北平太守。按,西汉只有右
北平,郡治平刚县(今辽宁凌源西南),东与辽西郡相邻。

⑥《司马法》:我国古代兵书。旧题司马穰苴作,不可信。据今人
考证,为齐威王时诸大夫集古兵法而成,附穰苴于其中。故又名
《司马法》《司马兵法》或《司马穰苴兵法》。《汉书·艺文志》载
《司马法》共一百五十五篇,今本仅存五篇。论述范围涉及很广,
如战争准备、战争指导、兵阵队形、天时地利选择、军队纪律、军队
管理等。

⑦登车不式:在兵车上不行礼。式,通"轼"。手扶车轼敬礼。

⑧遭丧不服:遇到丧事不必服丧。今本《司马法》无此语。

⑨振旅:整顿部队,操练士兵。抚师:抚慰军队。

⑩率:聚集,积聚。

⑪竦:震动。

⑫威棱(léng):威力,威势。棱,威势。惮(dàn):畏惧。

⑬捐残:免除残暴。去杀:不必用刑杀。

⑭免冠徒跣(xiǎn):古时凡谢罪皆免冠,重则徒跣。徒跣,赤足而行。

⑮稽颡(sǎng):古代一种跪拜礼,屈膝下拜,以额触地。颡,额头,
脑门。

【译文】

李广被免去云中太守一职,隐居在蓝田南山中,射箭打猎。曾经有
天晚上他带着一个随从骑马去乡间喝酒,回来路上,霸陵尉呵斥阻止李

广。李广的随从说："这是前任李将军。"霸陵尉说："现任将军尚且不能在夜里行走,何况是前任呢?"把他们在亭下扣押了一晚。没过多久,匈奴入侵辽西郡,成为边疆的大害,于是武帝召见李广,让他担任右北平太守。李广请求派霸陵尉和他一起去,到军营就把霸陵尉斩杀了,然后上书谢罪。皇上回复说:"将军是国家的武卫之臣。《司马法》上说:'登上兵车不必扶轼行礼,遭遇丧事不必服丧。'整顿、训练、安抚军队,来征伐不服从的敌人,积聚三军的军心,聚集战士的力量,故而发怒则千里震动,军威振作则万物降服,所以名声在蛮夷间显露,威势使邻国畏惧。报复仇怨除去祸害,免除残暴和杀戮,这是我希望将军仔细琢磨的;如果要脱帽赤脚叩头请罪,这难道和我的意旨相称吗?"

太尉沛国刘矩

太尉沛国刘矩叔方①,为尚书令②,失将军梁冀意,迁常山相③,去官。冀妻兄孙礼为沛相,矩不敢还乡里,访友人彭城环玉都④。玉都素敬重矩,欲得其意,喜于见归,为除处所,意气周密⑤。人有请玉都者:"祸至无日,何宜为其主乎?"玉都因事远出,家人不复占问⑥,暑则郁蒸,寒则凛冻,且饥且渴,如此一年。矩素直亮⑦,众谈同愁。冀亦举瘵,转薄为厚,上补从事中郎,复为尚书令,五卿三公,为国光镇⑧。玉都惭悔自绝。

【注释】

①太尉:东汉时太尉与司徒、司空并称三公,综理军政,职权渐重,地位最尊。

②尚书令:东汉政务皆归尚书,尚书令为尚书台长官,总典纲纪,无

所不统,职权极重。

③常山:东汉常山国,治元氏(今河北石家庄元氏西北)。

④彭城:东汉彭城国,治彭城(今江苏徐州)。

⑤意气:这里指待人接物的态度。

⑥占问:察问。占,视。

⑦直亮:正直诚实。亮,诚信。

⑧镇:比喻倚重者,中坚人物。

【译文】

太尉沛国人刘矩字叔方,担任尚书令,因违背了将军梁冀的意愿,被贬为常山相,后来被罢官。梁冀的妻兄孙礼担任沛相,刘矩不敢回乡里,于是拜访友人彭城人环玉都。环玉都向来敬重刘矩,想要满足他的心意,看到他到来很高兴,替他打扫住的地方,招待得非常周到。有人对环玉都说:"灾祸很快就要到了,怎么能给他当东道主呢?"环玉都因为有事远行,家里人就不再关照刘矩,夏天闷热,冬天寒冷,又饥又渴,就这样过了一年。刘矩向来耿直诚实,人们谈起他的境遇都很忧愁。梁冀也有所醒悟,对他从刻薄转为优厚,禀报皇上补为从事中郎,后又再次担任尚书令,历任五卿三公,成为国家所倚重的大臣。环玉都惭愧后悔,自己断绝了和他的来往。

司徒中山祝恬

司徒中山祝恬字伯休①,公车征,道得温病②,过友人邺令谢著③,著距不通,因载病去。至汲④,积六七日,止客舍中,诸生曰:"今君所苦沉结,困无医师,闻汲令好事,欲往语之。"恬曰:"谢著,我旧友也,尚不相见视,汲令初不相知,语之何益?死生命也,医药曷为?"诸生事急,坐相守吉凶,莫见收举，便至寺门口白⑤。时令汝南应融义高，闻之惊愕，即严便出⑥，径诣床蓐，手扙摸⑦，对之垂涕，曰："伯休不世英才，当为国家干辅⑧。人何有生相知者，默止客舍，不为人所知，邂逅不自贞哉⑨？家上有尊老，下有弱小，愿相随俱入解传⑩。"伯休辞让，融遂不听，归取衣车，厚其荐蓐⑪，躬自御之，手为丸药，口尝饘粥，身自分热⑫，三四日间，加甚劣极，便制衣棺器送终之具。后稍加损⑬，又谓伯休："吉凶不讳，忧怖交心，间粗作备具⑭。"相对悲喜。宿止传中数十日，伯休强健，入舍后，室家酺宴，乃别。伯休到拜侍中尚书仆射令、豫章太守、大将军从事中郎⑮。义高为庐江太守⑯。八年，遭母丧，停枢官舍，章百余上，得听行服，未阕⑰，而恬拜司隶⑱，荐融自代，历典五郡，名冠远近。著去邺，浅薄流闻，不为公府所取。

【注释】

①祝恬：字伯休，中山卢奴（今河北定州）人。桓帝元嘉中为司隶校尉，迁光禄大夫。延熹二年（159），拜司徒。三年，卒于官。

②温病：中医学病名。感受风寒而引起的热病的总称。

③邺：邺县，汉时为魏郡治所，在今河北临漳西。

④汲：汲县，东汉河内郡属县，在今河南卫辉西南。

⑤寺：衙署，官舍。

⑥严：衣装。汉避明帝刘庄讳，改"庄"为"严"。

⑦扙（wěn）：擦。

⑧干辅：主干与辅佐。亦喻担当重任之人。

⑨邂逅：意外，万一。贞：占卜。这里是料想的意思。

⑩解（xiè）传：即廨舍。解，通"廨"。官署，旧时官吏办公处所的通称。

⑪荐：衬，垫。蓐：草席、草垫子。

⑫分热：指用自己的身体贴近发热的人帮助其降温。《世说新语·惑溺》："荀奉倩与妇至笃，冬月，妇病热，乃出中庭自取冷，还以身熨之。"即所谓"身自分热"。

⑬加损：稍加减轻。损，减少。

⑭间：私下。

⑮尚书仆射：东汉为尚书令之副职，尚书令缺则奏下众事。令：指尚书令。豫章：东汉豫章郡，治南昌（今江西南昌）。

⑯庐江：东汉庐江郡，治舒县（今安徽庐江西南）。

⑰未阕（què）：三年服丧期未满。

⑱司隶：即司隶校尉。

【译文】

司徒中山人祝恬字伯休，受官府征召，赴任途中得了热病，经过他的朋友郏县令谢著家，谢著拒绝接待他，于是抱病离开。到了汲县，病情已经积累了六七天，在客舍中休息，随行子弟们说："现在您被热病折磨，困在这里没有医生治疗，听说汲县令热心助人，我们想去告诉他。"祝恬说："谢著是我的老朋友，尚且不愿意来接待我，汲县令和我素不相识，告诉他有什么用？死生都是命，医药又有什么用？"随行子弟们见到祝恬病情危急，眼看着吉凶难测，无人收留，便到县衙门亲口说明情况。当时县令是汝南人应融字义高，听到这件事很惊愕，马上整装出门，径直到病床边，用手抚摸他，对着他流泪，说："你是不世出的英才，本该成为国家的栋梁。人哪有生来知名，却默默地留在客舍里，不被他人知道，万一碰到什么意外呢？我家里上有老人，下有弱小，希望随您一起到官舍中住。"祝恬谦逊推让，应融于是不听他的，回家取来衣服和车马，把草席垫得厚厚的，亲自驾车，亲手为他做丸药，亲口尝粥的冷热，用自己的身体为他降温,过了三四天,祝恬病情更加恶化,应融便制作寿衣棺木等送终的器具。后来祝恬病情渐渐好转,应融又对祝恬说:"吉凶不必忌讳,忧惧恐怖交心,私下为你简单准备了送终的器具。"相对悲喜交加。在官舍中住了几十天,祝恬恢复健康,搬进府中,全家人痛快喝酒,然后才告别。祝恬到了朝廷之后,官拜侍中尚书仆射令、豫章太守、大将军从事中郎。应融担任庐江太守。八后年,应融的母亲去世,把棺木停在官舍,他上奏了一百多次,才被允许离职服丧,服丧期未满,祝恬被任命为司隶校尉,他推荐应融接替自己的职位。应融先后担任了五个郡的长官,远近闻名。谢著离开郏县后,浅薄之名传播开来,不再被公府所任用。

司徒颍川韩演

司徒颍川韩演伯南,为丹阳太守①,坐从兄季朝为南阳太守刺探尚书②,演法车征,以非身中赃罍③,道路听其从容④。至萧⑤,萧令吴斌,演同岁也,未至,谓其宾从:"到萧乃一相劳。"而斌内之狴犴⑥,坚其镣挺⑦,躬将兵马,送之出境。从事汝南阎符迎之于柤秋⑧,相得,令止传舍,解其桎梏,入与相见,为致肴异,曰:"明府所在流称⑨,今以公征,往便原除⑩,不宜深入以介意。"意气过于所望。到亦遇赦。其间无几,演为沛相,斌去官。乃临中台⑪,首辟符焉。

【注释】

①丹阳:东汉丹阳郡,治宛陵(今安徽宣城),建安二十五年(220),孙权移郡治建业(今江苏南京)。

②刺探:探知机密并私自写下来。

③罍:同"衅"。罪过。

④从容：周旋，交往，交际应酬。

⑤萧：萧县，治今安徽萧县西北。

⑥狴犴(bì àn)：监狱。

⑦镮(huán)挺：这里指门的插销。镮，环。挺，孙诒让《札迻》疑当作"楗"，即关门的木闩。

⑧从事：三公及州郡刺史、太守皆可自辟僚属，其称从事者有从事史、从事中郎、别驾从事、治中从事等。杼秋：杼秋县，与萧县接壤，在萧县西北，今安徽砀山县东。

⑨流称：犹传颂。

⑩原除：赦免，免除。

⑪中台：司徒的别称。

【译文】

司徒颍川人韩演字伯南，担任丹阳太守，因为受从兄季朝担任南阳太守犯了刺探尚书之罪的连累，被司法部门征召，因为他不是自己犯了贪污罪，在道路任其交际应酬。到萧县，萧县令吴斌，和韩演同年被征召，还没到萧县时，韩演对他们的宾客随从说："到萧县，县令一定会慰劳我。"而吴斌却把他投入牢狱，把牢门锁紧，并亲自率领兵马，送他出境。从事汝南人阎符在杼秋迎接他，一见如故，让他住在传舍中，解开他的镣铐，进去和他相见，为他准备精美的饭菜，说："您的名声在各地传颂，现在因公事被征召，去了便会被赦免，不要太介意这件事。"对韩演招待得超过预期。韩演到了朝廷之后就被赦免了。这之后不久，韩演担任沛相，吴斌被免官。韩演后来担任司徒，第一件事就是征辟了阎符。

太傅汝南陈蕃

太傅汝南陈蕃仲举，去光禄勋①，还到临颍巨陵亭②，从者击亭卒数下，亭长闭门收其诸生人客，皆厌毒痛③，欲复收蕃,蕃曰:"我故大臣,有罪,州郡尚当先请,今约敕儿客无素④,幸皆坐之,何谓乃欲相及⑤?"相守数时,会行亭掾至⑥,困乃得免。时令范伯弟亦即杀其亭长。

【注释】

①光禄勋:汉代光禄勋为官内总管,统领皇帝的顾问参议、宿卫侍从、传达接待等,位列九卿。

②临颍:临颍县,颍川郡属县,治今河南临颍东南。巨陵亭:古称大陵,在今河南临颍北。

③厌:饱受。

④约敕儿客无素:平时对子弟宾客缺乏约束管教。约敕,约束诫饬。无素,不经常。

⑤谓:通"为"。

⑥行亭掾:郡县属官。执掌各乡亭事。

【译文】

太傅汝南人陈蕃字仲举,辞去光禄勋一职,回到临颍巨陵亭,随从打了亭卒几下,亭长把他的弟子宾客都关押起来,都饱受毒打之痛,又想收审陈蕃,陈蕃说:"我是前任大臣,即使有罪,州郡尚且要先请示朝廷,现在因为平时对子宾客缺乏约束管教,他们不幸都受牵连,为什么还要牵连我呢?"相持几个时辰,刚好碰到行亭掾来到这里,才得以解脱境困。当时的县令范伯弟也立即杀了这位亭长。

蕃本召陵①,父梁父令②,别仕平舆③,其祖河东太守,家在召陵。岁时往祠,以先人所出,重难解亭④,止诸冢舍。时令刘子兴,亦本凡庸,不肯出候,股肱争之,尔乃会其冢上。蕃持板迎之⑤,长跪;令徐乃下车,即坐,不命去板,辞意又不谦恪⑥，蕃深忿之。令去，顾谓宾客："平舆老夫何欲召陵令哉⑦？不但为诸家故耶⑧！而为小竖子所慢⑨。孔子曰：'假我数年乎⑩！'"其明年，桓帝赫然诛五侯邓氏⑪，海内望风草偃。子兴以脏疾见弹⑫，埋于当世矣。蕃起于家，为尚书仆射、太中大夫、太尉。

【注释】

①召陵：汝南郡属县，治今河南郾城东。

②梁父：又作梁甫，泰山郡属县，治今山东泰安东南。

③平舆：汝南郡治所，治今河南平舆北。

④重难：严重困难。解（xiè）亭：即廨舍。解，通"廨"。

⑤板：笏。古代朝见时大臣所执的手板，用来记事。

⑥谦恪（kè）：谦虚恭敬。恪，恭敬，恭谨。

⑦欲：求。

⑧不但为诸家故耶：诸家，卢文弨《群书拾补》以为当作"诣冢"。

⑨小竖子：骂人语。犹言小子、小人。慢：怠慢，轻视。

⑩假我数年乎：语本《论语·述而》："子曰：'加我数年，五十以学《易》，可以无大过矣。'"

⑪赫然：盛怒的样子。五侯邓氏：指南乡侯邓万世、南顿侯邓康、昆阳侯邓统、安阳侯邓会、淯阳侯邓秉。

⑫脏疾：卢文弨《群书拾补》认为当是"赃吏"。译文从之。

【译文】

陈蕃原是召陵人，父亲是梁父县令，他则在平舆县任职，他祖上是河东太守，坟墓在召陵。他每年都回去祭祀，因为是在先人的出生地，不好住在官署中，于是在坟墓旁的小房子里居住。当时召陵县令刘子兴，本来是个凡庸之人，不肯出来迎候，左右劝说他，这才在坟墓边与陈蕃见面。陈蕃手持笏板迎接他，直身而跪；县令慢慢地下车，当即坐下，不让陈蕃收起笏板，言辞又不谦虚恭敬，陈蕃很生气。县令离开后，陈蕃回头对宾客说："我这个平舆老夫对召陵令有什么要求吗？不过是为了祭祀的缘故啊！却被小人怠慢。孔子说：'再给我几年寿命吧！'"第二年，桓帝发怒杀了邓氏五侯，国内不法分子偃旗息鼓。刘子兴因为贪赃枉法被弹劾，声名隐没于当世。陈蕃在家乡被征召为官，担任尚书仆射、太中大夫、太尉。

　　谨按：《尚书》曰："人惟求旧①。"《诗》云："虽有兄弟，不如友生②。"《论语》："久要不忘平生之言③。"《周礼》九两④："友以任得民⑤。"是以隋会图其身而不遗其友⑥，鲍叔度其德而固推管子⑦。厥后陵迟，弥已凋玩⑧，《伐木》有鸟鸣之刺⑨，《谷风》有弃予之怨⑩。陈馀、张耳，携手遁秦，友犹父子，及据国争权，还为豺虎⑪。自汉所称，王、贡弹冠，萧、朱结绶⑫，博、育复隙其终⑬，始以交为难，况容悦偶合，而能申固其好者哉？故长平之吏，移于冠军⑭，魏其之客，移于武安⑮，郑当、汲黯，亦旋复然⑯，翟公疾之，乃书其门："一死一生，乃知交情。一贵一贱，交情乃见⑰。"自古患焉，非直今也⑱。韩信宠秩，出跨下之人，斯难能也。安国不念旧恶，合礼中平。李广因威归忿，非义之理。宣尼暨陈⑲，皆降而复升，兼济天下。唯虞卿逼于强秦，独善其身，缵述篇籍⑳，垂训后昆㉑。昔子夏心战则惧，道胜如肥，何必高位丰爵以为融懿也㉒。

【注释】

①人惟求旧：语见《尚书·盘庚》。

②虽有兄弟，不如友生：语见《诗经·小雅·常棣》。友生，朋友。

③久要不忘平生之言：语见《论语·宪问》。

④《周礼》九两：指《周礼》中诸侯联缀万民，不使其离散的九项政治措施。《周礼·天官·太宰》："以九两系邦国之民：一曰牧，以地得民；二曰长，以贵得民；三曰师，以贤得民；四曰儒，以道得民；五曰宗，以族得民；六曰主，以利得民；七曰吏，以治得民；八曰友，以任得民；九曰薮，以富得民。"两，指联系、协调双方的人或事物。

⑤友以任得民：江永曰："德行道艺相劝，吉相庆，凶相恤，缓急相救，有无相通是也。"任，诚笃可信。

⑥隋会图其身而不遗其友：前597年晋楚邲之战时，隋会将上军，知晋不可与楚决战，战则必败。中军佐先縠率师渡河，隋会便率上军七处设防掩护。后晋军果惨败，唯上军得以保全。参详《左传·宣公十二年》。隋会，是春秋时期晋国大夫，后为正卿，字季，食邑在随（今山西介休东南），后更受范邑（今山东梁山西北），亦称随会、范会、士季、随季。谥武，亦称随武子、范武子。

⑦鲍叔度其德而固推管子：鲍叔牙与管仲友善，曾分别事公子小白（即后来的齐桓公）和公子纠，后公子纠争位失败被齐桓公所杀，管仲被囚。鲍叔牙向齐桓公推荐管仲，任管仲为大夫。《史记·管晏列传》与《齐太公世家》皆有记载。

⑧凋玩：衰落。玩，轻慢，忽略。

⑨《伐木》有鸟鸣之刺：《诗经·小雅·伐木》中有"嘤其鸣矣，求其友声。相彼鸟矣，犹求友声。矧伊人矣，不求友生"之句。

⑩《谷风》有弃予之怨：《诗经·小雅·谷风》中有"将恐将惧，维予与女。将安将乐，女转弃予"之句。

⑪"陈馀、张耳"几句：陈馀、张耳二人皆秦末贤士。张耳年长，陈馀父事张耳，两人相与为刎颈交。秦时始皇曾重金寻求二人，二人

改名换姓,躲到陈郡为里巷的看门小吏。陈胜起义后,除馀与张耳跟随武臣占据赵地。武臣被杀后,二人立旧贵族赵歇为王。后来赵军被章邯围于巨鹿,二人因矛盾误会终致绝交。项羽分封诸侯,张耳为常山王,陈馀仅得三县之地,遂借兵打败张耳,复立赵歇为赵王,己为代王。张耳遂投奔刘邦,与韩信伐赵,在井陉之战中,大败赵军,陈馀被杀。汉朝建立后,张耳被封为鲁王。

⑫ 王、贡弹冠,萧、朱结绶:《汉书·萧望之传》记载,萧望之之子萧育"少与陈咸、朱博为友,著闻当世。往者有王阳、贡公,故长安语曰'萧、朱结绶,王、贡弹冠',言其相荐达也"。王、贡弹冠,王指王吉,字子阳,又称王阳。贡指贡禹。《汉书·王吉传》:"吉与贡禹为友,世称'王阳在位,贡公弹冠',言其取舍同也。"意谓王吉为官,贡禹也拿出帽子弹去上面的灰尘,等待王阳举荐而准备出仕。弹冠,弹去冠上的灰尘。比喻准备做官。萧、朱结绶,萧,指萧育。朱,指朱博。萧育与陈咸皆以公卿之子而得官,对当时地位尚低的朱博多有援引,而并历高位。结绶,谓授予官职。绶,用以拴系玉饰和印章的丝质带子。

⑬ 博、育复隙其终:据《汉书·萧望之传》,萧育与朱博后来发生了矛盾,友谊未能保持终身。

⑭ 故长平之吏,移于冠军:长平,指长平侯卫青。冠军,指冠军侯霍去病。霍去病是卫青的外甥。二人皆西汉名将。据《史记·卫将军骠骑列传》,卫青最先出击匈奴,汉武帝元朔二年(前127),卫青击退匈奴,收得河南地设立朔方郡,因功封为长平侯。元朔五年(前124),大败匈奴,拜为大将军。霍去病初从卫青击匈奴,有功,于元朔六年(前123)封冠军侯,元狩二年(前121)为骠骑将军。元狩四年(前119)春,武帝命卫青、霍去病各率五万骑击匈奴,二人皆有大功,但卫青及属下未受封赏,霍去病及属下则得到重赏,武帝令霍去病秩禄与大将军卫青相等。此后,卫青失势,

霍去病日趋贵宠，卫青故人门下多离去，改事霍去病。

⑮魏其之客，移于武安：魏其，指魏其侯窦婴，汉武帝的祖母窦太后
的堂侄。武安，指武安侯田蚡，汉武帝的舅舅。据《史记·魏其
武安侯列传》，窦婴在七国之乱时为大将军，立有大功，在武帝继
位之初为丞相。窦婴为大将军时，田蚡为诸郎，"往来侍酒魏其，
跪起如子姓"。后窦太后去世，窦婴失势，田蚡兴起，骄横专断，
初为太尉，后代窦婴任丞相，"天下士郡诸侯愈益附武安"。

⑯郑当、汲黯，亦旋复然：郑当，即郑当时，字庄。汉武帝时，曾为鲁
中尉、济南太守、江都相，又为右内史，位列九卿。汲黯，字长孺，
武帝时，任东海太守继为主爵都尉，后出为淮阳太守，在任十年
死。《史记·汲郑列传》："郑庄、汲黯始列为九卿，廉，内行修絜。
此两人中废，家贫，宾客益落。"

⑰"一死一生"几句：《史记·汲郑列传》作："一死一生，乃知交情。
一贫一富，乃知交态。一贵一贱，交情乃见。"

⑱直：仅，只是。

⑲宣尼：即孔子。暨：和，与。陈：指陈蕃。

⑳缵（zuǎn）述：继承传述。

㉑后昆：后代，后辈。

㉒融懿：和乐美好。

【译文】

谨按：《尚书》上说："人只求旧的交情。"《诗经》说："即使有兄弟，
不如有朋友。"《论语》上说："经过长久的穷困日子都不忘记平日的诺
言。"《周礼》讲了九种联缀万民不使其离散的政治措施，其中第八种是
说："朋友因为笃诚可信而得到民众。"所以隋会考虑自己的退路而不遗
忘他的朋友，鲍叔牙度量人的品德而坚持推荐管子。这之后道德衰微，
朋友之情日渐淡漠，《伐木》用鸟鸣来讽刺朋友之道的败落，《谷风》有被
朋友抛弃的怨恨之语。陈馀、张耳，携手从秦国逃出来，友情好像父子，

等到把持赵国争夺权力,又返回豺虎相残的面目。在汉朝为人称道的是,王吉与贡禹交好,萧育与朱博为友,朱博和萧育最终又有嫌隙,从小就是朋友尚且难以维持,何况是容貌言语相投而偶然结为朋友的,怎能维持巩固他们的友谊呢?所以长平侯卫青的门客都迁移到冠军侯霍去病门下,魏其侯的门客都迁移到武安侯门下,郑当时、汲黯也遇到了这种情况。翟公对此很痛恨,于是在大门上写道:"一死一生,乃知交情。一贵一贱,交情乃见。"自古以来人们都痛恨这种情况,并非只在当下。韩信官职尊贵,却是能忍胯下之辱的人,这是难能可贵的。韩安国不念旧恶,合乎礼仪持中正平和。李广依仗着权威报复,这是不合道义的。孔子和陈蕃,都是经过穷困潦倒而后升为高位的,能够兼济天下。只有虞卿被强秦所威逼,独善其身,传述著作,为后代留下训导。以前子夏心里无所适从就忧惧,道义占了上风就舒心发胖;那又何必要高位丰爵才能和乐美满呢?

卷八

祀典

【题解】

在古代中国，山水、草木、风雨、禽兽，万物皆有神灵，祖先也会成为神灵。对自然神的崇拜，中华民族与世界上其他古老的民族一样，几乎在原始社会时期就已开始。而对祖先的崇拜，某种程度上却是中华文化特有的产物，它是中国宗法制的重要组成部分，也是宗法制在中华大地上的具体呈现。祭祀很早就是中国传统社会日常生活中非常重要的组成部分。

本卷记录了各种祭祀仪式的来历、程序及与之相关的逸闻趣事。比如先农，它与大家熟悉的后稷同为中国农神，还有社神、稷神、灶神，这些其实都是中国较早成为农业社会、农耕民族以定居为其生活方式的真实写照。而对风伯、雨师、雄鸡、家犬的祭祀，则是中华民族对自然崇拜的延续。这也说明虽然祖先崇拜出现较晚，但它并未取代自然崇拜，而是与其和平共处。其中对桃梗的崇拜很有意思，是早期人们偶像崇拜的真实记录，同时可见桃信仰由来已久。

本卷主要以《礼记》为依据，参照《论语》《韩非子》《吕氏春秋》，又以《左传》《史记》中的事迹相印证，如实记录了当时人们的祭祀情况，为我们保存下了许多远古的祭法，让我们可以看到汉代祭祀的总体风貌。最后一则"司命"虽与《楚辞》"大司命""少司命"祭名类似，但从内容上看却不相同：此处是指文昌星中的一颗，主文运，与主人间寿夭、生育的"大司命""少司命"名近而实远。

  《礼》："天子祭天地山川，岁遍①。"《春秋国语》②："凡禘、郊、宗、祖、报③，此五者，国之典礼；加之以社稷山川之神，皆有功烈于民者也；及前哲令德之人④，所以为质者也；及天之三辰⑤，所昭仰也；地之五行，所生殖也；九州名山川泽，所出财用也。非是族也，不在祀典。"礼矣。《论语》："非其鬼而祭之，谄也⑥。"又曰："淫祀无福⑦。"是以泰山不享季氏之旅⑧，而《易》美西邻之禴祭⑨，盖重祀而不贵牲，敬宝而不求华也。自高祖受命，郊祀祈望，世有所增，武帝尤敬鬼神，于时盛矣。至平帝时，天地六宗已下⑩，及诸小神，凡千七百所⑪。今营夷寓泯⑫，宰器阙亡，盖物盛则衰，自然之道，天其或者欲反本也，故记叙神物曰《祀典》也。

【注释】

①天子祭天地山川，岁遍：语本《礼记·曲礼》："天子祭天地，祭四方，祭山川，祭五祀，岁遍。"

②《春秋国语》：引文见《国语·鲁语上》，文字稍有差异。

③禘（dì）、郊、宗、祖、报：都是祭祀之名。禘，古代帝王、诸侯举行各种大祭的总名。凡祀天、宗庙大祭与宗庙时祭均称为"禘"。郊，古帝王祭祀天地。冬至祭天于南郊，夏至祭地于北郊。宗、祖，《国语》韦昭注："祭五帝于明堂曰祖、宗。"报，报答神明功德之祭。

④令：美好。

⑤三辰：指日、月、星。

⑥非其鬼而祭之，谄也：语见《论语·为政》。

⑦淫祀无福：《礼记·曲礼》云："凡祭，有其废之，莫敢举也；有其举之，莫敢废也。非其所祭而祭之，名曰淫祀，淫祀无福。"

⑧泰山不享季氏之旅：按礼只有诸侯才有资格祭祀封地内的名山大川，孔子认为季氏作为鲁大夫去祭泰山，是一种越礼的行为，泰山不会接受季氏的祭祀。季氏，"三桓"之一的鲁大夫季孙氏，长期执鲁国国政。旅，陈列祭品而祭。

⑨《易》美西邻之禴（yuè）祭：《周易·既济》："九五，东邻杀牛，不如西邻之禴祭，实受其福。"王弼注："祭祀之盛，莫盛修德。"西邻，此指周人。禴，古代祭名。指夏祭或春祭。

⑩六宗：古代尊祭的六神，所谓"位于天地四方之间，助阴阳变化者"。汉以来诸说不一，有"天、地、春、夏、秋、冬""水、火、雷、风、山、泽""日、月、星、河、海、岱""星、辰、司中、司命、风师、雨师"等。

⑪所：不定数词，表示大概的数目。

⑫营夷寱泯：指供神的祠庙被毁灭。

【译文】

《礼记》上说："天子祭祀天地山川，每年祭一遍。"《国语》上说："大凡禘、郊、宗、祖、报，这五种祭礼是国家的典礼；附加祭祀的社稷山川的神灵，都是对老百姓有功勋业绩的；以及那些前代哲人和有美好品德的人，老百姓因为他们美好的品德而祭祀他们；以及天上的日月星辰，这是人民所仰望的；大地上的水、火、木、金、土，这是万物得以生长繁殖的；九州的名山川泽，这是财用所赖以出产的。不是上述提到的，不在祭祀的行列。"这就是礼。《论语》上说："不是自己应该祭祀的鬼神却去祭祀，这是谄媚。"又说："过多的祭祀不会带来福报。"所以泰山不接受季氏的祭祀，而《周易》赞美周人的薄祭，这是重视祭祀而不看重祭祀用的牺牲，敬重实质而不追求华美。自从高祖接受天命，郊祀祈望的祭祀，每代都有所增加，武帝尤其敬重鬼神，在那个时候特别兴盛。到平帝时期，天地六宗以下，遍及各种小的神灵，大凡有一千七百多个。现在供神的庙宇被夷平泯灭，祭祀的器具散失殆尽，大概是事物发展到极盛便会衰落，这是自然的规律，或许这是上天想返回它本来的样子，所以记叙神物，篇名叫《祀典》。

先农

谨按：《春秋左氏传》曰[①]："夏四月，三卜郊，不从[②]，乃免牲。孟献子曰：'吾乃今而知有卜筮。夫郊祀后稷[③]，以祈农事也，是故启蛰而郊[④]，郊而后耕。今既耕而卜郊，宜其不从也。'"周四月，今二月也，先农之时也[⑤]。孝文帝二年诏曰："农者，天下之本，其开籍田[⑥]，朕躬帅耕，以给宗庙粢盛[⑦]。"今民间名曰田官。古者，使民如借，故曰籍田。

【注释】

①《春秋左氏传》曰：引文见《左传·襄公七年》。

②不从：这里指不吉利。

③后稷：周之先祖，姬姓，名弃。好农耕，通稼穑之法，民皆仿效。尧时举为农师，教民耕种；舜时封于邰。周族认为他是最早种稷和麦的，因亦称"稷"。后世奉为农神。

④启蛰：节气名。动物经冬日蛰伏，至春又复出活动，故称"启蛰"，今称"惊蛰"。

⑤先农：古代传说中最先教会民众进行农业生产的农神。或谓神农，也有说是后稷。

⑥籍田：古代帝王于正月躬耕，以示劝农。

⑦粢（zī）盛：古代盛在祭器内以供祭祀的谷物。粢，古代供祭祀用

的谷物。盛，祭器中所盛的谷物。

【译文】

谨按：《春秋左氏传》上说："夏季四月，三次占卜郊祭，不吉利，于是免除牺牲。孟献子说：'我从今往后才知道有卜筮。在郊外祭祀后稷，为的是祈祷农事顺利，所以启蛰就到郊外祭祀，郊祭之后就开始耕种。现在已经耕种了再去占卜郊祭，结果不吉利是应该的。'"周代的四月是现在的二月，正是祭祀先农的时候。文帝二年下诏书说："农业是天下的根本，举行籍田大礼，我亲自率先耕种，以供给宗庙祭祀用的谷物粮食。"现在民间把这叫做田官。古代使用老百姓如同借用民力，所以把这些田叫做籍田。

社神

《孝经说》①："社者，土地之主，土地广博，不可遍敬，故封土以为社而祀之，报功也。"《周礼》说："二十五家置一社②。"但为田祖报求③。《诗》云："乃立冢土④。"又曰："以御田祖，以祈甘雨⑤。"

【注释】

① 《孝经说》：此书可能是纬书。《太平御览》卷五三二引《孝经说》，文字与此大致相同；《通典》《初学记》《艺文类聚》及《太平御览》卷三十均作《孝经纬》。

② 二十五家置一社：此文不见于今本《周礼》，但《说文解字》《史记·鲁周公世家》集解引贾逵说、《吕氏春秋·慎大篇》高诱注、《左传·哀公十五年》杜预注都有此说，故王利器校注曰："盖《周礼》家旧有此说。"

③田祖：这里指神农。

④乃立冢土：语见《诗经·大雅·绵》。

⑤以御田祖，以祈甘雨：语见《诗经·小雅·甫田》。御，迎。

【译文】

《孝经说》说："社是土地的主人，土地广阔博大，不可能一一敬拜，所以堆土作为社来祭祀它，报答它的功业。"《周礼》上说："二十五户人家设置一个社坛。"只为神农报功求福。《诗经》上说："于是建立了祭祀的神社。"又说："迎接和祭祀农神，祈求甘霖早降。"

　　谨按：《春秋左氏传》曰："共工氏有子曰句龙，佐颛顼，能平九土，为后土①，故封为上公②，祀以为社，非地祇③。"

【注释】

①"共工氏有子曰句龙"几句：《左传·昭公二十九年》："共工氏有子曰句龙，为后土。"杜预注："共工……其子句龙能平水土，故死而见祀。"九土，九州的土地。

②上公：传说古有五行之官，封为上公，祀为贵神。

③地祇（qí）：地神。

【译文】

　　谨按：《春秋左氏传》上说："共工氏有个儿子叫句龙，他辅佐颛顼，能够平定九州的土地，担任后土，所以被封为上公，作为社神来祭祀，不是地神。"

稷神

　　《孝经说》①："稷者，五谷之长②，五谷众多，不可遍祭，故立稷而祭之。"

【注释】

①《孝经说》：此指《孝经援神契》。《初学记》《北堂书钞》《艺文类聚》《太平御览》等引文大致相同，都作《孝经援神契》。

②五谷：指稻、黍、稷、麦、菽。一说指麻、黍、稷、麦、豆。

【译文】

《孝经说》上说："稷是五谷之长，五谷非常多，不可一一祭祀，所以选了稷来祭祀。"

谨按：《春秋左氏传》："有烈山氏之子曰柱，能殖百谷疏果，故立以为稷正也；周弃亦以为稷，自商以来祀之①。"礼缘生以事死，故社稷人祀之也，则祭稷谷，不得稷米，稷反自食也②。而邾文公用鄫子于次睢之社，司马子鱼曰："古者，六畜不相为用，祭以为人也，民，神之主也，用人，其谁享之？"③《诗》云："吉日庚午，既伯既祷④。"岂复杀马以祭马乎？《孝经》之说，于斯悖矣。米之神为稷，故以癸未日祠稷于西南⑤，水胜火为金相也。

【注释】

①"有烈山氏之子曰柱"几句：语见《左传·昭公二十九年》。烈山氏，指炎帝。周弃，即后稷。

②"礼缘生以事死"几句：《礼记·郊特牲》孔颖达疏引许慎《五经异义》："许君谨案：'礼缘生及死，故社稷人事之，既祭稷谷，不得但以稷米祭稷，反自食。'"反自食，即神明吃自己所主宰的那种粮食。

③"而邾文公用鄫（zēng）子于次睢之社"几句：据《左传·僖公十九年》记载，宋襄公让邾文公杀死鄫子来祭祀睢水旁的土地神，

想因此使东夷来降附，司马子鱼对此表示反对。邾文公，邾国国君。用，古代特指杀人以祭或杀牲以祭。缯子，缯国国君。次睢之社，睢水旁的土地神。次，旁边。睢，睢水。司马子鱼，春秋时宋国大夫，名目夷。宋襄公庶兄。曾任司马，素有贤声。襄公立，任左师，执国政，宋大治。六畜，指马、牛、羊、猪、狗、鸡六种家畜。不相为用，杜预注："谓若祭马先不用马。"

④吉日庚午，既伯既祷：语见《诗经·小雅·吉日》。庚午，原诗作"维戊"，当是应劭误引。伯，祭祀马神。

⑤癸未日祠稷于西南：根据五行学说，十二地支中的"未"与西南方对应，所以在西南方祭祀。

【译文】

谨按：《春秋左氏传》上说："有烈山氏的儿子名叫柱，能够繁殖百谷蔬果，所以立他作为稷神；周的始祖弃也被认为是稷神，从商代以来就祭祀他。"礼因循生人来侍奉死者，所以人们祭祀社稷，就用谷祭祀，不能用米祭祀，让稷神反过来享用自己主宰的米。邾文公用缯子祭祀睢水旁的社神，司马子鱼说："古时候祭祀六畜神时是不能用神所主宰的那种禽畜来祭祀的，祭祀是为了人，老百姓是神灵的主人，用人来祭祀，谁能享用呢？"《诗经》上说："良辰吉日在戊辰，我就祭了马祖又向神灵祈求。"难道是说杀了马来祭马吗？《孝经说》的说法，从这一点看来是有悖常理的。米的神是稷，所以癸未日在南边祭祀稷神，因为水胜火为金相。

灵星

俗说：县令问主簿："灵星在城东南，何法①？"主簿仰答曰："唯灵星所以在东南者，亦不知也。"

【注释】

①灵星在城东南,何法:《通典·礼四》:"周制:仲秋之月,祭灵星于
国之东南。"灵星,星名。又称天田星、龙星。主农事。古代以壬
辰日祀于东南,取祈年报功之义。

【译文】

民间传说:有位县令问主簿:"灵星在城东南,这是为什么?"主簿仰
着头回答说:"只知道灵星在东南方,至于原因,我也不知道啊。"

《汉书·郊祀志》:"高祖五年,初置灵星,祀后稷也,欧
爵簸扬①,田农之事也。"

【注释】

①欧爵:模仿驱雀的舞蹈动作。欧,同"毆"。"驱"的古字。爵,通
"雀"。簸扬:模仿扬谷的舞蹈动作。

【译文】

《汉书·郊祀志》上说:"汉高祖五年,首次设置灵星,祭祀后稷,模
仿驱雀扬谷的动作,以象征农业耕作之事。"

谨按:祀典,既以立稷,又有先农,无为灵星,复祀后稷
也。左中郎将贾逵说①,以为龙第三有天田星②,灵者神也,
故祀以报功。辰之神为灵星③,故以壬辰日祀灵星于东南④,
金胜木为土相。

【注释】

①左中郎将贾逵:贾逵,字景伯,贾谊九世孙。精通古文《尚书》《左
传》《毛诗》等古文经学,亦通今文经学之《春秋穀梁传》。章帝

时,同治今文经学的李育相辩难,提高了古文经学的地位。所著
经传义诂及论难达百余万言,又作诗、颂、诔、书、连珠、酒令凡九
篇,学者宗之。后世称为通儒。东汉和帝永元三年(91)为左中
郎将。左中郎将,隶郎中令(即光禄勋),秩比二千石,主掌属下
中郎、侍郎、郎中等宿卫宫殿。

②龙:龙星,东方苍龙七宿(角、亢、氐、房、心、尾、箕)的统称。

③辰之神为灵星:王利器校注引刘宝楠《愈愚录二》曰:"龙属辰为
大火,故又曰火星;辰为农祥,故又曰农祥;又曰天田星;星色赤,
又曰赤星;灵通作零,又曰零星。"

④壬辰日祀灵星于东南:根据五行学说,十二地支中的"辰"与东南
方对应,所以在东南方祭祀。

【译文】

谨按:祭祀的典制,立了稷神之后,又有祭祀先农,不必设灵星之祭
再次祭祀后稷。左中郎将贾逵的解释,认为东方苍龙七宿第三星是天田
星,灵是天上的神,所以祭祀来报答功绩。辰之神为灵星,所以壬辰日在
东南方祭祀灵星,金胜木为土相。

灶神

《礼器记》曰:"臧文仲安知礼? 燔柴于灶,灶者,老妇
之祭也,故盛于盆,尊于瓶①。"

【注释】

①"臧文仲安知礼"几句:语见《礼记·礼器》。灶,《礼记》作
"奥"。郑玄注:"奥当为'爨',字之误也。"爨,即灶。据古礼,天
神之祭方燔柴,灶祭所祭的是主炊事的先炊之神老妇,祭祀只需
用盆盛祭品,用瓶做酒樽,不得燔柴来祭祀,所以孔子嘲讽他。臧

　　文仲，臧孙氏，名辰，字文仲。历仕鲁庄公、闵公、僖公、文公四君。

【译文】

　　《礼记·礼器》上说："臧文仲哪里懂得礼呢？祭灶时举行祭天神的燔柴之礼，灶祭所祭是主炊事的先炊之神老妇，所以要用盆盛祭品，用瓶子做酒樽。"

　　《周礼》说："颛顼氏有子曰黎，为祝融①，祀以为灶神。"

【注释】

　　①祝融：火神。

【译文】

　　《周礼》上说："颛顼氏有儿子叫黎，担任祝融，把他当作灶神来祭祀。"

　　谨按：《明堂月令》①："孟冬之月②，其祀灶也。"五祀之神③，王者所祭，古之神圣，有功德于民，非老妇也。《汉记》④："南阳阴子方积恩好施⑤，喜祀灶，腊日晨炊⑥，而灶神见，再拜受神，时有黄羊⑦，因以祀之。其孙识，执金吾⑧，封原鹿侯⑨。兴卫尉，鲖阳侯⑩。家凡二侯⑪，牧守数十⑫。其后子孙常以腊日祀灶以黄羊。"

【注释】

　　①《明堂月令》：此处指《礼记·月令》。

　　②孟冬：据《礼记·月令》，祭灶在夏季，此处或是因下文腊日祭灶而误。

　　③五祀：具体有两种说法。一种是说祭祀五行之神。一种是说"春祀户，夏祀灶，中央祀中霤，秋祀门，冬祀行"。

④《汉记》：即东汉荀悦所著《汉纪》，编年体史书，记载西汉一代的史事。

⑤阴子方：西汉南阳新野人，据《后汉书·阴识传》记载，阴子方是阴识的三世祖。

⑥腊日：一般指腊月二十三日或二十四日。

⑦黄羊：野生羊的一种。

⑧执金吾：西汉武帝时改中尉为执金吾，为列卿之一，秩中二千石。主要职掌是担任宫殿之外、京城之内的警卫消防工作，并督巡三辅治安，有权直接逮捕罪犯，巡行郡县。皇帝出行时，则充任护卫及仪仗队。特殊情况下，亦奉命征伐。金吾，为两端涂金的铜棒，此官执之以示权威。

⑨原鹿：东汉原鹿国，治今安徽阜南。

⑩鲖（tóng）阳：东汉鲖阳国，治今安徽临泉鲖城镇。

⑪家凡二侯：据《后汉书·阴识传》记载，阴识和他的弟弟阴兴，阴兴的儿子阴庆、阴博，四人皆封侯。

⑫牧守：州郡长官。州官称牧，郡官称守。

【译文】

谨按：《明堂月令》上说："孟冬之月，要祭祀灶神。"五祀的神灵是王者所祭祀的，他们都是古代的神明圣灵，对老百姓有功德，不是老妇。《汉记》上说："南阳人阴子方一直积恩好施，喜欢祭祀灶神，在腊日那天早上做饭时，灶神显见，阴子方行再拜之礼接受赐福，当时有一只黄羊，于是用它来祭祀。他的孙子阴识，官为执金吾，封原鹿侯。阴兴担任卫尉，封鲖阳侯。一家共二人封侯，几十人当州郡长官。后来他的子孙经常在腊日用黄羊来祭祀灶神。"

风伯

《楚辞》说①："后飞廉使奔属②。"飞廉，风伯也。

【注释】

①《楚辞》：西汉刘向辑。收录战国屈原、宋玉等人的辞赋作品，以及汉代淮南小山、东方朔、贾谊等人的辞赋作品，并刘向自作的《九叹》，合为十六篇。东汉王逸为之作注，并增入己作《九思》，累成十七篇。全书以屈原作品为主，其余皆承袭屈原诗风。其内容及艺术形式、方言声韵等具有浓厚的楚地色彩，故名《楚辞》。

②后飞廉使奔属：语出《离骚》。奔属，在后面跟随。

【译文】

《楚辞》上说："让后面的飞廉紧紧跟上。"飞廉就是风伯。

谨按：《周礼》："以柳燎祀风师①。"风师者，箕星也②，箕主簸扬，能致风气。《易》巽为长女也③，长者伯，故曰风伯。鼓之以雷霆，润之以风雨，养成万物，有功于人，王者祀以报功也。戌之神为风伯，故以丙戌日祀于西北④，火胜金为木相也。

【注释】

①柳燎：古代封禅祭天的一种礼仪。把牲体放置在柴堆上焚烧，其馨香上达于天，以祀天神。柳，《周礼》作"樐（yǒu）"，聚积木柴以备燃烧。

②箕星：二十八宿之一，属东方苍龙七宿。

③《易》巽为长女：《周易·说卦》云："乾，天也，故称乎父；坤，地也，故称乎母；震一索而得男，故谓之长男；巽一索而得女，故谓之长女。"

④丙戌日祀于西北：根据五行学说，十二地支中的"戌"与西北方对应，所以在西北方祭祀。

【译文】

谨按:《周礼》说:"用柳燎之礼来祭祀风师。"风师就是箕星,箕星主宰簸扬之事,能够带来风和气。《周易》用巽代表长女,长就是伯,所以叫风伯。雷霆用来鼓动,风雨用来润泽,万物因而养成,对人有功绩,所以王者祭祀它来报答它的功绩。戌之神是风伯,所以在丙戌日向西北方祭祀,火胜金为木相。

雨师

《春秋左氏传》说:"共工之子,为玄冥师[①]。""郑大夫子产禳于玄冥[②]。"雨师也。

【注释】

①共工之子,为玄冥师:《左传·昭公元年》:"金天氏有裔子曰昧,为玄冥师。"金天氏是古帝少昊的称号,不是共工。

②郑大夫子产禳于玄冥:《左传·昭公十八年》:"明日,(子产)使野司寇各保其征。郊人助祝史除于国北,禳火于玄冥、回禄,祈于四鄘。"杜预注:"玄冥,水神。"

【译文】

《春秋左氏传》上说:"共工的儿子担任玄冥师。""郑国大夫子产向玄冥祈祷消除灾殃。"玄冥就是雨师。

谨按:《周礼》:"以槱燎祀雨师。"雨师者,毕星也[①]。《诗》云:"月离于毕,俾滂沱矣[②]。"《易·师卦》:"师者,众也。"土中之众者莫若水,雷震百里,风亦如之。至于太山,不崇朝而遍雨天下[③],异于雷风,其德散大,故雨独称师也。丑之神为雨师,故以己丑日祀雨师于东北[④],土胜水为火相也。

【注释】

①毕星:星宿名。二十八星宿之一,西方白虎七宿的第五宿,有星八颗。古人以为主兵主雨,故亦借指雨师。

②月离(lì)于毕,俾滂沱矣:语见《诗经·小雅·渐渐之石》。离,通"丽"。附着,依附。

③至于太山,不崇朝而遍雨天下:语本《春秋公羊传·僖公三十一年》:"山川有能润于百里者,天子秩而祭之。触石而出,肤寸而合,不崇朝而遍雨乎天下者,唯泰山尔。"崇朝,终朝。从天亮到早饭时。有时喻时间短暂,犹言一个早晨。崇,通"终"。

④己丑日祀雨师于东北:根据五行学说,十二地支中的"丑"与东北方对应,所以在东北方祭祀。

【译文】

谨按:《周礼》:"以楅燎之礼祭祀雨师。"雨师是毕星。《诗经》上说:"月亮靠近毕星,将会大雨滂沱。"《周易·师卦》:"师是众的意思。"土地中最多的莫过于水,雷震百里,风也是这样。至于泰山,不用一个上午就能让雨下遍整个天下,和雷、风不同,雨的德行分散而广大,所以只有雨被称为师。丑之神是雨师,所以在己丑日向东北方祭祀雨师,土胜水为火相。

桃梗、苇茭、画虎

谨按:《黄帝书》①:"上古之时,有荼与郁垒昆弟二人,性能执鬼,度朔山上立桃树下②,简阅百鬼③,无道理,妄为人祸害,荼与郁垒缚以苇索,执以食虎。"于是县官常以腊除夕,饰桃人,垂苇茭④,画虎于门,皆追效于前事⑤,冀以卫凶也。

【注释】

①《黄帝书》：古逸书。假托黄帝言黄老之术。

②度朔山：传说中的山。

③简阅：考察，察看。

④苇茭：苇草编成的绳索。茭，草索。

⑤追效：追随仿效。

【译文】

谨按《黄帝书》说："上古的时候，有荼和郁垒兄弟两人，天生就能捉鬼，站在度朔山上的桃树下，审察百鬼，对那些无道理而任意祸害人的鬼，荼与郁垒用苇索把他们捆住，拿他们去喂老虎。"于是官府经常在腊月除夕那天，用桃人装饰，悬挂苇草编成的绳索，在门上画老虎，都是跟着效法以前的事，希望用这些来避凶。

　　桃梗，梗者，更也，岁终更始受介祉也①。《战国策·齐语》②："孟尝君将西入秦，谏者千数，而弗听；苏秦欲止之，曰：'臣之来也，过于淄上③，有土偶人焉，与桃梗相与语④，谓土偶人曰：'子西岸之土也，埏子以为人⑤，至岁八月，天霖雨，淄水至，则子残矣。'曰：'不然。吾西岸之土也，残则复西岸耳。今子东国桃木也，削子以为人，隆雨下，淄水至，洗子而去⑥，泛泛将何如矣⑦。'夫秦四塞之国⑧，譬若虎口，而入之，则不知其可。孟尝乃止。"

【注释】

①介祉：大福。介，大。

②《战国策·齐语》：据《战国策·齐策三》记载，这段话是苏秦为了劝阻孟尝君入秦所说的。

③淄：即今山东境内的淄河。

④桃梗：这里指桃木刻的人偶。

⑤埏（shān）：用水和土。

⑥泆（yì）：通"溢"。

⑦泛泛：漂浮的样子。引申为随波逐流。

⑧四塞之国：四境皆有天险，可作屏障的国家。

【译文】

桃梗，梗是更的意思，每年结束又开始接受大福。《战国策·齐语》说："孟尝君打算向西去往秦国，有几千人劝谏他，但他不听；苏秦想阻止他，说：'我来的时候，经过淄水，有个土做的人偶在那里，和桃梗做的人偶在说话，桃偶对土偶说："你是西岸的土，和上水把你捏成人的模样，到八月，天下大雨，淄水涨到这里，那么你就毁了。"土偶说："不是这样的。我是西岸的土，毁了就再回到西岸。现在你是东国的桃木，削桃木做成人的模样，下大雨，淄水涨到这里，漂浮着你离开，你将漂到哪里去呢？"秦是四面皆有天险的国家，好像虎口，你进入秦国，就不知会怎样了。'孟尝君于是停止了这一行动。"

《春秋左氏传》曰："鲁襄公朝楚①，会楚康王卒，楚人使公亲禭②，公患之。叔孙穆叔曰③：'被殡而禭④，则布帛也⑤。'乃使巫以桃茢先被殡⑥，楚人弗禁，既而悔之。""古者，日在北陆而藏冰⑦，深山穷谷，其藏之也，黑牡秬黍⑧，以享司寒⑨；其出之也，桃弧棘矢⑩，以除其灾也。"

【注释】

①鲁襄公朝楚：事见《左传·襄公二十九年》。

②禭（suì）：古吊丧之礼。向死者赠送衣衾等。停枢前吊丧者为死

者穿衣，或停枢后将送死者之衣置于枢东，皆谓之"襚"。此指为死者穿衣。此礼是诸侯使臣吊邻国之丧之礼，楚人让鲁襄公亲自行襚礼，有轻侮之意。

③叔孙穆叔：即叔孙豹，鲁襄公时曾为卿。

④祓（fú）殡：祭于殡以除凶邪。祓，为消灾祈福而举行的仪式。

⑤布：陈列。帛：《左传》作"币"，与"帛"意思相同，都指礼品。

⑥使巫以桃茢（liè）先祓殡：据《礼记·檀弓下》，这是君临臣丧之礼。桃茢，桃杖与扫帚。古代用以辟邪除秽。桃，桃棒。茢，笤帚。

⑦日在北陆而藏冰：见《左传·昭公四年》。北陆，指虚宿。位于北方，为二十八宿之一。

⑧黑牡：这里指黑毛的公羊。秬（jù）黍：黑黍。

⑨司寒：古代传说的冬神。

⑩桃弧：桃木弓。棘矢：荆棘箭。

【译文】

《春秋左氏传》上说："鲁襄公到楚国去，刚好碰上楚康王去世，楚人让鲁襄公亲自行襚礼，鲁襄公很忧虑。叔孙穆叔说：'先祓殡然后襚，就像朝聘时陈列礼品。'于是让巫用桃茢先祓除棺材的邪气，楚人没有禁止，过后又后悔了。""古时候，太阳在北陆时就藏冰，把冰藏在深山穷谷，用黑公羊和黑黍来祭祀冬神；出冰的时候，桃木弓荆棘箭，用来消除灾祸。"

苇茭，传曰："萑苇有藨①。"《吕氏春秋》："汤始得伊尹，祓之于庙，薰以萑苇②。"《周礼》："卿大夫之子③，名曰门子。"《论语》："谁能出不由户④。"故用苇者，欲人子孙蕃殖，不失其类，有如萑苇。茭者，交易，阴阳代兴也。虎者，阳物，百兽之长也，能执搏挫锐，噬食鬼魅，今人卒得恶悟⑤，烧虎皮饮之，击其爪⑥，亦能辟恶，此其验也。

【注释】

①萑（huán）苇有蒬（cóng）：《盐铁论》："檀柘而有乡，萑苇而有蒬，言物类之相从也。"萑，芦苇一类的植物。蒬，聚集，丛生。

②"汤始得伊尹"几句：《吕氏春秋·孝行览》作："汤得伊尹，祓之于庙，爝以爟火，衅以牺猳。"

③卿大夫之子：此指卿大夫的嫡子。

④谁能出不由户：语见《论语·雍也》。

⑤悟：通"迕"。逆，触犯。

⑥击其爪：按，其意不明。《太平御览》作"系其衣服"，疑"击"当作"系"。译文从之。

【译文】

苇茭，经传上讲："萑苇丛生。"《吕氏春秋》上说："汤刚得到伊尹的时候，在宗庙举行祓除灾祸的仪式，用萑苇来薰。"《周礼》上说："卿大夫的嫡子称为门子。"《论语》上说："谁能够不经过门户而走到外面去。"所以用苇挂在门上，是想让人子孙繁衍，不失掉他的族类，就像萑苇一样。茭是交易的意思，阴阳交替兴起。老虎是阳刚的动物，百兽的首领，能够捕捉、挫折锐气，吞吃鬼魅，现在人们突然碰到不好或违逆的事情，烧虎皮和水喝下，把它的爪子系在衣服上，也能辟邪，这种方法很灵验。

雄鸡

俗说：鸡鸣将旦，为人起居；门亦昏闭晨开，扞难守固；礼贵报功，故门户用鸡也。

【译文】

民间传说：鸡一鸣叫天就要亮了，提醒人们起居；大门也是黄昏关闭清晨开放，抵御灾难守卫牢固；礼义贵在报答功绩，所以用鸡祭祀门户。

《青史子》书说①："鸡者,东方之牲也。岁终更始,辨秩东作②,万物触户而出,故以鸡祀祭也。"

【注释】

①《青史子》:古史官记事之书,已佚。有人认为是春秋时期晋国史官董狐的后代所作。

②辨秩:分别次序的先后。

【译文】

《青史子》书上说:"鸡是用以祭祀东方的牺牲。每年结束又重新开始,辨别次序从东方开始,万物都从门户出来,所以用鸡来祭祀。"

太史丞邓平说①:"腊者,所以迎刑送德也②。大寒至,常恐阴胜,故以戌日腊。戌者,土气也,用其日杀鸡以谢刑德③,雄著门,雌著户,以和阴阳,调寒暑,节风雨也。"

【注释】

①太史丞:汉置太常,属官有太史令一人,掌管天时星历,其下置太史丞一人。邓平:西汉武帝时人。曾参与制订《太初历》,所主八十一分律历最称精密,于是以此为主进行推算,时称《邓平历》。《太初历》即采用其法。旋任太史丞。

②刑:杀气,阴气。德:旺气,阳气。

③用:因此。

【译文】

太史丞邓平说:"腊祭是用来迎阴气送阳气的。大寒到来,经常害怕阴气太盛,所以在戌日腊祭。戌是土气,因此在这一天杀鸡来答谢阴阳二气,雄鸡附在门上,雌鸡附在户中,来调和阴阳,调节寒暑,调节风雨。"

谨按:《春秋左氏传》:"周大夫宾孟适郊,见雄鸡自断其尾,归以告景王曰:'惮其为牺也。'"①《山海经》曰:"祠鬼神皆以雄鸡。"鲁郊祀常以丹鸡,祝曰:"以斯翰音赤羽②,去鲁侯之咎。"今人卒得鬼刺痱③,悟,杀雄鸡以傅其心上;病贼风者④,作鸡散;东门鸡头可以治蛊⑤。由此言之,鸡主以御死辟恶也。

【注释】

①"周大夫宾孟适郊"几句:《左传·昭公二十二年》:"宾孟适郊,见雄鸡自断其尾。问之,侍者曰:'自惮其牲也。'"宾孟立即去见周景王,借此讽喻,劝周景王按照自己的想法立王子朝为太子。宾孟,又称宾起,春秋时期周大夫,周景王长庶子王子朝之傅。与景王谋立子朝为太子,未成,景王卒。与子朝一起被杀。

②翰音:《礼记·曲礼下》:"凡祭宗庙之礼……羊曰柔毛,鸡曰翰音。"后因以"翰音"为鸡的代称。

③痱:病。

④贼风:四时不正之风,或穴隙檐下之风。皆有害于人畜。

⑤东门鸡头:《齐民要术》《太平御览》引《四民月令》:"东门磔白鸡头。"则此处意为在东门杀鸡取头。蛊:能害人的毒物。

【译文】

谨按:《春秋左氏传》上说:"周大夫宾孟到郊外,看见雄鸡自己弄断尾羽,回来告诉景王说:'它是害怕自己成为牺牲啊。'"《山海经》上说:"祭祀鬼神都用雄鸡。"鲁国郊祀常常用红色的鸡,祝祷说:"用这个长着红色羽毛的鸡来祭祀,去除鲁侯的罪过。"现在人突然得了鬼刺痱,忤逆了神灵,杀雄鸡然后放在心口;因误触不正之风而得病的,用鸡碎肉来治;在东门杀鸡取其头可以治疗蛊病。由此看来,鸡是用来抵御死亡避免邪恶的。

杀狗磔邑四门

俗说：狗别宾主，善守御，故著四门，以辟盗贼也。

【译文】

民间传说：狗能区别宾客和主人，善于守卫抵御，所以把它放在四门，用来避免盗贼。

谨按：《月令》："九门磔禳①，以毕春气。"盖天子之城，十有二门，东方三门，生气之门也，不欲使死物见于生门，故独于九门杀犬磔禳。犬者金畜②，禳者却也，抑金使不害春之时所生③，令万物遂成其性，火当受而长之④，故曰以毕春气。功成而退，木行终也。《太史公记》："秦德公始杀狗磔邑四门，以御蛊灾⑤。"今人杀白犬以血题门户，正月白犬血辟除不祥，取法于此也⑥。

【注释】

①磔（zhé）：古代分裂牲畜肢体以祭祀。禳（ráng）：祈祷以消除灾祸。

②金畜：狗与五行中的金相配，故称之"金畜"。

③抑金使不害春之时所生：五行中，春属木，而金克木，故抑制金可以不危害春时所生。

④火当受而长之：春属木，木生火，夏属火，所以春过渡到夏，即火受木。火，此处当指夏季。长，兴旺。

⑤秦德公始杀狗磔邑四门，以御蛊灾：事见《史记·封禅书》。

⑥"今人杀白犬以血题门户"几句：五行中，白色属金，犬为金兽，故白犬属金；正月是春之始，春属木。金克木，而杀白犬即为损

金而保护木，故正月杀白犬辟邪。

【译文】

谨按：《月令》上说："在九门用分裂牲体来祭神，从而结束春季。"天子的都城，有十二个门，东方有三个门，是生气之门，不能让死物出现在生门，所以只在其他九个门杀狗并分裂牲体来祭祀。狗是金性牲畜，禳是除却的意思。抑制金使它不妨害春天万物的生长，让万物顺遂自然生长，属火的夏天应当接受并兴旺，所以说用来结束春季。功成而身退，与春天相配的木行将终结。《太史公记》上说："秦德公开始杀狗并分裂牲体在城邑的四个门祭祀，用来抵御蛊患灾害。"现在人杀白色的狗，并用狗血在门户上题字，正月里白狗的血能驱除不祥，就是根据这个原则。

膢

谨按：《韩子》书[1]："山居谷汲者，膢腊而买水[2]。"楚俗常以十二月祭饮食也。又曰："尝新始杀也，食新曰貙膢[3]。"

【注释】

①《韩子》：即《韩非子》，法家著作，战国韩非所著。

②膢（lú）腊：古代的两种祭名。其祭多在岁终，故常并称。腊，古代在农历十二月合祭众神叫做腊。

③貙（ōu）膢：当作"貙膢"。原为古代天子在立秋日射牲祭祀宗庙之礼。

【译文】

谨按：《韩非子》书上说："住在山上要去山谷里打水的人，要举行膢腊的祭祀仪式再买水。"楚国的风俗经常在十二月祭祀饮酒食肉。又说："品尝新谷开始杀牲，吃新粮食称为貙膢。"

腊

谨按:《礼传》^①:"夏曰嘉平,殷曰清祀,周曰大蜡^②,汉改为腊。"腊者,猎也,言田猎取禽兽,以祭祀其先祖也。或曰:腊者,接也,新故交接,故大祭以报功也。汉家火行,衰于戌,故曰腊也。

【注释】

①《礼传》:疑指《礼记》。

②蜡(zhà):古代年终大祭,祭所有神灵。

【译文】

谨按:《礼传》上说:"夏朝称为嘉平,商朝称为清祀,周朝称为大蜡,汉代改为腊。"腊是猎的意思,是说田猎以获取野兽,来祭祀他们的先祖。有人说:腊是接的意思,新旧交接之时,所以举行大祭来报答功绩。汉家属火行,一年在戌日结束,所以称之为腊。

祖

谨按:《礼传》:"共工之子曰脩,好远游,舟车所至,足迹所达,靡不穷览,故祀以为祖神。"祖者,徂也^①。《诗》云:"韩侯出祖,清酒百壶^②。"《左氏传》:"襄公将适楚,梦周公祖而遣之^③。"是其事也。《诗》云:"吉日庚午^④。"汉家盛于午,故以午祖也。

【注释】

①徂(cú):往,去。

②韩侯出祖,清酒百壶:语见《诗经·大雅·韩奕》。

③襄公将适楚,梦周公祖而遣之:事见《左传·昭公七年》:"公将往,梦襄公祖。梓慎曰:'君不果行。襄公之适楚也,梦周公祖而行。今襄公实祖,君其不行。'子服惠伯曰:'行。先君未尝适楚,故周公祖以道之。襄公适楚矣,而祖以道君,不行,何之?'"。

④吉日庚午:语见《诗经·小雅·吉日》。

【译文】

谨按《礼传》上说:"共工的儿子叫脩,喜欢远游,车船所到的地方,足迹所到的地方,没有不游览周遍的,所以把他当作祖神来祭祀。"祖是往的意思。《诗经》上说:"韩侯启程前祭祀了祖神,用清酒一百壶。"《左传》上说:"襄公将要去楚国,梦见周公祭祀祖神然后派遣他去。"讲的就是这事。《诗经》上说:"庚午是吉祥的日子。"汉家在午日兴盛,所以在午祭祀祖神。

禊

谨按:《周礼》①:"男巫掌望祀望衍②,旁招以茅③;女巫掌岁时以祓除衅浴④。"禊者⑤,洁也。春者,蠢也⑥,蠢蠢摇动也。《尚书》:"以殷仲春,厥民析⑦。"言人解析也。疗生疾之时,故于水上衅洁之也。巳者,祉也,邪疾已去,祈介祉也。

【注释】

①《周礼》:语见《周礼·春官》。

②望祀:遥望而祭。望衍:遥望而延请神灵。

③招以茅:用茅草从四方招来望祭的神。

④衅浴:用香草水沐浴。衅,以香草涂身。

⑤禊(xì):古代春秋两季在水边举行的清除不祥的祭祀。

⑥蠢:万物结束冬眠开始苏醒。

⑦以殷仲春,厥民析:语见《尚书·尧典》。殷,正,定准。厥,其。
　析,分开。

【译文】

谨按:《周礼》:"男巫主管望祀望衍,并用茅草从旁招来望祭的神;女
巫主管在一定的季节或时间按时用香草沐浴来驱除邪恶。"禊是洁的意
思。春是蠢,苏醒摇动的意思。《尚书》上说:"这一天定为春分,民众分
散在田野里。"就是说人们分头去做事。这是治疗疾病的时候,所以在
水上用香草沐浴。巳是福祉,邪恶疾病驱除之后,祈求大的福分。

司命

　　谨按:《诗》云:"芃芃棫朴,薪之槱之①。"《周礼》:"以
槱燎祀司中司命②。"司命,文昌也③。司中,文昌下六星也。
槱者,积薪燔柴也。今民间独祀司命耳,刻木长尺二寸为人
像,行者檐筐中,居者别作小屋。齐地大尊重之,汝南余郡
亦多有,皆祠以脯④,率以春秋之月。

【注释】

①芃芃(péng)棫朴,薪之槱(yǒu)之:语见《诗经·大雅·棫朴》。
　芃芃,草木茂盛的样子。棫、朴,两种树木。槱,堆积木柴以备燃烧。

②槱燎:将牲体放在柴堆上焚烧,使光炎上达于天,以祀天神。司
　中、司命:皆星名。《史记·天官书》:"斗魁戴匡六星曰文昌
　宫……四曰司命,五曰司中。"司命,又为掌管生命的神。应劭所
　说与此不同。

③文昌：星座名。共六星，在斗魁之前，形成半月形状。

④腊（dǔ）：同"猪"。

【译文】

谨按：《诗经》上说："蓬勃丛生的械树和朴树，伐做木柴堆积起来。"《周礼》上说："用樀燎祭祀司中和司命。"司命是文昌，司中是文昌以下的六星。樀就是堆积柴薪来焚烧。现在民间只祭祀司命，用木头刻成长为一尺二寸的人像，出外的人放在行囊中，居家的人另外建一间小屋来祭祀。齐地的人都很尊重司命，汝南等郡也多有这一风俗，都是用猪来祭祀，都在春秋月间进行。

卷九

怪神

【题解】

　　上一卷《祀典》讲了各种正统的祭祀礼仪，这一卷则讲一些非正统的祭法，以此来进一步阐发应劭所谓的"淫祀无福"的观点。

　　齐桓公恐惧委蛇之神，皇士三言两语就化解了齐桓公心中的疑虑，不到一天病就好了。杜宣畏惧杯中之蛇而病得瘦弱不堪，应郴恢复现场，解开杜宣的郁结从而病愈。应劭指出齐桓公与杜宣之病都是人自身的心理作用在作祟。晏子洞悉君主心理，虽不是巫而胜似巫，应劭对他赞赏有加。应劭推崇城阳景王，但反对当时建设过多祀庙。对于用男女给山神作配偶、用牛作为祭品等行为，应劭也都是批判的。至于文中提到的祭祀鲍鱼、李子、石像，则是民众的无中生有，实在是愚蠢之举，应劭也给予了辛辣的嘲讽。应劭认为人死后是没有知觉的，而精怪之事也都是无知小人的道听途说而已，只要人们内心坚定，便不会上当受骗。

　　不过，我们也不难看到，应劭一方面极力申明人死而无知，但另一方面却又承认精物妖怪的存在，如能说人语却不见其形的精怪，如能与路人栖宿致其腹痛而亡的鬼魅，如常在夜间为害的狐狸精，如汁液似血并藏有非人非兽怪物的树妖等等，可见应劭思想中的矛盾性。

　　文中还出现了许多斩杀狗怪、狐狸、蛇精、树妖等场景，栩栩如生，让人读来有身临其境之感，为后来《搜神记》等作品所取法。

礼①：天子祭天地、五岳、四渎②，诸侯不过其望也③，大夫五祀，士门户，庶人祖④。盖非其鬼而祭之，谄也⑤。又曰："淫祀无福⑥。"是以隐公将祭钟巫，遇贼苇氏⑦；二世欲解淫神，阎乐劫弑⑧；仲尼不许子路之祷，而消息之节平⑨；荀䓨不从桑林之祟，而晋侯之疾间⑩。由是观之，则淫躁而畏者，灾自取之，厥咎向应⑪，反诚据义，内省不疚者，物莫能动，祸转为福矣。传曰："神者，申也⑫。怪者，疑也。"孔子称"土之怪为坟羊"，《论语》："子不语怪、力、乱、神⑬。"故采其晃著者曰《怪神》也⑭。

【注释】

①礼：以下所讲基本依据《礼记·王制》。

②五岳：我国五大名山的总称。古书中记述略有不同。一种指东岳泰山、南岳衡山、西岳华山、北岳恒山、中岳嵩山。另一种指东岳泰山、南岳霍山、西岳华山、北岳恒山、中岳嵩山。四渎：指黄河、长江、淮河、济水。

③诸侯不过其望：诸侯的祭祀不能超过他封国的边界。意思是诸侯只能祭祀封国内的神灵。望，边际。

④祖：这里指祭祀祖先。

⑤盖非其鬼而祭之，谄也：语见《论语·为政》。

⑥淫祀无福：《礼记·曲礼下》："非其所祭而祭之，名曰淫祀，淫祀无福。"

⑦是以隐公将祭钟巫，遇贼苇（wěi）氏：事见《左传·隐公十一年》及《史记·鲁周公世家》。鲁隐公十一年（前712）十一月，隐公要祭祀钟巫，住在苇氏家中。十一月十五日，鲁国大夫羽父派贼人到苇氏家杀了隐公，立桓公为鲁君并攻打苇氏。钟巫，祭祀之

名。芮氏，鲁国大夫。

⑧二世欲解（xiè）淫神，阎乐劫弑：事见《史记·秦始皇本纪》。秦二世三年（前207），东方起义军已不可遏制，秦二世胡亥梦见白虎咬死了左骖马，占卜结果是泾水为祟。胡亥住进望夷宫斋戒，准备祭祀泾水，赵高趁机派女婿阎乐杀死了胡亥。解，除，指祭祀以除灾。淫神，此指泾水之神。阎乐，秦相赵高的女婿，任咸阳令。

⑨仲尼不许子路之祷，而消息之节平：《论语·述而》："子病，子路请祷，子曰：'有诸？'子路对曰：'有之。诔曰：祷尔于上下神祇。'子曰：'丘之祷久矣。'"消息，休养，休息。节平，犹调和。

⑩荀罃（yīng）不从桑林之祟，而晋侯之疾间：事见《左传·襄公十年》。鲁襄公十年（前563），宋公用天子之乐舞《桑林》招待晋悼公，悼公受到惊吓，生了病，占卜结果是桑林之神为祟，有人想向桑林神祈祷，荀罃不同意，不久晋悼公的病也好了。荀罃，晋大夫。知氏，谥武子，又称知罃，知武子。桑林，原指殷天子的乐舞，宋国沿用此乐。这里是指桑林之神。晋侯，此指晋悼公。名周。少年继位，整顿内政，任用贤能，复兴晋国霸业。间，病愈。

⑪厥：代词，那个。咎：过错，过失。向应：回声相应。

⑫神者，申也：《说文解字》："申，神也。"《论衡·论死篇》："神者，伸也，伸复无已，终而复始。"申，同"伸"。

⑬子不语怪、力、乱、神：语见《论语·述而》。

⑭晃著：显著。

【译文】

按照礼制：天子祭祀天地、五岳、四渎，诸侯祭祀他封国内的神灵，大夫祭祀五祀，士祭祀门户，庶人只祭祀他们的祖先。不是自己应该祭祀的鬼神却去祭祀，这是谄媚。又说："过多的祭祀没有福分。"所以鲁隐公将要去祭祀钟巫，在芮氏家里被贼人所杀；秦二世想去祭祀淫神来除灾，被阎乐劫持杀害；仲尼不允许子路祷告，而是休养调和；荀罃不同意向桑林之神祈祷，而晋侯的疾病也痊愈了。由此看来，躁动不安、心有畏惧的人，都是自取灾祸，那些根据道义诚心反省，省察内心不愧疚的人，没有什么外物能够撼动，所以祸就转为福了。经传上讲："神是申的意思。怪是疑的意思。"孔子称"泥土里的怪物是坟羊"，《论语》上说："孔子不谈论怪、力、乱、神。"所以我选取一些显著的事情，篇名叫《怪神》。

世间多有见怪惊怖以自伤者

谨按：《管子》书①："齐公出于泽②，见衣紫衣，大如毂，长如辕，拱手而立。还归，寝疾，数月不出。有皇士者，见公语，惊曰：'物恶能伤公③？公自伤也。此所谓泽神委蛇者也④，唯霸主乃得见之。'于是桓公欣然笑，不终日而病愈。"

【注释】

①《管子》：此处所记不见载于今本《管子》。《庄子·达生》对此事有所记载。

②齐公：此指齐桓公。

③恶（wū）：疑问代词，哪里，怎能。

④委蛇（wēi yí）：神话传说中的蛇。

【译文】

谨按：《管子》上说："齐桓公在野泽中打猎，看见一个怪物穿着紫色衣服，大如车毂，长如车辕，拱手站立。回来之后，卧病不起，几个月不出门。有个叫皇士的人，拜见齐桓公互相交谈，惊奇地说：'怪物哪里能伤害您？您是自己伤害了自己啊。这个怪物是泽神委蛇，只有霸主才能看到它。'于是齐桓公高兴地笑了起来，不到一天病就好了。"

予之祖父郴，为汲令，以夏至日诣见主簿杜宣，赐酒，时北壁上有悬赤弩，照于杯，形如蛇，宣畏恶之，然不敢不饮，其日，便得胸腹痛切，妨损饮食，大用羸露①，攻治万端，不为愈。后郴因事过至宣家，窥视②，问其变故，云："畏此蛇，蛇入腹中。"郴还听事③，思惟良久④，顾见悬弩，必是也。则使门下史将铃下侍⑤，徐扶辇载宣，于故处设酒，杯中故复有蛇，因谓宣："此壁上弩影耳，非有他怪。"宣遂解，甚夷怿⑥，由是瘳平，官至尚书，历四郡，有威名焉。

【注释】

①用：以，因此。羸（léi）露：瘦弱。

②窥视：看望，探望。

③听事：官府治事的场所。

④思惟：思考。惟，思。

⑤门下史：即门下属吏。汉代官员属下亲近之吏常冠以门下之名，属吏称史，则名门下史。将：带领。铃下：侍卫、门卒或仆役，以其在铃阁之间侍候，故称。这里指随从护卫之人。

⑥夷怿：高兴。夷，喜悦。

【译文】

我的祖父应郴，担任汲县县令时，在夏至那天会见主簿杜宣，并赐给他美酒，当时北面墙壁上悬挂着一张红色的弩，弩的影子倒映到杯里，形状像蛇，杜宣害怕厌恶，却不敢不喝，那日，就觉得胸口和腹部非常疼痛，妨碍了进食，身体因此非常虚弱，用了很多种方法来治疗，都没痊愈。后来应郴因为有事到杜宣家中，看望他，问他生病的原因，杜宣说："害怕杯中的蛇，蛇已入腹中。"应郴回到官府，想了很久，回头看到悬挂的弩，断定是弩的影子。于是派门下史带着随从护卫，慢慢地用车辇载着杜宣，在原来的地方摆酒，杯中果然还是有蛇，于是对杜宣说："这是墙壁上弩的影子，不是有其他怪物。"杜宣终于解开心结，非常高兴，因此病也好了，官位至尚书，先后主管四个郡，威名远播。

世间多有恶梦变难必效

谨按：《晏子春秋》①："齐景公病水十日②，夜梦与二日斗而不胜。晏子朝，公曰：'吾梦与二日斗，寡人不胜，我其死也③？'晏子对曰：'请召占梦者。'立于闱④，使以车迎召占梦者，至曰：'曷为见召？'晏子曰：'公梦与二日斗，不胜，恐必死也。'占梦者曰：'请反具书⑤。'晏子曰：'无反书。公无所病，病者阴也，日者，阳也，一阴不胜二阳，公病将已。'居三日，公病大愈，且赐占梦者，曰：'此非臣之功也，晏子教臣对也。'公召晏子，将赐之，晏子曰：'占梦者以臣之言对，故有益也。使臣身言之，则不信矣。此占梦者之力也，臣无功焉。'公召吏而使两赐之，晏子不为夺人之功，占梦者不蔽人之能。"

【注释】

①《晏子春秋》：引文见《晏子春秋·内篇杂下》。《晏子春秋》，又名《晏子》，主要记述春秋时期齐国政治家晏婴生平言行。其书是后人伪托晏婴而作，约成书于战国中期以后，后人又不断有所增补。

②齐景公：姜姓，名杵臼，春秋时齐国君主。病水：患水肿病。

③也：疑问助词。

④闱：宫中小门。

⑤反具书：当依《晏子春秋》作"反其书"。于鬯《香草校书》曰："'反'之言'翻'也，《汉书·张安世传》颜注云'反，读曰翻'是

也。'反其书'者，翻其书也……谓请翻其占梦之书以对也。晏子
曰'毋反书'，谓不必翻书而可以知公梦也。"

【译文】

谨按：《晏子春秋》上说："齐景公患水肿病十天，夜里梦见和两个太
阳搏斗而没有取胜。晏子上朝，齐景公说：'我梦见和两个太阳搏斗，我
没有取胜，我要死了吧？'晏子回答说：'请召见占梦的人。'晏子站在宫
中小门下，派人用车迎接占梦的人，占梦人到了说：'为什么召见我啊？'
晏子说：'主公梦见和两个太阳搏斗，没有取胜，担心一定是要死了。'占
梦的人说：'请让我翻翻解梦的书。'晏子说：'没必要翻书。主公没什么
病，病属阴性，日属阳性。一阴不胜二阳，主公的病快要好了。'过了三
天，齐景公的病就好了，他要赏赐占梦的人，占梦的人说：'这不是我的功
劳，是晏子教我回答的。'公召见晏子，将要赏赐他，晏子说：'占梦的人
用我的话来回答您，所以有效。让我亲自说，您就不相信了。这是占梦
人的功劳，我没有什么功劳。'齐景公召来官吏，赏赐了他们两个人。晏
子不掠夺别人的功劳，占梦者不遮蔽别人的贤能。"

城阳景王祠

谨按：《汉书》①："朱虚侯刘章②，齐悼惠王子③，高祖孙
也。宿卫长安，年二十，有气力。高后摄政④，诸吕擅恣，章
私忿之。尝入侍宴饮，章为酒吏⑤，自请曰：'臣将种也，请
得军法行酒。'有诏可。酒酣，章进歌儛⑥，已而复曰：'请为
太后耕田歌。'太后笑曰：'顾汝父知田耳⑦，若生而为王者
子⑧，安知田乎？'曰：'臣知之。深耕广种，立苗欲疏，非其
种者，锄而去之。'太后默然。顷之，诸吕有亡酒者，章拔剑
追斩之，而还报曰：'有亡酒一人，臣谨行军法斩之。'太后

左右大惊，业许之矣，无以罪也。自是诸吕畏惮，虽大臣亦皆依之。"高后崩，诸吕作乱，欲危社稷，章与周勃共诛灭之，尊立文帝⑨，封城阳王⑩，赐黄金千斤。立二年薨。

【注释】

①《汉书》：本则引文见《汉书·高五王传》。

②朱虚：西汉朱虚国，治今山东临朐东南。

③齐悼惠王：刘肥，汉高祖刘邦的私生子。高祖六年（前201）封齐王，谥悼惠。

④高后：此指刘邦的皇后吕雉。刘邦死后，她一度实际执掌朝政。史称吕后、高后、吕太后。

⑤酒吏：掌酒的人。

⑥儛：同"舞"。

⑦顾：发语词。汝父：这里指刘肥。刘肥在刘邦诸子中最大，刘邦参加秦末起义前已出生，幼年生活在民间，故知农事。

⑧若：第二人称代词，你。

⑨"高后崩"几句：事详《史记·吕太后本纪》。在平定诸吕叛乱中，刘章功劳很大，他最先知道诸吕阴谋，阴请其兄齐王发兵，又在朝中辅佐周勃，杀吕产、吕更始，迎立汉文帝。

⑩城阳：西汉城阳国，治莒县（今山东莒县）。原为齐国一郡。

【译文】

谨按：《汉书》上说："朱虚侯刘章是齐悼惠王的儿子，高祖的孙子。值宿守卫长安，二十岁，有气力。吕太后摄理国政时，吕氏宗族恣意妄为，刘章私底下对此很生气。曾有一次进入宫廷侍奉宴饮，刘章担任酒吏，自己请求说：'我是将军的后代，请按军法行酒令。'太后下诏许可。痛饮之后，刘章进献歌舞，然后又说：'请允许我为太后吟唱耕田歌。'太后笑着说：'你父亲懂得耕田，你生来就是王子，哪里知道耕田呢？'刘章说:'我知道的。土地要深耕,种植要广阔,种苗要疏朗,不是同种的,要将它们锄去。'太后沉默不言。一会儿,吕姓族人中有避酒逃走的,刘章拔剑追上去将他斩杀,然后回来报告说:'有一个人避酒逃走,我谨按军法斩杀了他。'太后和左右大臣都很惊愕,但既然已经答应他按军法行酒令,没法加罪于他。从这之后吕氏族人都畏惮他,即使是大臣也都依附他。"吕太后去世之后,吕氏宗族作乱,想危害国家,刘章和周勃一起诛灭了吕氏宗族,尊立文帝,被封为城阳王,赏赐黄金千斤。他被立为城阳王的第二年就去世了。

　　城阳今莒县是也。自琅琊、青州六郡①,及渤海都邑乡亭聚落②,皆为立祠,造饰五二千石车③,商人次第为之,立服带绶,备置官属,烹杀讴歌,纷籍连日④,转相诳曜⑤,言有神明,其遣问祸福立应。历载弥久,莫之匡纠,唯乐安太守陈蕃、济南相曹操⑥,一切禁绝⑦,肃然政清。陈、曹之后,稍复如故。

【注释】

①琅琊:又作琅邪。西汉琅邪郡,治东武(今山东诸城)。属徐州。
　青州六郡:青州为汉武帝所置十三刺史部之一,其管辖的六郡为济南、乐安、千乘、北海、东莱、平原。

②渤海:又作勃海。西汉勃海郡,治乳阳(今河北沧州东南)。聚落:村落。

③五二千石车:二千石官员所乘之车五辆。

④"立服带绶"几句:《三国志·魏书·武帝纪》注引《魏书》曰:"城阳景王刘章以有功于汉,故其国为立祠,青州诸郡转相仿效,济南尤盛,至六百余祠。贾人或假二千石舆服导从作倡乐。"即记此

情景。服，指二千石官员的服饰。纷籍，乱纷纷的样子。籍，通"藉"。盛，多。

⑤诳曤：欺骗迷惑。

⑥乐安：东汉乐安国，治临济（今山东高青）。

⑦一切：一律。

【译文】

城阳是现在的莒县。从琅琊、青州六郡，到渤海郡的都邑乡亭村落，都为刘章建立祠庙，制造装饰二千石官员的车五辆，商人轮流来制作它，用二千石官员的服饰绶带，完备地设置官属，烹杀牺牲大声歌唱，连着热闹好几天。人们转而相互欺骗迷惑，说是刘章有神明，责问祸福马上会有回应。这一习俗持续了很久，没有人去匡正，只有乐安太守陈蕃、济南相曹操，一律禁绝祭祀，政治清明整肃。陈蕃、曹操之后，又渐渐回复原来的样子。

安有鬼神能为病者哉？予为营陵令①，以为章本封朱虚，并食此县。《春秋国语》："以劳定国，能御大灾②。"凡在于他，尚列祀典。章亲高祖之孙，进说耕田，军法行酒，时固有大志矣。及诛诸吕，尊立太宗，功冠天下，社稷已宁③。同姓如此，功烈如彼，余郡禁之可也，朱虚与莒，宜常血食④。于是乃移书曰⑤："到闻此俗，旧多淫祀，糜财妨农，长乱积惑，其侈可忿，其愚可愍。昔仲尼不许子路之祷，晋悼不解桑林之祟，死生有命，吉凶由人，哀我黔黎⑥，渐染迷谬，岂乐也哉？莫之徵耳⑦。今条下禁，申约吏民，为陈利害，其有犯者，便收朝廷；若私遗脱⑧，弥弥不绝⑨，主者髡截⑩，叹无及已。城阳景王⑪，县甚尊之。惟王弱冠，内侍帷幄，吕氏恣睢，将危汉室，独先见识，权发酒令，抑邪扶正，忠义洪毅，其歆禋祀^⑫，礼亦宜之；于驾乘烹杀，倡优男女杂错，是何谓也？三边纷挐^⑬，师老器弊^⑭，朝廷旰食^⑮，百姓嚣然^⑯。礼兴在有，年饥则损。自今听岁再祀^⑰，备物而已，不得杀牛，远近他倡，赋会宗落^⑱，造设纷华。方廉察之^⑲，明为身计，而复僭失^⑳，罚与上同。明除见处，勿后中觉。"

【注释】

① 营陵：营陵县，治今山东昌乐。朱虚在其西南。

② 以劳定国，能御大灾：《国语·鲁语上》："夫圣王之制祀也，法施于民则祀之，以死勤事则祀之，以劳定国则祀之，能御大灾则祀之，能捍大患则祀之。非是族也，不在祀典。"

③ 已：同"以"。因此。

④ 血食：这里是说受享祭品。古代杀牲取血以祭，故称。

⑤ 移书：致书，致信。

⑥ 黔黎：黔首黎民。指百姓。

⑦ 徵：用同"惩"。这里是告诫、制止的意思。

⑧ 遗脱：谓漏于法禁之外。

⑨ 弥弥：连续。

⑩ 髡截：剃发之刑。

⑪ 城阳景王：城阳王刘章卒后谥"景"，故称。

⑫ 歆：飨，祭祀时神灵享受祭品、香火。

⑬ 三边：指北、西、南三边。又称三方或三垂，此泛指边境。纷挐：相牵。

⑭ 师老：谓军队长期驻扎在外，士气低落。器弊：谓战备疲困。

⑮ 旰（gàn）食：晚食。这里是指不能按时吃饭。旰，晚。

⑯ 嚣然：忧愁的样子。

⑰岁再祀：一年祭祀两次。

⑱赋会：赋敛资财。宗落：家族村落。

⑲廉察：查访。

⑳僭失：犯错。僭，差错。

【译文】

　　哪有鬼神能为祸呢？我担任营陵令，认为刘章原本封在朱虚，并享用这个县赋税。《国语》上说："用功劳来安定国家，能够抵御大的灾难。"大凡在他族，尚且在祭祀之列。刘章是高祖的嫡亲孙子，用耕田来进谏劝说，用军法来行酒令，当时就有大志向了。等到诛灭吕氏宗族，尊立文帝，功绩天下最大，社稷因而安宁。刘氏同姓中像他这样的，有这样的丰功伟业，其他郡禁止祭祀他还可以，朱虚和莒，应该经常祭祀他。于是下文书说："到任后听说这里的风俗，过多的祭祀，浪费钱财妨碍农业生产，助长了混乱积累了迷惑，这样的奢侈让人气愤，这样的愚昧让人可怜。以前孔子不允许子路祷告，晋悼公不禳解桑林的鬼神，死生由命中注定，吉凶由人的行为决定，可怜我的老百姓，渐渐被迷惑谬误所熏染，难道是快乐的事吗？这是没人告诫。现在颁布禁令，约束官吏和百姓，向他们陈说利害，还有违反的人，就由朝廷收押；如果私下违反禁令，继续这样做，主犯将处于髡刑，悔叹也来不及了。城阳景王，我非常敬重他。念及他刚成年，担任宫禁内侍，吕氏肆意妄为，将要危害汉室，他独具远见卓识，姑且用监酒令的形式，抑制邪恶扶持正义，忠义果敢刚毅，他享用禋祀，从礼义来说也是应该的。至于置办车乘烹杀牺牲，演戏的男女交错在一起，这是怎么回事呢？边境战事纷扰，军队疲惫武备凋散，皇上日夜操劳，百姓扰攘不宁。祭礼在年成好的时候就兴旺，年成不好的时候就减损。从今往后听任每年祭祀两次，准备祭品就够了，不许杀牛，不许远远地迎接唱戏的人，不许到家族村落去收敛赋税，不许制造纷繁奢华的装饰。正要查访这些事情，官员百姓要清楚地为自身考虑，如果再犯过失，处罚与上面一样。要明确地改正，不要中途后悔。"

九江逡遒有唐、居二山

九江逡遒有唐、居二山[①]，名有神，众巫共为取公姬[②]，岁易。男不得复娶，女不得复嫁，百姓苦之。

【注释】

①逡遒：逡遒县，治今安徽合肥东。

②众巫共为取公姬：意谓巫师们给男神选女子为妻，为女神选男子为夫。

【译文】

九江郡逡遒县有唐、居两座山，号称神灵，巫师们一起为山神选定配偶，每年更换。做过山神配偶的男子不得再娶，女子不得再嫁，百姓对此很怨恨。

谨按：时太守宋均到官[①]，主者白出钱给聘男女。均曰："众巫与神合契[②]，知其旨欲，卒取小民不相当。"于是敕条巫家男女以备公姬[③]。巫扣头服罪，乃杀之，是后遂绝。

【注释】

①宋均：字叔庠，南阳安众（今河南镇平东南）人。曾作为谒者，出监伏波将军马援军，援病卒于讨伐武陵蛮途中，均设计制服武陵蛮。迁上蔡令、九江太守、革除淫祠、巫祭。迁东海相，拜尚书令，每有驳议，多合帝意。后迁司隶校尉。数月，出为河内太守，政化大行。

②合契：融洽，意气相投。

③条：逐一登记。

【译文】

谨按：当时太守宋均到任，主事的人说要出钱为山神聘配偶。宋均说："众巫师与神意气相投，知道他们想要什么，匆促选取老百姓为配是不相当的。"于是下令将众巫师家的男女逐一登记以备为山神做配偶。巫师叩头服罪，于是杀了他们，这以后这一风俗就断绝了。

会稽俗多淫祀

会稽俗多淫祀①，好卜筮，民一以牛祭，巫祝赋敛受谢，民畏其口，惧被祟，不敢拒逆，是以财尽于鬼神，产匮于祭祀。或贫家不能以时祀，至竟言不敢食牛肉；或发病且死，先为牛鸣。其畏惧如此。

【注释】

①会稽：东汉会稽郡，治山阴（今浙江绍兴）。

【译文】

会稽的风俗是好祭祀很多神，喜好卜筮，民众一律用牛来祭祀，巫祝敛财接受馈赠，民众害怕巫祝的话语，恐惧被鬼神祸害，不敢抗拒违逆，所以财产都用在鬼神上，产业全花在祭祀上。有的人家贫穷不能按时祭祀，以至于始终不敢吃牛肉；有的人得病将要死了，先要作牛叫。他们畏惧鬼神到了如此地步。

谨按：时太守司空第五伦到官①，先禁绝之，掾吏皆谏，伦曰："夫建功立事在敢断，为政当信经义。经言'淫祀无福'②，'非其鬼而祭之，谄也'③。律：'不得屠杀少齿④。'令鬼神有知，不妄饮食民间；使其无知，又何能祸人。"遂移书属县，晓谕百姓："民不得有出门之祀⑤，督课部吏，张设罪罚。犯，尉以下坐，祀依托鬼神，恐怖愚民，皆按论之。有屠牛，辄行罚。"民初恐怖，颇摇动不安，或接祝妄言⑥，伦救之愈急，后遂断，无复有祸祟矣。

【注释】

①第五伦：姓第五，名伦，字伯鱼，京兆长陵（治今陕西咸阳）人。少刚毅有义，后徙家河东，变名姓为王伯齐。京兆尹阎兴召为主簿，管理长安市场，第五伦公平度量，市场上没有欺诳，百姓悦服。光武时举孝廉。历任会稽太守、蜀郡太守，官至司空。任职奉公尽节，性质朴，然少文采，不修威仪。

②淫祀无福：语见《礼记·曲礼》。

③非其鬼而祭之，谄也：语见《论语·为政》。

④少齿：指幼畜。

⑤出门之祀：古代普通百姓正当的祭祀只在家中或宗祠中举行，则出至门外的祭祀都是不正当的，属于妄滥淫祀。

⑥或接祝妄言：接祝，《后汉书·第五伦传》作"祝诅"。

【译文】

谨按：当时会稽太守、后官至司空的第五伦到任，先是禁绝了这一习俗，掾吏都劝谏他，第五伦说："建功立事在于敢于决断，治理政务应当相信经书上的大义。经书上说'过多的祭祀没有福报'，'不是他应该祭祀的鬼神而去祭祀，这是谄媚'。大汉律法规定：'不得屠杀幼兽。'如果鬼神有知觉，不会胡乱在民间吃喝；如果鬼神没有知觉，又怎能祸害人。"于是颁布文书到下属县城，告知老百姓："百姓们不能有出至门外的淫祀，以此监督考核官吏，公布设置惩罚办法。如果违犯，尉以下的官员连坐，祭祀借助鬼神，恐吓老百姓，都按此论处。有屠宰牛的就治罪。"老百姓开始很恐怖，很是动摇不安，有的还诅咒胡说，第五伦就更加严厉地整治他们，后来终于断绝了，再也没有祸害了。

鲍君神

谨按：汝南鲖阳有于田得麕者①，其主未往取也，商车十余乘经泽中行，望见此麕著绳，因持去，念其不事，持一鲍鱼置其处②。有顷，其主往，不见所得麕，反见鲍鱼，泽中非人道路，怪其如是，大以为神，转相告语，治病求福，多有效验。因为起祀舍，众巫数十，帷帐钟鼓，方数百里皆来祷祀，号鲍君神。其后数年，鲍鱼主来历祠下，寻问其故，曰："此我鱼也，当有何神。"上堂取之，遂从此坏。传曰："物之所聚斯有神。"言人共奖成之耳③。

【注释】

①鲖（tóng）阳：东汉鲖城国，治今安徽临泉西北鲖城。麕：同"麇"。指獐子。

②鲍鱼：腌制过的鱼，味腥臭。

③奖：夸耀，吹嘘。

【译文】

谨按：汝南郡鲖阳国有人打猎得到一只獐子，猎人还没来拿走，十几辆商人的车从水泽边经过，看见这只獐子被网绳网住，就把獐子拿走了，考虑到是不劳而获，商人就把一只腌鱼放在网里。过了一会，猎人过来，没看到獐子，反而看到鲍鱼，水泽中并无人通行的道路，所以对这种现象感到很奇怪，认为太神奇了，人们辗转相告，治病的求福的，很多都能应验。因此建起了祠堂屋舍，有几十个巫师，设置了帷帐架起了钟鼓，方圆数百里的人都来祷告祭祀,称为鲍君神。几年后,放置腌鱼的人来到这里,经过祠堂,询问建祠堂的原因,说:"这是我放的鱼,哪有什么神啊。"走进祠堂把腌鱼拿走,祠堂从此就衰败了。经传上讲:"各种事情聚合在一起神就出现了。"说的是神是人们共同夸耀而成的。

李君神

谨按:汝南南顿张助[①],于田中种禾,见李核,意欲持去,顾见空桑中有土,因殖种,以余浆溉灌。后人见桑中反复生李,转相告语。有病目痛者,息阴下,言李君令我目愈,谢以一豚。目痛小疾,亦行自愈。众犬吠声[②],因盲者得视,远近翕赫[③],其下车骑常数千百,酒肉滂沱[④]。间一岁余,张助远出来还,见之,惊云:"此有何神,乃我所种耳。"因就斫也。

【注释】

①南顿:南顿县,治今河南项城西。

②众犬吠声:一条狗叫,群犬闻声跟着叫。喻盲从,随声附和。

③翕赫:显赫。形容声势很大。

④滂沱(tuó):形容丰盛。

【译文】

谨按:汝南郡南顿人张助,在田地里种庄稼,看见一颗李子的核,想把它带走,四顾看到空桑树干中有泥土,就把李核种进去,用多余的水灌溉它。后来有人看见桑树中反而又长出李子来,奔走相告。有个眼睛有病的人,到桑树荫下休息,说李君让我眼睛痊愈,用一头小猪来答谢。而他眼睛痛这样的小毛病,不久也就自行痊愈了。众人随声附和,于是失明的人恢复视力这样的故事,远近都轰动了,桑树下的车马常常成百上干,祭祀用的酒肉非常丰盛。就这样过了一年多,张助出远门回来,看到这种情形,很惊讶地说:"这有什么神明,不过是我种的李树罢了。"于是就把它砍了。

石贤士神

谨按:汝南汝阳彭氏墓路头立一石人^①,在石兽后。田家老母,到市买数片饵^②,暑热行疲,顿息石人下小瞑^③,遗一片饵去,忽不自觉。行道人有见者,时客适会,问何因有是饵。客聊调之:"石人能治病,愈者来谢之。"转语:"头痛者摩石人头,腹痛者摩其腹,亦还自摩,他处放此。"凡人病自愈者,因言得其福力,号曰贤士。辒辌毂击^④,帷帐绛天^⑤,丝竹之音,闻数十里,尉部常往护视。数年亦自歇^⑥,沫复其故矣^⑦。

【注释】

①汝阳:汝阳县,治今河南商水县。

②饵:这里是指饼。

③小瞑:小睡。

④辒辌:此处泛指车辆。毂击:车毂相击,形容车辆很多。

⑤绛天:把天空染成红色。

⑥歇:停止,停歇。

⑦沫:终止。这里是指没有的意思。

【译文】

谨按:汝南郡汝阳彭氏墓路尽头立了一座石人,在一只石兽的后面。有位农家老妇人,到市场买了几块饼,天气热走得累,就在石人下面休息小睡一觉，离开时遗落了一块饼，时间匆忙没有发现。有人路过看到，当时有人恰好也经过，就问他石人下为什么有这块饼。那人姑且调侃说："石人能够治病，被治好的人来答谢它的。"结果传成："头痛的人摸石人的头，腹痛的人摸石人的腹部，然后再摸自己，其他部位如有不适也这么做。"凡是生病然后痊愈的，都说是得到这个石人的福力，称之为贤士。车辆错杂拥挤，帷帐把天空都染红了，丝竹音乐的声音，几十里都能听到，尉部常常要去那里护卫视察。几年后也就自行停息，没有再回复到原来的盛况。

世间多有亡人魄持其家语声气，所说良是

谨按：陈国张汉直①，到南阳从京兆尹延叔坚读《左氏传》②。行后数月，鬼物持其女弟言③："我病死，丧在陌上④，常苦饥寒。操一量不借⑤，挂屋后楮上，傅子方送我五百钱，在北墉中⑥，皆亡取之⑦。又买李幼一头牛，本券在书箧中。"往求索之，悉如其言。妇尚不知有此妹，新从舅家来⑧，非其所及。家人哀伤，益以为审。父母诸弟，衰绖到来迎丧，去精舍数里⑨，遇汉直与诸生十余人相随。汉直顾见其家，怪其如此。家见汉直，谓其鬼也，惝惘良久⑩。汉直乃前为父拜，说其本末，且悲且喜。凡所闻见，若此非一。

【注释】

①陈国：东汉诸侯国，治陈县（今河南淮阳）。

②延叔坚：延笃，字叔坚，南阳犨（今河南鲁山东南）人。从马融受业，博通经传及百家之言，能著文章，有名京师。曾为京兆尹，体恤百姓，行政宽仁。以病免归，居家教授。

③持：通"恃"。凭借。

④陌上：路上。陌，道路。

⑤操：持，拿。一量（liàng）：一双。量，通"緉"。双。不借：麻鞋。

⑥墉（yōng）：此指住宅的墙壁。

⑦亡：通"忘"。

⑧聟：同"婿"。

⑨精舍：学舍，书斋。

⑩惝惘：惊惧的样子。

【译文】

谨按：陈国人张汉直，到南阳跟随京兆尹延叔坚研读《左氏传》。他走后几个月，有鬼怪凭借他妹妹说："我病了，死在路上，常常受饥寒之苦。持有一双麻鞋，挂在屋后的楮树上，傅子方送给我五百钱，在北墙缝中，我都忘了拿出来。又买了李幼的一头牛，契券在书箱里。"张汉直的妹妹去找这些东西，都跟鬼怪说的一样。张汉直的媳妇还不知道有这个妹妹，她是刚从夫家回来，两人还没见过面。家人都很哀伤，更加认为张汉直真的死了。父母和各位弟弟，都穿上丧服到南阳来迎丧，在距离学校几里远的地方，遇到张汉直和其他十几个同学在一起。张汉直看见家里人，对他们来迎丧感到很奇怪。家里人看到张汉直，都认为是遇到鬼了，惊恐了很久。汉直于是上前跪拜父亲，说起事情的来龙去脉，又悲伤又喜悦。大凡所闻所见，像这样的事不仅这一件。

夫死者，澌也①，鬼者，归也，精气消越，骨肉归于土也。夏后氏用明器②，殷人用祭器，周人兼用之，视民疑也。子贡问孔子："死者其有知乎？"曰："赐，尔死自知之，由未晚也③。"董无心云④："杜伯死，亲射宣王于镐京⑤。子以为桀、纣所杀，足以成军，可不须汤、武之众。"古事既察，且复以今验之。人相啖食，甚于畜生。凡菜肝鳖瘕⑥，尚能病人，人用物精多⑦，有生之最灵者也，何不芥蒂于其胸腹⑧，而割裂之哉？犹死者无知审矣⑨。而时有汉直为狗鼠之所为⑩。

【注释】

①澌（sī）：尽，灭。

②明器：冥器。古代随葬的器物。

③由：通"犹"。

④董无心：战国时儒家学者，著有《董子》一篇，已佚失。

⑤杜伯死，亲射宣王于镐京：杜伯是西周宣王时大夫，无罪而为宣王所杀。传说他死后三年，宣王会诸侯田猎，他乘白马素车出现，将宣王射死。镐京，西周都城，在今陕西西安。

⑥菜肝：王利器以为当作"马肝"，因"菜"与"马"的篆字字形相近而误。古人认为马肝味美而有毒。鳖瘕：未详。一说瘕用通"虾"。

⑦用物精多：语出《左传·昭公七年》，原意是人活着时使用的东西又好又多，此处则专指食用的东西很多。

⑧芥蒂：比喻积在心中的怨恨、不满或不快。这里用作动词，报复以消除怨恨。

⑨审：清楚，明白。

⑩狗鼠：比喻品行卑劣的人。

【译文】

死是尽的意思，鬼是归的意思，精气消散，骨肉回归到土地。夏后氏用明器，殷人用祭器，周人两者都用，让老百姓知道他们对死者有知或无知是存疑的。子贡问孔子："死者有知觉吗？"孔子说："赐，你死了之后就知道了，到那时知道也不算晚。"董无心说："杜伯去世之后，他的鬼魂亲手在镐京射杀周宣王。我认为假如这样，那么桀、纣所杀的人，足以组成军队，可以不用汤、武之众了。"古代的事已经明察，再用今天的事来验证。人吃的东西，比畜生多得多。大凡马肝鳖虾，尚且能使人生病，人食用的东西很多，是有生命的物类中最厉害的，那些被人吃掉的东西，为什么不在人体内报仇，将人撕裂呢？由此看来死者无知是明确无疑的了。而当今张汉直的故事是低贱者所编造的。

世间亡者，多有见神，语言饮食，其家信以为是，益用悲伤

谨按：司空南阳来季德停丧在殡^①，忽然坐祭床上^②，颜色服饰，声气熟是也。孙儿妇女，以次教诫，事有条贯，鞭挞奴婢，皆得其过^③。饮食饱满，辞诀而去，家人大哀剥断绝^④。如是三四，家益厌苦。其后饮醉形坏，但得老狗，便朴杀之^⑤，推问里头沽酒家狗^⑥。

【注释】

①来季德：来艳，字季德，南阳新野（今河南新野）人。东汉灵帝时官历太常、司空等职。停丧在殡：殡殓待葬。古代习俗，死者棺木停在屋内，择吉日而葬。

②祭床：摆设祭品的桌子。

③得：谓惩罚与过失相当。

④哀剥断绝：形容极其悲伤。

⑤朴杀：打死。朴，通"扑"。击，挞。

⑥里头：乡里村头。

【译文】

谨按：司空南阳人来季德去世之后棺木停在屋内待葬，忽然见他坐在祭床上，面容脸色服饰，声音语气都是大家熟悉的样子。孙儿妇女，按顺序教诫，事情做得很有条理，鞭打奴婢，都和他们的过失相当。酒足饭饱之后，与家人告辞离开，家人都极其悲伤。像这样三四次，家里人越来

越厌烦。后来他喝醉了露出原形，只是一条老狗，于是扑杀了它，询问得知，原来是乡里村头卖酒家的狗。

世间多有狗作变怪，朴杀之，以血涂门户然众得咎殃

谨按：桂阳太守汝南李叔坚①，少时，为从事，在家，狗人立行②，家言当杀之。叔坚云："犬马喻君子，狗见人行，效之，何伤？"叔坚见县令还，解冠榻上，狗戴持走，家大惊。时复云："误触冠，冠缨挂着之耳。"狗于灶前蓄火③，家益怔忪④。复云："儿婢皆在田中，狗助蓄火，幸可不烦邻里，此有何恶。"里中相骂，不言无狗怪⑤，遂不肯杀。后数日，狗自暴死，卒无纤介之异⑥。叔坚辟太尉掾、固陵长、原武令，终享大位。子条蜀郡都尉，威龙司徒掾。凡变怪皆妇女下贱，何者？小人愚而善畏，欲信其说，类复裨增⑦；文人亦不证察⑧，与俱悼慑⑨，邪气承虚，故速咎证⑩。《易》曰："其亡斯自取灾⑪。"若叔坚者，心固于金石，妖至而不惧，自求多福，壮矣乎！

【注释】

①桂阳：东汉桂阳郡，治郴县（今湖南郴州）。

②人立行：像人一样站立起来用两只脚行走。

③蓄火：生火。

④怔忪（zhēng zhōng）：惊恐不安。

⑤不言无狗怪：意思不明，据上下文当指否认狗作怪之事。

⑥纤介：喻细微。介，通"芥"。小草。比喻细微或微末的事物。

⑦类:率,皆,大抵。裨(bì)增:增加。裨,增加。

⑧文人:这里是谓正人君子。证察:考证审察。

⑨悼慴:惧怕。

⑩速:招致。咎证:灾祸应验。

⑪其亡斯自取灾:语见《周易·否卦》。

【译文】

谨按:桂阳太守汝南人李叔坚,年轻的时候,担任从事,在家时,狗像人一样立着走路,家人都说应该杀了这狗。叔坚说:"犬马用来比喻君子,狗看见人直立行走,所以效仿,又有什么关系?"叔坚见县令后回到家中,解下帽子放在榻上,狗戴着帽子跑了,家人大惊。当时叔坚又说:"它只是误碰了我的帽子,帽带挂在头上而已。"狗在灶台前生火,家人更加惊惧不安。叔坚又说:"孩子奴仆都在田里,狗帮助生火,正好可以不用烦劳邻里,这有什么不好呢?"邻里人责骂他,叔坚否认说没有狗怪,最终不肯杀狗。几天后,狗自己突然死了,最终没有丝毫怪异。叔坚被征召为太尉掾、固陵长、原武令,最终享有高位。他的儿子李条担任蜀郡都尉,李威龙担任司徒掾。大凡变怪都是妇女下贱者编造的,为什么呢?小人愚昧而且容易畏惧,想要让人们相信这些故事,大抵会不断添油加醋;文人也不考证明察,与他们一起害怕,邪气乘虚而入,所以招致灾祸应验。《周易》上说:"灭亡是自取灾祸。"像李叔坚,心比金石坚定,妖精来了都不畏惧,自求多福,真是非常勇壮!

昔晋文公出猎,见大蛇,高如堤,其长竟路①。文公曰:"天子见妖则修德,诸侯修政,大夫修官,士修身。"乃即斋馆,忘食与寝,请庙曰:"孤牺牲瘯蠡②,币帛不厚,罪一也;游逸无度,不恤国政③,罪二也;赋役重数④,刑罚僭克⑤,罪三也。有三罪矣,敢逃死乎!"其夜,守蛇吏梦天杀蛇曰:

"何故当圣君道为?"及明视之,则已臭烂。

【注释】

①竟:终,全。

②瘯蠡(cù luǒ):指六畜疥癣之疾。瘯,皮肤病。

③恤:忧虑。

④重数:苛繁。

⑤憯(cǎn)克:惨酷严刻。憯,同"惨"。厉害。克,通"刻"。刻薄。

【译文】

从前晋文公外出打猎,看见大蛇,高如堤坝,它的长度和路一样长。文公说:"天子看见妖怪就要修养德行,诸侯要修整政务,大夫要治理官事,士要修养身心。"于是到斋馆,忘记吃饭和睡觉,到宗庙祷告说:"我奉献的牺牲有瑕疵,币帛不丰厚,这是第一桩罪;游逸没有节制,不操心国政,这是第二桩罪;赋役繁苛,刑罚严酷,这是第三桩罪。有这三桩罪,哪里敢逃脱死罪呢!"那天夜里,守蛇吏梦见上天把蛇杀了说:"为什么要挡住圣君的道路?"到白天看那蛇,已经腐烂发臭了。

武帝时迷于鬼神,尤信越巫,董仲舒数以为言。武帝欲验其道,令巫诅仲舒。仲舒朝服南面,诵咏经论①,不能伤害,而巫者忽死。

【注释】

①经论:此指儒家经典。

【译文】

武帝时迷信鬼神,尤其相信越地的巫师,董仲舒多次因此而劝谏。武帝想验证越巫的巫术,就让巫师诅咒董仲舒,董仲舒穿着朝服南面而坐,诵咏儒家经书,巫术并不能伤害他,反而是巫师突然死了。

世间多有精物妖怪百端

谨按:鲁相右扶风臧仲英为侍御史^①,家人作食,设桉^②,欻有不清尘土投污之^③;炊临熟,不知釜处;兵弩自行;火从箧簏中起^④,衣物烧尽,而簏故完;妇女婢使悉亡其镜,数日堂下掷庭中,有人声言:"汝镜。"女孙年三四岁,亡之,求不能得,二三日乃于清中粪下啼^⑤:若此非一。汝南有许季山者^⑥,素善卜卦,言:"家当有老青狗物^⑦,内中婉御者益喜与为之^⑧。诚欲绝,杀此狗,遣益喜归乡里。"皆如其言,因断无纤介^⑨,仲英迁太尉长史^⑩。

【注释】

①右扶风:为汉时京畿郡级行政区划。西汉治长安县(今陕西西安西北)。东汉末移治槐里县(今陕西兴平佐村)。侍御史:御史大夫属官,或给事殿中,职掌监察、检举非法或奉使出外执行指定任务。

②桉:同"案"。几案。

③欻(xū):突然。

④箧簏(qiè lù):盛放东西的竹箱。

⑤清:厕所。

⑥许季山:许峻,字季山,汝南平舆(今河南平舆)人。善卜占之术,多有应验。

⑦狗物:这里说的就是"狗魅"。

⑧婉御者:即侍御,泛指奴婢。益喜:人名。

⑨断无:绝无。纤介:细微。此指细微之祸。

⑩太尉长史:太尉的属官,署诸曹事。秩一千石。

【译文】

谨按：鲁相右扶风人臧仲英担任侍御史，家里人做饭，设置几案，突然有不干净的尘土扔到上面弄脏了；饭快熟的时候，不知釜到哪里去了；兵器和弓弩自己行走；火从盛衣物的竹箱中燃起，衣物都烧尽了，而竹箱完好无损；妻子女儿和婢女的镜子都不见了，几天后镜子从堂下扔到庭院中，有个声音说："你们的镜子。"孙女三四岁的时候，走丢了，到处找不到，两三天后发现她在厕所的粪堆中哭泣：像这样的怪事不一而足。汝南郡有个叫许季山的人，平素善于占卜算卦，说："你家里应该有一只老青狗怪，内庭中有个叫益喜的奴婢和这个鬼魅一起作怪。如果想要灭绝这种事，就要杀了这条狗，遣送益喜回乡。"臧仲英都按他所说的去做，因此再也没有丝毫灾异之事，臧仲英升迁为太尉长史。

汝南汝阳西门亭有鬼魅①，宾客宿止，有死亡，其厉厌者②，皆亡发失精。寻问其故，云：先时颇已有怪物，其后，郡侍奉掾宜禄郑奇来③，去亭六七里，有一端正妇人，乞得寄载，奇初难之，然后上车。入亭，趋至楼下，吏卒檄白④："楼不可上。"奇曰："我不恶也。"时亦昏冥，遂上楼，与妇人栖宿，未明发去。亭卒上楼扫除，见死妇，大惊，走白亭长。亭长击鼓会诸庐吏⑤，共集诊之⑥，乃亭西北八里吴氏妇新亡，以夜临殡，火灭，火至失之；家即持去。奇发行数里，腹痛，到南顿利阳亭加剧⑦，物故⑧，楼遂无敢复上。

【注释】

①汝阳：汝阳县，治今河南商丘西北。

②厉厌：受害严重。厉，厉害，严重。厌，损害。

③郡侍奉掾：郡守自辟的属官，负责侍从左右，处理日常事务。宜

禄：宜禄县，治今河南沈丘。

④檄：这里是指阻拦的意思。

⑤庐吏：这里指亭所属的里等乡下行政小吏。

⑥诊：察看。

⑦南顿：南顿县，治今河南项城西南。

⑧物故：病死。

【译文】

汝南郡汝阳县西门亭有鬼魅，旅客在那里住宿，有人死亡，其中受害严重的，都没有头发失了精髓。寻问原因，说：以前就已经有怪物，在这之后，郡侍奉掾宜禄人郑奇来过，在距离西门亭六七里的地方，看见有一美貌妇人，请求搭车，郑奇起初有点为难，后来让她上了车。他们进入亭中，走到楼下，亭吏匆忙阻拦，说："不可以上楼。"郑奇说："我不嫌弃。"当时已经是晚上，于是就上了楼，和妇人一起睡觉，天未亮就出发了。亭卒上楼打扫，看见妇人已死，大惊，跑去告诉亭长。亭长敲鼓召集所有庐吏，一起来察看这个妇人，原来是亭西北八里的吴家媳妇，刚刚死去，晚上准备装殓时火灭了，火再点上时发现尸体已经不见了，吴家人就把尸体领回家去。郑奇出发走了几里，腹痛发作，走到南顿利阳亭病情加剧，去世，这楼于是没有人敢再上去。

谨按：北部督邮西平郅伯夷①，年三十所②，大有才决，长沙太守郅君章孙也。日晡时到亭③，敕前导人，录事掾白："今尚早，可至前亭。"曰："欲作文书，便留。"吏卒惶怖，言当解去，传云："督邮欲于楼上观望，亟扫除。"须臾便上，未冥楼镫④，阶下复有火，敕："我思道，不可见火，灭去。"吏知必有变，当用赴照，但藏置壶中耳。既冥，整服坐诵《六甲》《孝经》《易本》讫⑤，卧有顷，更转东首，帻巾结两足帻冠之⑥，密拔剑解带。夜时，有正黑者四五尺，稍高，走至柱屋，因覆伯夷。伯夷持被掩足，跣脱几失⑦，再三，徐以剑带系魅脚，呼下火上，照视老狸正赤，略无衣毛，持下烧杀。明旦发楼屋，得所髡人结百余⑧，因从此绝。伯夷举孝廉，益阳长⑨。

【注释】

①北部督邮：汉制，郡有东、西、南、北、中五部督邮，为郡佐吏，职掌监督属县，宣达教令，兼司狱讼捕亡。西平：西平县，治今河南西平。

②所：许。

③晡（bū）：申时，即午后三点至五点。

④未冥楼镫（dēng）：语意不明。《太平御览》引作"止楼上，燃数灯"。镫，泛指灯，油灯。

⑤《六甲》：讲述道家遁甲之术的书。《易本》：讲述鬼神之情的书。

⑥帤（rú）巾结两足帻冠之：将长布巾包住发髻扎成两脚帻戴在头上。帤巾，长布巾。两足，帻的两个脚。帻，古代包扎发髻的巾。

⑦跣（xiǎn）脱：脱去鞋袜等，光着脚。跣，赤脚。

⑧结：头髻。

⑨益阳：益阳县，治今湖南益阳。

【译文】

谨按：北部督邮西平人郅伯夷，三十多岁，很有才干，是长沙太守郅君章的孙子。他黄昏时来到西门亭，命令进亭住下，录事掾说："现在时间还早，可以到前面一个亭。"郅伯夷说："我想写文书，就在这里留下来吧。"吏卒惶恐不安，说是应该先去禳解，传话说："督邮想到楼上观望，请立即打扫。"一会儿郅伯夷就上了楼，天还没黑，楼上有灯，阶下还有火，下令说："我要思考问题，不可以见到火，把火灭了。"吏卒知道一定有变故，应该用灯火去照亮，只是把火藏在壶中。天黑之后，郅伯夷整理衣服坐着诵读《六甲》《孝经》《易本》完毕，躺了一会，改换到床的东面，将长布巾包住发髻扎成两脚帻戴在头上，悄悄地拔出剑解开腰带。夜里，有一个四五尺长纯黑的东西，有些高，走到正屋，趁势盖住伯夷。伯夷拿着被子盖住怪物的脚，怪物光着脚差点脱手，有几次差点被它跑了，郅伯夷从容地用剑带系住鬼魅的脚，呼叫楼下点上火，照着一看是一只纯赤色的老狐狸，几乎没有毛，将它拿下烧死。第二天早上打开楼房搜查，找到剃下的头髻有一百多个，从此这个亭的妖怪就断绝了。伯夷被举荐为孝廉，担任益阳县令。

《楚辞》云："鳖令尸亡，溯江而上，到岷山下苏起，蜀人神之，尊立为王^①。"汉淮阳太守尹齐^②，其治严酷，死未及殓，怨家欲烧之，尸亦飞去。见于书传。楼上新妇，岂虚也哉？

【注释】

①"鳖令尸亡"几句：此言不载于今本《楚辞》。《后汉书·张衡传》注、《文选·思玄赋》注、《太平御览》《事类赋》等引《蜀王本纪》，皆有荆人鳖令（一作鳖灵）死后，其尸随江水流至成都（一作郫）复活，望帝杜宇以为自己德不如之，遂禅位鳖令，号开明帝之事。

②尹齐：西汉东郡茌平人。曾任淮阳都尉、关内都尉等，治政严酷，为官廉洁，不畏权势，后死于淮南都尉任上。此事《汉书·尹齐传》有记载。

【译文】

《楚辞》上说："鳖令的尸体亡去，溯江而上，到岷山脚下苏醒过来，蜀人认为他很神奇，把他尊立为王。"汉淮阳太守尹齐，他的治政很严酷，死后还没装殓，仇家想要把他的尸体烧掉，尸体也飞走了。这事被史书所记。那西门亭楼上新妇的事，难道是虚妄的吗？

世间多有伐木血出以为怪者

谨按：桂阳太守江夏张辽叔高[1]，去郾令[2]，家居买田，田中有大树十余围，扶疏盖数亩地[3]，播不生谷。遣客伐之，木中血出，客惊怖，归具事白叔高。叔高大怒曰："老树汁出，此何等血！"因自严行[4]，复斫之，血大流洒。叔高使先斫其枝，上有一空处，白头公可长四五尺，忽出往赴叔高，叔高乃逆格之，凡杀四头，左右皆怖伏地，而叔高恬如也[5]。徐熟视，非人非兽也，遂伐其树。其年司空辟侍御史，兖州刺史，以二千石之尊[6]，过乡里，荐祝祖考[7]。白日绣衣[8]，荣羡如此，其祸安居？《春秋国语》曰："木石之怪夔魍魉[9]。"物恶能害人乎？

【注释】

①江夏：东汉江夏郡，治西陵（今湖北武汉新洲区西，举水西岸）。

②郾：即郾陵县，治今河南郾陵。

③扶疏：枝叶繁盛的样子。

④严行：严装而行。意即整装前往。一说，疾行。

⑤恬如：安详自得的样子。

⑥二千石：郡守俸禄二千石，亦作为郡守的代称。

⑦荐祝：祭祀。荐，祭祀时献牲。祝，祝祷。祖考：祖先。

⑧白日绣衣：白天穿锦绣衣服。与衣锦还乡同义。

⑨木石之怪夔魍魉：语见《国语·鲁语》，为孔子所言。

【译文】

谨按：桂阳太守江夏人张辽字叔高，辞去郾陵令一职，居家购买田地，田地中有一棵十多围粗的大树，枝叶繁盛，遮盖了好几亩地，那些地播下种子长不出粮食。张辽派庄客去把树砍了，树中流出血来，砍树的庄客很害怕，回家把这件事告诉了张辽。张辽很生气，说："老树流出汁液，这算什么血！"于是亲自整装而行，再次砍伐这棵树，树的血液大量流洒出来。张辽派人先砍树的枝条，树上有一个空洞，里面有一只四五尺长的白头翁，忽然飞出来扑向张辽，张辽于是迎面格杀他，一共杀了四头，左右随从都吓得趴在地上，而张辽很安详自在。从容地观察白头翁，不是人也不是兽，于是就把这棵树砍了。这一年张辽被司空征辟为侍御史，兖州刺史，凭着二千石的尊贵，经过乡里，祭祀祖先；衣锦还乡，这样的荣耀让人羡慕，哪有什么灾祸？《国语》上说："木石的怪物叫夔魍魉。"怪物怎能害人呢？

世间多有蛇作怪者

谨按：车骑将军巴郡冯绲鸿卿为议郎①，发绶笥②，有二赤蛇，可长三尺，分南北走，大用忧怖。许季山孙曼字宁方，得其先人秘要，绲请使卜，云："君后三岁，当为边将，东北四五千里，官以东为名；复五年，为大将军，南征。此吉祥也。"鸿卿意解③，实应且惑。居无几，拜尚书、辽东太守、廷尉、太常。会武陵蛮夷黄高攻烧南郡，鸿卿以威名素著，选登亚将④，统六师之任⑤，奋虓虎之势⑥。后为屯骑校尉、将作大匠、河南尹⑦，复再临理，官纪数方面⑧，如宁方之言。《春秋》："外蛇与内蛇斗⑨。"文帝时亦复有此⑩，《传》《志》著其云为，而鸿卿独以终吉，岂所谓"或得神以昌"乎⑪？

【注释】

①巴郡：治今重庆北。

②绶笥(sì):这里指装印绶的箱子。

③意解:内心释然。

④亚将:指车骑将军。车骑将军位次于大将军、骠骑将军,故称。

⑤六师:即六军。

⑥虓(xiāo)虎:咆哮怒吼的虎。多用来比喻勇士猛将。

⑦屯骑校尉:汉时军官,略次于将军,掌屯田骑射之事,与中垒、步兵、越骑、长水、胡骑、射声、虎贲总称八校尉,为专掌特种军队的将领。将作大匠:职掌宫室、宗庙、陵寝及其他土木的营建。秩二千石。河南尹:东汉时都城洛阳的行政长官。

⑧纪数方面:犹言纲纪一面,即统治一方。

⑨外蛇与内蛇斗:《左传·庄公十四年》:"初,内蛇与外蛇斗于郑南门中,内蛇死。六年而厉公入。"

⑩文帝时亦复有此:《汉书·武帝纪》:"(太始四年)秋七月,赵有蛇从郭外入邑,与邑中蛇群斗孝文庙下,邑中蛇死。"《汉书·五行志》也有相同的记载。

⑪或得神以昌:《左传·庄公三十二年》:"故有得神以兴,亦有以亡。"昌,即兴也。

【译文】

谨按:车骑将军巴郡人冯绲字鸿卿担任议郎,打开装印绶的箱子,发现有两条红色的蛇,长约三尺,分别往南方和北方逃走,冯绲大为忧惧恐怖。许季山的孙子许曼字宁方,学到他先人的秘籍,冯绲请他来占卜,他说:"您过三年,应该担任守边大将,在东北四五千里的地方,官职以东为名;再过五年,您将担任大将军,向南征伐。这是吉祥的征兆。"冯绲内心释然,希望能够应验又有些疑惑。没过多久,拜为尚书、辽东太守、廷尉、太常。正值武陵蛮夷黄高攻打烧杀南郡,冯绲因为向来就有显著的威名,被选为车骑将军,统领六军,勇猛出击获胜。后来又担任屯骑校尉、将作大匠、河南尹,又两次担任廷尉,几次担任独当一面的要职,正如宁方所预言的。《春秋》上说："外蛇与内蛇斗。"文帝时也有这种事，《传》《志》都记载了这件事，而唯有冯绲得到吉利的结局，这难道是所谓的"有的人得到神助而昌盛"吗？

世间人家多有见赤白光为变怪者

谨按：太尉梁国桥玄公祖[①]，为司徒长史。五月末所，于中门外卧，夜半后，见东壁正白，如开门明，呼问左右，左右莫见，因起自往手拉摸之，壁自如故，还床复见之，心大悸动。其旦，予适往候之，语次相告。因为说："乡人有董彦兴者，即许季山外孙也。其探赜索隐[②]，穷神知化，虽眭孟、京房无以过也[③]。然天性褊狭，羞于卜术。间来候师王叔茂，请起往迎。"须臾，便与俱还。公祖虚礼盛馔，下席行觞[④]。彦兴自陈："下土诸生，无他异分，币重言甘，诚有踧踖[⑤]。颇能别者，愿得从事。"公祖辞让再三，尔乃听之。曰："府君当有怪——白光如门明者，然不为害也。六月上旬鸡鸣时，南家哭声，吉也。到秋节，迁北，行郡以金为名，位至将军、三公。"公祖曰："怪异如此，救族不暇，何能致望于所不图？此相饶耳[⑥]。"到六月九日未明，太尉杨秉暴薨[⑦]。七月二日，拜钜鹿太守[⑧]，钜边有金。后为度辽将军，历登三事[⑨]。今妖见此，而应在彼，犹赵鞅梦童子裸歌而吴入郢也[⑩]。

【注释】

①桥玄：字公祖。东汉梁国睢阳（今河南商丘南）人。历官司空、司徒、尚书令、光禄大夫、太尉、太中大夫等职。性格刚强，不畏权

贵,为官清廉,为时人所称颂。

②探赜(zé)索隐:探求深奥的道理和隐秘的事情。

③眭(suī)孟:名弘,鲁国蕃(治今山东滕州)人。少时好侠,后从赢公受《公羊春秋》,以明经为议郎,迁符节令。西汉昭帝时,上疏解释当时大石自立、枯社木复生等异象,推断将有民间"故废之家公孙氏当复兴者"。疏上,大将军霍光以"妄设妖言惑众、大逆不道"罪将他诛杀。后宣帝起于民间,乃征其子为郎。

④行觞:这里指敬酒。

⑤踧踖(cù jí):局促不安的样子。

⑥饶:安慰。

⑦杨秉:字叔节。弘农华阴(治今陕西华阴东南)人。东汉中期名臣,太尉杨震之子。杨秉博通书传,常隐居教授。历任刺史、侍中、尚书、光禄大夫等职。以廉洁著称。性耿直,朝廷每有得失,辄尽忠规谏,多见纳用。《后汉书·杨震传》有传。

⑧钜鹿:东汉钜鹿郡,治廮陶(今河北柏乡东)。

⑨三事:指三公太尉、司徒、司空。

⑩赵鞅梦童子裸歌而吴入郢:《左传·昭公三十一年》:"十二月辛亥朔,日有食之。是夜也,赵简子梦童子裸而转以歌。旦,占诸史墨,曰:'吾梦如是,今而日食,何也?'对曰:'六年及此月也,吴其入郢乎!终亦弗克。入郢必以庚辰,日月在辰尾。庚午之日,日始有谪。火胜金,故弗克。'"

【译文】

谨按:太尉梁国人桥玄字公祖,担任司徒长史。大概在五月末,他在中门外睡觉,半夜后,看见东面墙壁很白,好像开门一样的明亮,呼叫询问侍从,侍从都没有看见,于是他起床自己上前用手抚摸,墙壁还是老样子,回到床上,又再次看到白色的墙,心里非常忐忑不安。第二天早上,我刚好去问候他,交谈之间他把这件事告诉我。我于是说:"我有个老乡叫董彦兴，是许季山的外孙。他探究深奥的道理，搜索隐秘的事情，穷究事物之神妙，了解事物之变化，即使眭孟、京房也难以超过他。但是他天性狭隘，认为占卜之术是羞耻之事。最近他来拜望老师王叔茂，请让我去迎请他。"不一会儿，我就和董彦兴一起回来了。桥玄谦逊有礼，准备了丰富的食物，走下座席来敬酒。董彦兴自己陈述说："我是乡下的儒生，没有什么特别的本事，您的礼物这么贵重言语这么动听，我实在是局促不安。我能辨别吉凶，愿意为您效劳。"桥玄再三辞让，然后才听他讲说。董彦兴说："您应该是有奇怪的事——白光有如开门一样明亮，但是不会有害。六月上旬鸡鸣的时候，听到南边有人哭，这是吉祥的。到秋天，您将调往北方，所到的郡是用金来命名的，您将位至将军、三公。"桥玄说："像这样怪异的事，拯救整个家族都顾不上，怎能奢望我本来就没有图谋的事呢？这是您在安慰我吧。"到了六月九日天还未明，太尉杨秉突然去世。七月二日，桥玄拜为钜鹿太守，"钜"字是金字边。后来桥玄担任度辽将军，官历三公之位。现在妖怪在这里被看到，而在别的地方应验，好像赵鞅梦见童子光着身体唱歌而吴国不久就进入郢都了一样。

卷十

山泽

【题解】

中国地处东亚大陆，地形地貌繁复多样。中华民族以农耕为主要的生活方式，自然而然与大地有着本能的亲近。从《山海经》开始，先人们便孜孜不倦地描绘着这片神奇土地上的一山一河。地理环境是文化的载体，"一方水土养一方人"道尽了人与自然的亲密联系。本卷延续着中国文化的这一传统，记录了中国疆域中的名山大川、江河湖海。

山有东、南、西、北、中五岳，泰山是五岳之首，司马迁所说的封禅大典就是帝王到泰山山顶祈祷天地。泽有黄河、长江、淮河、济水四渎，黄河发源敦煌塞外的昆仑山，"河出图，圣人则之"，正是黄河孕育中华文化的隐喻性描述，以至于先秦典籍中出现的"河"几乎都代指"黄河"。除了这些自然形成的山泽之外，文中同时也记载了一些人为的山泽，如陂、渠、沟等。"陂"至今仍活跃在各种地名当中；郑国渠引发李斯撰写了《谏逐客书》，白渠直到20世纪仍发挥着它作为水利工程的功效。

斗转星移，沧海桑田，时间看似悄无声息，却在大地上真真切切留下了它走过的痕迹。每一座山、每一条河的来历、方位，以及与之相配套的祭祀方式、命名的本义等，应劭都娓娓道来。其中记录的一些河流湖泊已经湮灭，我们是通过本卷才得以了解，所以说本卷实在是中国地理学上非常宝贵的文献资料。

《孝经》曰[①]："圣不独立[②]，智不独治，神不过天地，同灵造虚[③]，由立五岳，设三台[④]。"传曰[⑤]："五岳视三公[⑥]，四渎视诸侯，其余或伯或子男，大小为差。"《尚书》："咸秩无文[⑦]。"王者报功，以次秩之，无有文也。《易》称："山泽通气[⑧]。"《礼》："名山大泽，不以封诸侯[⑨]。"故积其类曰《山泽》也。

【注释】

① 《孝经》：这里指《孝经纬》。

② 圣不独立：意谓圣人没有贤人的辅佐难以独自治理天下。

③ 同灵造虚：通达神明达到虚无之境。同，孙诒让《札迻》认为是"洞"字之误。洞，通达，知晓。

④ 三台：星名。又称天柱、三阶、三能。《晋书·天文志》："三台六星，起文昌，列抵太微。一曰天柱，三公之位也。在人曰三公，在天曰三台，主开德宣符也。西近文昌曰上台，为司命，主寿。次二星曰中台，为司中，主宗室。东二星曰下台，为司禄，主兵，所以昭德塞违也。"

⑤ 传：据引文，这里指《尚书大传》。

⑥ 五岳视三公：指祭祀五岳时所用牲币、粢盛、笾豆、爵献的数量比照三公的规格。视，比照。

⑦ 咸秩无文：语见《尚书·洛诰》。咸，都。秩，次序，安排。文，通"紊"。紊乱。

⑧ 山泽通气：语见《周易·说卦》。

⑨ 名山大泽，不以封诸侯：《礼记·王制》："凡四海之内九州。……名山、大泽不以封，其余以为附庸、闲田。"郑玄注："名山大泽不以封者，其民同财，不得障管，亦赋税之而已。"《白虎通义·封公

侯》：“名山大泽不以封者，与百姓共之，不使一国独专也。山木之饶，水泉之利，千里相通，所以均有无，赡其不足。”

【译文】

《孝经》上说：“圣人如果没有贤人的辅佐，不可能独自治理天下，智者如果没有众人的支持，也不可能单独修好政治，神明不能遍及天地，通达神灵以造设虚境，因此建立五岳，设置三台。”经传上讲：“祭祀五岳比照三公，祭祀四渎比照诸侯，祭祀其余的神灵则比照伯或子或男，按照爵位大小来区别。”《尚书》上说：“都很有秩序有条不紊。”王者报答功绩，按照等级秩序，没有紊乱。《周易》上说：“山泽的气息相通。”《礼记》上说：“名山大泽，不能封给诸侯。”所以集中讲这一类，篇名叫《山泽》。

五岳

东方泰山，《诗》云：“泰山岩岩，鲁邦所瞻①。”尊曰岱宗，岱者，长也。万物之始，阴阳交代，云触石而出，肤寸而合，不崇朝而遍雨天下，其惟泰山乎！故为五岳之长。王者受命易姓，改制应天，功成封禅，以告天地。孔子曰：“封泰山，禅梁父，可得而数，七十有二。”岱宗庙在博县西北三十里②，山虞长守之③。十月曰合冻，腊月曰涸冻，正月曰解冻，皆太守自侍祠，若有秽疾，代行事，法七十万五千三牲④，燔柴，上福脯三十朐⑤，县次传送京师⑥。四岳皆同王礼。南方衡山，一名霍山⑦，霍者，万物盛长，垂枝布叶，霍然而大。庙在庐江灊县⑧。西方华山，华者，华也，万物滋熟，变华于西方也⑨。庙在弘农华阴县⑩。北方恒山⑪，恒者，常也，万物伏藏于北方有常也。庙在中山上曲阳县⑫。中央曰嵩高，嵩者，高也，《诗》云："嵩高惟岳，峻极于天^⑬。"庙在颍川阳城县^⑭。

【注释】

①泰山岩岩，鲁邦所瞻：语出《诗经·鲁颂·閟宫》。瞻，尊崇仰望。《诗经》作"詹"，意同。

②博县：东汉属泰山郡，治今山东泰安东南。

③山虞长：《周礼》地官的属官。掌管山林的政令。

④法：按规定。这里指祭祀规定。三牲：指祭祀用的牛、羊、猪三种牲畜。

⑤福脯：祭祀用的干肉。朐（qú）：量词。用于条状的干肉等。

⑥次：依次。

⑦霍山：安徽天柱山的别名。在今安徽潜山市西南。汉武帝以衡山辽旷，移岳祠于天柱山，以后俗人呼之为南岳。《史记·孝武本纪》："（元封五年）冬，上巡南郡，至江陵而东。登礼潜之天柱山，号曰南岳。"

⑧灊（qián）县：东汉时属庐江郡，治今安徽霍山县东北。

⑨万物滋熟，变华于西方也：《白虎通义·巡狩》："西方为华山者何？华之为言获也，言万物成熟，可得获也。"

⑩华阴县：东汉属弘农郡，治今陕西华阴东南。

⑪恒山：又名常山，因避汉文帝刘恒之讳而改。

⑫上曲阳县：东汉时属中山国，治今河北曲阳西。

⑬嵩高惟岳，峻极于天：语见《诗经·大雅·崧高》。嵩，山高大貌。极，至。

⑭阳城县：东汉属颍川郡，治今河南登封东南。

【译文】

东方泰山，《诗经》上说："那泰山多么雄伟高峻，是鲁国人所尊崇仰望的。"尊称泰山为岱宗,岱是长的意思。万物的开始,阴阳交替,云触碰到石而冒出来,一点一点地聚合成雨,不用一个上午就能普降天下,只有泰山了! 所以成为五岳之首。王者接受天命改朝换代,改变制度来顺应天命,功成封禅,来向天地汇报。孔子说:"封泰山,禅梁父,可以考证的有七十二位王者。"岱宗庙在博县西北三十里,山虞长在那里守护它。十月祭泰山叫合冻,腊月祭泰山叫涸冻,正月祭泰山叫解冻,都是太守亲自主持祭祀,如果患有不洁的疾病,就由他人代为祭祀,按规定祭祀要用七十万五千头牛、羊、猪,放在柴火上燔烧,奉上祭祀用的干腊肉三十胸,从县城依次传送到京师。四岳都同享君王的祭礼。南方衡山,又名霍山,霍是万物盛长的意思,枝叶繁茂,万物生长非常繁盛。衡山庙在庐江灊县。西方华山,华是化的意思,万物成熟,从西方开始有变化。华山庙在弘农华阴县。北方恒山,恒是常的意思,万物长久地伏藏在北方。恒山庙在中山上曲阳县。中央是嵩高山,嵩是高的意思,《诗经》上说:"那崇高巍峨的嵩山,高高地耸立直达上苍。"嵩高山庙在颍川阳城县。

　　谨按:《尚书》[①]:"岁二月东巡狩,至于岱宗,柴[②]。岱宗,泰山也。望秩于山川[③],遂见东后[④]。东后,诸侯也。合时月正日[⑤],同律度量衡,修五礼、五玉、三帛、二牲、一死贽[⑥]。五月南巡狩,至于南岳。南岳,衡山也。八月西巡狩,至于西岳。西岳,华山也。十二月北巡狩,至于北岳。北岳,恒山也。皆如岱宗之礼。"中岳,嵩高也,王者所居,故不巡焉。巡者,循也;狩者,守也。道德太平,恐远近不同化,幽隐有不得所者,故自亲行之也。所以五载一出者,盖五岁再闰,天道大备[⑦]。岳者捔功考德[⑧],黜陟幽明也[⑨]。

【注释】

①《尚书》：以下引文见《尚书·舜典》。

②柴：祭名。烧柴祭天。

③望秩：按等级祭祀山川。秩，次序。

④东后：东方诸侯的君长。

⑤合：协和，调和。时：这里指春夏秋冬四季。正：确定。

⑥五礼：公侯伯子男五等朝聘之礼。五玉：古代诸侯作符信用的五种玉，即璜、璧、璋、珪、琮。三帛：指缥帛、玄帛、黄帛三种不同颜色的用来垫玉的丝织品。二牲：指卿所执活羊羔、大夫所执活雁。一死贽：指士所执一只死的野鸡。

⑦"所以五载一出者"几句：《白虎通义·巡狩》："所以不岁巡守何？为太烦也，过五年为太疏也，因天道时有所生，岁有所成，三岁一闰，天道小备，五岁再闰，天道大备，故五年一巡守。"

⑧挶（jué）：角逐，较量。

⑨黜：罢免。陟：升迁。幽：昏庸。明：贤明。

【译文】

谨按：《尚书》上说："这年二月往东方巡视，到岱宗，举行了柴祭。岱宗就是泰山。其他山川，就按等级依次祭祀，然后朝见东后。东后就是诸侯。调和四季的月份确定天数，统一律度量衡，修制公侯伯子男朝见的礼仪、五种玉、三种不同颜色的帛、两种牺牲、一只死的野鸡分别作为诸侯、卿大夫、士朝见时的贡品。五月往南巡视，到南岳。南岳就是衡山。八月往西巡视，到西岳。西岳就是华山。十二月往北巡视，到北岳。北岳就是恒山。都要执行和祭泰山一样的礼仪。"中岳是嵩高，是君王居住的地方，所以不用到那里巡视。巡是循的意思；狩是守的意思。道德隆盛天下太平，担心远近的教化不同，居住在边远隐蔽地方的人得不到关照，所以天子要亲自巡视。之所以五年出去巡视一次，是因为五年中两次出现闰年，天道已经很完备。岳是比较考核功德，罢免昏庸而提拔贤明。

四渎

　　河出燉煌塞外昆仑山，发源注海。《易》："河出图，圣人则之^①。"《禹贡》："九河既道^②。"《诗》曰："河水洋洋^③。"庙在河南荥阳县^④，河堤谒者掌四渎^⑤，礼祠与五岳同。江出蜀郡湔氐徼外岷山^⑥，入海。《诗》云："江汉陶陶^⑦。"《禹贡》："江汉朝宗于海。"庙在广陵江都县^⑧。淮出南阳平氏桐柏大复山东南^⑨，入海。《禹贡》："海、岱及淮^⑩，淮、沂其乂^⑪。"《诗》云："淮水汤汤^⑫。"庙在平氏县。济出常山房子赞皇山^⑬，东入沮。《禹贡》："浮于汶^⑭，达于济^⑮。"庙在东郡临邑县^⑯。

【注释】

①河出图，圣人则之：语见《周易·系辞上》。图，河图，传说伏羲时黄河出现身有花纹如八卦的龙马，伏羲于是创制了八卦。

②九河：黄河流至华北平原后分流为九条河。道（dǎo）：疏导。

③河水洋洋：语见《诗经·卫风·硕人》。洋洋，水盛大貌。

④荥阳县：东汉属河南尹，治今河南荥阳。

⑤河堤谒者：西汉始置。成帝时河堤大坏，以校尉王延代领河堤谒者，秩千石，主修缮河堤。东汉明帝永平十三年（70），诏令沿河郡国置河堤员吏，如西汉旧制。

⑥湔（jiān）氐：湔氐县，东汉属蜀郡，治今四川松潘。徼（jiào）：边界。岷山：山名。在四川北部，绵延四川、甘肃两地边境。

⑦陶陶：水广大的样子。江汉陶陶：当为《诗经·大雅·荡》中缺失的一句。

⑧江都县：东汉属广陵郡，治今江苏扬州西南。

⑨平氏：平氏县，治今河南桐柏西。桐柏山在其境内。大复山：桐柏

　　山的支峰。为淮河源地。

⑩海：指黄海。淮：淮河。

⑪沂：沂水，源头在今山东沂水县西北。乂（yì）：治理，安定。

⑫淮水汤汤：语见《诗经·小雅·鼓钟》。汤汤，大水急流的样子。

⑬常山：东汉常山国，治元氏（今河北元氏西北）。房子：房子县，治今河北高邑西南。赞皇山：山名。在房子西南。

⑭汶（wèn）：今大汶水，又称大汶河，发源于今山东莱芜。

⑮济：古代四渎之一。起源于王屋山。

⑯东郡：治今河南濮阳西南。临邑县：东汉属东郡，治今山东东阿北。

【译文】

　　黄河发源于敦煌塞外的昆仑山，然后注入大海。《周易》上说："黄河出现河图，圣人按照它来制作八卦。"《禹贡》上说："黄河下游的九条河道疏通了。"《诗经》上说："黄河之水浩浩荡荡。"黄河庙在河南荥阳县，河堤谒者掌管四渎，祭祀的礼仪和五岳相同。长江发源于蜀郡湔氐县境外的岷山，注入大海。《诗经》上说："长江、汉水广大无边。"《禹贡》上说："长江、汉水像诸侯朝见天子一样奔流到海。"长江庙在广陵江都县。淮水发源于南阳平氏县桐柏山支峰大复山的东南边，注入大海。《禹贡》上说："海、泰山和淮水，淮水、沂水已治理好。"《诗经》上说："淮水浩浩荡荡。"淮水庙在平氏县。济水发源于常山国房子县赞皇山，东流到沮水。《禹贡》上说："经过汶水，到达济水。"济水庙在东郡临邑县。

　　谨按：《尚书大传》《礼三正记》①："江、河、淮、济为四渎。渎者，通也，所以通中国垢浊，民陵居，殖五谷也。江者，贡也，珍物可贡献也。河者，播也，播为九流②，出龙图也。淮者，均，均其务也。济者，齐，齐其度量也。"

【注释】

①《礼三正记》:《仪礼》中的逸篇。

②九流:江河的许多支流。

【译文】

谨按:《尚书大传》《礼三正记》上说:"长江、黄河、淮水、济水是四渎。渎是通的意思,它们能够疏通中原大地的污垢浑浊,老百姓住在高地上,种植五谷。江是贡的意思,江中出产的珍贵物品可以贡献给天下。河是播的意思,分散为很多支流,黄河是出龙图的地方。淮是均的意思,天下都能享受它的好处。济就是齐,齐同天下的度量。"

林

谨按:《诗》云:"殷商之旅,其会如林①。"传曰:"山林之士,往而不能反②。"《礼》记将至泰山,必先有事于配林③。林,树木之所聚生也。今配林在泰山西南五六里,予前临郡,因侍祀之行,故往观之,树木盖不足言,犹七八百载间有衰索乎④!

【注释】

①殷商之旅,其会如林:语见《诗经·大雅·大明》。旅,众。会,古代军队所用的一种令旗。

②山林之士,往而不能反:语本《韩诗外传》:"朝廷之士为禄,故入而不能出;山林之士为名,故往而不能返。"

③事:祭祀。配林:林名。

④衰索:衰而尽。索,尽,空。

【译文】

谨按:《诗经》上说:"当年讨伐殷商的大军,令旗飘扬弥望如林。"经传上讲："山林之士，遁于世事之外就不能返回俗世间了。"《礼记》记载将要到泰山祭祀，必须先到泰山的配林去祭祀。林是树木聚合生长的地方。现在配林在泰山西南五六里的地方，我以前到泰山郡，趁着侍从祭祀的机会，所以前往参观，那里的树木不足称道，大盖是这七八百年间树木有所衰败吧！

麓

谨按：《尚书》："尧禅舜，纳于大麓①。"麓，林属于山者也。《春秋》："沙麓崩②。"传曰："麓者，山足也。"《诗》云："瞻彼旱麓③。"《易》称："即鹿无虞，以从禽也④。"

【注释】

①尧禅舜，纳于大麓：语见《尚书·舜典》。纳，进入。大麓，广大的山林。

②沙麓崩：事见《左传·僖公十四年》。沙麓，作"沙鹿"，山名，一作邑名。在今河北大名东南。

③瞻彼旱麓：语见《诗经·大雅·旱麓》。旱，山名。麓，山脚。

④即鹿无虞，以从禽也：语见《周易·屯卦》六三爻辞象传。即，就。亦即追逐的意思。虞，虞人，古官名。掌管山泽禽兽之事。

【译文】

谨按：《尚书》上说："尧禅让给舜，让他进入广大山林之中。"麓是属于山的林地。《春秋》上说："沙麓山崩塌了。"经传上讲："麓是山脚的意思。"《诗经》上说："你看那旱山的山脚下。"《周易》上说："追赶野兽到山脚下，没有虞人做向导，说明贪于追捕禽兽。"

京

谨按:《尔雅》[1]:"丘之绝高大者为京[2]。"谓非人力所能成,乃天地性自然也。《春秋左氏传》:"莫之与京[3]。"《国语》:"赵文子与叔向游于九京[4]。"今京兆、京师[5],其义取于此。

【注释】

[1]《尔雅》:中国古代最早解释词义的专著,汉代学者缀辑而成,为考证词义和古代名物的重要资料。

[2]丘之绝高大者为京:《尔雅·释丘》作"绝高为之京,非人为之丘"。

[3]莫之与京:语见《左传·庄公二十二年》。京,大,强大。

[4]赵文子与叔向游于九京:事见《国语·晋语》。赵文子,即赵武,春秋时晋国正卿。亦称赵孟。辅佐悼公、平公,使晋国复兴。谥文子。叔向,羊舌肸(xī),食邑在杨,又称杨肸。晋武公后裔,事悼公、平公、昭公,顾问国政,颇得信重,是晋国有名的贤臣。九京,即九原。春秋晋国卿大夫的墓地,在今山西新绛北。

[5]京师:《白虎通义·封公侯》:"京师者,何谓也?千里之邑号也。京,大也;师,众也。天子所居,故以大众言之。"

【译文】

谨按:《尔雅》上说:"特别高大的山丘叫做京。"是说不是人力所能够建成的,是天地的自然之力所造成的。《春秋左氏传》上说:"没有谁能比他强大。"《国语》上说:"赵文子和叔向到九京游玩。"现在京兆、京师,其字义就是依据这个。

陵

谨按:《诗》云:"如山如陵[1]。"《易》曰:"伏戎于莽,升其高陵②。"又:"天险不可升,地险山川丘陵③。"《春秋左氏传》曰:"殽有二陵:其南陵,夏后皋之墓也;其北陵,文王之所避风雨也④。"殽在弘农渑池县⑤,其语曰:"东殽、西殽,渑池所高。"《国语》:"周单子会晋厉公于加陵⑥。"《尔雅》曰:"陵莫大于加陵。"言其独高厉也。陵有天性自然者。今王公坟垄,各称陵也。

【注释】

①如山如陵:语见《诗经·小雅·天保》:"天保定尔,以莫不兴。如山如阜,如冈如陵。"陵,大土山。

②伏戎于莽,升其高陵:语见《周易·同人》九三爻辞。伏,埋伏。戎,武装,军队。莽,草丛。这里泛指草丛密林。升其高陵,谓登上高陵侦察敌情。

③天险不可升,地险山川丘陵:语见《周易·坎卦》象传。

④"殽有二陵"几句:语见《左传·僖公三十二年》秦国蹇叔之言。殽,崤山。二陵,两个山头。崤山二陵相距三十五里,故称"二崤"。其山路奇险,上有陡坡,下临绝涧,两车不能并进,故称绝险之地。夏后皋,夏代的君主,名皋,夏桀的祖父。后,国君。文王,即周文王。

⑤渑池县:东汉属弘农郡,治今河南渑池。

⑥周单子会晋厉公于加陵:事见《国语·周语》。单子,单襄子,周大夫。加陵,《国语》作柯陵,在郑国西部。

【译文】

谨按:《诗经》上说:"像山冈和丘陵。"《周易》上说:"武装力量隐蔽在深山密林里,登上高陵侦察敌情。"又说:"天之险在于无可升的台阶,地之险在于山川交错丘陵起伏。"《春秋左氏传》上说:"崤山有两个高地：它的南面高地，是夏后皋的墓地；它的北面高地，是文王避过风雨的地方。"崤山在弘农郡渑池县，有谚语说："东崤、西崤，是渑池最高的两个地方。"《国语》上说："周单子和晋厉公在加陵会面。"《尔雅》上说："没有比加陵更高的山头了。"这是说它特别高峻。陵是天性自然之力而形成的。现在王公的坟垄，都称之为陵。

丘

谨按：《尚书》："民乃降丘度土①。"尧遭洪水，万民皆山栖巢居，以避其害，禹决江疏河，民乃下丘，营度爽垲之场而邑落之②。故丘之字，二人立一上，一者地也，四方高，中央下，像形也③。《诗》云："至于顿丘④。""宛丘之下⑤。"《论语》："他人之贤丘陵也⑥。"《尔雅》曰："天下有名丘五，其三在河南，其二在河北⑦。"

【注释】

①民乃降丘度土：《尚书·禹贡》："桑土既蚕，是降丘宅土。"降丘，从山丘上下来。度土，居住在土地上。

②爽：高爽明朗。垲（kǎi）：地势高而干燥。邑落：部落，村落。这里作动词用，指聚集为村落。

③"故丘之字"几句：《说文解字》："丘，土之高也，非人所为也。从北从一。一，地也。人居在丘北，故从北，中邦之居，在昆仑东南。一曰：四方高，中央下为丘，象形。"二人立一上，《说文解字》："北，乖也。从二人相背。"应劭结合了《说文解字》"从北从一"和"二人相背"来解释"丘"字上半部分为"二人立一上"。

④至于顿丘：语见《诗经·卫风·氓》。顿丘，古邑名。在今河南浚

县西。

⑤宛丘之下：语见《诗经·陈风·宛丘》。宛丘，古地名。在今河南
　淮阳。

⑥他人之贤丘陵也：《论语·子张》："叔孙武叔毁仲尼。子贡曰：'无
　以为也！仲尼不可毁也。他人之贤者，丘陵也，犹可逾也；仲尼，
　日月也，无得而逾焉。'"

⑦"天下有名丘五"几句：语见《尔雅·释丘》。

【译文】

谨按：《尚书》上说："于是老百姓从山丘下来住在平地上。"尧时遭遇洪水，万民都住在山上和树上，以逃避水灾，大禹疏导江河，于是老百姓才搬到山下来，度量营造高爽明朗的地方，聚集为村落。所以丘这个字，二个人立在一的上面，一是地的意思，四周高，中央低，仿照这一形状造成"丘"字。《诗经》上说："到了顿丘。""宛丘的下面。"《论语》上说："别人的贤能，好比山丘。"《尔雅》上说："天下五座著名的山丘，三座在河南，两座在河北。"

墟

谨按：《尚书》："舜生姚墟①。"传曰："郭氏之墟。"墟者，虚也。郭氏，古之诸侯，善善不能用，恶恶不能去，故善人怨焉，恶人存焉，是以败为丘墟也。今故庐居处高下者，亦名为墟。姚墟在济阴城阳县②，帝颛顼之墟③，阏伯之墟是也④。

【注释】

①舜生姚墟：语见《尚书大传》。

②济阴:东汉济阴郡,治定陶(今山东定陶西北)。城阳县:又作成
　　阳县,治今山东菏泽东北。

③颛顼之墟:指帝丘。在今河南濮阳西南。

④阏(è)伯之墟:指商丘。在今河南商丘西南。阏伯,高辛氏之子。

【译文】

　　谨按:《尚书》上说:"舜出生在姚墟。"经传上讲:"郭氏之墟。"墟是
虚的意思。郭氏是古代的诸侯,善待好人却不能被任用,讨厌恶人却不
能除去,所以好人埋怨,恶人还是存在,因此败亡成为废墟。现在把地位
尊贵者的故居也叫做墟。姚墟在济阴城阳县,帝颛顼的故居,阏伯的故
居也是这样的。

阜

　　谨按:《诗》云:"如山如阜①。"《春秋左氏传》:"鲁公伯
禽宅曲阜之地②。"阜者,茂也,言平地隆踊③,不属于山陵
也。今曲阜在鲁城中,委曲长七八里,雒北芒坂④,即为阜也。

【注释】

①如山如阜:语见《诗经·小雅·天保》。阜,土山。

②鲁公伯禽宅曲阜之地:今本《左传》无此语。伯禽,周公的儿子。
　　宅,居住。

③隆踊:高起,凸出。

④雒:雒阳,即今河南洛阳。芒坂:即芒山,在雒阳城北。

【译文】

　　谨按:《诗经》上说:"像山丘一样堆积。"《春秋左氏传》上说:"鲁公
伯禽居住在曲阜这个地方。"阜是茂的意思,是说平地凸起,地形上不属
于山陵。现在曲阜在鲁城中,蜿蜒七八里长,雒阳城北面的芒坂就是阜。

培

谨按：《春秋左氏传》："培塿无松柏[1]。"言其卑小。部者，阜之类也[2]。今齐、鲁之间，田中少高印[3]，名之为部矣。

【注释】

①培塿（pǒu lǒu）无松柏：语见《左传·襄公二十四年》。培塿，指小土山。松柏，这里泛指大木。

②部者，阜之类也：《太平御览》《北堂书钞》等引作"培塿，即阜之类也"。按，此则解释培塿，则此处"部者"疑当作"培塿"；下文"名之为部矣"中的"部"亦疑作"培塿"。一说，此则标题中的"培"及引《左传》中的"培塿"皆当作"部"。

③少：稍微。高印：指地势高。

【译文】

谨按：《春秋左氏传》上说："小土山上没有松柏。"是说它很卑小。部是阜一类的土山。现在齐、鲁之间，田中有地势稍高的土山，就叫部。

薮

谨按：《尔雅》："薮者，泽也[1]。"薮之为言厚也，草木鱼鳖，所以厚养人君与百姓也。鲁有泰野[2]，晋有泰陆[3]，秦有阳纡[4]，宋有孟诸[5]，楚有云梦[6]，吴有具区[7]，齐有海隅[8]，燕有昭馀祁[9]，郑有圃田[10]，周有焦汉濩[11]。今汉有九州之薮：扬州曰具区，在吴县之西；荆州曰云梦，在华容县南，今有云梦长掌之；豫州曰圃田，在中牟县西；青州曰孟诸，不知在何处；兖州曰大野，在钜野县北；雍州曰弦蒲[12]，在汧县北蒲谷亭[13]；幽州曰奚养[14]，在虒县东[15]；冀州曰泰陆，在钜鹿县西北；并州曰昭馀祁，在邬县北[16]。其一薮，推求未得其处。《尚书》："纣为逋逃渊薮[17]。"《春秋左氏传》曰："山薮藏疾[18]。"又曰："薮之薪蒸，虞候守之[19]。"是也。

【注释】

①薮者，泽也：二句不见于今本《尔雅》。

②泰野：古泽薮名。亦作大野或巨野。故泽在今山东巨野北，古济水在此流过，向东又有水道和古泗水相接。唐代泽面宽广，南北三百里，东西百余里。五代之后，泽南部涸为平地，北部成为梁山泊的一部分。

③泰陆：古泽薮名。又作大陆或巨鹿、广阿。故泽在今河北隆尧、巨鹿、任泽之间。源出今内丘以南，汇集太行山区的河流，泄于漳水。唐时湖面东西二十里，南北三十里。清通称南泊，称其下游宁晋泊为北泊。今已淤成平地。也有人认为古大陆泽兼包清代南泊与北泊，后世淤断，始专以南泊为大陆。

④阳纡：古泽薮名。又作杨纡、阳华等。故泽在今陕西，有在陇县、凤翔、华阴西、泾阳等诸说。

⑤孟诸：古泽薮名。又作孟猪、望诸、明都、盟猪、盟诸等。故泽在今河南商丘东北、虞城西北。唐时周围五十里，金元以后屡被黄河冲决，泽遂淤断。

⑥云梦：古泽薮名。古人一般认为古云梦泽跨长江南北，包有今洞庭湖、江汉平原的湖群。其实不同时期有不同的云梦泽，同一时期又有几个云梦泽并存。跨长江南北说并不准确。《周礼·夏官·职方氏》："正南曰荆州，其山镇曰衡山，其泽薮曰云梦。"郑玄注："衡山在湘南，云梦在华容。"

⑦具区：古泽薮名。一名震泽。即今江苏太湖。

⑧海隅：古泽薮名。郝懿行《尔雅义疏》谓今山东蓬莱、莱州以西，从寿光、广饶至沾化、无棣以北，延绵一千余里，即海隅的范围。

⑨昭馀祁：古泽薮名。又作大昭、昭馀。故泽在今山西祁县西南、介休东北。

⑩圃田：古泽薮名。故泽在今河南中牟西，对古黄河下游及鸿沟水系的水量，有调节作用，北朝和唐宋时，泽面东西约五十里，南北二十余里。其后渐淤为平地。

⑪焦汉濩（huò）：古泽数名。又作焦获、焦护。故泽在今陕西或山西。

⑫弦蒲：古泽薮名。故泽在今陕西。

⑬汧（qiān）县：东汉治今陕西陇县东南。

⑭奘养：古泽薮名。故泽在今山东莱阳东。

⑮虒（sī）县：或为虒奘县。治今北京密云东北。

⑯邬县：东汉属太原郡。治今山西介休东北邬城店。

⑰纣为逋逃渊薮：不见于今本《尚书》。《左传·昭公七年》："昔武王数纣之罪，以告诸侯曰：'纣为天下逋逃主，萃渊薮。'故夫致死焉。"逋逃，逃亡的罪人，流亡者。渊薮，鱼和兽类聚集的地方。此指逃亡者聚集的地方。

⑱山薮藏疾：语见《左传·宣公十五年》。

⑲薮之薪蒸，虞候守之：语见《左传·昭公二十年》。薪蒸，柴火。虞候，守山泽之官。

【译文】

谨按：《尔雅》上说："薮是泽的意思。"薮是说厚养，这里盛产草木鱼鳖，用来厚养君主和百姓。鲁有泰野，晋有泰陆，秦有阳纡，宋有孟诸，楚有云梦，吴有具区，齐有海隅，燕有昭馀祁，郑有圃田，周有焦汉濩。现在汉朝有九州的大泽：扬州的叫具区泽，在吴县的西边；荆州的叫云梦泽，在华容县的南边，现在有云梦长来掌管它；豫州的叫圃田泽，在中牟县的西边；青州的叫孟诸泽，不知道在什么地方；兖州的叫大野泽，在钜鹿县的北边；雍州的叫弦蒲泽，在汧县北边的蒲谷亭；幽州的叫奚养泽，在虒县的东边；冀州的叫泰陆泽，在钜鹿县的西北边；并州的叫昭馀祈泽，在邬县的北边。其中有一个大泽，未能推究出它的位置。《尚书》上说："纣是逃亡者的聚集地。"《春秋左氏传》上说："山林湖泽隐藏着疾害。"又说："大泽的柴火，有虞候看守着。"说的就是这个薮。

泽

谨按：《尚书》："雷夏既泽①。"《诗》云："彼泽之陂，有蒲与荷②。"传曰："水草交厝③，名之为泽。"泽者，言其润泽万物，以阜民用也④。《春秋左氏传》曰："泽之莞蒲，舟鲛守之⑤。"《韩诗内传》⑥："舜渔雷泽。"雷泽在济阴城阳县。

【注释】

①雷夏既泽：语见《尚书·禹贡》。雷夏，泽名。故泽在今山东菏泽东北。

②彼泽之陂（bēi），有蒲与荷：语见《诗经·陈风·泽陂》。陂，水边，水岸。

③厝：同"错"。杂乱。

④阜：使之丰厚、富有。

⑤泽之莞蒲，舟鲛守之：语见《左传·昭公二十年》。莞蒲，芦苇。舟鲛，守沼泽的官吏。

⑥《韩诗内传》：西汉韩婴所撰解说《诗经》的著作，已佚。

【译文】

谨按：《尚书》上说："雷夏已经成为大泽。"《诗经》上说："在那湖泽的岸边，长满了蒲草和荷花。"经传上讲："水草交错的地方，称之为泽。"泽是说它润泽万物，使老百姓日用丰厚。《春秋左氏传》上说："湖泽中的莞蒲，有舟鲛守护。"《韩诗内传》上说:"舜在雷泽打渔。"雷泽在济阴郡城阳县。

沆

谨按:传曰:"沆者^①,莽也,言其平望莽莽无涯际也。"沆,泽之无水,斥卤之类也^②。今俗语亦曰沆泽。

【注释】

①沆(hàng):大泽。

②斥卤:盐碱地。

【译文】

谨按:经传上讲:"沆是莽的意思,是说它一眼望去莽莽无边无际。"沆是没有水的大泽,盐碱地之类的地方。现在俗语也叫沆泽。

沛

谨按:《尚书》《春秋公羊传》:"齐桓公循海而东,师大陷沛泽之中^①。"《左氏传》:"齐景公田于沛,招虞人以弓^②。"传曰:"送逸禽之超大沛。"沛者,草木之蔽茂,禽兽之所蔽匿也。

【注释】

①沛泽:长满草的沼泽。

②齐景公田于沛,招虞人以弓:《左传·昭公二十年》:"十二月,齐侯田于沛,招虞人以弓,不进。"沛,此为齐国泽名。故泽在今山东博兴。虞人,掌管田猎的官吏。

【译文】

谨按:《尚书》《春秋公羊传》上说:"齐桓公沿着大海往东,军队大部分陷在沛泽当中。"《左氏传》上说:"齐景公在沛田猎,用弓招唤虞人。"经传上讲:"目送飞禽飞越大沛。"沛是指草木长得繁茂,禽兽所隐蔽藏匿的地方。

湖

谨按:《春秋国语》:"伍子胥谏吴王①:'与我争五湖之利,非越乎②?'"及越灭吴,范蠡乘扁舟于五湖。湖者,都也③,言流渎四面所猥都也④,川泽所仰以溉灌也。今庐江临湖、丹阳芜湖县是也⑤。

【注释】

①伍子胥:春秋时吴国大夫。名员(yún),字子胥。楚大夫伍奢次子。伍奢被楚平王所杀,他逃到吴国,辅佐公子光夺得王位,是为吴王阖闾,又助阖闾攻入楚国郢都。阖闾去世后,他辅佐吴王夫差,但因政见不合,又受太宰嚭谗毁,被夫差逼迫自杀。

②与我争五湖之利,非越乎:此语未见于今本《国语》。五湖,古代吴越地区湖泊,其说不一。

③都:水停聚的地方。

④猥都:谓水曲聚。

⑤临湖:东汉临湖国,治今安徽庐江东南。芜湖县:治今安徽芜湖东南。

【译文】

谨按:《春秋国语》上说:"伍子胥劝谏吴王:'和我争夺五湖的利益的,难道不是越国吗?'"等到越灭亡了吴,范蠡乘着一叶扁舟泛于五湖。湖是都的意思,是说四方的河流都汇集到这里来,川泽依赖它来溉灌。

现在的庐江临湖、丹阳芜湖县就是这样的。

陂

谨按:传曰:"陂者,繁也。"言因下钟水以繁利万物也①。今陂皆以溉灌,今汝南富陂县是也②。

【注释】

①钟:汇聚,集中。

②富陂县:治今河南阜南东南。

【译文】

谨按:经传上讲:"陂是繁的意思。"是说因为地势低能够聚水而有利于繁殖万物。现在陂都用来灌溉,现在的汝南富陂县就是这样的。

渠

谨按:传曰:"渠者,水所居也。"秦时韩人郑国穿渠①,孝武帝时赵中大夫白公复穿渠②,故其语曰:"田于何所?池阳、谷口。郑国在前,白渠起后。举锸为云,决渠为雨。泾水一石,其泥数斗。且溉且粪,长我稷黍。衣食京师,数百万口③。"又郑当时穿渠以利漕运④,若此非一,官民俱赖其饶焉。

【注释】

①郑国:战国末年韩国水利专家。受韩王之命赴秦兴修水利,以消耗秦国人力物力。工程进行过程中,秦王发觉韩国阴谋,欲杀郑

国。郑国向秦王陈说渠成之利,秦王乃命他主持完成。所筑之渠
即为郑国渠,全长三百余里,灌溉农田四万余顷,使关中成为沃
野,秦国更加富强。

②白公:汉代水利专家。武帝时曾任赵中大夫。太始二年(前95)
奏穿渠引泾水,注入渭中,溉田四千五百余顷,名白渠。

③"田于何所"几句:见《汉书·沟洫志》。池阳,池阳县,治今陕
西泾阳西北。谷口,颜师古注:"谷口即今云阳县治谷是。"锸
(chā),铁锹。

④郑当时:字庄,陈(今河南淮阳)人。以任侠闻名梁楚间。汉武帝
时曾任大司农,建议开渠引渭水起长安,沿南山至黄河,长三百余
里,漕运大为便利,且利于灌溉。

【译文】

谨按:经传上讲:"渠是水停留的地方。"秦时韩人郑国开凿郑国渠,
武帝时赵中大夫白公又开凿白公渠,所以当时流行的谚语说:"在哪里耕
田?在池阳和谷口。郑国凿渠在前,白公凿渠在后。举起铁锹像天边的
云朵,决开渠口像下雨。泾水一石,其中含有泥沙几斗。又灌溉又施肥,
使我们的稷黍生长。给京师提供衣食,养活数百万人口。"又有郑当时
开渠以利漕运,像这样的工程有很多,官民都依赖这些水渠而富饶。

沟

谨按:《周礼》:"沟者,沟也,广四尺,深四尺。"《汉书》
"高祖与项羽要,割鸿沟以东为楚"是也①。鸿沟在荥阳县②。

【注释】

①高祖与项羽要,割鸿沟以东为楚:《汉书·高帝纪》:"项羽自知少
助食尽,韩信又进兵击楚,羽患之。汉遣陆贾说羽,请太公,羽弗

听。汉复使侯公说羽,羽乃与汉约,中分天下,割鸿沟以西为汉,以东为楚。"要,要约,盟约。鸿沟,古运河名。约战国时魏惠王十年(前360)开通。故道自今河南荥阳北引黄河之水,东流至蒲田泽(今河南中牟西),又从蒲田泽东出至大梁(今开封)北,折而南流经通许东、太康西,至淮阳入颍水。鸿沟既通,济、濮、汴、睢、颍、涡、汝、泗、菏等河道遂互相联结,形成黄淮平原水上交通网。

②荥阳县:治今河南荥阳。

【译文】

谨按:《周礼》上说:"沟是宽四尺、深四尺的水道。"《汉书》说"高祖和项羽约定,划鸿沟为界,鸿沟以东属于楚",说的就是这个。鸿沟在荥阳县。

洫

谨按:《周礼》:"十里为成,成间广八尺,深八尺,故谓之洫①。"《论语》曰:"禹尽力乎沟洫②。"

【注释】

①"十里为成"几句:语见《周礼·匠人》。

②禹尽力乎沟洫:语见《论语·泰伯》。

【译文】

谨按:《周礼》上说:"十里见方的面积叫做成,两成中间有宽八尺、深八尺的水道,所以叫做洫。"《论语》上说:"大禹把力量完全用于沟洫水利。"

中华经典名著
全本全注全译丛书
（已出书目）

孙子兵法	申鉴·中论
墨子	太平经
管子	周易参同契
孔子家语	人物志
吴子·司马法	博物志
商君书	抱朴子内篇
列子	抱朴子外篇
鬼谷子	神仙传
庄子	搜神记
公孙龙子（外三种）	拾遗记
荀子	世说新语
六韬	弘明集
吕氏春秋	齐民要术
韩非子	颜氏家训
山海经	中说
黄帝内经	帝范·臣轨·庭训格言
新书	坛经
淮南子	大慈恩寺三藏法师传
新序	茶经·续茶经
说苑	玄怪录·续玄怪录
列仙传	酉阳杂俎
盐铁论	化书·无能子
法言	梦溪笔谈
潜夫论	北山酒经（外二种）
政论·昌言	容斋随笔
风俗通义	近思录